广西国家级
非物质文化遗产概览

程文凤 黄琪莹 编著

上海文艺出版社

广西民族大学民族学"双一流"阶段性成果

目录

引论 ·· 1

第一章　民间文学 ···················· 9
一、综论 ·································· 9
二、布洛陀 ····························· 11
三、刘三姐歌谣 ······················· 15
四、壮族嘹歌 ·························· 20
五、密洛陀 ····························· 24
六、壮族百鸟衣故事 ················· 29
七、仫佬族古歌 ······················· 33

第二章　传统戏剧与曲艺 ········· 38
一、综论 ································ 38
二、壮剧 ································ 40
三、桂剧 ································ 44
四、彩调剧 ····························· 48
五、采茶戏（桂南采茶戏） ········ 52
六、邕剧 ································ 57
七、广西文场 ·························· 61
八、侗戏 ································ 66
九、桂林渔鼓 ·························· 70
十、粤剧 ································ 75
十一、末伦 ····························· 79

第三章　传统舞蹈与音乐 …… 84

一、综论 …… 84

二、那坡壮族民歌 …… 86

三、侗族大歌 …… 90

四、多声部民歌（壮族三声部民歌） …… 95

五、多声部民歌（瑶族蝴蝶歌） …… 99

六、铜鼓舞（田林瑶族铜鼓舞） …… 104

七、瑶族长鼓舞 …… 108

八、狮舞（田阳壮族狮舞） …… 112

九、狮舞（藤县狮舞） …… 116

十、吹打（广西八音） …… 120

十一、瑶族长鼓舞（黄泥鼓舞） …… 125

十二、京族独弦琴艺术 …… 129

十三、凌云壮族七十二巫调音乐 …… 133

十四、瑶族金锣舞 …… 138

十五、铜鼓舞（南丹勤泽格拉） …… 143

十六、壮族天琴艺术 …… 146

十七、壮族打扁担 …… 151

十八、多耶 …… 155

第四章 民俗 …………………………… 160

一、综论………………………………… 160
二、壮族歌圩……………………………… 162
三、壮族铜鼓习俗………………………… 167
四、壮族蚂𧊅节…………………………… 170
五、瑶族盘王节…………………………… 175
六、瑶族服饰……………………………… 179
七、苗族系列坡会群……………………… 183
八、仫佬族依饭节………………………… 188
九、毛南族肥套…………………………… 193
十、京族哈节……………………………… 198
十一、宾阳炮龙节………………………… 202
十二、三月三（壮族三月三）…………… 206
十三、农历二十四节气（壮族霜降节）… 211
十四、中元节（资源河灯节）…………… 215
十五、民间信俗（钦州跳岭头）………… 219
十六、敬老习俗（壮族补粮敬老习俗）… 223
十七、壮族侬峒节………………………… 228
十八、壮族会鼓习俗……………………… 232
十九、大安校水柜习俗…………………… 236
二十、茶俗（瑶族油茶习俗）…………… 241
二十一、规约习俗（瑶族石牌习俗）…… 245
二十二、瑶族祝著节……………………… 249

第五章 传统技艺、体育与医药 …………… 255
　一、综论…………………………………………… 255
　二、壮族织锦技艺………………………………… 257
　三、侗族木构建筑营造技艺……………………… 261
　四、陶器烧制技艺（钦州坭兴陶烧制技艺）…… 266
　五、壮医药（壮医药线点灸疗法）……………… 270
　六、竹编（毛南族花竹帽编织技艺）…………… 275
　七、黑茶制作技艺（六堡茶制作技艺）………… 279
　八、抢花炮（壮族抢花炮）……………………… 283
　九、龟苓膏配制技艺……………………………… 287
　十、贝雕（北海贝雕）…………………………… 292
　十一、骨角雕（合浦角雕）……………………… 296
　十二、米粉制作技艺（桂林米粉制作技艺）…… 300
　十三、米粉制作技艺（柳州螺蛳粉制作技艺）… 305

附录 ………………………………………………… 310
　1.《保护非物质文化遗产公约》（2003）……… 310
　2.《中华人民共和国非物质文化遗产法》……… 321
　3.《广西壮族自治区非物质文化遗产保护条例》… 328
　4. 广西国家级非遗项目名录（表格）…………… 339
　5. 广西国家级代表性传承人名录（表格）……… 346

参考文献 …………………………………………… 349

引论

一、广西世居民族及非遗概说

广西是一个多民族聚居地区，历代民族在这片土地上经迁入、分化、融合，基于不同的生活环境及不同的族群基因，共生共融却又不失个性，本色依然且生生不息。广西有壮族、汉族、瑶族、苗族、侗族、仫佬族、毛南族、京族、回族、彝族、水族、仡佬族等十二个世居民族，他们世代居住在广西境内并形成居民聚落。各民族大多聚族而居，注重岁时节俗，讲究适时而作，沿袭着本民族固有的传统习俗，因地制宜创造出具有广西民族文化特色的非物质文化遗产。这些非物质文化遗产伴随着广西各民族的历史足迹一路走来，其不仅是广西各民族在历史发展中的"活态"见证，更是衡量一个国家文化软实力不可或缺的重要组成部分。

1972年，联合国教科文组织在第17届大会通过的《公约》会议文件中，首次提到了"非物质文化遗产"这一名称。2003年，联合国教科文组织在第32届大会讨论通过《保护非物质文化遗产公约》，至此，"非物质文化遗产"这一名称及概念在国际性标准法律文件中正式确定并沿用至今。2011年6月,《中华人民共和国非物质文化遗产法》的施行,标志着我国非遗从此进入有法可依的阶段,同时也表现出我国履行国际公约,促进国际非物质文化遗产保护,维护人类文化多样性。早在2005年4月,广西就响应了联合国教科文组织的号召,制定并颁布《广西壮族自治区民族民间传统文化保护条例》,在历经十余年的修改完善后,于2017年1月1日起正式施行新的《广西壮族自治区非物质文化遗产保护条例》。

新时期以来,学界在广西非物质文化遗产研究领域积累了丰硕的成果,成绩斐然。"非物质文化遗产"作为广西的活态文化精髓,是各民族物质生活和精神生活的凭证,折射出各民族民众的生活方式、文化行为、艺术现象、价值追求、审美判断等,其不仅是后代子孙与先辈们联结的桥梁,也是民族"三交"的红绳,对研究广西民族文化具有重要的意义,亦为从更广更深的层面拓展对广西民族文化的研究提供了重要途径。对此,我们更有必要对广西国家级非物质文化遗产做系统的分类和研究,以进一步推动国家非物质文化遗产保护传承,促进广西民族文化工程建设,助力铸牢中华民族共同体意识。

本书是一部介绍广西国家级非物质文化遗产的读本,其由第一批至第五批广西入选的国家级非物质文化遗产代表性项目构成。我们以《国家级非物质文化遗产代表性项目名录》中十大门类的分类方式为蓝本,根据广西入选国家级非物质文化遗产名录的具体情况,按照入选时间的先后排序,同一时间入选的则根据壮、汉、瑶、苗、侗、仫佬、毛南、京、回、彝、水、仡佬来排序,考虑到章节内容的均衡,本书将整合成五章,总共囊括66个经由广西申报并入选的国家级非物质文化遗产代表性项目。

二、体现民族民众诗性智慧的民间文学

第一章介绍了富有广西民族民众诗性智慧的民间文学。民间文学作为非遗名录中的重要类别之一,主要包括史诗、长诗、神话、传说、故事、歌谣、谚语、谜语等。本章由布洛陀、刘三姐歌谣、壮族嘹歌、密洛陀、壮族百鸟衣故事、仫佬族古歌等六项民间文学类的国家级非遗项目组成。

壮族口传史诗《布洛陀》作为民间叙事长诗,由民众创作和传唱,意义深厚并具有庄重神圣的色彩,其风格独特且自成体系,内容上涵盖了布洛陀创造

天地万物，创造文字历书，创造伦理道德等，为广西民族民间文学的审美发展奠定了基础。刘三姐歌谣不仅包括世代传唱的壮族歌谣，还有经由古壮字歌本而世代传承的创世古歌、叙事长歌、风俗歌、情歌，以及在歌圩场上即兴对唱的歌谣，其歌唱内容庞大且富有深意，并在刘三姐传说中的故乡世代传唱。壮族嘹歌与其他口头传唱民歌有所不同，其由壮族文人创作加工、删减精练，文人在完成作品之后会使用古壮字记录形成抄本。壮族嘹歌注重结构，讲究音韵节律，内容相对固定，艺术性极高，由壮族民众在壮族地区传播唱诵，承载壮族民众的价值和审美观念，是壮族歌谣文化中的经典。瑶族长篇神话古歌《密洛陀》，是千百年来瑶族群众口头传唱的民间文学作品，密洛陀的故事在瑶族民间家喻户晓，经代代相传而愈加完美，其包含了瑶族人民对世间万物独有的解释、征服自然的意志和愿望以及瑶族先民创造与发明文化的情景等内容。壮族百鸟衣故事是值得称道的壮族叙事长诗，除以"赋"表现故事情节，还善用形象化的语言。壮族人民热情地讴歌赞颂为救依娌而携弓背箭、到处捕鸟来制作百鸟衣的古卡，这对同甘共苦的夫妻在面对封建统治阶级的压迫时勇于反抗，最终取得胜利。它不仅体现着古代壮族人民丰富的想象和雄阔的浪漫，而且也是壮族劳苦民众内心反抗压迫的表达。仫佬族古歌内容丰富，形式多样，民间将仫佬族古歌分为白天唱的歌和晚上唱的歌，并由"随口答""古条歌""口风歌"三个部分组成。因仫佬族只有自己的语言没有文字，古歌抄本均使用汉语方块字，为了使翻译后韵律相齐、句式押韵，聪明的仫佬族人使用土拐话来演唱，因此，仫佬族古歌还是民族文化交流的硕果。

三、赋有民族艺术气息的传统戏剧与曲艺

第二章由壮剧、桂剧、彩调剧、桂南采茶戏、邕剧、广西文场、侗戏、桂林渔鼓、粤剧、末伦等十项传统戏剧与曲艺构成。传统戏剧与曲艺是中国历史上最为深厚的艺术门类之一。广西各民族所创造出的戏剧与曲艺，承载着历代民族艺人丰厚的人文气息和艺术气息。广西传统戏剧与曲艺分属于不同民族，由于广西各民族的生活习性及文化传统不同，其艺术特色均有不同，但按表演形式可分为本土剧种和外来剧种两大类。"艺术无边界"，无论怎样划分，广西传统戏剧与曲艺都在各民族交往交流交融中得到发展，在不断辩证否定中形成

独具特色的艺术形式。

　　清末学者王国维认为："戏曲者，谓以歌舞演故事也。"以此为延伸，"载歌载舞"是戏曲的主要特征之一，广西地区的彩调剧、桂南采茶戏的歌舞特征尤其明显。除此之外，擅长表现帝王将相、才子佳人故事的桂剧，以声腔为主的广西粤剧、邕剧均离不开以"歌舞演故事"的程式性、象征性和虚拟性的三大特征。历史上，广西地区最早出现的戏剧形式是壮族北路方言土戏，亦是广西壮剧的萌芽。广西壮剧又分为南路壮剧和北路壮剧，二者均根植于广西民族民间沃土，是集壮族民间音乐歌舞、说唱艺术、原始信仰为一体的独具特色的剧种。此外，在广西世居民族中，其他少数民族戏剧同样异彩纷呈，其中侗戏是集侗族民间说唱、艺术叙事歌、琵琶歌、民间小调、民间故事以及汉族戏曲表演艺术精华于一体的综合艺术，是勤劳与智慧的侗族人民在生产生活中的结晶。《礼记·文王世子》有云："凡语于郊者，必取贤敛才焉，或以德进，或以事举，或以言扬。曲艺皆誓之，以待又语。"这是儒家经典著作《礼记》中对"曲艺"的记载，也是中国古代早期典章制度对曲艺的解析。这里的"曲艺"指"小小技术，若医卜之属"，与今日所言之曲艺尚有差异，从中也可看到曲艺与原始信仰的渊源。广西曲艺形式中就有从壮族巫调发展而来的民间说唱艺术末伦。末伦分为上甲末伦和下甲末伦，除语言衬词、押韵格式有所区别外，内容均为反应壮族底层百姓艰苦的命运，末伦以其叙说的悲欢离合的民间故事，引起人们共鸣，引得百姓喃唱。此外，广西曲艺中也有以"文""俗"著称的广西文场及桂林渔鼓。广西文场的"文"意指文雅之涵，不仅体现在其柔婉的唱腔、曼妙的曲调以及两两相对唱词中的有情可抒，还侧重在其对景物及人物生动细腻的描写。桂林渔鼓的"俗"取通俗之意，是相对于文场的文雅而言。渔鼓只唱故事、唱事件。其唱腔可分为南路与北路，南路唱腔柔和低沉，多用于表现哀伤、怨恨、沉思等情绪，北路唱腔明亮高昂，宜表现开心、激动等情绪。渔鼓的内容通俗易懂，故事性很强。广西世居民族的传统戏剧与曲艺在广西这片奇山秀水间繁衍生息，由此聚合成的民族艺术气息萦绕在八桂大地上。

四、彰显民族生命的传统舞蹈与音乐

　　第三章由铜鼓舞、瑶族长鼓舞、狮舞、瑶族金锣舞、多耶、壮族打扁担等九项传统舞蹈,以及那坡壮族民歌、侗族大歌、多声部民歌、吹打、京族独弦琴艺术、凌云壮族七十二巫调音乐、壮族天琴艺术等八项传统音乐构成。这些彰显广西世居民族生命意义的传统舞蹈与音乐,是广西世居民族艺术之"根",伴随着各民族历史足迹一路走来,历经时间的沉淀和岁月的洗礼,由此形成的迥异风格、多种样式、独特审美都是不可比拟且无法替代的。

广西世居民族传统舞蹈长于抒情,是表达深刻情感最有力的艺术形式。广西入选国家级非物质文化遗产代表项目的铜鼓舞、长鼓舞、金锣舞同属于仪式舞蹈。其中,铜鼓舞可细分为田林瑶族铜鼓舞及南丹勤泽格拉,虽二者在舞蹈中均有使用铜鼓且同属于仪式舞蹈,但所表达的涵义却是一样。田林瑶族铜鼓舞在很多场合都可以演奏,但勤泽格拉起源于白裤瑶丧葬习俗,因而只有在祭祀时才需要打铜鼓。与勤泽格拉意涵相似的还有瑶族金锣舞,二者的演出场合多为丧葬习俗等白事活动,强烈体现出广西少数民族群众为生命而舞之精神。而瑶族长鼓舞又可分为长鼓舞和黄泥鼓舞,二者虽支系不同,但均在瑶族祭盘王仪典以及传统仪式活动中上演,以舞踏歌的祭祀仪式表达出瑶族同胞对祖先神的追思,是瑶族族群记忆与血缘关系的重要纽带。除仪式舞蹈外,广西世居民族中,仪式音乐的地位也极高,凌云壮族七十二巫调音乐是由壮族民间巫文化演变而来的音乐调子群。壮族天琴艺术与古骆越先民的原始信仰之间也存在关联,其起源于巫师法事活动。

传统舞蹈与音乐根植于广阔的民族乡土,除了上述的仪式舞蹈与音乐,在广西民族民间还有形源于自然生灵、外显于民族民众生活方式等多种艺术形式的传统舞蹈与音乐。传统舞蹈类如壮族打扁担,既是壮族那文化下有关劳作的外显行为,又是壮族民众"天人合一"的表达;如多耶,是侗族人民世代与艰苦环境抗争并合理利用自然资源来改善自己生活状况的生动描述;又如狮舞,可分为田阳壮族狮舞及藤县狮舞,两者都将狮舞与当地民俗活动融合,狮子外化于形,时逢佳节或各重大庆典活动,民族民众通过狮舞表达内心的情感。传统音乐类如那坡壮族民歌、侗族大歌、多声部民歌、京族独弦琴艺术,是流淌于广西民族民间的音乐艺术,承载着民族民众对自然的追求,对生活中真善美的评判,以及精神文化的需求。

广西世居民族的传统舞蹈与音乐,无论是处于祭祀仪式还是风俗节庆,或是婚丧嫁娶时所使用,其从远古流传至今,凝聚着民族精神,彰显着民族生命。

五、联结民族情感的民俗

第四章由壮族歌圩等二十一项广西世居民族民俗组成。民俗是在长期发展中形成的，具有相对稳定性，这些民俗传统因广西世居民族民众世代坚守而流传至今。民俗文化始终是民族精神和民族凝聚力的象征。广西丰富多彩的民俗文化包括生产民俗、社会民俗、生活民俗、礼仪民俗、节庆民俗、信仰民俗等多种类别。

壮族先民历来有好歌善唱的传统，壮族歌圩是壮族社会生活的"歌化"形式，也是壮族人民聚集而歌的传统民俗活动，各地歌圩种类繁多，圩场大小各异，但形式大抵相同，主题都围绕着节日、纪念和祭祀。"以歌传情""以歌会友""聚会唱歌""听歌赏歌"是壮族人民生活中的乐事。与壮族歌圩密切相关的是壮族三月三，壮族三月三又称三月歌圩，每年农历三月三期间，广西各地都会群体性地开展歌圩、踏青、扫墓祭祖、抢花炮、抛绣球等活动，其已成为传播广西民族文化、联结广西各民族情感的方式。除了壮族三月三，苗族民间系列坡会群也是苗族重要的民俗节庆活动，每年农历正月初三到十七期间，广西融水境内的苗族同胞就会聚集在一起，男女老少盛装出行，热闹非凡。其活动主要包括祭祀仪式以及芦笙、斗马、舞龙等比赛项目，它不仅是一个歌、舞、乐的聚会活动，还蕴涵浓厚的人文情怀、节庆礼俗以及民族情感。除了苗族喜穿银、着盛装，"好五色斑衣"的瑶族，在重大节日庆典时同样会盛装出席。瑶族服饰绣制精美，无论是衣、褂、襟、裙、头帕或是腰带锦袋，都是瑶族妇女一针一线缝制，凝聚了心血，增添了神韵。瑶族服饰不仅是瑶族妇女心灵手巧的呈现，而且还以物态形式成为瑶族的文化符号，体现了瑶族人民的生活情趣和文化观念。

民俗蕴涵着传统优秀文化的基因，涵盖了非物质文化遗产的许多方面。"节俗"字面上的意思是节日及习俗。在每个重要的时间节点，广西世居民族有着约定俗成的习惯，举办相应的节日仪式，壮族蚂𧊅节、瑶族盘王节、仫佬族依饭节、京族哈节、宾阳炮龙节、壮族霜降节、资源河灯节、壮族侬峒节、瑶族祝著节等都是广西世居民族隆重的民族传统节日。千百年来，广西传统习俗代代相传，生命力旺盛，壮族铜鼓习俗、钦州跳岭头、毛南族肥套、瑶族油茶习俗、大安校水柜习俗、瑶族石牌习俗、壮族补粮敬老习俗、壮族会鼓习俗等习俗是广西民俗的重要组成部分，整体上呈现出种类繁多、特色鲜明、参与广、人数多等特点。民俗自然而然地融入到广西民族民众的政治经济、历史文化、道德教育及日常生活当中，形成多元共生的状态，同时，民俗也成为传授和强化民族知识，联结民族情感的主要媒介。

六、书写民族记忆的传统技艺、体育与医药

第五章由壮族织锦技艺、侗族木构建筑营造技艺、钦州坭兴陶烧制技艺、毛南族花竹帽编织技艺、六堡茶制作技艺、龟苓膏配制技艺、北海贝雕、合浦角雕、桂林米粉制作技艺、柳州螺蛳粉制作技艺这十项传统技艺以及传统体育壮族抢花炮、传统医药壮医药线点灸疗法共十二项构成。每项技艺、体育以及医药都是民族文化的珍品，这背后都深深烙印着广西世居民族印迹。

传统技艺是民族民众顺应生活中衣食住行各环节的现实需要而形成的。在农耕社会，民族民众日常生活中的种种都需要通过手工艺去实现，壮族先民善纺织，侗族同胞善木构，毛南族人善编织精美的花竹帽，这些留存下来的广西少数民族传统技艺，不仅是实物的展示，其中连带的少数民族民间故事，更是展现出独特的艺术魅力和丰富的文化内涵。在饮食方面，龟苓膏配制技艺、柳州螺蛳粉制作技艺、桂林米粉制作技艺都是广西极具地域特征、民族特征的食物。经过千百年的历史过程，它们已经不再仅仅是人们餐桌上的一种食物，而是延伸及渗透到广西民族民众日常生活各个方面的记忆中。这些形色各异的食物背后除了有地理环境的制约因素，还有民族文化、遗传基因等差异因素。随着生活的变化，人们从简单需要到崇尚精致的审美追求，精美陶器和精致好茶是参悟茶道"和、敬、清、寂"的催化剂，刚好，这两样在广西都有了，那就是中国四大名陶之一的钦州坭兴陶以及匠心制造、味醇隔宿而不变的苍梧六堡茶。坭兴陶艺人将茶具的意境与茶道所追求的"涤净烦嚣，淡泊明志，超世脱俗"的意境相融洽。六堡茶匠人在片片茶叶中探寻"天人合一"的境界，寻味上千年的馨香，对六堡茶地道真味的坚守，将六堡茶制作技艺毫无保留地代代传承。精美的北海贝雕及合浦骨雕，同样显示出广西民众的审美追求，手工匠人"因材施艺""因势取形"，创造出广西地方传统代表性工艺美术精品，其不仅

承载着人与自然和谐发展的历史记忆，也是千百年来手工匠人在艺术道路上上下求索的杰出成果。

民族传统体育是少数民族民众身体实践的表达，民族传统体育涵盖了民族自然观、历史观等。抢花炮作为壮族群众历经岁月洗礼后流传下来的经典，蕴含了壮民族的文化信仰体系，既是壮族群体意识形态的生动反映，也是一项极具民族特色的民间传统体育活动。

壮医药线点灸疗法是中华传统医药体系中的重要宝藏之一，是壮族人民在长期的生产生活实践中与疾病顽强斗争逐步形成的地方医药体系。其在古代骆越文化和岭南文化双重背景下产生，又被称为"骆越文化的遗风"，壮医药线点灸疗法的适用范围极广，能调节"天、地、人"三气，使人体机能平稳运行。至今，壮医药线点灸疗法仍是民众防治疾病的有效手段和重要方法。

总之，广西世居民族及其非物质文化遗产不仅是民族地区历史脉络的见证，也是衡量国家文化根基和底蕴的重要标准，更是中华民族实现文化强国的重要内容。广西国家级非物质文化遗产代表了广西世居民族同其他民族人民长期以来和谐交往、交流、交融所形成的物质生活、社会生活和精神生活这三个领域内所有的民族文化事象，是民族民众对社会与自然的认识实践和生命体验，饱含他们崇德尚智的民族性格与质朴精纯的审美观念，其承载的文化内涵已经成为民族凝聚力和认同感的重要标志，也是人类文化多样性和创造性的生动见证。

第一章 民间文学

一、综论

民间文学，顾名思义，它是劳动人民集体创作并口耳相传的文学形式。它包含的体裁丰富多样，有神话传说、民间故事、歌谣、史诗、戏曲等等。作为人民群众喜闻乐见的艺术形式，民间文学艺术风格简洁朴素、直白明朗，它不仅全面地反映着劳动人民的现实生活，同时也是他们思想感情的真实表达。不同于作家文学和通俗文学，民间文学是人民大众的口头艺术，所以无论是在有文字记载之前还是记载之后，它始终伴随着人类的生产生活产生和发展，日积月累成为记录人类历史发展的知识宝库。正因为它的诞生可追溯至人类远古时代，所以它也是整个民族艺术的源头。

广西壮族自治区是多民族聚居区之一，各民族一起创造了丰富的民族文化。如梁庭望先生所说，早在10万年前壮族先民们就已居住在岭南地区，与汉族、瑶族等其他11个世居民族共同创造出了绚丽多彩的"稻作文化、纺织文化、大石铲文化、干栏文化、海上丝绸之路文化、歌圩文化、花山文化、铜鼓文化、南珠文化等"[1]，民间文学异常丰富。作为中国民间文学的重要组成部分，广西民间文学是各民族在广西这片沃土上长期从事生产生活创作而来，并在各民族中世代传递，被不同时代的人们不断增添新的内容，反映他们独特的审美感受和艺术情趣，表现出一种真切的理想和愿望。

神话是原始社会中最繁盛的民间文学形式之一。先民们在与大自然的斗争中受制于当时的智力而产生对自然的崇拜和赞叹，由此依据自己的形象对自然力量进行人格化、神圣化，创造出形形色色神的形象并对其进行祭祀信仰。在种种祭祀信仰活动中伴随产生许多神的故事，也就是今天我们所说的"神话"。广西各族在悠久的历史发展过程中孕育了丰富多彩的神话，如壮族《布洛陀》、瑶族《密洛陀》、苗族《枫木歌》、侗族《棉婆孵蛋》等。《布洛陀》呈现的是壮族先民的人文始祖、智慧祖神布洛陀创造天地万物，创造文字历书，创造伦理道德等神话世界；《密洛陀》是瑶族支系布努瑶的一部创世史诗，是围绕着创世之母密洛陀展开的长篇神话古歌。除了关于神的故事，人民群众在日常生活中口头创作传播的关于历史人物、事件、地方风物、习俗等故事，也就是民间传说与故事。《百鸟衣》则是广西民间广为流传的传说故事，故事展现了独特的民族诗歌风格和鲜明的艺术表现形式，真实反映了壮族的社会历史生活，表达了壮族民众情感上的悲欢、对美好生活的期盼和渴望。

《诗经·魏风·园有桃》云："心之忧矣，我歌且谣。"民间歌谣源于人们生产生活中不自觉的艺术创作，是心绪的宣泄和情感的表达。《诗经》中收录的许多古代民歌说明，从周代开始中国已有采录民歌的制度，后来有记录在册的汉代乐府、南北朝民歌、明清民歌，还有近现代民谣等，也表明每个时代的人民群众都有歌唱的传统。对于岭南地区而言，《越人歌》《岭表录异》《岭外代答》《赤雅》中便记载了一些各时期先民的口头创作，这些口头歌谣多数形式简单，朗朗上口，较容易被民间群众所掌握，传承比较完整，流布较广，反映了民众现实生活中的喜怒哀乐。刘三姐的传说在广西民间流传甚广，可谓家喻户晓。《刘三姐歌谣》内容广泛，并且经历不同的时代被不断地

---

[1] 梁庭望：《中国壮族》，宁夏：宁夏人民出版社，2012年，第1页。

重构发展，已成为地方文化符号之一。

在歌谣中，古歌是一种较为原始的民歌形式，能反映民族悠久的历史。壮族嘹歌是壮族民歌中的一枝独秀，根植于乡土，孕育于民间，用于表现生活和抒发内心情感。与之相媲美的是仫佬族古歌，仫佬族古歌由仫佬族人民在生产生活中集体创作并世代传唱至今。它记录了仫佬族人民在不同历史时期的劳动生活，多角度展现了仫佬族人民的精神生活世界。

民间文学作为一种与时俱进、始终保持新鲜生命力的"活态"文化，它的内容不断丰富拓展。对于多民族聚居地的广西而言，民间文学本身繁盛的同时，近些年，因为新视角、新观念、新技术的切入，针对它的研究也取得了长足的发展。首先在资料保存方面，现代化的数字信息管理手段，提高了管理效率；其次，民间文学研究以广西为中心，同时为凸显民族性、区域性和国际性的特点，注重与东南亚及其他国外地区沟通交流，谱写了"一带一路"文化交流的新篇章；最后，广西各个高等院校开设了民间文学的相关课程，注重培养本科、硕士和博士等多层次的研究人才。

二、布洛陀

壮族的口传文学《布洛陀》一直流传于岭南地区的珠江流域，它的主要流布区域是右江流域和红水河流域，其中最有代表性的是百色市田阳县及其周边地区。《布洛陀》是叙述壮族人文始祖布洛陀丰功伟绩的民间文学，主要以口传史诗为主要形式，也有民间神话传说和歌谣等。

2006年5月20日，《布洛陀》经国务院批准，被列入第一批国家级非物质文化遗产名录，其保护单位是田阳县文化馆。布洛陀的国家级非物质文化遗产代表性项目代表性传承人是田阳县的黄达佳。

一直以来，炎帝和黄帝都被尊崇为中华民族的人文始祖，他们作为中原地区一江一河流域原住民族的文化英雄，让所有身为"炎黄子孙"的中国人为之感到自豪。与之相辉映的是珠江流域所孕育出的风格独特的岭南文化，在其丰富多彩的传说和神话里，最负盛名的就是壮族人文始祖、骆越文化代表——布洛陀神话。

壮族地区流传的一首民歌唱道："百张好树叶，难凑花一朵；千百本厚书，不比《布洛陀》。"这首壮歌用生动的比喻表明,《布洛陀》是壮族人民自己的创世史诗。对他们来说,"千百本厚书"都没有《布洛陀》那么珍贵,那么值得重视。

"布洛陀"是壮语发音,指的是"无所不知,无所不能的智慧老人"。布洛陀是一个神话人物,其原型可能是一位壮族先民的氏族部落首领。因为他在部落里作出的巨大贡献和享有的崇高地位,部落人民将其神化为神话人物,并在此后的神化过程中把创造文化的丰功伟绩也赋在他身上。他由此成了深受壮族及其同源民族尊敬的神明,身兼创世神、始祖神和道德神三职。一直以来,布洛陀崇高的祖先形象在壮族及其先民心中得到不断的强化,成为人们信仰和崇拜的对象。

壮族先民酷爱歌唱,他们以本民族的民间神话、故事和传说为基础,将始祖布洛陀开天辟地、创造人类的丰功伟绩以壮族民歌的五言排歌形式加以传唱,创作出一部宏伟壮丽的壮民族口传史诗。唐宋时期,壮族民间出现了古壮字(又称土俗字),这些文字是利用汉字的形、音、义进行构造的。约从明时起,这部口传史诗分别采用口头传唱和古壮字书写的形式传承下来。现今壮族民间麽教的经文就来源于其中的一部分。

关于创世始祖布洛陀的功绩,根据布洛陀神话传说,古时候天地分成天上、地面和地下三界,又叫做上界、中界和下界,分别由雷王、布洛陀和龙王管理。管理中界的布洛陀全能全知,聪明智慧,因此获得了大家的爱戴和拥护,被赞誉为"通天晓",并被推举为"头人"。布洛陀一生为壮族人民作出了巨大的贡献:开天地、制万物、种五谷、养家畜、求雨生火等等。

壮族口传史诗《布洛陀》以壮族先民所生活的氏族部落社会为社会背景,生动地描述了他们从蒙昧时代的茹毛饮血朝着农耕时代的耕种劳作发展的生产生活景象,具有历史、古文字、原始信仰、文学和音乐等方面的学术价值;此外,壮族布洛陀口传史诗还具有应用价值,可以满足人们的精神需求,并起到教化作用。根据现存资料可知,现仍在传承布洛陀口传史诗的地区主要为珠江中上游流域,如红水河及其上游南、北盘江流域、左江流域、右江及其上游驮娘江、西洋江流域以及普梅河流域。

壮族布洛陀口传史诗的内容自成体系,主要有开天辟地、创造人和万物、创造土皇帝、发明文字历书和制定伦理道德。它唱颂的内容主要围绕天体形成、人类起源、农耕、畜牧,以及远古人类的社会生活等方面展开,热情讴歌作为壮民族始祖的布洛陀所创造的丰功伟绩。它古老宏伟,千百年来,一直被传唱于民间。作为一部壮族创世史诗,它具有深刻的内涵和独特的风格。《布洛陀》整部史诗格调庄重,结构宏伟,具有丰富的艺术想象力和浓厚浪漫主义色彩。诗中采用了夸张、比拟和复沓等艺术表现手法,语言优美流畅、生动自然。全诗采用的腰脚韵让人唱起来朗朗上口,听起来韵味无穷,凸显艺术特色。此外,《布洛陀》中的内容也被用于民间祭祀和歌圩之中。祭祀布洛陀时唱颂的内容有《十唱布洛陀》和《唐皇调》等。布洛陀歌圩也会唱颂《布洛陀》的内容,如田阳敢壮山歌圩就是由布洛陀祭典活动演变而来。人们在歌圩开始前除了要上敢壮山举行祭祀布洛陀的活动外,还要在活动前先唱有关布洛陀的古歌,主要包括祭祀歌和创造歌。古歌唱诵的内容主要有开头歌、岩洞歌、造天地歌、造万物歌、造成人歌、造火歌、造稻谷歌、造家畜歌和收尾歌等。

布洛陀口传史诗具有巨大的社会影响力。当地的壮族布麽将布洛陀崇奉为至上祖神,借助布洛陀的力量施行一整套繁杂的法事仪式,以达到为人们驱邪赶鬼、化解冤仇、消灾除难和保佑赐福的目的。从这种意义上说,布麽成为布洛陀法力的施行者,成为其替身和代言人。麽教是壮族本土原始信仰,在生产力不发达的远古时期,壮族及其先民为了应对自然灾害和发展生产,在漫长的发展过程中,在万物有灵思想观念的支配下,幻想出极具神力的最高神布洛陀来协调人、自然和社会之间的关系,由此形成了本民族的民间信仰,布洛陀成为壮族人民的精神领袖。后来的麽教法事中,只有布洛陀才能在消灾解难、赐福和超度亡灵时为人们指点和引路,助人们逢凶化吉、达成所愿。因此,长时间的仪式展演和经文吟唱使得《布洛陀》史诗在口传文学中固定化,成为麽经。壮族后人称之为"麽经布洛陀",汉语称为"布洛陀麽经"。整个《麽经布洛陀》都是采用古壮字抄写而成,其基本形式是壮族民歌中最常见的五言排歌,少数情况下会使用七言或九言句式,上、下句的歌词互押腰脚韵,或押头脚韵。

不同于一般的宗教文学,或深奥难懂,或充满着神秘和恐惧,《布洛陀》虽然带着神巫气息,但它却具有一种浓郁的世俗气息,体现出壮族人民积极向上的生活激情和乐观态度。它古朴典雅、浪漫夸张又趣味横生,成为壮族人民独具特色的民间文学,尤其是诗歌文学的不竭源泉。

每年的农历三月初七到初九,都有来自百色、田东、凌云、巴马、东兰和德保等周边市县和海内外包括泰国、越南、老挝、缅甸等东盟多个国家的几十万群众自发汇集到一个地方来祭祀始祖布洛陀,那就是被视为布洛陀起源之地的敢壮山。据当地的壮族传说讲述:

> 很久很久以前的一个夜晚,敢壮山闪出一道亮光,瞬间划破整个天空,把右江盆地和整个壮乡照得如同白昼。有一个婴儿就诞生在这道亮光之中,他就是布洛陀。布洛陀出身不凡,相传为骆越神主,因此成年后聪慧勇敢,力大无穷,德高望重,成为壮族人世代传颂的创世始祖。布洛陀的妻子是附近的一位名叫姆六甲的女子。她沉鱼落雁,闭月羞花,后来成为壮族的母娘。布洛陀与姆六甲一起造日月、做星辰、开辟山河和天地,并生育后代,成为备受壮族人崇敬的始祖。

这些美丽的传说,给敢壮山增添了神秘的色彩。

敢壮山汉名叫"春晓岩",位于广西田阳县,海拔 326 米。据说,明朝时期,有位江西的地理先生名叫郭子儒。他专程为皇帝寻找风水宝地而来到右江盆地,在春光明媚的时候发现树木葱郁的敢壮山。他忍不住在岩石上题名"春晓岩",并撰联道:"春日初升风柔草绿催燕语,晓风微动露轻花舞伴莺啼"。据《田阳县志》记载,春晓岩从明代起就成了右江河谷规模最大的壮族歌圩所在地,其影响范围辐射到了周边十多个县。敢壮山孤峰矗立,前后左右皆不与其他山脉接连:在其南面,右江河谷平原开阔平坦,敢壮山巍峨雄伟,像一头威武的雄狮向西远眺。敢壮山最为夺目的景观是半山腰的一座门楼和一块岩石,门楼高耸于山腰上,岩石突立于绿荫丛中。1999 年 5 月,春晓岩被田阳县人民政府设为遗址,列为了县级文物保护单位,并建起了名为"南天门"的门楼,将"春晓岩"三个字刻于石岩上。

广西各地一共发现了 100 多处壮族先民的旧石器遗址,其中百色盆地的旧石器遗址最多,仅百色、田东、田阳和平果 4 县(市)就有 80 多处旧石器遗址点。自敢壮山布洛陀古居遗址被发现以后,专家学者蜂拥而至,到此进行考察,他们分别来自中国社会科学院、中央民族大学、亚洲民族学会、广西壮学会、广西民族研究所、广西博物馆等机构。经考证后，他们一致认定，敢壮山孕育了布洛陀文化，是壮族人民的一座文化圣山，布洛陀是壮族与珠江流域原著民族的人文始祖。这里还有其他与布洛陀有关联的诸多人文场所，如将军洞、姆娘岩、祖公庙、布洛陀洞等。敢壮山被公认为壮族布洛陀文化的发祥地，也是壮族人们的精神家园，布洛陀文化遗址经过重构已成为地域文化记忆中的"景观"。布洛陀传说与隆重的祭祀活动在此地相互结合，使其成为一座圣山，散发着神格的光环。

目前，百色市充分利用当地的壮族文化，在每年祭祀布洛陀之际，都以敢壮山布洛陀文化遗址景区为依托，重点推出布洛陀民俗文化旅游节，活动主要有布洛陀祭祀大典、布洛陀文化学术研讨会、布洛陀民俗文化主题晚会、布洛陀文化旅游节摄影大赛、山歌比赛、歌圩体育运动会、舞狮技艺大赛、壮乡千人广场舞活动、田州古城贝侬泼水狂欢活动，以及"三月三"风情旅游主题活动、大型风车展和布洛陀旅游商贸美食活动等，精彩纷呈，极具民族特色和风味。广西壮族以歌圩文化而四海闻名。唱山歌是前来拜祭布洛陀的壮族群众都会参与的文艺活动，一般会持续三天三夜，随着时间的推移就形成了广西区内规模最大、历史最古老的敢壮山歌圩。为了纪念布洛陀，歌圩中还有丰富多彩的文体活动，如舞狮和抛绣球等，这些活动也是后来广西歌海之源和百越民族集市之源。这里有朝拜广场，用来举行纪念人文始祖布洛陀的祭祀大典。届时，来自广西及云南等地的几万名壮族朝拜者汇聚一堂，全体共同祭拜布洛陀，祈求新年幸福安康、五谷丰登。

如今，适逢重大节日或喜庆大典时，男女老幼仍然会专心致意地倾听师公或歌手吟诵《布洛陀》。人们能从中了解自己民族的历史，用过去的经验作为今天社会实践的参照，使人获得启示，精神上获得一种特有的满足，所谓"神仙听了添灵气，凡人听了得安生"。时至今日，布洛陀信仰已经深深植根于壮族传统文化沃土和广大壮族民众的心灵中，并穿越漫长的历史时空，如不朽之精魂流淌在人们的血液里，千古传承。

三、刘三姐歌谣

刘三姐歌谣是壮族民歌，主要分布在广西宜州。宜州是一个多民族聚居区，以壮族为主体民族，位于今广西中部偏西，历史上曾是岭南西北部政治、军事、文化重镇，境内群山延绵不绝，河流交错纵横。凤凰山和九万大山的余脉延伸到了宜州境内，还有下枧河和小环江两条水路自北向南汇聚到龙江，随着龙江自西向东流入柳江。宜州气候温润宜人，物华天宝，人杰地灵，为壮族和其他少数民族的文化生成和发展提供了得天独厚的自然环境和地理空间。

2006年5月20日，刘三姐歌谣经国务院批准，被列入第一批国家级非物质文化遗产名录，保护单位是河池市宜州区刘三姐文化传承中心。2012年12月，谢庆良入选为第四批国家级非物质文化遗产项目刘三姐歌谣的代表性传承人。

"鱼峰山下姐成仙，留下山歌万万千，如今广西成歌海，都是三姐亲口传。"这就是壮族人民对"歌仙"刘三姐的赞美之词。虽然作为民间传说人物，但刘三姐最初可能确有其人。她是一位壮族歌手，而且被视为极其聪明智慧和具有歌唱才能的歌手，所以被人们景仰。人们为了表达对她的崇敬和喜爱又通过各种民间传说将其神化为一位"歌仙"。壮乡素有"歌海"的美誉，来到这里就来到了歌的海洋。这里人人善歌，处处可歌，人们会根据某人能歌善歌的程度称其为歌手、歌师、歌王直到歌仙。刘三姐被广西民间视为"歌仙"，也足以说明她的能歌擅唱。

刘三姐是古代民间传说中受人敬仰的壮族歌手。她聪明伶俐，歌声优美动人。刘三姐的传说源远流长，并在广西各地流传，她被壮、汉、瑶、侗、仫佬、毛南、苗各民族冠以歌仙的美称，不同地区的民族都把刘三姐视作自己民族的歌仙。但是不管各个地方的老百姓如何按照心目中的理想来重构刘三姐传说，相关的故事情节怎么变化，刘三姐传说最核心、最本质的内容都没有改变，那就是刘三姐能歌擅唱，唱歌成仙，留下山歌无数。

广西宜山壮族传说认为刘三姐出生于唐中宗神龙元年（705年），她聪明伶俐，从小就善歌唱，被人们誉为"神女"。到12岁，才思敏捷的刘三姐就妙语连珠，以歌会友，美名远扬壮乡内外。后来她将歌声传到了附近各地，慕名而来者络绎不绝，均想与其一决高下。但少则一天，多则三五天，与刘三姐对歌的他们全都江郎才尽，无歌以答，甘拜下风。然而才气过人的刘三姐，却遭到了无耻流氓恶霸的迫害，客死于柳州。民间传说刘三姐死后骑鲤鱼升天化成了神仙，也有人认为她在贵县西山与白鹤少年连唱七日情歌，最后化为石头。

虽然传说多样，无从考证，但改变不了壮族人民千百年来对她的尊崇和爱戴。

从定义上来看，刘三姐歌谣分为广义和狭义两种。广义上而言，刘三姐歌谣是指刘三姐所代表的世世代代生活在岭南珠江流域的各民族人民创造并传唱的歌谣；狭义上而言，刘三姐歌谣则是指流传于宜州一带的刘三姐歌谣文化核心区的歌谣。这些歌谣的文化主体是壮侗语民族以及汉族民众，尤其是宜州市是刘三姐歌谣最有代表性的地区，被认同为刘三姐的故乡。

刘三姐歌谣歌颂天地万物，种类丰富，涵盖范围广，涉及神话传说、天文地理、岁时农事、生产生活等各个方面的内容，具体可分为生活歌、生产歌、爱情歌、仪式歌、谜语歌、故事歌及创世古歌七大类，分别包含有情歌、苦歌、古歌、农事歌、花歌、盘歌等等。千百年来，刘三姐歌谣融入了壮族人民丰富的情感和杰出的诗性智慧，"以歌代言"是刘三姐歌谣诗性特点的显现，集中表现了其鲜明的地域性、文化性、民族性等特征。自古以来，壮族先民爱歌且善用歌，他们通过歌谣吐露心声，表达真情。由于多数歌谣朗朗上口，内容贴近人们的生产生活，形式简单，因此较容易被民间群众所掌握，传承比较完整，传播流布范围也广。

刘三姐歌谣中有众多的爱情歌，形式多样，艺术水平高超。这些情歌大致可分为排歌、叹情歌和婚恋歌。在相思相会、离别相送时表达夜不能寐、离愁别恨的人们会唱排歌，排歌为自由歌谣体，叙事与抒情并行，有长有短，短则数十行，长则数百行，甚至上千行，可以成排成排地往下唱。而人们在爱情遭遇挫折，表达悲伤和怨恨等千愁万绪时，会唱叹情歌这样的苦歌。婚恋歌则是人们在选择伴侣时所唱，在认识、相约相知等一系列过程中借婚恋歌交流彼此的思想和感情。

根据刘三姐传歌对歌的故事可知，唐朝时期已有歌圩，民间普遍认为，歌圩上唱的歌都是刘三姐的歌。在壮族社会里，歌圩是人们进行刘三姐歌谣文化传承和发展的重要场所，同时也是未婚男女唱情说爱的地方。壮族青年在歌圩上通过对歌、唱歌来寻找意中人和交流感情。通常，男女双方对歌是有相应程式的，即从相见时唱"初会歌"，到彼此见面后相互欣赏相互赞美的"赞美歌"，有感觉之后男方或女方唱"追求歌"跟对方确认关系，二者初次约会时唱"初恋歌"，相处久了唱"深交歌"，觉得到一定程度愿意组建家庭了便唱下"定情歌"，离别时又开始唱互诉思念的"相思歌"等等，最终壮家儿女结下百年之好。

歌圩一般在春节期间、壮族三月三、中元节、中秋节、重阳节等适逢农闲或重大节日时举行，也有临时形成的歌圩。歌圩的规模根据人数和场地确定，大规模的歌圩可达上万人，小规模的歌圩也有数百人。歌圩时间往往持续两至三天，白天唱为日歌圩，一般在村外山坡上或田野间举行；晚上唱为夜歌圩，在村中举行。每当歌圩来临，壮族男女青年便着盛装，带上礼物，从四面八方向歌场集中，物色歌友。对歌的高潮多在中午时分或夜幕降临之际，有男男女女相互对歌、男女混合集体对歌、男女二人单独对歌。

"三月三"是壮族地区最大的歌圩日，又称"歌仙节"，各地区的壮族人都会在这一天自发组织歌圩对歌。1984年广西壮族自治区人民政府正式将这一天定为壮族的全民性节日——"三月三"歌节。每年的这一天，自治区首府南宁市及其他各地都要举行盛大的歌节。发展到今日，"三月三"歌节已经从单一的歌唱活动发展成为全区各民族综合性的节俗活动。

随着历史的发展，刘三姐歌谣文化已经通过歌舞剧、彩调剧、电影、山水实景演出等表现形式传遍大江南北，在国内外引起广泛而持久的影响，成为一张优秀民族文化名片。

1959年，柳州市对邓昌伶《刘三姐》剧本进行改编创作了彩调剧《刘三姐》，剧中的道白和演唱主要使用桂柳话（汉语西南官话），全剧充满了浓郁的壮族风情和地方色彩。《刘三姐》剧目在音乐上除了汲取彩调的传统唱腔外，还融入了很多民歌，并由专业音乐工作者对原始民歌进行了改编，其中山歌在全剧中占有很大的比例，剧中刘三姐用山歌来展现主要唱段。将山歌变成了唱腔，并将山歌的唱腔加入到彩调剧中，这成为刘三姐歌谣文化一次重要的重构和发展。1960年，在柳州市彩调剧版本的基础上，广西民间歌舞团编排了民间歌舞剧《刘三姐》，使刘三姐的形象再次活跃在大众视野中，成为戏剧舞台的经典之作。在歌舞剧基础上，乔羽改编、雷振邦作曲、苏里导演、黄婉秋主演的电影《刘三姐》由长春电影制片厂摄制完成，并于1962年开始先后在全国各地和东南亚地区上映。它的诞生将我国歌剧中"歌舞剧"这种艺术形式推向了高峰。一方面，它在创作上呈现的民族风格和地方色彩取得了非常大的成功，观众在观赏时"仿佛自己也进入到广西秀丽的山歌之海的山区"。另一方面，它吸收西洋歌剧的创作经验，将音乐放在比较重要的位置，其最突出的成就是音乐旋律优美动听，带有广西的民间气息，并在后来的电影《刘三姐》以及《印象·刘三姐》中继续被使用。它出色的音乐旋律被中国广大百姓所熟知和传唱，至今还没有哪一部歌舞剧中的音乐旋律能够在中国的观众中产生如此大的影响力。从此，刘三姐歌谣作为中国壮族故事传遍国内外，成为广西壮族文化乃至整个中华民族文化的一张名片。

2004年3月，由梅帅元总策划、张艺谋总导演的大型实景剧《印象·刘三姐》在桂林阳朔开始公演。公演采取山水实景演出的方式，把歌谣生于斯长于斯的独特自然生态环境生动地呈现出来。在漓江夜色烟雨的背景下，漫江渔火灿若星辰，烟雨中，影如莲。《印象·刘三姐》中"刘三姐"乘着小船，在水墨的光影里，遨游在桂林山水间，深情而饱满地唱起千年渔歌，拨动着人们的心弦。该剧将刘三姐歌谣文化、广西民族文化、漓江渔火等元素重构，不着痕迹地融入山水，还原刘三姐的美，使刘三姐再一次走进人们的记忆里。此剧以现代流行音乐的形式重新演绎了"藤缠树""蝶恋花""多谢了"等多首脍炙人口的刘三姐歌谣，色彩运用和灯光效果凸显现代演艺技术带给人们的震撼。全剧除了刘三姐元素，还有侗族和苗族等其他少数民族的文化元素，增加了大量有关漓江自然风光和当地少数民族撒网捕鱼、牧牛洗衣等劳作生息的艺术场景。它所表现的不仅仅是刘三姐一个人，而是生活在漓江边、岭南山水间的所有族群，突破了以往唯一性、专指性的"刘三姐"个人形象，跨越到了泛化意义上的"刘三姐"群体形象。

无论是以哪一种形式展现刘三姐歌谣文化，都是现代人对刘三姐的重构。刘三姐歌谣文化的根在壮族，是千百年来壮族人民饱含情感的共同创作，承载着古朴民风，并在不同时期演变出不同的内涵。尽管刘三姐歌谣文化在不同的时代被不断重构，但其本真性仍被保留，它的基调积极乐观，凝聚民族精神，促进民族团结和社会和谐。刘三姐歌谣不仅是壮族人民生活中不可或缺的存在，同时也是壮族歌化生活的具体体现。刘三姐歌谣文化显示了中华儿女的创造力、想象力和诗性智慧，在全国乃至全世界都影响极深。其不仅见证着民族历史和情感，还具有民族学、人类学、社会学、文学、美学等多学科研究价值。

时代在不停转变，在快节奏的社会环境里，让我们停下脚步，仔细倾听刘三姐歌谣中的生活。"在家用歌来纺纱，下地用歌伴犁耙；赶圩用歌做买卖，歌伴三姐走天下"，这是壮家儿女对生活的诗性表达，清新活泼，缠绵多情，赋有艺术魅力。它唱着生产,"春天茶叶香又香,茶山一片好风光,自己种来自己采,甜满心头香满筐",这是壮族农耕文化中的知足常乐、豁达乐观的生活态度;它歌唱着爱情,"桐子拿来打灯油,妹在灯下做绣球;绣球里面装红豆,一心一意望哥收""连就连,我俩结交订百年;哪个九十七岁死,奈何桥上等三年",表达壮族儿女对美好爱情的追求。美丽的广西山水、美丽的刘三姐、不绝于耳的嘹亮歌声,一直吸引着全世界的人们寻访刘三姐和广西山歌。刘三姐歌谣文化的传承,需要时代歌手们的不断开拓创新,积极把刘三姐歌谣推向一个新的发展阶段,让刘三姐歌谣这张文化名片更加绚烂多彩。

四、壮族嘹歌

壮族嘹歌是著名的壮族长篇古歌,发展至今已有 2000 年左右的历史。它在民间长期被人们口头传诵,后经壮族文人整理加工,以古壮字记录下来并进行了适当的规范,从而形成了较为完整的歌谣集。这部歌谣集共有七个篇章,分别叫做《三月歌》《日歌》《夜歌》《入寨歌》《贼歌》《建房歌》《散歌》。壮族嘹歌沿河盛行,水域范围包括右江流域、红水河流域、邕江流域等,主要流行于广西平果、田东、田阳、马山、大化、武鸣等县。

2008 年 6 月 7 日,壮族嘹歌经国务院批准列入第二批国家级非物质文化遗产名录,平果县民俗文化传承展示中心为壮族嘹歌项目保护单位。

从起源上看,壮族嘹歌最早可以追溯到唐宋以前,汉朝刘向《说苑·善说篇》曾记载,春秋时期楚国"鄂君子皙之泛舟于新陂之中也……会钟鼓之音毕,榜越人拥楫而歌。歌辞曰:'滥兮抃草滥予?昌桓泽予?昌州州湛。州𩵱乎秦胥胥。缦予乎昭澶秦逾渗。惺随河湖。'鄂君子皙曰:'吾不知越歌,子试为我楚说之。'于是乃召越译。乃楚说之曰:'今夕何夕兮?搴州中流。今日何日兮?得与王子同舟。蒙羞被好兮,不訾诟耻。心几烦而不绝兮,得知王子。山有木兮木有枝,心悦君兮君不知。'于是鄂君子皙乃修袂行而拥之,举绣被而覆之。"学者们研究后认为,两千多年前的这首《越人歌》,章句格式及内容风格和嘹歌非常相似,由此也可推论:嘹歌在春秋时期可能就已存在。并且从记载中可知,壮族嘹歌不只是某个历史时期的单一作品,更是古代壮族民歌发展到一定阶段的集合产物。晋代《交州记》中就有壮族先民"乘牛唱辽辽之歌"的记载。今壮族地区许多民歌演唱时都有"辽罗""辽辽罗""辽啦""啦辽啦"等衬词，邕宁县壮族村寨中至今仍流传一种歌首引子、歌句衬词及收腔落音均以"辽罗辽—辽辽罗—辽罗"为助音的行腔，其俗称就是"辽辽歌"，这"辽辽之歌"可能就是壮族嘹歌形成的基础。随着历史变迁和社会发展，在民族文化与外来文化的碰撞中，壮族嘹歌逐渐发展成熟。

　　壮族先民通过唱嘹歌，借嘹歌中朗朗上口的五言四句歌词来愉悦身心和表达真情实感。因其容易记忆和理解，贴近生产生活，经历一代又一代壮民们生活经验的积累，壮族嘹歌内容愈加丰富。广西的口头文学各有其特点，壮族嘹歌的特点在于内容形式相对固定，并使用古壮字传抄流行于世，由此壮族嘹歌得以发展迅速，内涵丰富，包括了历史、人文、信仰、道德、民俗、制度等内容，分别再现了不同时期壮族人民生产生活劳动、婚姻爱情等方面的状况。千百年来，壮族嘹歌一直在壮族民间流传，生命力旺盛，并以其形式美、内涵美、意境美、韵律美及质朴的情怀、饱满的激情吸引着人们的目光，承载着壮民族丰富的文化内涵。它既是历史的记忆，也是今日生活的重要组成。

　　一般认为壮族嘹歌是因为每一句都有"嘹—嘹—嘹"作为衬词拖腔而得名。这里的"嘹"有特定的含义，在壮语中"嘹"是"玩""玩耍""娱乐""玩乐"的意思。"嘹歌"一名，就是源于壮族以歌为乐，好唱嘹嘹之歌。壮语的"贝嘹"意为"去玩"，并且在壮族人的世代观念中，出去对唱山歌，便是出去"玩"。青年男女去野外对唱山歌，本意是唱男女恋情之歌，俗称"贝嘹坡"。

　　壮族嘹歌作为广西地区的原生态民歌，虽发展的大方向没变，但因各区域人们所接触到的艺术文化环境、人们个体审美情趣不同，因而在音乐表现形式上也存在着明显的差异，形成的各式曲调有"哈嘹""长嘹""迪咯嘹""嘶咯嘹""那海嘹"等。这些曲调通过加衬词来显示各自不同的特点。不同的曲调给人不同的美感，如"哈嘹"是嘹歌中最广泛流行的曲调，以衬词"哈嘹"而得名，以第一乐句句末、首句歌词带有衬词"哈嘹"为标志。此类曲调通常高亢激越、旋律悠扬，给人欢畅动听的美感。"长嘹"又称"欢螺"，此类曲调衬词拖音比较长，衬托出婉转悠扬的旋律。"斯咯嘹"，又称"欢橹"，即是"船歌"，此种曲调对应乘船渡河的故事，曲调中歌词可以带"哈斯咯"和"咧嘶咯嘻嘹"为衬词，曲调表现力丰富，能再现场景。"迪咯嘹"即有向对方打招呼的意味，以"那迪喀"为开腔衬词，然后唱下面的歌词，每句歌词结尾常带有"啰""嘹""表咳喂"等衬词。这种曲调比较自由奔放，情感细腻。"那海嘹"流行于平果县海城，因壮语称海城为"那海"一带而得名。它以衬词作为每一句的结尾为特点，且通常一、三句会专门增加"哈嘹"作为衬词，二、四句则只是在每句词之后加"嘹"声结束。在嘹歌中，"那海嘹"曲调较为优美、动听，且特点鲜明，属于易于演唱的一种曲调。

在唱词唱句上，嘹歌善用重章叠句、复沓叠唱的章法结构和艺术表现形式，由此可见，即使同属于同一类型的歌体，嘹歌与汉语歌体还是有较大的差异。首先，腰脚韵或头脚韵互押是其较为普遍的特点。其次，它也非常注重结构严整，讲究音韵节律。在嘹歌流行的地区广泛地运用这些形式，以平果嘹歌为例，一般多为五言四句，押腰脚韵为主，也可以押头脚或者脚脚韵。这种五言四句体和对仗的押韵使得嘹歌朗朗上口，易唱易听，不仅为嘹歌增添了音韵美，同时也赋予嘹歌形式美。这种形式进一步增强嘹歌的音韵节律。这些对歌正像歌中描绘的潺潺溪流般发出一串串叮咚声，给人可触可摸、可闻可见的动感、声感和乐感，读起来音调和谐，听起来声声悦耳，使人感觉美妙婉转，回味无穷。因此嘹歌具有了一唱三叹、回环婉转的审美效果。比如以下对唱歌词：

男：溪水是溪水，比不得清泉。虽然有新恋，不如旧恩缘。溪水是溪水，潺潺流到此。流到此潺潺，想你就来会。
女：溪水是溪水，哪比得清泉。纵然有新恋，远不如旧缘。溪水是溪水，潺潺流到此。流到此潺潺，知你是否想。

根据壮族嘹歌的分布状况以及不同地区歌手的唱歌、抄歌习惯，可将壮族嘹歌分为三大部分，即"散歌""日歌""夜歌"，共有四千多首。其中，散歌是各种农事活动、季节流转、生产习俗的写照，如《二十四季节歌》《十年天旱歌》《丰收歌》等在民间圩头流传较广。日歌又可以分为《三月歌》《献歌》这两套长歌以及《建月歌》《盘问歌》《对对歌》这三个短歌；夜歌由《大路歌》《建房歌》《欢贼歌》三套长歌和《入寨歌》《家穷歌》《打十闹》《赞村歌》《惜别歌》《穿黑歌》六个短歌组成。

壮族嘹歌中的《欢贼歌》(又称《兵歌》)属于夜歌中的长歌,是现存壮族嘹歌歌谱中最具震撼力的一首,它运用抒情的表现手法来描写一对被战争拆散的恋人多年后重新相会的悲情故事。此外,夜歌中还有另一首关于生活劳作的《建房歌》,这是首劳动赞美歌,它细致传神地描述如何一步步建造壮族干栏式建筑的过程。日歌中的两套长歌《三月歌》《献歌》是壮族嘹歌中较为重要的歌曲。《三月歌》描述初春农闲时的壮家儿女结伴来到青山旁、泉水边、树荫下、花丛中采鲜花、摘嫩笋、拾蕨菜、找"北满"的情景。当人们流连忘返之际,春雨喜降,雨水入田,紧张繁忙的春耕季节到来了,人们纷纷赶回家中,修农具、运肥料、犁田地、播种育秧。紧张的劳动,更激起人们歌唱的热情,他们边春耕,边唱歌,一直唱到第二年的正月十五。《献歌》是一部追求自由恋爱的歌,词曲细腻描写了被父母包办婚姻的青年,各自心怀意中人,他们在路上相遇,一见钟情相互唱《献歌》,两人偷偷恋爱后遭奸人举报,不仅受到了世俗非议而且还被送至官府。但他们并没有因此而妥协,而是通过自身努力,反对包办婚姻形式,卖牛为自己赎身,最终两人如愿以偿在一起。

壮族嘹歌在物象选择上遵循男女的偏爱,如男方常用娇艳的植物(玫瑰、芙蓉、牡丹、海棠)或是灵动的动物(凤凰、画眉、斑鸠)等具象化事物来赞赏女方,以表达内心情意;而女方多提及高大壮硕的植物(榕树、木棉、宪木、松柏)或是威猛雄壮的动物(雄鹰、蛟龙、麒麟)等意象夸赞男方,同时以此表达自己的求偶条件。除此之外,嘹歌中还经常用"乌云、雷电、黄莲、酸梅、苦瓜、空心菜等,来喻示心情的苦闷、压抑和空虚,用虎、豹、豺、狼、毒蛇、狐狸、蝎等来比喻心肠的狠毒、残暴无情"。这类意象寓意含蓄深刻,最能表达人们的思想感情、文化素养,真实再现强烈的情感,也赋予了嘹歌无限的活力和激情,听之唱之都能使人感受其永葆鲜活的原始生命力。

嘹歌最早是娱神媚神之歌,每年只有敢壮山布洛陀祭祀时才能对唱,后来逐渐演变成娱人之歌,且只要恰逢其时,男女之间便能对唱。嘹歌一唱,如痴如醉。每年春季三四月份,在广西的平果县、田东县和马山县等地,村边的大榕树下、田间地头、庙堂戏台,只要是有空地,都能看到民众汇集在一起唱嘹歌。他们习惯用鲜明的艺术形象来表达自己的思想感情,抒情式地进行对唱,这种抒情赋予了这些长诗情挚意切、委婉细腻和悱恻缠绵的特殊格调。嘹歌在思想性和艺术性方面都有其辉煌的成就,使之成为壮族文学的瑰宝。同时,嘹歌也是后人学习研究壮族文学的典型范本。

嘹歌是民歌艺术中的一朵奇葩,作为壮族人民世代传承的长篇古歌,具有丰富的文化内涵和较高的审美价值。它以抒情为主,叙事为辅,涵盖许多意蕴深刻的文化意象,这些意象是壮族儿女在歌唱时将自己强烈的情感融入其中,且一般为歌手即兴创作。壮族嘹歌作为当地文化内涵的主要载体,其独特的艺术构思和表现手法,蕴含着社会教育、民族文化、民间信仰等多方面内容,这些内容在相对闭塞的壮族环境里,通过壮族人聚集唱歌的形式内化于人们的生命中,嘹歌也由此达到了很好的传承效果。

从古至今,嘹歌以抒情的方式表达壮族人民的民族心理、民族情感以及民族性格。今日的壮族嘹歌被壮学专家学者称为"一部未经刊行的壮民族古代原生态的百科全书",是民族悠久历史的见证。它具有重大的历史、文学、民俗学和古文字研究等价值,是反映壮族社会现实的口头文学艺术作品。它以其曼妙的旋律,质朴而饱满的情感,感染着一代代壮族民众,人们从唱嘹歌的过程中收获快乐,把握幸福,品味生活,展示才能,领悟真谛。在平果这片被嘹歌环绕的土地上,让嘹歌滋润更多人的心灵,也让这壮乡人的魂带给世界更多的震撼。

五、密洛陀

《密洛陀》是瑶族支系布努瑶的一部创世史诗,也是一首结构复杂的长篇口传神话古歌。它广泛流传于广西的都安、巴马、南丹、东兰、田东、平果等地。"密洛陀"是布努语,意思是远古之母、智慧之母、创世之母。

2011年5月23日,《密洛陀》经国务院批准,被列入第三批国家级非物质文化遗产名录,保护单位为都安瑶族自治县文化馆。

广西大多数的瑶族及其支系均信奉盘王,但广西都安、巴马、东兰等瑶族自治县流传着以口承传统为主的瑶族神话史诗《密洛陀》。《密洛陀》被誉为布努瑶的百科全书。《密洛陀》主要流传在布努瑶支系当中,布努瑶的分布区域较集中,北起湖南湘西的辰溪县,向西南方向弯曲延伸,中经广西红水河一带,再向西南进入云南的富宁县,形成两头小、中间大的月牙形。据人口统计,布努瑶作为瑶族的第二大支系,目前人口约80万。这些人中有70%

居住在广西河池市都安瑶族自治县、大化瑶族自治县、巴马瑶族自治县及周边区域。布努瑶的民族特点突出，民俗节庆活动丰富多彩。布努瑶民间系多神崇拜的原始信仰，尤以崇拜主神密洛陀为最。瑶族没有文字，创世史诗《密洛陀》是布努瑶人民在生产生活中口耳相传流传下来的，深受广大瑶族人民的喜爱。

关于《密洛陀》的记载，最早是民国时期桂岭师范学校校长刘锡蕃所著《岭表纪蛮》一书，其云："桂省西北之苗瑶于盘古大帝外，兼祀伏羲兄妹及迷霞（女性）、迷物（女性）、含溜（性别不详）诸神。"可知此处提及的女性人物迷霞、迷物应该就是密洛陀的壮族音译。

布努瑶坊间流传着密洛陀的神话传说，认为她是瑶族伟大的创世女神和英雄女神。根据民间神话传说，密洛陀及其所生的各路大神，起初先选择造天造地，再造世界万物，最后才制造人类。密洛陀在造人时历经艰难曲折，多次反复实验，最终用蜂蜡造成了汉人、壮人、苗人和瑶人四族人类，因而密洛陀也被瑶民称为"万物之主""人类始祖"。密洛陀不仅让人类学会了语言，而且为人类寻找地方、建造房子，还为了人类的生存不惜射杀了天上的十一个太阳和十一个月亮。

> 相传宇宙的黑暗时代，天地未分开，合抱似铜鼓。密洛陀在铜鼓里沉睡了九千九百年。雷声把天地震裂，惊醒密洛陀。她高大无比，力大无穷，走到天地裂缝处，双臂上顶，造就了天，两脚下踩，造成了地，天地从此上下分开。天地黑暗，密洛陀用左耳金环造了太阳，用右耳银环造了月亮，从此日有太阳，夜有月亮，四季分明。密洛陀令神界九位大神各司其职，协助她治山水造万物，如山神卡亨造千山万仞，河神罗班造田地开河道，树神布桃娅又、花神山拉把造五谷百树花草等。

史诗中描述的密洛陀创世伟业并不是一蹴而就，而是在失败中不断探索规律和反复实践，最终才取得成功。

在布努瑶的心中，密洛陀是无比崇高和伟大的。为了感谢和纪念创世神母的功劳和恩德，通常在每年农历五月二十九日，布努瑶人在给始祖神密洛陀及二十四位男女大神"还愿"时，才由专门的人士如师公演唱该史诗。史诗的主人公就是作为创世之母的密洛陀，她创造了宇宙万物——山、川、平地、湖、海、森林及生物，密洛陀还派遣她的儿子们射杀了对人类生存造成威胁的太阳和月亮，斩除危害人类的残暴凶猪和鬼怪妖猴。她教给人们如何辨别是非，如何做一个好人，她一步步引导布努瑶人从黑暗走向光明，建立了不朽的功勋。

作为瑶族雄伟壮大的民族史诗，《密洛陀》的故事一开始，便牵引着人们前往一个奇妙精彩的神话世界。《密洛陀》长篇史诗由不同的大小故事构成，并在不断讲故事的过程中形成了结构框架。史诗的故事结构大体分为三部分。第一部分主要叙述布努瑶的始祖女神密洛陀及其子女创造天地万物和人类的过程，如诗中叙述道，"很久很久的时候，宇宙阴暗暗；远古远古的从前，太空黑沉沉。下没有土地，上没有青天"；第二部分着重叙述布努瑶在受到压迫时积极反抗，但最后被迫迁徙的过程；最后一个部分则是叙述了布努瑶的繁衍发展以及分支立姓的过程。

传说农历五月二十九日是始母密洛陀的生日，布努瑶出于祖先崇拜，在该节日期间，各家各户备甜酒，杀猪宰羊来敬奉密洛陀，祈求她保佑族人五谷丰登、人畜平安。同时，还要举行聚餐、跳铜鼓舞、点火炮、对唱山歌、吹奏唢呐、射弓弩、斗鸟、表演武术等丰富多彩的文体娱乐活动。不论是老年人、中年人或青年人，都聚在一起说唱《密洛陀》，盘问密洛陀创世史，说唱声此起彼伏，欢声笑语不绝于耳。这些场面壮观、热闹红火的活动，构成了布努瑶独特的节日风情，自古至今，经久不衰。

《密洛陀》作为一部口头文学，因为历代口耳相传，不同的史诗叙述者因其文风的不同，在用词用句的表达方式上均以其生活化用词、程式化的句式、扩展性的明喻构成史诗的框架，故事之间既有独立性又富有节奏性，最终具有了诗性化和生活化兼备的特点。

创世史诗《密洛陀》作为布努瑶民间文学的重要组成部分，融瑶族民间神话传说、坊间流传的神话故事和瑶族民众世代传唱的戏曲歌谣等为一体，是布努瑶口传古籍的集大成者，篇幅恢宏，长达 15000 行，按祭祀仪式演唱，要七天七夜才能唱完。其浩瀚的篇幅，恢宏豪迈的气势，借助形象生动的语言，讲述了密洛陀的诞生、天地日月的形成、人类万物的起源、治理大地山河、征服自然灾害和妖魔怪兽的斗争等重大事件。它歌颂布努瑶始祖母密洛陀对人类的无私奉献，创造万物的伟大功绩，同时，再现古时瑶族先民的社会生活场景和曲折坎坷的迁徙历程。

作为瑶族人民民俗生活的一个重要组成部分，如今，广西地区的布努瑶民众的生产生活、民间信仰、婚丧嫁娶等各种文化节俗也都与创世古歌传唱的习俗有关，如生产生活、安设神位、祭祀仪式、交友聚会、婚嫁酒会、过年过节、丧葬仪式等习俗活动中，对《密洛陀》的传唱进一步呈现了史诗的活化和活化的史诗，生动形象地表述了布努瑶的民族精神和诗性人生。

作为布努瑶的创世史诗，当然具有布努瑶的民族个性，表达出瑶族的社会历史观、人文自然观、艺术审美观。基于长期的迁徙生活，瑶族创造了不同于其他民族的生存智慧，这种强烈的生存智慧反映在布努瑶的史诗《密洛陀》中。因此，《密洛陀》在研究布努瑶独立的民族品格和伦理道德等方面都有极高的史料价值和学术价值。流传在各地的《密洛陀》版本不一，经过历史演变，现今留存多种文本。不过，真正意义上的《密洛陀》搜集整理工作是从二十世纪六十年代才开始的，"先是广西民间文学调查组的农冠品、黄承辉到都安县采风，在七百弄乡（今属大化县）收集到了三千多行的《密洛陀》，油印成资料在社会上传阅。受此影响，中央民族学院的刘保元、盘承乾等人也前去七百弄等地采录。莎红和黄书光（广西民族学院教师）等人则顺藤摸瓜到巴马县东山乡采访，获得七份有关《密洛陀》的原始材料，莎红整理了其中的'创世'部分，发表在 1965 年《民间文学》的第 1 期，引起世人关注"。布努瑶人民把《密洛陀》视为本民族的"神谱"或是"根谱"，并在瑶族民间世世代代口耳相传。千百年来，只要适逢节时，人人歌唱《密洛陀》。巴马瑶族自治县、都安瑶族自治县、大化瑶族自治县中世代居住的布努瑶将农历五月二十九日定为瑶族布努节，节庆当日，人们均身着盛装，以歌起舞，配以铜鼓，热闹非凡。

史诗唱曰："太阳造的热，一天比一天强；月亮造的光，一夜比一夜亮。山草几度枯，山林几度黄。阳光烈如火，大地滚热浪。河水停止了流淌，山花失去了芬芳。百鸟没水喝，百兽渴难当。禾苗点得火，草木尽枯黄。虾已无处躲，鱼也无处藏。为救万物命，快射杀太阳！"当个人利益和集体利益产生冲突时，先民为了种族繁衍，族群延续，牺牲个人利益捍卫集体利益的情况在所难免。上述史诗的内容集中体现了布努瑶的集体主义和群体责任意识。当太阳和月亮私自结婚，并生下十一个太阳和十一个月亮，世间其他生物则面临死亡的劫难，为了群体的生存和利益，密洛陀在劝说无效的情况下毅然决然地下令射杀多余的日月，即使太阳和月亮也是自己的孩子，被射杀的太阳月亮是自己的孙儿。此外，密洛陀"灭蝗虫""抗旱灾"等这些斗争都是屡战屡败，屡败屡战，而每次胜利都是从失败中取得教训、积累智慧。瑶族先民们从史诗中学会封山、知晓草种、树种及其生长规律等知识；了解农耕活动，通过农耕获得蔬菜、瓜果等农作物；从"羊尝百草"懂得采草治病；从"糯米造人"懂得如何酿酒；通过"造动物"懂得鸡、鸭、鹅、狗、猪、狗、猫、羊、牛、马等生孕规律……这一系列的实践活动都可表明布努瑶先民通过不断经历失误，吃一堑长一智，从而积累生存智慧。

《密洛陀》史诗让布努瑶坚信只要心中有永恒的信念，只要靠勤劳的双手，即使荒山野岭也能开荒种田，即使整片山石也可以变成林地，树上的叶子可以变成衣衫。这种对美好生活的向往，支撑和鼓舞着他们挺过艰难险阻，使其充满信心渡过难关，努力创造未来的幸福生活。在《密洛陀》中还有对布努瑶同胞的鼓励，增强其信念。"洛陀给我们有创造的精神，洛陀给我们有进取的信念。她在万难中创大业，她从困苦里起家园。她闯过无数坎坷，她遇见无尽祸患。她没有叫我们回头走，她没有喊后代原地站。"史诗鼓励瑶族儿女努力寻求生存的空间，不畏艰难险阻，勇于探索，敢于挑战。

可以说，《密洛陀》是布努瑶社会文化发展过程中凝结着民众智慧的一颗璀璨的明珠。瑶族先民遵循自然规律，根据自身对四季更替的理解，对世间万物的表达，塑造出集智慧、知识、气魄于一体的始母密洛陀的形象，她神通广大，勤劳勇敢，为人类造福。《密洛陀》与布努瑶的日常生活联系在一起，充分体现瑶族先民对征服自然、改造自然的相关表意。

布努瑶民众坚信，神的境界与人类的领域互通有无。因而每当布努瑶面临苦难困境，都会高唱《密洛陀》。正是依靠传唱《密洛陀》，才帮助人类走出困境，到达新的乐土。多年来，《密洛陀》是布努瑶生存智慧的显现。这部古歌世代传唱，从远古流到了今天，构建了布努瑶族群共同的社会历史记忆，这是布努瑶人对安定生活的向往，对人与自然和谐相处的积极追求，蕴含民族文化共生的思想。《密洛陀》是布努瑶思想文化的珍宝，是属于整个人类社会的文化财富。

六、壮族百鸟衣故事

壮族是世代聚居在我国南方边疆的古老民族之一，属百越族群。多年来，壮族人民历经长期的生产劳动和阶级斗争，其内心保持着对自由的渴望，他们追求浪漫，向往幸福纯粹的生活，创作了很多优美动人的童话、寓言、神话和民间故事。其中"百鸟衣"的故事在民间广泛流传，它内容丰富，版本多样，富于幻想又充满着奇思，且与壮族布洛陀文化关系密切。

百鸟衣的故事主要流传于横县校椅镇及周边地区。壮族百鸟衣故事讲述穷苦主人公被土司压迫，后历经艰辛做成"百鸟神衣"，杀死土司，救出妻子的反抗威胁压迫的故事。

2007年壮族百鸟衣故事被列入广西首批非物质文化遗产名录，2014年11月11日，经国务院批准，被列入第四批国家级非物质文化遗产名录，保护单位为横县文化馆（横县非物质文化遗产保护中心）。

壮文化中的口头文学尤其丰富，《百鸟衣》作为壮族民间口耳相传的神话故事，因无文字可考，不少学者通过田野调查对传承人进行深度访谈，搜集了不少口述实录，从壮族地区民间流传的故事内容到故事情节表明，《百鸟衣》孕育产生应始于阶级社会，加上现存的一些史料记载，以及新中国成立后"文人文学"和一些文献收录中提及的"土司"一词，大致可以判定《百鸟衣》有近3000年的历史，是具有百越遗风的代表性民间传说故事之一，极富幻想性，神话色彩也十分浓厚，并随着历史的发展而更加丰富。作为壮族地区独具特色的神话传说故事之一，《百鸟衣》以跌宕起伏的故事情节，再现壮族先民勇敢顽强、不畏强暴的民族斗争精神，征服了广大民众，它美好的印象深深留存在代代壮族人心中。

《百鸟衣》情节并不复杂，讲述的是人鸟相恋的爱情故事，但因其凄切动人，深受壮族人民的喜爱，继而代代相传。在历史上，壮族地区多鹭鸟，在壮族民间经典《麽经》中就记载，鸟是始祖布洛陀所创造出来的神物，对农事有着重要的帮助，因而壮族先民视鸟为图腾，把鸟的羽毛当作神物，以求五谷丰登。另据《逸周书·王会篇》记载，"生活在岭西地区的一些百越支系，还以'翠羽'作为贡品，献给中原的殷、周王朝"。此外，壮族先民还把鸟的羽毛编成羽冠作为头饰，或是织成衣裳穿在身上，或是把自己打扮成鸟的样子，以表达对鸟的崇拜。此外，在《山海经·大荒南经》中记述："有羽民之国，其民皆生毛羽。"另有东汉许慎的注解：羽民，意为南方羽民之国。"南方羽民之国"正是古代骆越族的聚居地，所以，鸟对于壮族先民来说不仅是敬仰的图腾神，也是保护神。据说，唐朝时岭南的南海郡（越人后裔居地）曾给武则天进贡过一件百鸟衣，武则天将它作为宫中宝物，并赏赐给了她的一个先臣。柳宗元被贬柳州，在柳州还经常看到一些人穿着羽毛衣。他在《柳州峒氓》一诗有云："鹅毛御腊缝山罽，鸡骨占年拜水神。愁向公庭问重译，欲投章甫作文身。"柳宗元这四句诗所描绘的是伶壮的巫师穿着羽毛衣，也就是唐代的羽人，实际上他穿着的可能就是"百鸟衣"，他站在水边，祭拜水神，用鸡骨进行占卜，以定吉凶。以上的"羽民""羽人"等等，都是百鸟衣神话的延续。

《百鸟衣》故事以人鸟相恋、数百根鸟的羽毛制成衣服这些核心情节，成为百越民族特色传说故事的构成元素。壮族百鸟衣故事讲述了一段打破常规的爱情故事。

在很久以前，有个壮族农村后生古卡，出生在贫困的家庭，他尚在襁褓之中时，父亲因给土司做苦工而被活活累死。古卡自幼与母亲相依为命，他也靠着给土司做苦工赚钱买米，养家糊口。古卡从小就有一技之长，打鸟特别厉害。他勤劳、善良，小小年纪便上山打柴、打猎，练就一身好本领和一副健壮的身体。一日，古卡在挑柴回家的途中，看到一条蟒蛇欲吃掉一只正在嬉戏的小鸟。见状，他打死了蟒蛇，救了化身为小鸟的神女依娌，他把小鸟带回家后，小鸟竟变成了一个美若天仙的姑娘，二人一见倾心，并结为夫妻。古卡的勇敢能干，依娌的勤劳，让二人婚后过上简单又幸福的小生活。偶然的一天，古卡有一个美丽妻子的事被土司知道了，土司见到依娌后更是因其貌美垂涎三尺，千方百计想抢走她作妾。土司处处刁难，想尽各种办法，最终强行抢走依娌。临走时，依娌告诉古卡："你去山上射一百只鸟，用鸟儿的羽毛织成一件衣裳。"日子一天天过去，古卡每天都带着仇恨和悲伤进百兽山打鸟。一百天后，古卡终于集齐了一百只鸟的羽毛，并做成了一件美丽的百鸟衣，后穿上百鸟衣到衙门找依妲。平时愁眉苦脸的依妲见到百鸟衣后欣喜一笑。土司贪图百鸟神衣，也为讨依妲欢心，便脱下官袍与古卡换穿。古卡借着帮土司穿百鸟衣的时机杀死了土司，骑上宝马带着依妲远走高飞，他们腾云驾雾地飞上了天。每当夏天夜里，可以见到天河边上两颗相伴相依的星星，那就是古卡与依妲。

像这样神鸟救人的神话，在广西西林县也流传着一个《蜜月鸟》的神话故事。民间传说中，蜜月鸟曾救过壮族人，被壮族人当成神鸟并予以壮族最高的礼仪敬仰。

> 古时有个后生叫柴哥，靠打柴度日，他天天都要上山打柴。婚后的第二天，他便上山去了，却被一条大蟒蛇吞进肚里。不久他就会被大蛇慢慢消化掉，这时，树上的一只小鸟不断地叫唤着"蜜月！蜜月！""蜜月"与壮话"刀割"是同一语音。在蟒蛇肚里昏迷中的柴哥，听到这个声音，立即用柴刀刀尖压在蟒蛇肚皮上，蛇腹被割破，柴哥爬出蛇腹，蟒蛇鲜血淋漓，不久便死去了。

类似于壮族百鸟衣的故事，在现代壮族民间故事中是屡见不鲜的，并且古时候在广西壮族聚居的地区都有相关流传。广西隆林各族自治县的壮族村寨中就有民间艺人创编的"百鸟衣系列作品"。这一系列作品中关于百鸟衣的故事就有五个。这些故事虽然情节上有些不同，但是总体上都保留了以百鸟的羽毛制成衣服这个核心元素，也毫无保留地赋予了百鸟衣神奇的力量和作用，主人公用它来战胜邪恶势力，取得美满和幸福，鸟也成为人们的保护神。《百鸟衣》的故事在坊间流传，表达世代壮族人对美好生活的向往，经千百年的世代传承，不断记录着人们自古以来生息繁衍的自然地理环境、历史文化变迁、民族风俗习惯、社会伦理道德和民间信仰等重要的信息。

《百鸟衣》故事的真善美内涵让闻者动容，作为一个鸟图腾神话，可以说，它产生于原始氏族社会。在这个故事里，人与鸟的结合神奇且不可思议，无论是化身美女依妲的小鸟，还是百兽山上被打下的一百只不知名鸟，在壮族社会里，都是美的象征。

从这些传说神话里，可以看出壮族先民对于鸟的崇拜。他们把鸟当成自己的祖先，把自己说成是鸟的后裔，甚至在描绘自己的形象时也采用鸟的形象，如长满羽毛，有翼会飞等。所以如今我们在花山岩画、各式铜鼓中见到的众多翔鹭纹、羽人纹都不是偶然，而是可以作为壮族先民图腾崇拜遗俗的佐证。那些羽人舞队排列整齐，鸟图腾舞仪式庄严威武，仪式中排列的羽人们有的羽毛长且大，像巨型的芭蕉叶子，有的与被装饰的人一样长，有的比人长。羽人们的造型像一只威武待腾飞的大鸟。这些羽人形象正是神话的另一种具象，他们甚至并不是远古的梦幻形象，而是在壮族先民的生活中作为某种形式实际存在过。

红水河沿岸的马山县及附近的多个壮族村寨，至今仍传颂着鸟王为民殉难的神话传说。在当地，每年农历七月二十日为壮族民众盛大的鸟王节。关于鸟王节的由来：

> 相传从前有一个聪明美丽的壮家姑娘达汪，从小心灵手巧，能织锦刺绣。一次，达汪为救一只麻雀，被土司老爷看中，土司老爷要逼娶达汪。达汪因为宁死不屈遭土司陷害致死。人对鸟有恩，鸟对人报恩，在她被害死后，鸟群将她抬上了天，葬在了月亮上。乌鸦唱礼，白头翁戴孝，杜鹃唱挽歌，黄莺奏箫笛，麻雀们跳招魂舞。

壮家每年七月二十日过的鸟王节，是与壮族当地民间信仰结合的产物，反映了古代社会崇拜鸟的文化现象。

时至今日，每逢农历正月初八，人们仍会欢聚一堂共度百鸟衣节，届时，节俗上的人流会把杆洞街挤得水泄不通。大家身着百鸟衣盛装，吹笙踩堂，欢庆自由自在的生活。

1955年，壮族著名作家韦其麟根据民间流传的百鸟衣故事创作了叙事长诗《百鸟衣》。这篇优秀叙事长诗的问世，在全国文学界引起了极大的反响，许多作家、诗人纷纷以各民族民间文学为基础创作出优秀作品，对我国当代文学的发展具有重大的影响力。《百鸟衣》因其叙述的生动和故事的深刻获得了海内外专家学者的极大关注，百鸟衣故事的传承进入空前的兴盛期。为保护这一文学艺术瑰宝，弘扬民族传统优秀文化，广西各地的文学艺术家纷纷以《百鸟衣》

为题材创作了邕剧、粤剧、壮剧、歌舞剧等大量戏剧，引发一阵热潮。并且，广西电影制片厂还根据百鸟衣的故事拍摄了电影《百鸟衣》。2016 年，根据壮族百鸟衣故事改编的大型魔幻杂技剧《百鸟衣》在南宁举行专场公益演出，该剧巡演数十场，一度成为展示和传播壮族文化的一扇窗。

《百鸟衣》的艺术价值和艺术魅力，还来源于它动人的浪漫主义气息。它如同一幅色彩斑斓的画卷，形象地、真实地展示了壮族社会的历史发展和壮族传统文化精髓。那极富浪漫主义的想象，丰富细腻的情感，和深沉的对爱的追求在壮文化里永远闪耀着光辉。正如长诗里描绘的那样，那美丽的鸟儿化为一个美丽的姑娘，这种浪漫的气息弥漫在历史的长河里，让我们对于壮文化的理解变得诗意和精致起来。

时至今日，百鸟衣神话一如百鸟衣之美丽，百鸟之灵气，因为它本身具有鲜明的时代性和民族性。古老的人鸟相恋相婚的情节一直为人们津津乐道，壮族百鸟衣的故事扣人心弦，多年来盛传不衰。

> 百鸟衣哟，百鸟衣，百鸟的羽毛，百鸟的灵气，
> 千针万线缝起来哟，阿哥穿上人更美……
> 百鸟衣哟，百鸟衣，百鸟的羽毛，百鸟的灵气，
> 千针万线缝起来哟，好让阿哥展翅飞……

七、仫佬族古歌

仫佬族古歌指的是仫佬族人民在劳动、生活中集体创作并世代传唱至今，用以传播历史文化、生产知识、为人处事、交往交流的民间歌谣。仫佬族儿女世代传唱，并称其为仫佬族传统文化和民间文学的精华。仫佬族古歌在发展过程中一是吸收汉族文化的精髓为己所用，如宋词、元曲的形式；二是来自于对当地歌手们丰富赛歌实践的不断总结和升华。仫佬族古歌主要分布在以广西罗城仫佬族自治县为核心的东门、四把等 11 个乡镇以及周边宜州、柳城等仫佬族聚居区。

2010 年 5 月，仫佬族古歌列入广西第三批自治区级非物质文化遗产代表性项目名录。2021 年 5 月 24 日，经广西壮族自治区河池市罗城仫佬族自治县

申报，国务院批准，仫佬族古歌被列入第五批国家级非物质文化遗产名录。保护单位是罗城仫佬族自治县文化馆。

广西罗城仫佬族自治县是全国唯一的仫佬族自治县，这里是仫佬族最大的聚居区。罗城坐落于桂北九万大山中心南麓，依山傍水，环境清幽。县境内有仫佬、壮、苗、瑶、侗等少数民族29.08万人，其中仫佬族人口12.47万人，占总人口的33.16%。宜人的气候和青山秀水赋予仫佬族丰富的生活情趣，岁时节令民俗和文娱游艺民俗为仫佬族古歌的产生提供了肥沃的民俗土壤。仫佬族先民缺乏对自然现象的认识，信仰形态呈多元化，涵盖佛教、道家、天宫、地府、神仙、鬼怪。其中，信奉的家神有祖先、灶王和土地；信仰的外神包括雷王、白马娘娘、婆王、伏羲、女娲和刘猛大将军。在日常生产生活过程中，仫佬族通过举行相应的仪式，伴随相应的古歌，以此方式向神明祈福禳灾。仫佬族是爱唱山歌的民族，仫佬族人喜欢在节假日、圩日聚集在歌坡对歌，也在传统的歌坛上歌唱。直至今天，在赶场、走坡、婚姻、节庆、劳动之余，仫佬族人都喜欢唱歌对歌，场面非常壮观。在长期的社会活动和与自然抗争中，仫佬族人民用勤劳的双手和智慧在建设自己美丽家园的同时，也创造了绚丽多彩的民族文化。

仫佬族古歌形成于元末明初，形式多样，流传较广的有600多首，以民间歌手口头传唱以及手抄歌本为主要流传方式，传承至今。仫佬族属于汉藏语系壮侗语族侗水语支，族内通用仫佬语、壮语及汉语，没有形成专门的文字，多是用汉字记载歌词，用"土拐话"进行演唱，演唱起来淳朴自然，感情真挚。仫佬族古歌反映了仫佬族和汉族、壮族等其他民族人民长期以来的和谐生活，对于打破民族之间的隔阂，促进各民族之间的交往交流交融具有重要意义。

仫佬族古歌是仫佬族人学习知识、传承生产生活经验的重要途径。仫佬族古歌种类多样，目前学界对其有详细、多样的分类。1987年，包玉堂等学者在《中国民族民间文学》中，将仫佬族民歌分为"古条""口风""随口答"和"新民歌"四类。同年，龙殿宝主编的《罗城歌谣集》中，将仫佬族民歌分为"儿歌""情歌""劳动歌""时政歌""仪式歌""生活歌""口风歌""历史传说歌"和"其他歌谣"（包括鸟兽鱼虫歌、谜语歌等）等九类。1992年，包玉堂等学者的《中国歌谣集成》又对仫佬族民歌进行重新分类，将其划分为"古歌""儿歌""劳动歌""时政歌""仪式歌""情歌""生活歌"和"历史·传说·故事歌"等八类。1993 年，在《仫佬族文学史》中，龙殿宝等人将仫佬族民歌分为"情歌""苦歌""儿歌""时政歌""状物歌""叙事歌""农事歌""历史歌""风俗歌"以及"新民歌"等十类。2007 年，龙殿宝等学者斟酌再三，在广西民族出版社出版的《仫佬族古歌》中对仫佬族民歌按内容、形式、句、字数进行重新划分。一是按内容将其分为"开坛歌""古条歌""走坡歌""口风歌""礼俗歌""仫佬族古歌""壮语情歌"和"其他歌"等八类；二是按形式将其分为句式歌和字数歌两类；三是按照句数、字数分，按句数可分为"二句歌""三句歌"……"十四句歌"等，按字数则是指按每句多少字来命名并分类，也有按整首歌多少字来命名的情况，有"十一字""二十字"……"一百二十字""二百四十字""三百六十字"等。仫佬族古歌形式多样，截至目前可查的共有 44 种歌名，90 种句式，以四句体为主，每句字数灵活，以双句押脚韵为主。不同句式或字数的仫佬族古歌脚韵都不同，是中国各类民歌中形式最为丰富的一种。

按照仫佬族人当地的习惯分法，仫佬族古歌可以分为开坛歌、古条歌、走坡歌、口风歌、礼俗歌和其他歌这几类。

一、开坛歌。开坛歌也叫开台歌，主要是晚上设立歌坛时唱的歌，流程包括开坛、闹坛、劝唱、坐坛、接声、称呼、问投师、还投师、进村、要乐、问做鞋等内容。仫佬族歌坛大多设在厅堂里，有的也设在房屋外的晒谷坪或其他宽敞的场地。

二、古条歌。古条歌在开坛歌之后对唱，在仫佬族古歌中占有较大的比重，多为叙事歌谣，内容多为历史事件和历史人物、英雄故事或民间传说，代表作有《今古对唱》《唱罗城》《伏羲兄妹》《八寨赵金龙》《水淹天门》等，其中，《今古对唱》从盘古开天的神话讲到辛亥革命的历史，是仫佬族现存的最完整的长篇历史叙事歌谣，还有《刘三姐》《李清杀儿》《蝗虫歌》等叙事体裁的歌谣。《立罗城》《传家训》等是仫佬族历史、伦理道德教育的好教材；而《梁山伯与祝英台全集（四句歌）》《薛仁贵征东》等大量汉族题材的叙事歌谣则见证了历史上仫佬族与汉民族文化交融的源远流长。

三、走坡歌。走坡是广西少数民族青年男女社交活动的统称。仫佬族一般定于秋收后或春节前后走坡。仫佬族青年男女通过走坡对歌来谈情说爱，相互了解，结"同年"连"姻缘"。迎亲成婚当天，新郎的亲属和伙伴抬着礼物到女方家接亲，答对女方的"拦门歌"后，才能牵出新娘。新娘由穿戴一模一样的"送嫁十姐妹"陪同，带着陪嫁礼物走向新郎家。婚宴结束后，宾客和女方亲友自发举行盛大的歌会，人们对唱情歌、口风歌、古条歌，通宵达旦。走坡歌也叫同年歌，包括初逢、拦路、邀唱、还唱、问姓、问定物、下定、算日子、分离、结双、同年、相送、叹苦情、想念、有缘、送鞋、唱花等内容。

四、口风歌。口风歌是仫佬族男女青年比赛歌唱才华的歌，即兴演唱，最能展示和体现男女歌才。包括"正口风""今古口风"和"烂口风"三种，在形式上有句式歌和字数歌。

五、礼俗歌。礼俗歌是仫佬族在婚礼、求育、祝寿、建房等礼仪庆典上唱的歌。

六、其他歌。除了上述五类歌之外，仫佬族古歌还有反映仫佬族多方面文化和知识的歌，如在罗城地区有涵盖罗城地理知识的"游村歌"，涉及采茶、耕种、动物、植物、节气知识的"农事歌"，源于汉文化的"六十甲子歌""字谜歌"等，以及充满童真趣味的"儿歌"。

不同类别的古歌从不同方面记录了仫佬族人民在不同历史时期的劳动生活，多角度展现了仫佬族人民的精神生活世界。从艺术人类学的角度来看仫佬族古歌，几类古歌历时久远，内容丰富，包罗万象，从发祥之日起，就伴随着本族社会发展，是仫佬族发展史的活化石，由于隐含其中的文化内涵十分丰富，因而具有重要的人文价值。

与其他民族音乐不同的是，仫佬族古歌在旋律、织体、词曲结构方面都具有自己独特的风格特征。仫佬族古歌无单声部，其音乐都是多声（二声）部民歌，演唱形式分为男声二重唱和女声二重唱这两种。研究仫佬族多声部音乐的特点，对于丰富我国民间音乐的类别和民族音乐的创作实践具有重要参考价值。音乐织体方面，仫佬族古歌属于衬腔式，即高声部为旋律音调，低声部为节奏性的持续音，与歌词节奏一一对应，一字一腔。词曲方面，如前所述，仫佬族古歌分类体系中存在按词曲结构划分的句式歌和字数歌。音乐学家樊祖荫先生认为仫佬族民间歌谣的词曲关系的配合特殊且巧妙，即体现在歌词的分句与旋律的分句以及词曲的起讫上均不尽一致。

仫佬族古歌唱词蕴含着仫佬族的思想认识和行为信仰，沉淀了仫佬族日常生活中的不同观念，具有特定的功能和作用。或者说，仫佬族古歌之所以在仫佬族群众中喜闻乐见，便在于古歌的多重功能和价值。从《今古对唱》中历史知识的传唱，《融水到罗城》中地理知识的记载，以及《婚宴歌》《祝寿歌》中反映的礼俗等歌曲的不同题材来看，仫佬族人民将生活生产、历史地理、风俗习惯、道德伦理、族群记忆等文化通过通俗易懂的歌谣进行记载传唱，使之成为仫佬族民众认同并维系他们民族情感的精神纽带。每逢节日庆典，仫佬族人习惯用对唱古歌的方式表达自己内心的情感，使仫佬族人民在物质生产之余，精神层面得到协调发展，民族文化自信心、民族凝聚力、民族向心力、民族自豪感在对歌中油然而生。

仫佬族古歌具有历史性、民俗性、艺术性等多方面价值，反映了我国各民族文化的兼收并蓄和互鉴融通。仫佬族古歌以朴实的手法、生动的语言与巧妙的想象、大胆的比喻著称，积淀着仫佬族人对社会与大自然的认识实践和生命体验，反映了崇德尚智的民族性格与质朴的自然审美观念，其承载的文化内涵已经成为仫佬族凝聚力和认同感的标志，也是人类文化多样性和创造性的生动见证。仫佬族古歌在发展过程中形成了历史的悠久性与内容的丰富性相结合、口头传承的活态性与书面传承的稳定性相结合、形式的多样性与艺术的特殊性相结合、艺术的生动性与文化的包容性相结合等特征，并具有历史、学术、文化等多元价值，对于构建和谐社会具有一定的现实意义。其承载的文化意蕴不仅成为仫佬族凝聚力和认同感的标志，更是生动体现了人类文化的多样性和创造性。

仫佬族古歌因为其独特鲜明的风格，如今已经成为仫佬族一张亮丽的文化名片，也是局外人透视仫佬族文化内涵的重要窗口。如今，由于社会变迁，特别是当代新娱乐方式的冲击，仫佬族古歌日趋衰微，急需全面系统的保护传承。为此，首先应加大对仫佬族古歌代表性传承人群的保护，即对仫佬族古歌的传承有重大影响的人。与此同时，注重加强对仫佬族古歌传承人的培养，以及对当地青少年传习的培养，并力求系统、准确地保护仫佬族古歌的文化内容和艺术表现形式。其次，对仫佬族古歌进行普查，建立完整的档案和数据库，用录音、录像、数字化多媒体等手段对仫佬族古歌进行系统记录，并注意开展仫佬族古歌的理论研究。再次，通过建立仫佬族古歌生态保护村来整体性活态化地保护传承仫佬族古歌。最后，充分利用广播、电视、网络等媒体对仫佬族古歌进行广泛宣传，建立健全仫佬族古歌保护传承机制，营造良好的保护传承仫佬族古歌的社会氛围。

第二章 传统戏剧与曲艺

一、综论

传统戏剧，或名戏曲，是一门包含诗歌、音乐、舞蹈、绘画、雕塑、建筑等艺术成分在内的综合性艺术。关于戏曲起源也是众说纷纭，莫衷一是，或认为是源于古代的巫觋；或认为是创自宫廷的乐舞；或认为是模仿傀儡而来等等。周贻白先生在《中国戏曲发展史纲要》中认为戏曲"追本溯源，应当是以表演故事为主，逐渐地以其他艺术丰富其表演形式，然后发展成为一种高度的综合性的艺术"[①]。作为综合性的舞台艺术，戏曲还不同于诗歌、音乐、舞蹈、绘画、雕塑、建筑等艺术，这些艺术在性质上或属时间艺术，或属空间艺术，戏曲则是兼备时间和空间两项艺术性质。按照周贻白先生的观点，戏曲以表演故事为主，由演员装扮剧中人物把规定的故事表演出来，艺术形象是直观的。还有一种通过说唱的形式，我们称之为曲艺，与戏曲由演员动作再现

---

① 周贻白：《中国戏曲发展史纲要》，上海：上海古籍出版社，1979年，第1页。

事件不同，它是通过演员的言语叙述事件，呈现的艺术形象是非直观的。曲艺种类繁多，据1964年统计，全国各民族、各地区共有三百多个曲种。[①] 如按"说""唱"来区分，可以分为说类、唱类、韵诵类以及以叙说为主兼有唱篇四大类，具体涵盖了相声、鼓词、快板、数来宝、苏州弹词、评书、清音、渔鼓等艺术表现形式。

戏曲和曲艺从一开始就植根于民间，所以本质上它是一种民间艺术，这也决定了它在古代历史发展过程中基本被排除于正统文化之外，连带着从艺之人，也被认为是不登大雅、供人调笑的倡优之类。虽然戏曲及从艺之人为封建正统文化所排挤，但也反映出戏曲和曲艺与民间百姓的紧密联系。潘光旦先生在《中国伶人血缘之研究》的绪论中说："一样教学生知道一件故事，读不如讲，讲不如一二人表演，一二人表演不如多数人自演。读来的故事最隔膜，自己搬演的故事最亲切。……一般民众所有的一些历史知识，以及此种知识所维持着的一些民族的意识，是全部从说书先生、从大鼓师、从游方的戏剧班子得来的，而戏班子的贡献尤其是来得大，因为一样叙述一件故事，终究是'读不如讲，讲不如演'。"[②] 由此可见，戏曲不仅反映着民众生活，而且成为民间教育的主要渠道。

经过数千年的发展，中国戏曲和曲艺在各民族中已形成数百个剧种，成为中国传统文化中绚丽之花。广西作为多民族聚居区，地方戏曲和曲艺也独具魅力。广西传统戏剧和曲艺丰富多彩。传统戏剧除了列入国家非遗名录的桂剧、壮剧、彩调剧、桂南采茶戏、邕剧、侗戏、粤剧等主要剧种，还有仫佬戏、毛南戏、苗戏、牛娘戏、牛哥戏、鹿儿戏、鹩戏、杖头木偶戏、白话师公戏、平话师公戏、唱灯戏等。曲艺有广西文场、桂林渔鼓和末伦等。在主要剧种中，壮剧是在本地民间文学、音乐、舞蹈和说唱艺术的基础上发展而成；广西文场别称"文玩子""扬琴小调"等，属于一种清唱剧类型的曲艺形式；末伦从壮族巫调发展而来，为广西的一种壮族民间说唱艺术；桂剧、邕剧、粤剧的声腔音乐多属皮黄戏曲系统，风格突出，行当整齐，表演程式，技法丰富而严谨，行

---

① 中山大学中文系写作教研室，南充师范学院中文系写作教研室合编：《曲艺》，长春：吉林人民出版社，1980年，第4页。
② 潘光旦：《中国伶人血缘之研究》，台北：文海出版社，1985年，第10页。

腔多样而优美；而彩调、桂南采茶戏、侗戏、桂林渔鼓则多为外来剧种与本地民间的俚曲小调所结合，历史悠久，流布于广大农村地区，乡土特色浓厚且表现力强，最重要的是能够引起观众本土化的情感共鸣。

随着全球化与信息化时代的来临，外来文化及新媒体技术的发展给广西地方传统戏剧与曲艺带来了冲击，其艺术内涵和审美价值也发生了转变。在新时代背景下，保护传承地方传统戏剧成为我们坚定文化自信、增强文化软实力的重要途径。只有强化政策举措，在保护传承的基础上深化改革创新，才能使璀璨的广西戏曲文化焕发新的艺术魅力和活力。

二、壮剧

壮剧又名壮戏，它起源于乡野阡陌，最早形成于清乾隆中叶，距今已有三百多年的历史。因流行地域、方言、表演风格、音乐唱腔和流行区域等方面的差异，广西壮剧常被划分为北路壮剧、南路壮剧和壮族师公戏。北路壮剧使用壮族北部方言，流行于右江流域的广西百色的田林、隆林、西林、凌云、乐业、那坡等地，缘起于当地的坐唱曲艺和山歌；南路壮剧又称"末伦"，流行于广西德保、靖西、大新、天等、田阳等地，有明显的地方特色；壮族师公戏脱胎于壮族民间祭祀仪式，最初来源于请圣歌舞，流行于广西河池、柳州、百色等地。另有一支流传于云南文山壮族的壮剧，主要包含了富宁土戏、广南沙戏、文山乐西土戏三个分支，分别分布在富宁县和广南县的壮族村寨及文山市乐西村。其中尤以富宁土戏历史悠久，已有大约三百多年的历史，且云南壮剧最早的唱腔形式就是源自富宁土戏。云南壮剧受汉族地方戏曲影响较大，在音乐基础、入戏的地方风物和人文习俗等方面与广西壮剧有较大的差异，其代表性的剧目是《螺蛳姑娘》。

壮剧是壮族人民在漫长的历史长河中创造出来的，是盛开在百花园中的一朵绚丽之花，是壮族人民在劳动中创造出来的"土特产"，人们管它叫"土戏"。壮剧是壮族人们自我欣赏、自我娱乐、喜闻乐见的一种文化艺术形式。几百年来，它一直深受壮族人民的喜爱。

2006年5月20日，广西壮剧经国务院批准，被列入第一批国家级非物质文化遗产名录，保护单位为广西壮族自治区戏剧院。壮剧的国家级非物质文化遗产代表性传承人有广西壮族自治区的张琴音、闭克坚。

南宋周去非所著《岭外代答》中就有记载广西地区"乐"的使用盛况，《壮族简史》中记载广西壮剧自清乾隆年间诞生，有南北路之分。南路壮剧与北路壮剧的产生与发展有所不同，剧目和表现风格也有所差异。南路壮剧的出现早于北路壮剧，且在广西靖西、德保等地区有着较广泛的群众基础。

北路壮剧始现于广西田林县，发展至今已有二百多年历史。嘉庆初年，北路壮剧曲牌"梳妆调"产生，这时的北路壮剧表演要求少、唱歌多于做戏，艺人也注重提高技艺，此时期演出的剧目有《夜送寒衣》《双贵图》等。道光年间，角色行当进一步完善，有生、旦、老、武、丑、杂等，各个角色所展现的人物性格有所不同，唱腔曲调也发展至三十多种，其中"正调""大过场"最受欢迎。不同的戏班能驾驭不同的唱腔曲调，乐器伴奏从只拉"正线"发展成"正反线""卜牙调"等，演出活动受当地民众青睐。光绪末年至解放前这段时期，北路壮剧在传统基础上结合邕剧的武打技巧，改进原来的内容，创作出新的唱腔，伴奏中也加入了打击乐，此时北路壮剧的发展到了全盛期，表演程式已基本定型，行当角色齐全，演员演技传神细致，戏剧特点鲜明。

在唱腔上，北路壮剧以田林、隆林壮话为主进行表演，即用土话对白、土腔演唱，吸收了当地山歌的表现手法，喜比兴、起喻和直叙，具有壮族民间浓郁的地方特色，听起来柔和细腻。北路壮剧的主要唱腔有两个支系，一个支系以"正调"为主。有"正调""平调"等，属慢板类；"武公调""老汉调""沙梨调""丑角调""卜牙调"等，属中板类；"骂板""恨板"等，属快板类；"哭调""哀调"等，属散板类。另一个支系以百色西南边的阳圩、达江、大楞等乡和西林县的木顶乡、隆林县的者浪乡、那坡县的那桑乡等地流行的"嘿呀调"为主，有"嘿呀调""武官调""霸王调"等。两个支系的唱腔柔和细腻，基本上具备了戏曲的各种板式，在结构上逐渐倾向于板式变化，但还保留了壮族特有的民歌色彩。

北路壮剧在服装造型上颇具地方特色。北路壮剧服饰多选用当地自产的土棉布为原材料，再在布上绘制极具壮族民族风格的图案。此外，其主奏乐器马骨胡也是北路壮剧所独有的。因其土得亲切，故具有广泛的群众基础，唱的许多传统剧目都与当地百姓耳熟能详的民间传说故事相关，或是历史大事、生活故事等题材。北路壮剧宗师们敢于打破常规，注意与时代元素相融合，积极创作表达现代题材的新剧目，表现民众生活趣味、广西风情等。北路壮剧反映壮族民众的民族英雄气概、民族生活理念，因而备受壮族群众的支持和爱戴。

2009年，中国少数民族戏剧学会授予北路壮剧发祥地广西田林县"中国壮剧之乡"的荣誉称号，次年在田林县举办了首届中国壮剧文化艺术节。节俗的成功举办，标志着壮剧迈向新阶段。

南路壮剧主要流传于广西百色及下辖县区。南路壮剧在清朝中期就已在靖西地区出现，当时别称靖西"土戏"，后又在德保地区流行，称"马隘土戏"。这时期南路壮剧的最大特点是唱做分开的"双簧式"演出形式，或是用人代替木偶，以哑剧来表演故事，唱词则由幕后的师傅念唱。

南路壮剧以靖西、德保壮话为基础进行表演，糅合木偶戏、马隘戏、足院戏以及山歌的多种表现形式。其中靖西壮族提线木偶戏因是南路壮剧的代表性剧种之一，因其常用"呀哈嗨"衬腔，故又被称为"呀嗨戏"。壮族先民崇尚巫，壮族民间将专事祭祀活动的仪式女性专家称为"巫婆"，男性专家称为"师公"。巫婆和师公唱着一种特殊的曲调，称为"末伦"，目的是为人祈福消灾。末伦作为民间说唱艺术，多以说唱叙事为主，巫婆或师公唱诵的内容主要为当事者的个人身世遭遇，用以助其请神问神，消灾降福。后来靖西、德保的民众在末伦调的基础上，创新加入歌颂民族英雄人物故事、浪漫爱情故事、地方民间传说等内容，这就是南路壮剧最早的唱腔。

随着社会发展，南路壮剧的唱腔在壮族民众的实践中得到不断丰富，包括平板、平高、叹调、采花、喜调、快喜调、高腔、哭调、寒调、诗调等多种腔调，但风格多类似，行腔多采用帮腔。据学者分析，南路壮剧的音乐唱腔以壮族民间说唱艺术末伦为基础，再适度择优吸收壮族山歌、壮族木偶戏发展成为有固定程式的南路壮剧。但总体来说，南路壮剧的慢板类唱腔有平板、平高、叹调等，它们的旋律、调式、句法、格式相似，唱词都有腰脚韵。起初，南路壮剧经民众的长期实践，唱腔逐渐以平板为主体，通过控制唱词速度、音乐节奏和旋律，演变成各种不同的板式。但也有相对特殊的叹调，叹调速度较慢，节奏舒缓且旋律细腻，又辅以花音，大大加强了叹调的抒情性。叹调唱腔适合叙事讲古，表达悲痛情绪，它在南路壮剧中占有重要位置。后来，壮族民众从慢板类再不断发展，又有了中板类，如采花调、喜调等，多用于表现人物的喜悦，即自然流露出内心的开心愉悦之情。他们在采花调、喜调的基础上不断丰富,将旋律缩紧加快,加强口语化后,演变形成了高调、快喜调等快板类唱腔,适用于表达激动情绪、过度悲伤或过度欢喜之情。南路壮剧的板式阵容发展至今,其所包含的戏曲音乐的板眼节奏形式皆已具备,且在唱腔方面,南路壮剧形成了独特的润腔。并且上述各种板式唱腔充分展现了南路壮剧唱腔音乐的层次性和丰富性,不同种类的唱腔各自凸显其不同的特色,同时也共同展示了南路壮剧在音乐上的地方性和普众性。

在唱词结构方面,南路壮剧保持着壮族传统民间歌谣文化,唱词结构连环押韵,多为七言体,五二句式,上下句压韵脚,结构整齐,朗朗上口。

南路壮剧的乐器配置,以壮族乐器为主奏乐器,体现了鲜明的民族器乐文化特征。马骨胡音色高昂清脆,穿透力强;葫芦胡音色浓厚稳重;土胡音色洪亮,中音色特别浓厚;清胡音色高尖清脆。各种伴奏乐器的定弦也不同,正弦(马骨胡奏主旋律)和反弦(其他乐器奏第二声部)层次分明而又和谐统一,构成了多声部交响乐式的演奏方式,它与壮族多声部民歌的审美功效相得益彰。

总的来说,北路、南路壮剧的传统剧目共约有三百七十多出,这些剧目从内容上来分析,可分为根据民间传说改编,揭露恶人、恶行的故事,如《文龙与肖尼》《百鸟衣》《蛇郎与七姐妹》《毛洪与玉音》等;或是改编自汉族传奇故事,反映封建婚姻制度,如《梁山伯与祝英台》《白蛇传》等;或是来自壮民族的社会生活实践,反映壮族民间生产生活、民族文化特征、人民生活意愿、民众审美特征,如《刘三姐》《蒙伦》等;或是壮族民族英雄史诗及长篇故事,如《侬智高》《莫一大王》《甘王》《布伯》等。此外不乏壮族民众从内容到艺术表现形式都耳熟能详的精品剧目,如《农家宝铁》《薛仁贵征东》《金花银花》《红铜鼓》《一双布鞋》等。这些壮剧的代表性剧目有的还获得过国家级奖项,在各个时期都起到了推动壮剧事业发展的作用。

"优秀的戏曲艺术往往以生动有趣的故事、简洁明了的主题以及载歌载舞的艺术呈现传递人情的温暖和人性的光辉。尤其是民众耳熟能详的关公戏、目莲戏、包公戏、岳飞戏与杨家将戏等,通过故事张扬清正品质、传递民族价值,不但让观众享受精神愉悦,而且使观众明白社会伦常与做人道理。日积月累,艺术从影响一个人的行为习惯与价值判断,到影响一群人、一个地区、一个文化圈的生活形态与价值选择,进而影响精神家园的培育和主流价值的传播，影响民族精神的维系与传递。"壮剧平民化、生活化的特征使其更贴近群众，更易融入现代民众的日常生活，成为壮族优秀传统文化的宝库和传承的载体。新时代的壮剧承载着传承人、民间艺人、社会群众、壮剧工作者的心血，在对壮剧的创新发展中，也显现出民众对壮族文化的认同和对壮剧艺术的欣赏。壮剧的历史影响、艺术形态、发展成就无不显示一个成熟剧种的特有品质。在中国戏剧文化的土壤里，她正如一朵正在绽放中的绚丽的南国之花，摇曳多姿。

三、桂剧

作为广西最早形成的剧种，桂剧是最具代表性的地方戏剧种类之一，又称"桂林戏"，属于皮黄系统。它发源于桂林，以小旦、小生、小丑组合表演的"三小戏"见长，融会了广西特有的风土人情和人文特点，是桂林人民生产生活、思想感情的具体体现，具有浓厚的地方色彩。在长期的发展过程中，对于桂剧的起源，不同的学者秉持不同的见解。有的说是由徽调传入；有的认为桂剧是由汉剧、湘剧、祁剧传入；还有部分则认为是由昆曲、弋阳腔等分段式传入，并结合桂林当地的俚曲小调、山歌民歌而形成自己的特色。

在分布区域上，桂剧主要流布于广西地区的桂林、柳州、宜州、贺州、梧州等广西北部官话核心区，辐射到湖南、贵州、云南、广东等地区，其中尤以桂林市、柳州市等"官话"地区最为盛行，受到流传地人们的喜爱，是广西最具代表性的地方剧之一。

2006年6月，桂剧凭着丰厚的文化底蕴，独特的艺术特点，经国务院批准被列入第一批国家级非物质文化遗产名录，保护单位为广西壮族自治区戏剧院。桂剧的国家级非物质文化遗产代表性传承人有秦彩霞、周小兰魁、罗桂霞、张树萍四位。

关于桂剧的历史起源，必须从"桂林有戏"以及地方文化开始探究。《中国戏曲志·广西卷》中认为其形成于明末清初，已有近三百年的历史。桂林，历史上处于湘桂走廊的南端。明代以来更是广西政治经济文化中心，中原文化与岭南文化在此交融。明末清初，昆山、弋阳和乱弹等戏腔流行于桂林一带，至清朝乾隆、嘉庆年间桂剧已具雏形，常有湖南祁阳班在此时期频繁到桂林地区演出，并逐渐有部分艺人落户桂林，用桂林话演唱，后被当地人称为桂林班。胡仲实于1962年发表的《桂剧源流考》一文中，讨论桂剧的起源和发展，并根据不同阶段传入桂林的腔调进行梳理，他认为桂剧班的出现是在明洪武年或永乐年间，发展到了清代，得益于唐景崧改革的推动力，桂剧兼容并蓄，相继吸纳了徽调的吹腔、祁剧和湘剧的南北路弹腔，还不忘从广西文场中汲取小调。经过数百年的发展，不断糅合，"腔跟字走，字随腔行"，使桂剧走出了"临摹它戏"的局面，逐步在声腔上形成了自己的特色。

桂剧真正相对成熟是在光绪年间，当时为官的桂林灌阳县人唐景崧归隐田园，投身于建设桂剧，他除了网罗各地桂剧人才，筹办本地桂剧家班外，还对桂剧的剧本进行了改良创作。此举使桂剧班的艺人演出在语言和声腔上具有了自己的特点，在他的影响下，桂剧剧目的创编创演在思想和艺术上都有了极大的突破。抗战时期，著名戏剧家欧阳予倩、焦菊隐等人对桂戏未来的发展做出规划，并从理论到实践、剧目的内容到形式、艺人队伍的培养到观众的欣赏习惯等因素考虑，对桂剧进行了严肃认真、谨慎全面的改革。欧阳予倩将剧目《梁红玉》改编为桂剧，首排便获得了百姓的喜爱，开创了桂剧表现现代生活的先河。

二十世纪五十年代，是桂剧的黄金时代。1953年，广西省级桂剧艺术团成立，这段时期分别调遣桂林、柳州、宜州等地的桂剧精英来到南宁。并且同一段时期，桂林、柳州等广大地区设立桂剧剧团。各地剧团常演《拾玉镯》《穆桂英》《闹严府》《打棍出箱》《太白傲考》等一些优秀桂剧代表性剧目。其中，《拾玉镯》曾在北京举办的第一届全国文艺展演中获奖，广西桂剧团演员尹曦因此受到了毛泽东主席、周恩来总理等中央领导人接见。此后，桂剧的影响力再次得到提升，又被拍成电影。

虽作为一个古老的剧种，但桂剧的思想和步伐一直走在前列。在国家相关部门的关照下，桂剧一直在进行着自我发展的探索和实践，并取得了丰硕成果。新编桂剧《泥马泪》《柳宗元》《瑶妃传奇》《血丝玉镯》《大儒还乡》等一大批桂剧艺术精品获奖无数，在全国三百多个剧种中占据了重要位置，一度闪耀在中国戏剧舞台上。特别是桂剧《大儒还乡》重现了六十年代的《拾玉镯》演出时高朋满座的盛况，在全国又一次打响名号，深受全国观众喜爱。

桂剧汲取祁剧、湘剧京剧、昆曲等剧种的表演艺术，结合广西地方小曲小调，并使用桂林方言演唱，声调优美，婉转动听。以小生、小旦、小丑"三小戏"为主，注重唱念作舞，表演层次丰富，以唱工细腻、做工传神著称。其声腔音乐属皮黄系统的板腔体，以弹腔为主，兼有唱昆腔、高腔、吹腔及其他杂腔小调。弹腔分南路和北路两大系，北路高亢雄壮，南路委婉低沉，其反调形式"阴皮"和"背弓"也都自成体系。阴皮略凄婉悱恻，背弓则长于表现悲壮凄惨的情绪。

桂剧音乐是桂剧的重要组成部分，涵盖唱腔音乐及伴奏音乐这两大类，唱腔音乐又称为声乐曲，分为高、弹、吹、昆、杂五种。伴奏音乐又称器乐曲，包含弦管类乐器和打击类乐器，并有一套完整的表现方法，前者多在文场中使用，后者则在武场。文场中多使用京胡、月琴、阮琴、三弦、胡琴以及曲笛、梆笛、唢呐、唧呐（即海笛）等，兼配部分中、低音乐器；武场多使用脆鼓、战鼓、大堂鼓、小堂鼓、扎板、摇子、星子、碰铃、大小锣钹等。这些乐器使桂剧音乐形成其特有的艺术技巧和风格。

生、旦、净、丑四大行当是桂剧的角色行当，也是桂剧中系统化、规范化的人物性格角色。细化来分，生行包括正生、老生、小生、末生、外生、武生六种；旦行包括了旦、占、贴、夫四种；净行包括净、副净、末净三种；丑行则只有文丑、武丑两大类。行当都是按照戏曲表演的舞蹈性、音乐性、人物塑造性的规范程式要求设置。在角色行当方面，桂剧会按照历史人物和古代生活的规律来塑造，如清末的三小戏大多表现才子佳人的爱情故事，艺人们根据一系列艺术形式的需要，会结合生活中人们的形象及表演程式进行选角、塑造人物，注重赋予角色人物生活气息。

桂剧的剧目多与祁剧相同，有本子剧、散折子戏、搭桥戏等，涵盖传统剧、新编现代剧两类。桂剧剧目多取自历史人物、重大事件、民间传说等题材，数量十分丰富，有"大小本杂八百出"之说。百姓的社会生活给桂剧剧目提供源源不断的素材，经剧作家之手成为表达百姓生活的民间艺术。此外，还有歌颂才子佳人的美好爱情，反对封建礼教束缚的婚姻故事，也是大众喜闻乐见的桂剧代表性剧目。桂剧剧目的发展，幸于唐景崧和欧阳予倩以及数名民间剧作家所做的努力及贡献，唐景崧所著的《看棋亭杂剧》中就有桂剧剧目40余种，欧阳予倩参与改编的剧目也有上百种，其中较为耳熟能详的有《断桥会》《打金枝》《梁红玉》《桃花扇》等。随着时代浪潮的到来，新编桂剧

《大儒还乡》《风采壮妹》《漓江燕》等多个精品剧目成为向外介绍广西桂剧的动态名片。

"无限缠绵客断肠，桂林春雨似潇湘，善歌常美刘三妹，端合新声唱李香"，有人如此形容桂剧。桂剧的唱腔细腻传神，以圆润甜美，秀丽委婉见长。桂剧的行当分工细致，表演风格各有千秋。桂剧的剧目包罗万象，应有尽有。桂剧犹如桂林的山水般清新秀丽，潺潺流水，是一种洗净铅华的自然之美。

历经百年积淀，唱桂剧、看桂剧、讨论桂剧已经融入到百姓生活之中。二十世纪九十年代，桂剧应邀参加中央电视台春节戏曲晚会，选取《打棍出箱》桂剧剧目，用 2 分 18 秒的"三跌四出"绝活征服了全国观众。时隔多年，由桂剧《打棍出箱》改编的《金猴出箱》又首次代表广西剧团二登春晚舞台。桂剧艺术闪耀中国的戏剧舞台，在一大批的艺术精品中焕发自身独特的魅力。

桂剧国家级代表性传承人秦彩霞说：当年唱着桂剧走过大江南北，从广西到贵州、从长江边到鸭绿江边，我们桂剧演到哪里都是红红火火，那年在武汉人民剧院演出，当地人说，这个场子只有梅兰芳来的时候满座，别的剧团根本不敢来演，而我们在那里连演七场，场场满座，一票难求。

与曾经的辉煌相比，今天桂剧的现状则令人担忧。当古老的桂剧遭遇现代的时尚文化，它的艺术魅力还能否如昔日一般光芒四射？在以多元与快速为表征的现代文化消费语境下，桂剧还能再续曾经的青春繁华吗？

现代科技使原先质朴单一、崇尚高雅艺术文化的时代已一去不返，取而代之的是多元的快时尚消费文化。在这样的时代文化背景下，许多地方的老剧种，不仅仅只是桂剧，或多或少都会遭遇种种尴尬。人才断档、大量观众的流失、剧目资料和技艺失传、戏曲市场萎缩、经济压力过大等都是当下传统戏剧面临的主要困境。桂剧在官方层面得不到支持和保护，在民间谋出路举步维艰，使得桂剧原有的艺术特色脱离了传统的发展轨迹，日渐从人民生活中淡化，桂剧演出团体也从原来鼎盛时期的近百个减少到目前的零星几个。

2005 年桂剧被列入自治区级非物质文化遗产，次年被列入首批国家级非物质文化遗产名录。桂剧传承保护问题再一次被提出来，与往昔不同的是，这次得到了非遗工作者以及全社会人群的重视。桂剧的传承不能脱离民间，挖掘传统十分必要。桂剧要发展，首先是建立在传承基础上的发展。桂剧艺术在时代洪流中不断演变，在保留其固有的文化内核时，积极将新的元素融入到桂剧中，使其有所创新，顺其自然地推动其发展，以全面、客观的观念和开放的态度来保护，确保桂剧的可持续发展。

年轻演员是桂剧发展的希望。桂剧人才是桂剧的繁荣发展的重要因素。培养人才、爱护人才，已经成为业界人士的共识。现如今，单单依靠演员的传承远远不够，且一部分年事已高的桂剧演员带着自己的老本行退出舞台，传承情况不太乐观，因而在培养传承人的同时也要注重观众群体的培养。作为一个成熟的剧种，它风格突出，行当整齐，表演程式、技法丰富而严谨，行腔多样而优美；而且表现力强，题材广阔，最重要的是其能够引起观众本土化的情感共鸣。将桂剧传统艺术普及给孩子，送戏进大中小学校园，使学生从欣赏中培养兴趣，努力培养年轻一代成为桂剧的高素质演员及观众。

近些年，桂林市桂剧团在桂剧的传承与发展上取得了不菲成绩。2010 年 10 月 2 日，上海世博会广西展馆内，上演了两台长袖善舞、美轮美奂的传统戏曲——《桂韵新风》和《拾玉镯》。桂剧以轻盈的舞姿、细腻的做工、柔美的唱腔，深深吸引了世博会的游客们，成为广西展馆的一道亮丽的风景线。这两出戏剧作为广西文化和广西风采的代表，在世博会上成了广西的活招牌。不仅如此，桂剧团的桂剧演出在各类全区以及全国性专业评比中频出亮点。这些成绩与荣誉是大众及桂剧工作者共同努力的结果，是传统文化与新理念的成功碰撞。如今桂剧这项古老高雅的艺术依然在艰难中不断前行，仍然需要更多的人关注和爱护。

四、彩调剧

彩调最初源于广西农村民族歌舞，后逐渐衍化为对子调，是广西地方传统戏剧，也是民间老百姓喜闻乐见的艺术形式，是广西特有的民间戏曲，由北向南，流传甚广，名称不一，旧称为采茶、花鼓、哪嗬嗨、咿嗬嗨。1955 年正式命名为彩调，属灯戏系统，扎根于乡村民众，结合当地民族民间俚曲小调，反映老百姓的生活、爱情和劳动现实。彩调表演形式为"三小戏"，手抄本和口传剧本是现今剧目流传的主要形式，文本记录为中文和音调，唱出来的语言为桂柳话，舞美方面歌舞并重。

2006 年 5 月 20 日，彩调剧经国务院批准，被列入第一批国家级非物质文化遗产名录。保护单位为广西壮族自治区戏剧院。彩调剧的国家级非物质文化遗产代表性传承人有傅锦华、覃明德、周瑾。

关于彩调的起源众说纷纭，其中顾乐真在《广西戏曲史论稿》中认为彩调与湖南花鼓戏之间有着极大的关系。邻近广西的邵阳、祁阳、零陵、东安、道县、江永、江华都是花鼓戏传入广西的主要通道，尤以道县为最，所以彩调早期的名称有花鼓、花灯、采茶和调子等。丘振声《彩调沿革初探》一文中提出各民族"唱采茶""扮采茶"的歌舞活动是彩调的雏形。在桂林各县方志中大多记载了自清雍正年间，广西有元宵日"选清秀孩童，艳装女服，携花篮，唱采茶歌"的记载。光绪年间彩调已传入广西南部中越边境的宁明、龙州、扶绥等县。此外，广西亦称"歌海"，彩调的历史源流与广西歌圩关系密切。

灵动的乡土唱腔，妙趣横生的段子，加上熟悉的生活语言与农民的妙思妙想就是一出好戏。彩调最早是由乡土民间歌舞和说唱形式演变而成的"对子调"，往往轻快活泼，载歌载舞，说唱内容也主要是以劳动、爱情、家庭生活等为主题，易学易唱，所以极易赢得民众的喜爱。清朝道光年间至光绪年间，彩调传播路径由北向南，空间上形成了以桂林、柳州、宜山三地为中心向四周流布，并继续往南传播。因借鉴和吸收湖南花鼓戏、江西采茶戏和桂剧中的元素，再融入广西本土的山歌、民歌等曲调，彩调逐渐在唱腔、步法、道具、技法、题材和角色行当上独具特色。

彩调发源于民间，成长于乡土，兴盛在农村。彩调表演形式活泼，曲调通俗易懂，表演时采用桂柳方言。因始于民间二小戏、三小戏，扎根于乡村民众之间，彩调蕴含浓郁的乡土气息。人民群众就是彩调剧作家，彩调的传统剧目多以百姓日常生活琐事、生产生活、爱情、家庭为主题，其中也不乏当地民间的俚曲小调，有大量的口传和手抄本在民间流传。具有浓郁的民族风格和地方特色的彩调又被称为"快乐的剧种"。

唱腔上，彩调唱腔属联曲体，分为板、腔、调三大类。其中，可将板又细分为诉板、哭板、骂板、忧板等，调分为比古调、走马调等多种。同一曲调，可以根据行当、人物和表现生活的不同，在板和腔上加以变化，故有"调多共用，板腔细分"之说。如按角色行当定腔的有小生腔、旦角腔、丑角腔、摇旦腔、老生腔、娃仔腔；按人物身份、职业而分的有相公腔、化子腔、梅香腔、媒娘腔、和尚腔、强盗腔、神仙腔等；按劳动和日常生活内容分的有挑担腔、划船腔、挖地腔、梳妆腔、饮酒腔等。在上述主要使用的彩调唱腔中，不同地方的彩调艺术还额外吸收一些江南民间小调，如十月花、鲜花调等。此外，彩调的曲牌有 300 余首，其音乐伴奏分左、右场，左场为管弦乐伴奏场地，使用乐器以调胡（也叫大筒，类似二胡）为主奏，配以扬琴、琵琶、三弦、唢呐、笛子等乐器，右场为打击乐伴奏场地，打击乐的锣鼓曲牌较简单，常用的有[三点头]、[一条龙]、[一钹]、[四钹]等。

彩调剧的三大行当有生、旦、丑。其中，生行又可细分为小生、老生、娃娃生。小生和老生多扮演正面人物，小生机智勇敢、积极向上，老生年事已高，稳重靠谱。娃娃生饰未成年的小孩，以娃娃调为主。演出时，常由学员扮演或由花旦、小生代角。彩调剧中，旦行的剧目很丰富，有"无旦不成戏"之说。旦行分花旦、正旦、老旦、摇旦四类。花旦常为活泼俏丽的年轻姑娘，主要表演敏捷优美、载歌载舞的戏。正旦表演近于摇旦，多饰演言行稳重、举止端庄或是性格开朗、办事泼辣的人物。老旦饰演的人物多为白发老婆婆或一般老妇人，这类人物性格多样，身份不一。摇旦又名丑旦，多饰泼辣的恶女人。丑角剧是彩调主要表演形式之一，唱、做、念、舞并重。丑行可分正丑、烂丑、褶子丑三类，丑行的表演通过刻画人物形象，表达内心情感。丑行可一人完成一出戏，如《双簧旦》中的丑角一人饰演男女两角。正丑为彩调剧中的正派人物，表演诙谐滑稽，多饰演农民和各种职业的劳动者，年龄不限，老少皆有，如《油漆匠嫁女》中的胡漆匠，《阿三戏公爷》中的阿三，《一抓抓磨豆腐》中的一抓抓等。烂丑多饰演类似痞子等好逸恶劳、不务正业之辈，这类人物性格喜怒无常、言行滑稽。独特的矮桩、滑稽的面具是辨别丑角的标志特征，烂丑演员面部肌肉灵活，通过模仿动物的外形、神态动作以及面部涂画动物纹样来达到刻画人物的效果，如《王二报喜》的王二、《三个叫花子》中的巴不得、《双打店》的胡瓢二等。褶子丑又称为长衫丑，多扮演老爷、县官、豪绅等较有身份的人物。表演基本步法为高桩步、中桩步、矮桩步，唱念中透露着诙谐幽默感，如《隔河看亲》的刘老爷、《洗绣鞋》的马金龙、《半夜拜菩萨》的县官等。

丑角的扭矮桩和滑稽表演能给观众带来极大的愉悦和欢乐。此外，彩调的步法、转身、亮相、扇花、手花极富特色，在一系列彩调动作中，彩调步法"矮步扇花"是彩调最具特点的表演艺术。

"矮步"是用来刻画角色形象的主要途径，可分矮桩、中桩、高桩、高低桩四类，因不同的矮步扭法不同，用在不同人物身上，可以达到突出不同人物的性格类型，表达不同的情绪，达到喜剧的艺术效果。如彩调传统剧目《三看亲》的处理中，在步法上用对比的手法来烘托张屠户、李裁缝和青年农民丁小哥这三位人物的性格。张屠户走的是矮桩步，表现其是又矮又胖又粗俗的人物；青年农民丁小哥走中桩步，体现其是个正直勤劳的农民；而走高桩步的裁缝，则表现了"日头不晒雨不淋、瘦得像根干豆角"的势利经纪人形象。《王三打鸟》的王三通过中桩步舞扇花，表达内心对毛姑妹的喜欢。彩调步法除了矮步之外，还有扭丝步、云步、纵步、蜻蜓步等二十五种。

"扇花"是表达感情的扇舞。彩调表演的三件宝——扇子、手帕、彩带，其中扇子居于首位，在表演中称得上是万能道具，可当锄头、扁担、砍刀、扫帚、托盘使用。如《王三打鸟》中的毛姑妹在清扫庭院的舞蹈中，表演开笼喂鸡、洒水、扫地的身段，扇子就作为托盘、盆子、扫帚、撮箕等道具使用。扇舞多达十几类，又分男扇女扇。女扇有浪扇、摇扇、倒扇、抛扇、背扇、凌云扇、半月扇、开关扇、托盘扇、蝴蝶扇、波浪扇、十字单花扇等十七种；男扇有砍扇、转扇、弱扇、扑蝶扇、平肩扇、高低扇、波浪扇、三打五动扇等八种。尤以女旦的扇花优美多姿，老旦及小姐、丫鬟常用圆扇类。此外，还有礼扇、摇扇、冲扇、反扇、抢扇、砍扇、扑扇、扬扇、端扇、扑蝶扇、观音扇、指云扇、贴背扇、观月扇、采灯扇等十五种。

彩调的脸谱也充满了乡土生活气息。彩调的脸谱中最有特点的是小丑化的"小花脸"。小花脸又称白鼻子，或称粉鼻子。画花脸时在鼻子上先用细笔勾勒出动植物的形象。常使用的动物脸有蝴蝶脸、青蛙脸、蜻蜓脸、鲤鱼脸、虾子脸、螃蟹脸、乌龟脸、蟒蛇脸；植物脸有葫芦脸、桃子脸、梅花脸、金钱脸等。这些日常生活中人们常见的动植物被勾勒成脸谱后，用在各种不同类型的人物身上，可表现出人物的性格特点。如《阿三戏公爷》的阿三，脸谱是蜻蜓脸，表现聪明机智、活泼诙谐的人物性格；而公爷的脸谱是蚂蚁，表现愚昧贪婪、抠门小气的人物性格；《毛国珍打铁》中的李连保的脸谱是飞鼠脸，象征他疾恶如仇、勇猛豪气的品性；又如《隔河看亲》里贪财的知县，脸谱是金元宝脸，表现视财如命的人物性格。其他剧目中金童画葫芦脸、蠢子画蜘蛛脸、花花公子画蝴蝶、媒婆画金钱等形成了浓郁的彩调脸谱艺术，表现不同人物形象。

在历史的长河里奔走了三百多年，彩调历经锤炼，逐渐演变成了广西民间戏曲中的瑰宝，中华民族传统戏剧文化基因库中不可或缺的组成部分。虽然最初是从二小戏、三小戏发展而来，彩调已经逐渐在行当、表演上成熟起来，形成了一些代表性的剧目，如诞生于 1958 年的彩调剧《刘三姐》，题材选自广西壮族民间广为流传的壮族歌仙刘三姐的神话传说故事，并围绕刘三姐追求自由和幸福生活的主题，成功塑造出刘三姐勤劳善良、美丽聪敏、能歌善舞的形象。1960 年彩调歌舞剧《刘三姐》进京演出，梅兰芳等多位大艺术家为《刘三姐》题词。此后彩调歌舞剧《刘三姐》开启了全国巡回演出，并走出国门走向世界。至六十年代末，彩调歌舞剧《刘三姐》在国内外演出二千多场，壮族歌仙刘三姐的故事蜚声海内外，曾荣获第二届全国优秀保留剧目大奖、第四届全国地方戏（南北片）优秀剧目奖等众多奖项。彩调这一民间小戏一度被推上神坛。二十世纪九十年代，常剑钧等人创作的彩调现代剧《哪嗬咿嗬嗨》展现了小人物身上的大时代痕迹，该剧目连续参加了多项演出活动，荣获文华奖、中国曹禺戏剧文学奖等国家级奖项 23 项，省级奖项 13 项。彩调剧再次以其奇特的艺术风采成为戏剧百花园中一朵俏丽的山茶花。

在全球化、信息化语境下，彩调同其他传统戏剧艺术形式一样不可避免地卷入后现代化进程中，面临着"时空压缩"带来的冲击和压力。曾风靡全国的彩调艺术风光难再，面临着传承和发展困难的问题。广西戏剧家协会主席、广西艺术创作中心主任常剑钧认为，广西彩调艺术是中华民族传统文化基因库里不可或缺的一部分，应得到"生态保护"，在保护的基础上开发。彩调要生存和发展，关键是要有好剧目，多出精品，要以"群众满意不满意，群众喜欢不喜欢"为根本标准。针对目前彩调保护传承问题，仍然要继续发挥政府的主导性，通过一系列保护政策和措施健全和完善彩调等传统戏剧保护传承的工作体系，如完善人才培养体系、传承人保障激励机制、精品剧目战略等，进一步推动彩调的传承发展。

五、采茶戏（桂南采茶戏）

桂南采茶戏，是采茶戏的一种。它是桂南地区的茶民将独特的采茶舞蹈、山歌、小调、花灯等糅合发展而成，俗称唱采茶，又称为"真人戏"或"吁嘟呀",是广西重要的地方剧种之一。作为全国唯一以茶文化为内容而发展形成的独立剧种,桂南采茶戏乡土气息浓厚,充满着浓浓的生活气息。桂南采茶戏广泛流传于客家话地区,盛行于广西东南部的玉林及下辖县区,零星分布于钦州、梧州和南宁等广西以南地区,故称为桂南采茶戏。尤以博白采茶戏最为著名。

2006年5月20日,(采茶戏)桂南采茶戏经国务院批准,被列入第一批国家级非物质文化遗产名录。保护单位为广西壮族自治区博白县文化馆。桂南采茶戏的国家级非物质文化遗产代表性传承人为陈声强。

追溯桂南采茶戏的历史,史料中最早见于明代末期,从江西赣南传入博白,清代末期形成自己独特的表演风格,民国时逐渐发展成熟成为戏曲中的独立剧种。据清道光年间《博白县志》记载:"上元夜,街市户民各结灯彩,银花火树及彩狮、瑞龙、竹马等戏,鼓乐竞宵,至二十夜止。"由此可见,到了清代,采茶戏在县内已相当盛行。新中国成立后,桂南采茶戏发展迅猛,分别有两支较为壮大的队伍,一支是广东粤西钦州一带流传的采茶戏,被称为"合浦采茶",另一支在广西玉林当地流行,叫"玉林采茶",后因钦州划归广西,才将两者合并,并正式定名为"桂南采茶",与桂北彩调齐名,被誉为"民间戏剧姐妹花"。

桂南采茶戏先后经历了三个相对繁荣的时期。第一个时期是在清光绪年间至民国初期,此时政局相对稳定,艺术文化空间有着较好的发展势头,在广西桂南地区流传已久的采茶歌舞融入地方俚曲小调及其他戏剧程式,由此逐步演变成早期的桂南采茶戏。第二个时期是新中国成立后至"文化大革命"前,此时得益于地方政府扶持,桂南采茶戏的生存发展获得了良好的空间。第三个时期是1978年至1988年,采茶戏已基本完成从地方小戏向舞台戏剧的过渡。博白县采茶剧团先后上演《梁祝》《两亲家》《重上茶山》等大戏,其中《梁祝》在博白县城连演56场,每场爆满,此盛况表明了采茶戏的发展已经成熟。

桂南采茶戏具有活泼热烈的地方性特征,通过采茶曲牌演唱民间喜剧、闹剧,以载歌载舞的表演程式呈现,念白多为韵白,并使用方言演唱,通俗易懂,且歌词中多用衬词,增加了亲切感,百姓喜闻乐见。旧时在桂南地区,民间从老人到小孩,人人都会唱几段采茶。人们在干活累了的时候,就会随口唱上一段采茶,这样顷刻间就会疲消乏释、意爽心开。村上的小孩,在日长无事的时候，或以家中的被单和爷爷奶奶的衣裤作戏装，或以家中的铜盆和锅盖作锣鼓，在院场中演唱起采茶戏来。桂南采茶戏伊始仅有"唱竹马"的表演形式，而后结合地方民间俚曲小调逐渐形成具有地方特色的、载歌载舞的采茶戏。

桂南采茶戏属"三小戏"，也叫"三角班"。角色行当可分为小生、小旦、小丑。演出队伍精悍、机动灵活。班社队伍数量多、人数少、小道器、小节目，不受场地限制，演出方便。队伍人数一般五至七人，一般不超过十人，遇到大戏，班社之间可以互相搭班。民间艺人在长期演出实践中，将原有的采茶戏程式进行改造，不断吸取民间山歌小调及其他兄弟剧种的曲牌及音乐，使其更加多元性。桂南采茶戏的着装夸张、表演风趣幽默，富有浓郁的生活气息。唱腔可分为茶腔、茶插和发展创编型唱腔三类，演唱时讲究"以字出腔""字正腔圆"，唱腔语言以客家话为主、地老话（"博白白话"）为辅。茶腔是桂南采茶戏的基本唱腔，保留有茶歌的基本曲调，茶插是在茶腔固定的表演程式中插入特色的地方曲牌，演唱时可随意比兴、内容即兴。发展创编型唱腔是在原茶腔、茶插的基础上吸取各地民间小调，将曲调音乐进行改编创作而成。

桂南采茶戏原穿插在舞狮、舞龙、舞麒麟表演中，但在其独立门户后，采茶仍然保留了舞狮、舞龙、舞麒麟的打击乐，在吸收了桂南八音的元素后又形成桂南采茶戏的打击乐，如[慢冲头]、[快冲头]、[小朝王]、[相思锣鼓]等曲牌至今还在大量使用打击乐。在戏剧伴奏上，桂南采茶戏的乐队规模大小不一。乐器以锣、鼓、钹、木鱼等打击乐器以及唢呐、笛子、二胡等管弦丝竹乐为主。

桂南采茶戏的主要道具有彩带、钱鞭、花扇和手绢等四大件。桂南采茶戏的基本功有扇子花、矮桩步、七点梅、耍手帕、舞钱鞭、纵步等。扇子花在采茶戏表演中十分重要，表演时可借助扇子施展"推窗揽月""狮子滚球""飞雁照影"等功法技巧。矮桩步是生活中上山下山的步伐，从采茶劳动生活中提炼美化而成。表演动作是双膝屈膝下蹲，上身直腰抬头，右手手持花扇在头上、胸前、腰间或左臂前后、左右、上下自由舞动扇子，节奏随鼓点掌控，进退自如，以表现人物气质，生动地表现了当地劳动人民的采茶生活。如《十二月采茶》的演出内容通过展现十二月采茶，表现劳动人民的生产生活习惯。

桂南采茶戏的演出内容以"十二月采茶"为主，顺序遵循开台茶、开荒、探茶、采茶、炒茶、卖茶的六道程式，整个采茶戏通过展示种茶的全部劳动过程，表达人民对幸福生活的追求，反映劳动人民勤劳的品性和地方民众采茶的故事。类似《十二月采茶》这些小戏，唱词均为七字成一句，一月一场，一月一节，每节之间相互承接，相互联系。词中描述农民熟知能详的自然风光、事项事物。这一首叙事长诗，整首的唱词围绕两个采茶少女采茶的故事而娓娓道来。在长调中第七节，唱词隐约表达了采茶少女关于爱情的向往和憧憬，进一步反映了当时的社会生活现实情况。现存的《十二月采茶》采茶歌除了有描述茶农采茶买卖的，还有关于当地农民水稻耕作环境和日常生活的描述，例如耕田、播种、收获、售卖、屯粮过冬等水田稻作文化背景下的生活场景。

桂南采茶戏剧目内容以反映民众农耕生活为主，传统桂南采茶戏除了以采茶为题材之外，还有许多剧目聚焦于家庭、社会、国家等内容，比如《浪荡汉娶妻》《买杂货》《铁公鸡拔毛》《两亲家》等传统采茶小戏反映劳动人民的生产与斗争、劳动与爱情、商贸与习艺等内容。桂南采茶戏《补缸》讲述的故事是补缸佬在街头补缸，一富贵人家的丫鬟听见有人喊补缸，出门请补缸佬补缸，补缸佬抬出缸跟丫鬟讲价钱，补缸的价格定好了便开始补缸。缸补好后，两人一起抬缸进屋，补缸佬借机调戏丫鬟，丫鬟生气不与补缸佬抬缸，要补缸佬自己抬。补缸佬耍小聪明把缸平卧在地，试图滚进屋，结果缸滚烂了，丫鬟让补缸佬赔偿。补缸佬赔不起，于是被剥了衣衫和裤子，被没收了补缸的工具，并被赶出了大宅。就是这样一出非常短小的采茶戏剧，淋漓尽致表现了小人物补缸佬的好色和丫环的聪明机智，也展现了桂南采茶独特的艺术魅力。

作为传统民间艺术形式的一种，桂南采茶戏反映了广西地区民众的审美观念和思想追求。它与人们生活习俗紧密结合，全面反映了民众对生活的向往。如剧目《绿珠》中的白君和绿珠在博白的南流江边的金色稻田里，他们辛勤收割金色稻谷，那是丰收的喜悦，丰收意味着今年交饷后还有许多的余粮，是一家四口接下来一年的口粮。在田间劳作之余，白君向绿珠吐露了对二人未来美好生活的向往。此外，按不同类型来分，有以下较为典型的剧目，如劝夫类《贤妻教夫》、调侃类《傻子卖布》、讽刺类《剃头二借妻》、情感类《一家亲》、爱情戏《帝女花》与《春郎削发》、人情戏《双飞蝴蝶》与《蒋兴哥重会珍珠衫》、公案戏《秦香莲后传》与《高文举》、军事戏《五虎平西》与《大战竹枝山》以及民间神话传说改编的《白蛇传》《八仙过海》等。

桂南采茶戏之所以深受百姓欢迎，离不开当地熟悉的方言以及百姓身边的故事。这类群众口头语言不是凭空捏造的，而是劳动人民通过细致观察、深入体验、多方感受、反复锤炼，从生活的源泉中提炼出来的极富表现力和艺术感染力的语言，是广大民众所创造和沿袭下来的生活文化活历史。它朴实而不失之简陋，明朗而不陷于单调，丰富多彩而不流于俗艳，在社会生活中世代传承。桂南采茶戏在桂南地区自形成发展至今，都没有脱离客家语言。采茶戏的唱本里随处可见通俗质朴、浅显易懂、形象生动的生活化语言。

桂南采茶戏在漫长的发展生涯中，逐渐形成了地方独有的信仰习俗。当地庙会之风盛行，到每年的神明诞期，民众均以村社为组织集体募捐来筹办祭祀活动，在祭祀期间请人唱戏酬神，请仪式专家开坛做法、驱鬼逐疫来保一方。这些民俗活动赋予了桂南采茶戏旺盛持久的生命活力。与广东的粤剧、海南琼剧等带有信仰体系的剧种一样，桂南采茶戏既具有世俗性，又包含着神圣性，其神圣性在于供奉五显华光大帝为其行业祖师，采茶戏中会唱八仙、东宫娘娘等与神灵相关的人物，并以华光大帝为采茶艺人们的主神。有神就有祭祀仪式，就有祭祀的规矩，华光大帝与艺人们的密切程度可以说是日夜相伴、终身厮守，在戏班的现实生活中自然就产生一系列的祭祀仪式和禁忌等演出习俗。对戏班来说，在戏班所招收的弟子出徒之时，或遇新搭戏台、外出演出等情况，开锣时都先在戏台上祭拜祖师爷。

民间戏班依托于乡俗礼仪，而乡俗礼仪中又缺少不了民间戏班的演出，两者相辅相成，发生互动而共同展示着地域文化特色。广西博白素有"广西采茶艺术之乡"美称。在传统乡民社会中，每逢有庙会、观音诞、做社等活动时，常有民间的采茶剧团走村串户进行表演，采茶戏往往作为人们祭祀活动的前奏或后续。适逢过年过节、迎亲嫁娶等大喜日子，主家都会邀请民间采茶戏班前来唱戏，"请戏"已经成为民众酬神还愿的一种工具和重要的社交活动。就是在这种风俗的带动下，大街小巷、田间地头，都会听到"吁嘟呀、吁嘟呀啦"的音乐唱腔。民间采茶艺人不同于专业剧团艺人的稳定性，展演时空受到自然、经济、政治和社会等诸多因素影响。桂南采茶戏剧班长年累月走乡窜寨，采茶戏很自然地演化为人们所共同遵守的演出习俗，时刻活跃在当地人民群众的生活当中。

"民间艺术产生于社会底层的土壤中，同劳动群众的日常生产生活密切相关，同他们的精神与生命活动紧密相连。与精英艺术不同，民间艺术从不表达富有个性的审美理念与价值理念,而是与大众共享同一种审美理想与价值理念,而且这种审美理想与价值理念总是与日常生活息息相关的。"如今,桂南采茶戏仍与群众的生活紧密联系,在乡村城镇的私人宅院、街头巷尾,不少采茶戏迷不约而同汇集一处,吹拉弹唱,歌颂生活,抒情娱乐,陶冶情操,也吸引了不少文艺爱好者纷纷来博白观看采茶戏表演。桂南采茶戏表演已经成为人们联络感情、增进友谊、婚男嫁女和增加喜庆气氛的一种方式。

大多数传统戏剧都面临着人才断层的危机,采茶戏这一珍贵的艺术形式也不例外。活跃在民间的采茶戏演员普遍年龄较大,其中不少人已经六七十岁。他们大多是半路出家学艺,靠亲戚、同乡或者同学等关系进入到民间采茶剧团中,一边打杂一边学戏,从小配角一步步做到台柱子。针对人才难以为继的情况,地方政府要依托国家非遗保护制度继续完善演员、乐师以及各专业人员等人才培养体系,建立采茶戏传承人的长效培养机制,只有这样才能从根本上保障采茶戏的"戏"水长流。

六、邕剧

邕剧是南宁特有的地方剧种,也是广西地方四大剧种之一。邕剧是受桂剧、壮剧、粤剧等剧种的影响以及在南宁地方风土人情、民间音乐艺术熏陶下而形成的地方戏剧,属于皮黄系统,旧时习称为"广戏""本地班""老戏""五六腔"。它曾盛行于广西南部、西部等地区以及云南省河口市,后因其活动中心以旧邕州府(南宁的古称)一带为核心,且多使用地方官话演唱,新中国成立后,正式定名为邕剧。

2008年6月7日,邕剧经国务院批准,被列入第二批国家级非物质文化遗产名录,保护单位为广西壮族自治区南宁市民族文化艺术研究院(南宁市戏剧院、南宁市非物质文化遗产保护中心)。邕剧的国家级非物质文化遗产代表性传承人为洪琪。

邕剧的"邕"是南宁的简称,南宁旧称邕州府,古属百越领地。南宁历史悠久,东晋设郡,唐贞观八年(634年)设邕州府,元泰定元年(1290年)更名为南宁,寓意南方国土安宁。1958年广西壮族自治区成立,将南宁设为首府,简称为"邕"。

南宁地处南岭腹地,据《邕宁县志》载:"县境水陆交通,五方辐凑,流寓过客,言语不一……而定为固有之音者则有四,所谓官、平、土、白是也。自中原南移者为官话,后衍为平话,来自广东者为白话(粤语),余为土话(邕宁壮话)。"从南宁地区使用多种方言可见,当时在这片沃土上世代聚居着各族人民,各个民族相互交融,碰撞出了许多丰富多彩的民间艺术,邕剧便是其一。据南宁市隆安县相关戏台遗址碑记记载和文献考证,邕剧由来已久,早在明朝时就已经产生。明末清初时期的邕剧班社多为江湖散班,偶有会馆或庙宇专门的演出班子,他们常在庙会、草台、万年台演出。此时的邕剧作为本地土戏,风格较其他剧种鲜明,偏向于粗犷豪放。清嘉庆至道光年间,邕剧这类民间说唱艺术早在南宁周边地区流传。《南宁戏曲志》中有记载:"据邕剧老艺人蒋胜臣追述,其高曾祖蒋肇宽(1800年前后出生)年轻时就与南宁东门外雷、颜、曾、吴几家人合伙唱板凳腔和小戏,后挂衣登台,组建成新街班,世代承传。"这一时期,邕剧的发展依靠家族内部的传承,子承父业、传宗接代的邕剧世家较多。这时期邕剧与桂剧、粤剧以及当地说唱艺术的频繁交流,使其在音乐曲调和表演艺术上得到了较快的发展,影响力也不断扩大。民国初期,邕剧戏班在南宁星罗棋布,本地班社质量也较以前有了很大的提升。

邕剧在发展演变的过程中,在不同阶段与祁剧、桂剧、丝弦戏、粤剧等皮黄系统的剧种有着密切而又错综复杂的关系。第一个时期主要是受到外来戏曲文化和当地山歌、风土民情和桂西南官话的影响,邕剧初具雏形。第二个时期的邕剧逐步与祁剧、桂剧、丝弦戏、粤剧等剧分野,逐渐形成了自己的特色。

邕剧的四大行当分别是生、旦、净、丑。唱腔属于皮黄腔系统,基本唱腔有南路(二黄)、北路(西皮)之谓。南路唱腔有平板、快平板、古老平板、戈板、二流、散板、首板、煞板、阴调。北路唱腔板式有平板、快平板、低腔古老平板、二流、首板、散板、哭板、吊板。除上述外,还有杂腔小调、昆腔、吹腔等辅助唱腔以及安庆调、七句半和补缸调等过百的民间小调。邕剧整体风格雄浑、遒劲、粗犷、豪迈,表演程式呈现出大排场、南派武打等特色。其中也包含文戏和武戏,文戏表演风格细腻传神,注重表达人物内心情感;武戏则来源于壮族人劳作时的雄浑粗犷、豪迈激昂,表演古朴逼真,讲究硬桥实马,拳、刀、枪、叉、棍、蝶等套路。

邕剧前期使用的伴奏乐器以大锣、大钹、二弦、喉管为主,因而呈现出的音色略显单调，后使用壮族八音作为邕剧的伴奏，丰富了层次的同时也提升了高级感。乐器伴奏中尤以钹手最有特点，其可在邕剧的某些剧目中出台与演员一起表演或在某一场景单独献"飞钹""钹花"等技巧。邕剧舞台语言根据剧目进行设定，不仅使用桂西南官话，还有大量白话、客家话、平话和壮话。

邕剧还有"甩发""宫仔""孖宫仔""马步""跳台""过山"等独有的表演程式，以及"气功变脸""獠牙功""吐血""苒口功""打叉功""舌花功""吊辫功"等绝活，这些武功特技和表演绝活，真实再现了演员们台下十年功的深厚艺术功底。尤以扮演花脸演员展现的"獠牙功"最为惊奇，花脸演员在嘴里含上四根长长的灌满铅的獠牙，在需要时把收在嘴里的獠牙用舌头和牙关节等部位搅动，使獠牙显现，再配合做出各种姿态，将戏中花脸的凶狠表现得淋漓尽致。

邕剧除用绝技打动观众外，脸谱也备受人们喜爱。邕剧脸谱专角专谱，资深的观众可看谱辨角。脸谱原有一百多个，常用的有黑、红、白、绿、黄五色，色彩的运用表现人物肤色和人物特点，并借此反映岭南人民独特的民俗、艺术、文学等文化内涵及审美情趣。

在数百年的发展过程中，邕剧积累了丰富多彩的剧目。传统剧目共七百多出，现存的剧目有四百多出，这些剧目又可细分为传统剧目、移植剧目和现代剧目三种。传统剧目题材丰富，可细分为神话戏、宫廷戏、历史戏和伦理戏四种。神话戏多以民间传说为主要题材，也是当地信仰仪式中常演的剧目，如《八仙贺寿》《仙姬送子》等。宫廷戏主要是宫斗故事较多，百姓对此种戏也十分爱听。在邕剧盛行伊始，民间就流传很多戏，如《反唐周》《三多桥》《姐妹双斩奸》等。历史戏是邕剧中比较多的戏，多取材于历史故事，并通过历史人物的英雄故事向民众传达爱国思想，如《黄忠开弓》《三气周瑜》《十字坡》《李槐卖箭》《杨八姐搬兵》《五台会兄》等。

邕剧的移植剧目吸收祁剧、桂剧、粤剧的剧目，保留其主要情节，加以融合、改造后用邕剧的方式演绎，在情节、曲词、音乐、唱腔、表演等方面，都独具风格。移植剧目题材广泛，多为古代题材，如《铸剑》《岳家庄》《百鸟衣》《刘三姐》《天仙配》等剧目。回顾邕剧的现代剧目，即新中国成立后创作或创编的剧目，现代剧目可分为两类，一类是六七十年代的《红恨布》《忙季钟声》

《春满柜台》等当时的主流剧目，另一类是改革开放至今，由于邕剧沉寂了三十多年，因体制改革等原因没有创编新的剧目，这一时期的剧目以浅显易懂的简短小剧为主，如《县长请客》《龙象塔奇缘》《歪打正着》等。

因编演邕剧剧目的多为戏班班主或较有经验的老艺人，较少会有文化精英参与其中，邕剧文辞上多借鉴其他剧种，原创能力弱，程式化戏曲语言多。到目前为止，邕剧仍保持原有的曲艺风格，保存原汁原味的热闹之特性，这也恰恰是邕剧的亮点与优势。邕剧的编演者虽然借鉴了历史人物或是故事，但并不单单为了演绎历史，而是为了实现邕剧的武打技能，利用这种闹热的打斗场景，吸引观众，赢得一方生存空间。

在表演上邕剧重宾白，讲打斗，轻唱词。邕剧的表演，向来就有"千斤话白四两唱"之说。以《进邕州》为例，该剧共二十七场，场场皆有宾白，但只有十场有唱词，而且大多数场次的唱词只有一至二处，最多唱词的一场是第二十三场，共八处。这些唱词大多较为简短，而且多用于上、下场时。之所以如此，只因宾白更便于叙事以及插科打诨，更能制造出闹热的舞台效果，而唱词多追求文雅的辞藻，多用于情感的抒发，故邕剧重闹热性、轻抒情性的特点在吸引观众方面宾白更有优势。此外，邕剧还注重对武戏的追求，并一直以武戏见长，属于风格粗犷的"南派"武功，其很多戏的场面都是豪放不羁的武打开场或收场。例如《进邕州》的第三场，整场戏仅一处有念白，着重使用特技动作和武功刻画人物形象。先以邕剧特有的"跳台"上场，然后就是"上马""圆场"，最后在[碎牌]伴奏中下场。在《百鸟衣》中的"大过山"，小武爬山运用了铁铲特技，被追杀时用跪地甩发特技，有时一个片段连一句念白或文辞都没有，全是炫技场面。武功与特技动作结合，经过精巧的设计，就成了邕剧特有的武戏排场。邕剧武戏排场以动作戏为主，场面壮观热闹，具有很强的技巧性和极高的观赏价值。经过多年的艺术实践，邕剧中的排场有一百多个，分文、武排场两类，文排场多受到武排场的影响。

邕剧以其精美圆熟的艺术技巧，粗犷豪迈的表演风格，隽拔机智的戏剧语言，行当齐全的戏班而独具魅力。戏班是邕剧的行业组织形式之一。邕剧有行业习俗，行业习俗也叫戏班习俗。邕剧有自己独有的一套戏俗，有供奉行业祖先神和过堂议事、禁忌习俗以及驱邪纳吉习俗。邕剧的行业祖师爷有老郎祖师、华光大帝、谭公爷等人。禁忌习俗是人们约定俗成共同禁止的不规范行为，在邕剧中主要有语言禁忌和行为禁忌。此外民众逢年过节唱邕剧还有祈神驱邪、保安祈福的用意，此类习俗主要有破台和跳加官两类。

邕剧流传至今经受了几番波折，从1951年邕剧团成立到二十世纪五十年代中期，再到六十年代，邕剧从蓬勃发展到遭遇外部发展困境。1969年，邕剧团正式解散，邕剧一度遭遇滑铁卢，滑入"疲惫期"。彰显南宁地方文化特色的邕剧，曾辉煌一时的邕剧，渐渐从人们的视野中淡去。为了使承载一代南宁记忆的邕剧得到更好的保护传承和发展，从1987年开始，南宁市的有关部门就保护邕剧多样性开展了非遗保护工作。2007年8月，南宁市邕剧团正式挂牌恢复。此后，邕剧这一古老的生命记忆开始焕发出强烈的民族精神。目前，除了邕剧团会积极排演邕剧剧目外，还有一些早已退休的老艺人和戏剧发烧友，也会自发组织一些邕剧业余剧团，使其生存在优秀的文化生态环境中，活跃在城市和农村的舞台上。

保护邕剧，就是守护精神家园，保护一方文化的多样性。如今的邕剧早已被作为地方传统戏曲类别列入国家非物质文化遗产名录。行走在解放路喧嚣的街市上，推开新会书院那一扇朱漆木门，听戏言缓缓诉说这邕剧的百年沧桑，唱一曲世事无常。在流动的时间长河里，邕剧像一缕忽闪忽灭的光。透过斑驳岁月，我们不断地重新辨认邕剧的面孔和纹理，以此寻找它存在和被重拾的意义。如今仍然需要我们重新唤起大众对于邕剧的温情与敬意，使其在现今社会背景下焕发新的光彩，成为南宁当之无愧的文化符号，走出南宁，走向世界，成为南宁一张崭新的国际名片。

七、广西文场

广西文场定名前，民间又称其为"文玩子""文唱""杂调""小曲""莺歌小调""扬琴小调""文场古剧""文场挂衣"等。文场也因唱腔细腻优美，使用清唱剧的表演模式，与桂剧"武场"相对而得名。它广泛传播于广西桂北官话地区，盛行于桂林、柳州、宜山、平乐、荔浦等地，既属于一种清唱艺术，是广西最有代表性的曲艺形式，也是全国戏曲剧种中极富特色的一种地方戏曲形式。

2008年6月7日，广西文场经国务院批准，被列入第二批国家级非物质文化遗产名录，保护单位为广西壮族自治区桂林市戏剧创作研究院（桂林市非物质文化遗产保护传承中心）。广西文场的国家级非物质文化遗产代表性传承人为陈秀芬、何红玉。

广西文场由达官贵族娱乐消遣的清唱小调衍变而来。它产生于清代中叶，迄今已有二百年以上的历史。最初是由江浙一带从事曲艺弹唱行业的民间盲艺人和妓女带来，故而融合了江浙一带的俗曲小调。传入广西后，民间艺人对其进行地方性改造，采用桂林当地方言演唱，与广西原生态民歌相结合，使文场独具桂北地方特色。据说在清乾隆末年，有一个叫王少昆的人从江浙来到桂林，但他很不幸，到广西后不久眼睛就出了问题，双目失明。他喜爱弹奏各种民间乐器，尽管瞎了也会边弹边唱民间小调，跟他学习弹唱的人不少，尤其是盲人。清道光咸丰年间，来了两个喜欢桂剧的盲人前来向王少昆拜师，他们名叫杨四年和秦水保，非常聪敏，被称为"天地瞎子"。他们拜王少昆为师后，学到不少民间音乐，为了适应桂林地方听众的习惯，又有意运用桂林语音，还融进不少本地的民歌小调，特别是这两个人很喜欢听桂戏，他们把桂戏音乐和演唱方法借鉴过来。这样经过日久天长数十年时间的变革发展，一个新的曲种终于形成。这就是广西文场，当时叫做"文玩子"。

广西文场演唱的形式多种多样，既有以唱为主，间有说白，辅以小的手部动作的"站唱"，也有数人表演的"坐唱"，也有歌舞相嵌的"走唱"，也有精心打扮，化妆穿戏装演唱的"文场挂衣"，即文场戏。广西文场有专业和业余两种类别，并按演唱风格的不同划分流派。广西文场在经历时间的沉淀后，逐渐形成了"光派""瞎派"两个艺术流派，"光派"是由一些民间文场爱好者组成的"文场社"班社，内部之间自娱自乐，相互切磋，唱腔追求华丽多彩。"瞎派"则是早期为了混口饭吃而不得已走街串巷拉着胡琴卖唱的盲人，他们唱腔朴实深沉，是在与社会的不断博弈中形成的，也是光派所学不来的。

广西文场曲调多数吸收广西民间乐曲、彩调、桂剧等音乐元素，并经文场艺人使用特定乐器演奏。音乐曲牌有大调唱腔、小调唱腔、大小过门、引子、尾子和过场音乐等六种细致分类。"越调""滩簧""丝弦""南词"四大调是文场的基本曲调，通过四大调能表达人物方方面面的情感，塑造人物形象，讲述人物故事。文场小调数量相对较多，现存有七十多支，这些小调多为明清时期的俗曲，有小曲和杂调的别称，每支小调均有自己独特的艺术表现力。小调的使用比大调要广泛且灵活，其中常用的有"马头调""满江红""银纽丝""打扫街""骂玉郎""哭五更""寄生草""跌断桥""虞美人""叠落金钱"等。

广西文场以文戏为主，重抒情。伴奏乐器多用丝弦乐器，收音准确、干净利落，器乐曲牌常适用于前奏、念白、静候场。文场传统的伴奏乐器为"五件头"，以扬琴为主，辅以琵琶、小三弦、胡琴和笛子等器乐。后来为了增加层次，使曲调更加丰富，便在"五件头"的基础上增加了调胡、二胡、中阮等丝弦乐以及板、鼓、酒盅、碟子等日常可取的打击乐器。传统的演奏曲调有"一枝花""水龙吟""浪淘沙"等二十余首。后来在民间艺人不断的摸索下，又增加了"过板"，唱腔开始前有一"过板"，乐句与乐句之间用小过板，大小调的小过板基本相同。文场的整体音响效果较之其他传统戏曲、曲艺更显轻柔，适合近距离静心品赏。文场浸染着桂林风土的独特气质，音乐律动似漓江水委婉绵长，又有桂林奇山般陡峭峻拔的音程变化，整体如桂林风光般秀丽雅致，所以又有别名"莺歌小调"，其悦耳动人可见一斑。

广西文场在发展过程中形成了一批优秀的传统曲目，内容可分为小说类、段子类或是现代改编剧。小说类的剧本篇幅较长，内容多取自明清的传奇小说，成套的唱本有《红楼梦》《玉簪记》《白蛇传》《琵琶记》《西厢记》等作品，单出唱本《双下山》《五娘上亲》《王婆骂鸡》《将相配》《东方朔上寿》等，现存小说类剧本共六十出左右。段子类唱本篇幅较为短小、内容精致紧凑，有《武二探兄》《醉打山门》《秋江》《贵妃醉酒》等近一百出。现代改编的新作品有《江竹筠》《画中游》《韩英见娘》《江姐进山》《漓水情深》等贴近群众生活、讲述身边故事、歌颂山水风光的剧目。这些独具特色的剧目，成为广西民族艺术文化中一笔宝贵的财富。

文场唱腔委婉细腻、清丽雅致、优美动听，既善于抒情又长于叙事，且颇具桂北地方色彩。广西文场倚声填词，依腔度曲，"唱"始终处在首要位置，"说""伴奏"次之，伴奏与唱腔以独特的方式融为一体，更凸显出了唱腔的魅力。伴奏中，强调"伴"与"托"，也就是说，要把随腔的演奏置于"伴"的位置，以便和盘"托"出演员的唱。乐器乐师与文场演员彼此间互相成就，演员的音阶有赖于乐师对乐曲进行灵活调节，演员的唱腔又衬托出乐师奏曲的精妙绝伦。演员在唱法上多采取真假嗓子并用，声区之间衔接流畅，唱腔中大跳音程特别多。在念唱时运用桂林官话，富于情趣，十分地道，令观众倍感亲切。较为特别的是，当演员为盲人时，其只能"坐唱"，唱功了得，唱得直击人心，生动传神，使听者回味绵长。

广西文场的演唱极讲究"字正腔圆"，就是按桂林官话的声调、韵律和节奏去处理字的平仄押韵，以符合咬字行腔的规律。这里的"字正"是指演唱时的桂林话发音标准，吐字清楚。"腔圆"指的是腔调纯净无杂音，收音完整，归韵到位，表现饱满，同时板眼和节奏还要均和稳重。在艺术上桂林官话自身的特性和文场吐字对"以心带声、以声传情、声情并茂、字正腔圆"的追求形成了天然的默契。唱词上非常讲究合辙押韵，注意四声。在中国数百个剧（曲）种中，素以音乐优美见长的文场长期流传在桂北，以桂林官话为演唱基础。浓郁的地方色彩要求其唱词必须以地方方言，即桂林官话为写作基础，也就是说，写作文场唱词，要按桂林官话的语言、语调来合辙押韵。桂林官话是桂北一带的中心语言，这种语言不仅带有纯正的地方风味，更主要的是艺术性也极强。将它的四声排列演唱，自然音程关系和谐动听。在文场剧目《贵妃醉酒》中有这样一段唱词。

杨玉环：西宫夜静，百花香，钟鼓楼前刻漏长。
（杨贵妃酒醉沉香阁，高点银灯候君王。）
高力士启奏娘娘：今宵万岁宿昭阳。杨贵妃闻听臣言语，吩咐宫娥卸宫装。
杨玉环：自古道红颜女子多薄命，劝人切莫伴君王，倒不如嫁个风流子朝欢暮乐过时光。独坐在西宫谁为伴，紫薇花对紫微郎。

《贵妃醉酒》里这段唱词说的是唐明皇李隆基与杨玉环的爱情故事，它繁衍出无数的戏曲作品。但是通过刚刚简短的唱词，基本上是二二三节奏七字句式，既写了场景，交代了故事，又刻画了人物，充分体现了文场唱词典雅高贵的品质。杨玉环的曲词吟唱没有起伏跌宕的情节，但唱词蕴含情意真挚的情绪。唱腔与唱词富含艺术情感，表达杨贵妃的典雅华丽，具有皇家风格和宫廷韵味。文场滩簧调的唱词中"长""王"两字有很长拖音。拖音的时间几乎是这两个字之前所有字发音的总和。这种延宕长度的拖音，足以使观众感受到杨贵妃欲表达的幸福感，以及贵妃醉后的长叹和拖音表现出的内心苦闷与空虚。

广西文场善于表现感情细腻抒情的故事，讲究音律工整，唱词是取自典雅的诗集作品，前后押韵，灵动活泼，易记好唱，如抒情戏《四大景》中用"玉扭丝"的一折唱词：

> 春色娇丽融合暖气暄，景物飘飘美堪怜。花开三月天，姣妖嫩蕊鲜，草萌芽桃似火红柳如烟。仕女王孙戏耍秋千，暗伤残，香闺两泪涟，愁锁两眉尖。蝴蝶对对穿花戏水边，它把翅儿扇，和风动玉莲，玉楼人沉醉倒在杏花天。

在这段娇丽的春景图中，首先给人的感觉是一个和煦的春天，告别冬末的寒风，走进暖融融的春的呵护中。从气氛上告诉人们春天来了，亦如那春江水暖鸭先知般的早讯，人的心情也瞬间融动，置身于美丽的春景之中。飘动的柳絮、摇动的春蕊、浮动的水草，万物复苏，慢慢地宣告敞开的心扉将要诉说含蓄而又欢快的故事。生在富贵之地，面对世俗之境，桃红、蝶飞、莲动的雅化景致实际上是世俗生活的文人化，是对别样生活的向往。在广西文场中，这类抒情写景、以情喻景、情景交融的词作是极为精致细腻的，塑造出典型的文人化和风雅化艺术风格，形成完美的视听效果。

一方水土滋养一方人，一方人创造一种文化。每一个地区智慧的民众都会或多或少创造出地方引以为荣的文化艺术，展示着当地的历史积淀和文化魅力。广西文场则是广西桂林奇山秀水的折射。现如今，广西十万大山中所建构的文场艺术花园，汇聚着广西民众的艺术结晶，其艺术境界来源于生活又反馈给生活。

广西文场历经数百年的发展，在奇峰秀水的桂林形成了独具一格的艺术风格。细腻的文场，源自南方人对小巧别致的追求，文场的曲调和弦如桂林人那般纯净，演员将剧作家创作时的悠扬思绪清晰婉转地娓娓道来，彼此之间仿佛在进行着一场跨世纪的对话。广西文场融合了多种文化艺术，承载着数代人的记忆。过去，文场曾代表广西参与过大量全国性质的比赛汇演，接待过最高国家领导人、学界泰斗、文艺界专家等，获得过不少大奖，也得到过他们的高度评价。如今，尘世喧嚣越来越浮杂，文场艺人的传承出现了断层，文场的创新力也出现了问题，创曲填词的人极少，文场的表演也逐年减少，观众群体不断萎缩。很少再有人去追求文场的细腻别致，也很少有年轻人愿意停下脚步去认识文场，感受文场内心的话语。

八、侗戏

广西侗戏又称"戏更"。它以侗族说唱艺术"锦"为基础，在其他民族或地方戏剧的影响下，如贵州的花灯戏和阳戏，湖南的湘戏、祁剧、花鼓戏和辰河剧，广西的桂剧和彩调等，借鉴各种戏剧的演出方式和表现手法发展而形成。它的传承方式主要依靠师徒相袭和族群内部口传心授。作为侗族的戏曲剧种，侗戏是广西民族民间文化艺术精品之一，凝聚着侗族人民的心血，是侗家儿女的宝贵精神财富。侗戏主要流传在广西壮族自治区柳州市三江侗族自治县的侗族地区村寨，辐射至广西各县区。

2011 年 5 月 23 日，侗戏经国务院批准，被列入第三批国家级非物质文化遗产扩展项目名录，保护单位为广西壮族自治区三江侗族自治县非物质文化遗产保护与发展中心。广西侗戏的国家级非物质文化遗产代表性传承人为杨开远。

据史料记载，侗戏于清代嘉庆、道光年间形成，距今约有一百七十多年的历史。时至今日，侗戏大致经历萌芽时期、发展时期、繁荣时期、困顿时期、探索求新时期。侗戏最早发源于贵州的黎平、榕江、从江一带，也有人说是发源于贵州省黎平县腊洞村。十九世纪七十年代，侗戏由贵州黎平县水口区流传到广西的三江和湖南的通道等侗族聚居地区。到二十世纪五十年代，人民生活水平日益提高，侗戏在此时期也得到了进一步传播和发展。侗戏在发展过程中不断借鉴吸收当地民间艺术精品，如积极吸收桂剧和彩调等广西地方剧种的营养，并恰当地与当地侗族大歌的唱腔唱法相结合，形成新的侗戏细胞，力求更强的感染力，更丰富的表演艺术色彩。经过漫长的孕育与发展，侗戏逐渐成长为一门成熟的艺术，最终形成有说有唱、民族性凸显的独立剧种。

出生在贵州省黎平县腊洞村的吴文彩，自幼聪慧过人，跟长辈学唱侗歌一学就会。小时候读了几年私塾，长大后能编能唱，是侗族人公认的侗戏始祖。自汉戏在侗寨流行后，引起了他的兴趣。他在侗族长篇说唱叙事歌的基础上，选取当时流行在汉族地区的说唱本《二度梅》《朱砂记》，糅合自己的想法后编制出侗戏《梅良玉》《李旦凤姣》。吴文彩创编的侗戏，受到了寨子里的推崇，成为民众农闲时候的娱乐活动之一。演员均由群众自愿组合，表演时穿着侗族民族服装，完全民族化。自此，侗戏的影响力扩散，越来越多的人认可侗戏、唱侗戏、演侗戏。侗戏由此迅速地流传到侗族民众居住的黔湘桂交界的从江、通道、三江等地区。适逢年节，村寨之间交流演出，走村唱戏，蔚然成风，一些有相同兴趣爱好的人也聚集在一起，建立侗戏班，大家都公认吴文彩是侗戏的第一代大师傅。

解放初期，当局重视侗戏在广西的发展，首次在广西三江县对其进行改革创新。当时侗戏改革的主要人员是吴居敬、薛有辉、陈木、陈国凡等人。1954年吴居敬等将侗族叙事长歌《助郎》改编为侗戏《秦娘梅》。次年，该剧参加全国民间业务舞蹈观摩会演，还拿到了奖项。二十世纪六七十年代，侗戏发展几乎停滞不前。八十年代以来，党的民族政策重返侗乡，为了使传统侗戏能够适应新时代的步伐，侗戏师和文人艺术家从反映新形势着手，将《秦娘梅》一剧修改为七场侗族歌剧，侗戏再次得到有效的传播和发展。2011年侗戏被列入国家非物质文化遗产保护名录，广西侗族地区的侗戏班达二百个左右，创编侗戏的业余作者就有一百多人。

广西侗戏是集文学、音乐、舞蹈为一体的民间艺术，特点主要表现为侗语道白和演唱的戏剧形式。侗戏用侗语演唱，以侗族琵琶、芦笙等地方特色乐器伴奏，曲调常用的有"平板"和"哀腔"等。平板又称普通调，或称背通板、胡琴板，适用于叙事性唱词，或前有引子和起板的调子；哀调又称哭调、泪调，是侗戏戏腔中的扩展运用，主要用来表现悲伤。侗戏唱腔由侗族民间歌谣衍变而来，因而侗戏里包含有许多的神话传说歌谣、民族迁徙歌、生产劳动歌、苦情歌、礼俗歌等。侗戏自创设以来，全凭侗族地区沃土的繁育，没有专业戏班和专业人士参与其中，全由群众自发组织，相聚成团，业余性强。一般一村一个戏班，成员有一二十人不等，可自由来去。传统上，每当演出一台侗戏，演员们便会穿上侗装，佩戴好首饰，在临时搭建的戏台或村寨中自建的专门戏台上演出。其业余性也就决定了侗戏的演出活动并不常规，人员难以配备齐全。侗戏演出的天数只能为单不能为双，即在一个地方演出，可演出一天，或连续演出三天或五天等，绝不演两天或四天等。侗戏演出程式有其一整套流程，总体上呈现出圆融舒缓的风格,其中暗含侗族民间的信仰习俗。在侗戏表演程序上各地区各班社大同小异,主要程式遵循"立坛请师""开台戏""正场戏""送干饭""下晚调""喊加官""打彩"等七套。如要演出一场戏,开台前需要先请有名气的先生来踩台,并需念祝祷词请侗戏始祖吴文彩保佑演出平安。

侗戏的传统剧目多取材自侗族民间传说故事,如《吴勉》《秦娘美》《门龙》等,或是从其他兄弟剧种中移植而来,以及以汉族生活为主要题材,如《陈世美》。从侗戏的时间纬度分析,侗戏可分为传统剧、历史新编剧以及现代剧三种。传统剧目有《梅良玉》《凤娇李旦》《白蛇传》等;新编历史剧有《秦娘梅》《丁郎龙女》《补桃》等;现代剧有《三人抢妈》《丰收公员》《极阳春》《老树新花》等。

侗戏音乐包含唱腔和器乐两类,演出一台完整的侗戏,这两个元素是必不可少的。侗戏音乐在侗戏中占有十分重要的位置,是老祖宗留下来的宝贵财富。唱腔部分四种,即普通腔、哭腔、仙腔、尾腔。曲牌分为三种,即[大过门]、[长起板]、[短起板]。此外在乐器上还可分为以大小牛皮鼓为主的打击乐器和以牛巴腿(牛腿琴)为主的丝弦乐器。得益于改革的逐步开展,侗戏音乐有了较大的突破和提升,尤其唱腔得到了丰富,在原有的四种唱腔上又拓展了歌腔、客家腔、新腔,曲牌也增加了[闹台调]和[转台调]。

侗戏音乐表现呈现优美和缓、层次丰富的特点。侗戏在表演类型上,以文戏为主,武戏较少,很少出现打斗的场面,即使出现比较尖锐的斗争场面,也做了适当的柔化处理。其次在表演节奏上,侗戏以剧中人物命运为脉络,在叙述上较为松散自由,演出不分场次,大多是连台本戏,以唱为主,一个剧目可演三四天,长的可演八九天。所演出的侗戏,大体全照剧本,偶有演员即兴创作。侗戏的戏词生动,讲究押韵,即压尾韵、腰韵、连环韵。注重音韵和谐,表达准确形象,情景交融,以情感人。侗戏在侗族民间说唱艺术中是作为叙事歌或是琵琶歌的一种,因此一出好的侗戏也就是一首精彩的叙事长诗。与其他剧种相比较,这是侗戏所独有的特色。

"歌行戏台",侗歌有机地融入侗戏中,以唱为主成为侗戏最突出的特点。剧本《珠郎娘美》一剧中就是歌多白少,以"幕后合唱"启幕,以侗族大歌合唱落幕,合唱被置于首尾重要的位置,这明显与侗人偏爱侗歌有关。侗戏中的侗歌对唱更是数不胜数,展现出侗族人的柔性。伴奏乐器中,特殊的有"果吉"

（牛腿琴）、侗笛、木叶、琵琶等。牛腿琴的音色柔和圆润，在侗戏中唱到尾腔或拖腔时，伴奏乐师使用侗笛、木叶，弹出一个与主题不相同的旋律，形成复调，回环婉转，犹如溪水潺潺在空谷。悉知，侗戏没有严格的角色行当，但独有丑角易于辨别。丑角行当多道白，以怪声怪调的插科打诨旁白来衬托剧中正面人物，达到加强剧情气氛和引逗观众的效果。丑角的穿着较其他角色特殊，神态动作较为鲁莽，话语风趣诙谐，脸谱涂黑白圆点并画上白鼻歪嘴，在其他角色的衬托下显得与众不同。

侗戏糅合了侗族民歌的语言和韵律，唱词极为回环柔缓。唱词在民间艺人的修辞下，呈现出连贯顺畅、细腻柔和、层次分明、押韵和谐、回环咏叹之韵。《珠郎娘美》中就有一段关于侗家儿女恋爱的柔美唱词，仿佛再现侗家儿女在鼓楼、民居等地行歌坐月的场景：

> 哥想妹就像种田想犁耙，妹想哥就像柴刀想石磨；哥想妹就像筷子想刨饭，妹想哥就像口渴想水喝；哥想妹就像脚杆想绑带，妹想哥就像鱼儿想江河；哥想妹就像车带想纺车，妹想哥就像蜜蜂想花朵；哥想妹就像竹竿想晾衣，妹想哥就像秤杆想秤砣；哥想妹就像天热想荫凉，妹想哥就像谷子想筛箩。

在情节上，侗戏趋向舒展柔缓。戏剧情节多具有柔和性，即使有悲剧，但侗戏的矛盾冲突是线条式的单线延伸，而不是聚焦式的处理，这样一来尖锐的矛盾变得更柔和舒展，如侗戏剧目《杏妮》讲述的是民族英雄杏妮带领侗族人民跟地主抗衡的故事：

> 九年来，杏妮领导侗民为了人权自由与地主进行顽强斗争，虽然屡次击败地主，但最后因贫穷，耗不过地主，手下兵马全部阵亡。地主的兵马想把他们赶尽杀绝，她抱起两个年幼的女儿，跳下悬崖。本以为这场悲剧以此收尾，但剧情仍在继续，只见杏妮踏上山顶，满眼柔情地遥望家乡山山水水，缓缓地抱起两个女儿跳下悬崖，跳入龙潭。官兵不见杏妮母女，只见潭水清清，水中游着三条红鲤鱼。官兵觉得这就是杏妮和她女儿的化身，于是找来毒草毒药丢入潭中想要毒

死她们，只见这时水面出现了三只美丽的金鸡，看了他们一眼便向远方飞走了。

这一玄幻的情节，以柔和缓冲了壮烈牺牲的悲剧气息。此外，侗戏在主人公的塑造上也偏向于塑造女性的形象，且此类女性的性格趋向柔善，凸显了侗戏的柔性之美，如侗族民间地区信仰的救世主"萨神"。此信仰习俗贯穿在侗戏之中，如《珠郎娘美》中的娘美、《良三传奇》中的良三、《莽岁流美》中的流美、《丁郎龙女》中的龙女、《妹道》中的妹道等，上述这些侗戏中的女性形象或多或少都带着萨神的痕迹。

侗戏的鲜明特点主要与侗族人民的性格有关。无论男女，侗家儿女生性宽容柔和、趋静求稳，这种性格是在长期与多民族共同生活的环境中形成的。就像流传久远的一首侗族民歌中唱到：侗汉苗瑶本是同源共根长，好比秧苗共田分几行，通情达理看得宽，元梅愿嫁益阳李家郎。它生动地描写了一幅民族和谐相处的图景。民族心态的形成是随着岁月而积累的，侗族文化带有的一股柔性，正是侗族人最为宝贵的民族心态，涉及了侗民与侗戏之间的交互，具有较高审美的侗族人亦是侗戏成为广西优秀民间戏剧的重要因素。

自古以来，侗族文化被世人称为"宁静的月亮"。月亮暗含着团圆、宁静、韧性、和谐的韵味。如此柔美的侗戏正是月亮文化内涵的生动体现，巧妙凝结了侗族人民的生存智慧和审美情趣。身处侗寨中，看见侗戏演员身穿侗服，佩带侗族首饰，听他们用侗语、侗歌形式演唱着某一剧目时，它的生动和丰富总能拨动你的心弦。作为侗族地区的优秀民间戏曲文化，侗戏是古老侗族剧种的遗存，它永远是侗族人民在中华民族戏曲百花园中一颗娇艳的花朵儿。

九、桂林渔鼓

桂林渔鼓又称广西渔鼓，俗称"道情"。它原是由道情发展和演变而来，以桂林方言为演唱基础的民间曲艺，因主要伴奏乐器是"渔鼓"而得名。桂林渔鼓是具有桂林地域风格的汉族传统说唱艺术，也是广西代表性曲艺形式之一。桂林渔鼓极具地方性和特殊性，是集演唱、说白、表演、乐器为一体的优秀民间音乐文化，亦是渔鼓艺术门类中一支非常具有地域风格特色的中国传统说唱艺术，为中国传统五声调式，旋律优美动听。

2014年11月11日，桂林渔鼓经国务院批准，被列入第四批国家级非物质文化遗产名录，保护单位为广西壮族自治区桂林市群众艺术馆。桂林渔鼓的国家级非物质文化遗产代表性传承人为李蔚琛。

桂林渔鼓在桂林产生并发展，已有三百多年的历史。最早的渔鼓可溯源至唐代的"道情"，其原为我国黄河流域流行的一种民间说唱艺术形式，是道士传经颂道时所唱的道教经曲，"打着渔鼓，唱道歌"是当时道士们主要的传道叙事方式。宋代，曾在桂林任通判的周去非在《岭外代答·平南乐》中写道："广西诸郡人多能合乐，城郊村落，祭祀婚嫁、丧葬，无一不用乐，虽耕田亦必口乐相之，盖日闻鼓笛声也。"这就记载了桂林人能歌爱乐的情景。明末清初，湖南艺人将渔鼓在桂林全州地区传唱并落户，道情也因此逐渐转化为一种具有娱乐性、表演性的民间说唱艺术。据传起初有湖南渔鼓艺人在桂林开馆听书，一个故事连唱几天，高朋满座。后来桂林人见此状，纷纷自学渔鼓，在自家中自打自唱，在学习渔鼓的同时，人们将其与桂林方言音韵巧妙结合，不断汲取桂林民歌小调的营养精华，以唱词为媒介，衍变成为具有独特韵味的广西地方剧种。二十世纪三十年代，当时颇负盛名的桂林盲艺人王仁和向已落户桂林的原湖南祁阳渔鼓艺人和桂林兴安的渔鼓老艺人学习渔鼓，在掌握了渔鼓的基本曲式唱腔的基础上，发挥自身的艺术素养对这门艺术进行充分挖掘，形成了具有浓郁地方特色的说唱艺术风格。

桂林渔鼓这种艺术形式自民间而来，根植于群众中，得益于广西民间艺人的不断探索，在沿袭渔鼓艺术本体的基础上，脱离了原来道教的束缚，后又经过多番改编，广泛吸收当地民间艺术的元素，创造出独一无二的南北路板式变化体。过去，南北两路唱腔不能在同一曲目中交替运用，即不能一种剧中有悲又有喜。南路唱腔表现低沉忧郁、朴实宽厚、懊恼悲愤之情，唱腔声音低沉、醇厚。北路唱腔则为明朗欢脱、激情高昂的兴奋之情，唱腔声音圆润且洪亮饱满，富有穿透力。自艺人王仁和的创编后，突破了单一音乐结构，实现了两种唱腔能在一个剧中交互使用，即南北板路能在同一部剧中表现主人公不同阶段的内心情感。如此一来，增加了人物内心的情感戏，更加渲染了人物形象，也使得曲调更为丰富多彩，音乐形象更鲜明，格局也更广。在王仁和对新曲调的不断研磨下，于二十世纪五十年代初，代表作桂林渔鼓现代曲目《王老头子学文化》横空出世，并成为桂林地区老少皆知的曲目。红极一时的他后来又创作演唱了《水上抓匪》等曲目，这些曲目均拿到过各项大奖，一时间桂林渔鼓名动四方。越来越多的兄弟剧种学习借鉴渔鼓的南北板路，将桂林渔鼓带至桂北、桂中、桂东各地，并在当地生根发芽。

桂林渔鼓是在桂林文化语境下成长起来的，使用桂林方言演唱是其最主要的特点之一。桂林地处湘桂走廊，市内有壮、汉、瑶、回、苗等多个民族聚居，使用的方言属于北方语系的西南官话声调的调值，与普通话有很大的差别，没有舌尖团音，通俗易懂，好听易记。这为渔鼓的地方性特征奠定基石，也为其传播带来了宝贵的契机。

桂林渔鼓伴奏的主要乐器是渔鼓，渔鼓是用楠竹作为原材料加工制作而成的。其原材料得益于桂林的自然生态环境，桂林奇山秀水，有山地丘陵，有壮美漓江，桂林生长的楠竹以大、长著名，很适合制造乐器。桂林渔鼓长度大约有60—80厘米左右，直径可控制在15厘米以内，将楠竹特殊处理，用猪皮、牛皮、蛇皮、蛙皮或猪油薄膜等蒙上鼓两头空心处，形成鼓面。演奏指法有击、滚、抹、弹四种，使用左手沿下端将其斜竖抱住，用右手手指有节奏地拍击鼓面。常用的指法有四指同时拍击、四指连续交替单击、四指单击、四指屈起弹等。此外，与渔鼓配套使用的还有乐器"拍"，又称"板"。板作为渔鼓主要打击乐器的一种，由一对毛竹片制成，毛竹选取中断部分，再截成长为4—6厘米、宽为1.5—2厘米。板的使用要配合渔鼓，演奏时用左手夹击发音，与渔鼓合奏。传统上，比较厉害的渔鼓表演艺人会左手怀抱渔鼓并执板，右手击鼓，坐唱表演，他们自敲自唱，灵活转换。随着渔鼓的普及，越来越多的民众参与其中，衍变发展成为对唱、群体合唱，即两人和两人以上的演唱形式，而且在两人说唱的同时还有舞蹈伴奏。乐器也不仅仅是过去的渔鼓和板这两大件，现还加上了酒盅、琵琶、大提琴、中阮、扬琴、笛子等器乐合奏，也有专门的乐器团队，进一步丰富和增强了桂林渔鼓演唱的艺术魅力。

渔鼓音乐多采用单曲体徵调式，这类调式基本只有一个曲调，是由起承转合四个乐句加过门、小过门组成四句一组的单曲体。整段呈上下句的结构，曲调节奏简单易把握，但会在旋律中加入了很多装饰音，增加其层次性和丰富性，如会添加上、下滑音，前、后倚音等。桂林渔鼓强调音韵，即注重押韵，因为押韵能使情感加倍表现出来，表达更为充分，所以要求唱词的句子落音处要一致，押韵的要求是使唱词每句或隔句的末一字用同韵字。民间渔鼓艺人经过多年的归纳总结，将其称为"一三五不论，二四六押韵"，就是单句最后一个字可以不押韵，而双句尾字一定要押韵。如此一来，唱词的音乐性和节奏性便会更明朗。传统上，渔鼓的唱词及念白要求一韵到底，且方言区唱词要高度结合地方声韵特色。但随着时代的发展，人们审美情趣的转变，词作家在创作上早已打破了一韵到底的格式。行腔不仅以桂林方言的韵味来进行，还会要求押韵且符合平仄调。例如，在整段渔鼓唱词中，即使句子押韵对称，但曲调的最后一个音在单句中通常会设置成较高的音，且当双句都较低的时候，会增加拖腔，使平仄调相吻合，单句尾字通常使用音短、急促、高亢的仄声字，仄声字不能延长，延长就会变音。双句尾字要用平声字，平声字可延长，放在韵脚上便于行腔拉长，韵味十足，又避免了倒字现象。

桂林渔鼓唱中带着说白，通常需要艺人有足够的肺活量去支撑气息，使说出来的道白句句饱满，悦耳动听。这样深厚、灵活的说白更能丰富演员对角色的塑造，加深观众对人物形象的了解，如桂林渔鼓《游湖新韵》中的说白便需要演员足够丰富的演唱经验和足够稳定的气息才能完成。其实，不同时代的民间艺人都为渔鼓的发展努力着，他们都用自己的方式对这些唱腔曲调进行精心的改编创新，使音乐更生动、人物形象塑造得更鲜明具体。桂林渔鼓在演唱时采取四句一转的结构式，通常一段唱词用不同的曲调反复多次演唱，直至以平声字拉长结束。在这样缓慢的拉长声中，演员和乐队可以借此机会轮换，这类剧目也适用于长时段不停息的演出活动。

桂林渔鼓流传至今的剧目多为神话传说、民间故事、官场法案等。以前渔鼓艺人都会以"过街溜"的演唱方式卖唱，通常会在茶馆、街头巷尾、码头、圩市等人多热闹之地。有些听上瘾的观众，为了追一段故事，会随着渔鼓艺人到处跑，渔鼓艺人唱一个长篇曲本可唱上数月，例如现存可唱十天半月的大本曲目有《天宝图》《五美图》《彭玉麟私访广东》等。还有根据名著改变的故事性较为浓厚的传统唱本曲目《梁山伯与祝英台》《水浒传》《三国演义》等，此类故事性较强的曲目，展现的人物性格也比普通叙事性的曲目鲜明突出。此外，还有短剧，即半小时或一个小时就能唱完的紧凑型小本曲目，如《卖花记》《三姑记》等。新中国成立后出现的《雷锋送钱》《五分钱》《双龙斗龟》等也很吸引人。

桂林渔鼓演唱情感真挚质朴、声音柔和细腻。科学的演唱技巧和表演形式形成了桂林渔鼓特有的演唱风格。在演唱技巧上，科学的呼吸和共鸣是演唱的基础，桂林渔鼓的演唱风格得益于呼吸、共鸣和表演的相互配合、相互协作。渔鼓艺人在演唱之前普遍有喊嗓的练习，喊嗓的目的是让气沉丹田，利用好的共鸣腔发出柔和细腻的声音。在传统的桂林渔演唱中，气息是发声的基础，桂林渔鼓柔和细腻的演唱特点，需要有良好的气息控制，换气方式多种多样，不同的换气方式可以表达不同感情。

作为桂林民间传统文化的重要表现形式，桂林渔鼓作为桂林的艺术瑰宝，是地域文化融合的活化石。在桂林流传着一句俗话：打渔鼓，唱道情。从渔鼓剧目、曲艺中，能窥探古代穷苦艺人颠沛流离的生活，感受世间百态。桂林渔鼓在桂林很受当地老百姓欢迎，特别是老一辈的百姓，很喜欢听渔鼓，因此当老人过世办丧或者老人过寿等场合，孝顺的家人都会请渔鼓艺人来唱渔鼓。此外，桂北地区的许多村落都有庙会，在传统庙会上，也会请渔鼓艺人来表演，唱渔鼓无论在世俗性或是神圣性的场合都适用。

近年来，桂林渔鼓的研究涉及多个层面，专家学者从中挖掘到了很多与广西生活史、曲艺史等相关的重要材料，这些材料十分具有借鉴意义。桂林渔鼓流传至珠江流域、长江流域等多地，是中华民间曲艺宝库中的璀璨明珠，在时代洪流中记录和印证着中原文化、楚文化与骆越文化之间相互传播、撞击和交融的历史。现如今，保存最完整的是光绪三十三年（1907年）的渔鼓唱词木刻本《三姑记》。这本长达六百多句的《三姑记》是专家学者在全州县东山瑶族乡锦荣村吊水井屯收集而来。这篇渔鼓道情在当地民众心中与民间故事《梁山伯与祝英台》一样耳熟能详。为了保护传承桂林渔鼓这一国家级非物质文化遗产，自二十世纪八十年代以来，桂林市群众文化艺术馆以及桂林的民间文艺家便着手搜集、整理、研究桂林的地方传统艺术，完成出版《桂林渔鼓传统曲目优秀作品集》一书。此书精选桂林渔鼓传统经典曲目长篇三部、中篇四部、原创优秀作品十二部，基本涵盖和代表了桂林渔鼓艺术的最高水平，也生动地表达不同时代人们的生活情景。桂林渔鼓这项民间艺术，将会在人们的注目中得到更好的延续和发展。

十、粤剧

粤剧在广西盛行于梧州等粤方言地区，又称"广东大戏"或者"大戏"，是广东传统戏曲之一，源自南戏，盛行于两广地区等粤人聚居地。它是岭南文化与八桂文化共同孕育的产物。

2014年11月11日，粤剧经国务院批准，被列入第四批国家级非物质文化遗产名录，保护单位为广西壮族自治区南宁市民族文化艺术研究院（南宁市戏剧院、南宁市非物质文化遗产保护中心）。广西粤剧的国家级非物质文化遗产代表性传承人为冯杏元。

从历史渊源看，两广同属于百越文化圈以及岭南文化中的广府文化，广西梧州还被认定为中古和近代广府的文化中心之一。广西贺州、玉林、南宁、北海等粤语区也都属于广府文化区。粤剧就是在广府文化中孕育生成，所以又称"广府戏"。明万历年间，就有戏班在广西梧州演出，梧州借一条水路便可达广东，特殊的地缘关系让梧州成为广西粤剧的起源地。随后粤剧向南宁、百色和柳州等地传播，成为两广地区备受喜爱的剧种，这就是广西粤剧。清末民初到二十世纪四十年代，粤剧演出在广西非常兴盛。

粤剧从广东流传到广西，在广西深受广西民族文化、风俗习惯及风土人情的影响，融合了诸多民族文化元素，因此粤剧舞台表演和题材内容具有鲜明的广西地域特色。直到二十世纪，农村兴盛的粤剧开始走城市化路线，民间艺人大量吸收现代时尚元素，创新发展，以迎合城市群体。粤剧的角色行当也从十柱制到六柱制，从唱念做打到声光化电，演员由红船舞台走上电影银幕等，粤剧的诸多方面在这过程中多多少少都发生了变化。

粤剧在兼容并蓄中推陈出新，不仅吸收广西本土民族文化精髓，还在此基础上坚持本色发展。广西粤剧糅合了桂剧、邕剧等皮黄戏曲剧种，同时继承了粤剧人"不怕苦、不怕累、甚至不怕死"精神以及粤剧"吐真血""跶烂台""变脸""耍假牙"四大绝活，诸如"变脸""耍牙""跳台铲椅""吊辫""过山""吐血""三上吊""踩跷""甩发"等武功特技展现了广西粤剧的特点。此外，广西粤剧还保留了较多以"排场戏"为主体的传统粤剧。广西粤剧在长期的表演探索过程中，不仅传承着明清以来的粤剧所沿袭下来的旧传统及特技，还形成了具有自身特色的艺术表现形式，积累了其他剧种无法媲美的艺术影子。

广西粤剧与传统的粤剧不同，具有橘生淮南则为橘、生为淮北则为枳的特点，保留了较多自身特色。广西粤剧表演风格古朴粗犷，与"上六府"高雅、抒情、细腻的演唱风格不同，广西粤剧主要采用"下四府"戏班的形式，如在具有悠久历史的《双结缘》中，"逼反""飞椅""莲花座"等表演方式一直深受广大观众的赞赏与喜爱。粤港澳粤剧中已经消失的"男有小跳分大小，女有小跳和拗腰"表演技巧却在南派粤剧中保存下来，因而即使是同一出《金莲戏叔》，广东的表达会着重唱，而广西，则着重武功。行动比说更实际，因而在这出戏中武松与潘金莲之间的对手戏因武功的表达而更富有层次感。

广东粤剧重在唱，故动听，广西粤剧重在戏，故好看。其次，广西粤剧保留了南派武功等秘技，因此也具备了刀枪实战、阳刚威武的南派风格形式。广西粤剧的文词通俗易懂，在音乐唱腔上善于表达抒情、婉转华美；伴奏突出打击乐，即大、小锣，大、小钹和唢呐等，声音激越高亢，方圆数里可闻。首先，在文词的运用上，广西粤剧更加通俗易懂，《三看亲》中的唱词是"餐餐吃的是双料酒，五花肉凉拌点豆油；腿子肉用来煲莲藕，瘦肉小炒洋葱头"，短短四句活泼的语言，生动刻画了人物形象。此外，也常用比兴、比喻、歇后语等撰词手法。

其次，广西粤剧在创作上坚持本土化，将广西壮族山歌有机融入到粤剧里，形成独具一格的粤剧特色。壮语的声韵及文法的处理都与汉语有着较大差别，壮语在声韵上采用六声唱法，而非汉语的四声或九声，故而在粤曲的处理上，滑音等音调的韵味与传统粤剧迥然不同。关于填写唱词，可根据音乐的旋律、声调、音阶等填词，又可按照壮族山歌歌词本身的规律填词。广西填写唱词的艺人分为两派，一为按曲牌与歌谣唱腔据音填词；二为遵循山歌规律填词，此类多适用于梆黄唱腔。壮族山歌可以五字、六字、七字，按五字押腰尾韵，具有地方民族韵味。

在唱腔上，广西粤剧抒情性强、婉转华美，但区内各地在唱腔处理上不一而同。上林、武鸣地区因粤语水平有限，虽然使用粤曲，但是仍然略显单薄，巷贤的唱腔就相对丰富，如《宝葫芦》中吸取了其他壮剧的十多个腔调，民族风味极其浓厚。广西粤剧在唱法上也极为不同，多使用真嗓，有山歌韵味。

桂东南地区趋向于传统粤剧，以情为主，如梧州出名的《女驸马》《孟丽君》等以情取胜，细腻曲折，表现出崇文色彩。而桂西南则更偏武戏，如《西河会妻》《五台会兄》等，唱腔豪放，剧情跌宕。

在经典剧目中，作为广西粤剧的开山之戏的《西河会妻》经几番改编，也见证了粤剧的演变、发展与成熟。《西河会妻》原是具有上六府省港班的都市化演法，与南派粤剧并非为一路，广西粤剧自然属于南派一路。上六府省港班受北方京剧、昆曲影响，是北戏南移的结果，传统粤剧个性已经失之殆尽。而下四府则仍然保留传统粤剧色彩，广西粤剧更偏向于下四府南派粤剧。其中《西河会妻》最早由戏棚官话表演，而后几乎全部用粤语演唱，再没有戏棚官话痕迹。而广西粤剧则不同，其一直沿用戏棚官话演唱传统，且本土剧种邕剧也为其提供便利，因此造就了广西粤剧独一无二的音乐特色。

除此之外，还有《目连救母》《海棠亭》等优秀节目，前者集舞蹈、武术、戏曲于一体，是以最古朴、最凝练的唱词深情讲述佛陀大弟子目连历尽千辛万苦、救其母于地狱的神话故事。后者《海棠亭》则是与《目连救母》完全不同的风格，它将汉、壮文化完美融合，大量地夹杂着壮族民歌，给人一种亲切感，拉近了与观众的距离。另外，其唱词十分典雅，人文气息浓厚。它将古代文人雅士的精神表现得淋漓尽致，在舞蹈的设计上将传统戏剧与现代舞蹈元素充分结合，给人以耳目一新的感觉。

近年来，广西粤剧继续坚持自身粗犷阳刚的特点，同时也彰显与发扬南派艺术形式与粤剧精髓，不断地创作出符合现代人们审美需求和具有民族本土文化特色的作品，如现代剧作《画皮》《老鼠嫁女》等。作为人类民间智慧的结晶，广西粤剧在保持粤剧固有特色的同时，经过长时间的"壮化"，持续吸收壮民族的声腔元素，集中展现其独特的戏剧艺术魅力。

首先，重视以乡土历史文化为题材的粤剧创作。广西粤剧界深入挖掘地方历史文化资源，创作了众多反映乡土特色的剧目。这些剧目可分为历史、民间、历史传说、虚构这四类。

一是以某一特定时间的历史名人及事迹为题材。如《邕城枪声》取材于南宁革命年代发生的枪击事迹；《瓦氏夫人》将堪比花木兰、杨门女将的壮族女英雄瓦氏夫人搬上舞台。

二是民间艺人根据坊间流传故事整理加工而成。如来源于壮族民间的《百鸟衣》故事，古邕州一带的《紫金锤》故事等，这类由民间故事改编而成的剧目还获得过曹禺戏剧奖优秀剧目奖等多个国家级奖项。

三是历史传说剧目。这类剧目较多，如由南宁当地流传的"众人皇姑"传说改编而成的《三江水满皇姑情》，依据合浦民间口头传说"合浦珠还"改编而成的《珠还合浦》，梧州民间的"龙母传说"改编而成的《西江龙母》以及横县历史传说《海棠亭》。

四是没有历史或传说的依托，完全是自编自创。如广西粤剧的代表作《龙象塔奇缘》是以古城邕州为创作背景，讲述了一段倩女幽魂式的故事。该剧以历史名山青秀山为依托，加以广西粤剧独有的表演形式，互相辉映，从而实现一箭双雕的目的。音乐上，它继承了传统粤剧特色，使用戏棚官话，节奏明快，避免拖沓，并在梆黄中加入壮族民歌与广西域内具有地方特色的剧种，如邕剧与桂剧唱腔，从而具有极其浓厚的地域、民俗味道。这个新创剧目具有浓烈的地方色彩和深厚的历史文化底蕴，开启了一扇管窥广西历史民俗的文化之窗。它不仅在第四届羊城国际粤剧节上出现，而且屡次被推荐为代表性剧目参加各种文艺汇演，一定程度上促进了广西粤剧的繁荣发展。

其次，广西粤剧注重在粤剧中融入广西地域文化元素，在音乐、舞蹈、服饰、布景等处添加民族特色的元素，使得广西粤剧别具风味，让人耳目一新。如《龙象塔奇缘》融入了邕剧和桂剧的唱腔，富有地方音乐特色；新版《西江龙母》恰如其分地加入梧州水上民歌的元素，群山、大石、巨浪等舞台背景处处体现了民俗风情；《紫金锤》则糅合了壮族民歌、童谣、民间小调，自然流畅，娓娓动听，加之花旦梁素梅淋漓尽致的演绎，使善良、勇敢、率真的壮族妇女形象跃然于舞台之上，梁素梅还凭借此剧荣获第十九届"梅花表演奖"。再如《海棠亭》将粤曲与山歌结合而成的《歇脚歌》贯穿全剧，旋律优美，洋溢着迷人的壮乡风情，壮族服饰和竹竿舞也使该剧充满了浓郁的民族风韵。另外，广西粤剧注重通过粤剧弘扬广西精神。在《海棠亭》一戏中，因生动传神地表达了海棠花精神，获第十二届中国戏剧节优秀剧目奖，主演也获得单项奖最高荣誉优秀表演奖。

广西粤剧既然也属粤剧，自然较好地传承和保留了传统粤剧中的排场戏、南派武功等传统艺术，如《西河会妻》由"会妻""乱府""收状""大过山""打闭门""乱公堂""校场比武"等众多排场组成。重要的是，广西粤剧还对排场戏进行创新，以适应时代发展。所以多年来，广西粤剧被戏迷们称为"桂戏粤剧"。再者广西粤剧的演员是实打实的学习武术，在前辈艺人的教导下，完整传承粤剧绝活，如"铲台""跳椅""双照镜""三照镜""滚藤牌""大过山""高台莲花座""十八罗汉架"等在各地粤剧舞台上不多见的绝活，却仍保留在广西粤剧舞台，随广西粤剧老艺人的精神一起代代流传。

广西粤剧在壮乡文化的滋养下，具有广西地域性，这是区别于其他地方粤剧的特征之一，广西粤剧自身艺术价值丰富，注重撷取民族文化的精髓，彰显着广西历史文化精神。如今，在梧州地区，每年仍会举办粤剧节。节日期间，成千上万的两广粤剧爱好者汇聚于此，共同领略粤剧的风采，两广粤剧演员也借此机会相互切磋交流。广西是一个民族多元的地区，戏剧艺术多彩的魅力之乡，而广西粤剧的独特魅力，引人沉浸其中，也让四海八方宾客感受到广西独有的粤剧之美、山水之美、人性之美。

十一、末伦

"末伦"为广西壮族民间的一种说唱艺术，其主要流布区域为广西西南部以靖西县为中心的一片地区，包括靖西县、德保县大部分地区以及天等、大新、田东和田阳等县。"末伦"是壮语"moedlaenz"在汉语中的音译，又称为"莫伦"或"巫伦"，这是一种说唱叙事形式，滥觞于古时的壮族巫调。在壮语中，"末"就是"巫"的意思，"伦"则为"叙述、诉说"和"不间断地演唱下去"的意思。"moedlaenz"在翻译成汉语"末伦"之后，代表用巫调来叙述或诉说之义。从功能上而言，末伦分为仪式末伦和曲艺末伦两种形式：仪式末伦为"熟巫调"，为专职巫婆在祈福消灾的巫术礼仪中所演唱的巫调；曲艺末伦为"生巫调"，是普通群众在日常生活中自娱自乐时所演唱的巫调。

2021年5月24日，广西壮族自治区百色市靖西市申报的末伦，经国务院批准，被列入第五批国家级非物质文化遗产名录，保护单位为广西壮族自治区百色市靖西市文化馆。

仪式末伦以桂西南的壮族巫教仪式为载体，是指巫婆在"haet moed"（直译为"蚂蚁"，指女仪式专家坐在地上做的仪式）仪式中所吟唱的说唱艺术，现在的主要分布区域为靖西下甲地区的化峒镇、禄峒乡、武平乡、壬庄乡、龙邦镇等地，以及德保县城关镇和县城辖区内的燕峒乡和龙光乡等地。仪式末伦形成的主要文化土壤为壮族人民的自然崇拜、祖先崇拜、鬼神信仰等原始信仰和当地民歌、山歌等丰富多彩的民间文化艺术。

宋元时期，桂西南地区巫风盛行，凡有灾祸疾病，信众都要请巫婆通神以祈福消灾。唐朝诗人李商隐亦有诗云"户尽悬秦网，家多事越巫。未曾容獭祭，只是纵猪都"，反映了岭南地区自古以来就巫风浓郁。清光绪年间的《镇安府志》有云："镇俗，凡百疾病，不事医药，专请鬼婆祈禳，谓之跳鬼。鬼婆皆年轻妇女，彻底呀呕，妖冶淫荡，年少子弟，群相环睹，藉作勾引。"《归顺直隶州志》亦有载："然多信巫现，遇有疾病，辄令祈禳，酣歌于室，此风牢不可破。"镇安府即为现在的德保县，归顺即现今的靖西县。上述文献是靖西县和德保县等地民间巫事活动频繁的历史见证，说明在桂西南地区的巫事活动在清朝十分普遍。而其起源，也就是桂西南地区仪式末伦的滥觞，至迟可以往前推到宋元时期。这些巫事活动在靖西县和德保县等地区流传到现在，主要用于以村寨等集体形式举办的"大斋"，以及满足个人需要的各种仪式，如"解关""收魂""转运""求子""做花""养生命树""文武双全"和"添粮补寿"等。

曲艺末伦是在仪式末伦的基础上经世俗化衍化而来。史料表明，在明末清初的镇安府和归顺等地，巫事仪式中的巫调也被壮族人民用于叙述凄惨身世、倾诉衷肠以及讲故事等，由此逐渐演变成为新的民间说唱艺术形式。这种说唱艺术形式在时代发展中又不断受到民间音乐的影响，最终形成了流传至今的曲艺末伦。曲艺末伦发展至今已经形成了靖西县的"上甲末伦"和"下甲末伦"以及德保县的"北路末伦"和"南路末伦"这四种形态。尤以靖西县的下甲末伦和德保县的北路末伦影响最为广泛。曲艺末伦的曲调有宫调和羽调两种调式，其唱词以五二结构的七言为主，采用南壮方言进行演唱，表演形式亦说亦唱，既可一人扮演多重角色，也可以群体的方式进行演唱。

有关于壮族末伦的起源，主要有巫调说、秀才说、山歌说三种传说。巫调说认为，百越族群早在战国秦汉时期便繁衍生息于江南以及岭南各地，其中的西瓯和骆越主要分布在现在的中国广西和越南北部。在李商隐的《异俗》一诗中就有"家多事越巫"的记载，表明这些地区包括壮族在内的民族笃信巫教。有个叫桃花姑的巫婆鼻祖法力无边，她可穿行于人、鬼、神三界，通过神灵附体的方式为人们进行阴阳沟通。当老人去世时，丧家便请桃花姑到家中举行巫术仪式做法，为死者超度亡灵。桃花姑在超度亡灵时以歌唱、韵白、散白和吟诵等方式沟通阴阳二界。她的声腔随着附体神灵的不同而多有变化，时而化身为死者，时而化身为死者家属，时而又化身为神灵，既传达着家属对死者的怀念和哀悼，又表达着死者对家属的叮咛和对人间的留恋。桃花姑的巫术仪式极大地缓解了人们的心理压力以及对死去亲人的思念之情。后来，桃花姑的继任者越来越多，这种采用巫调进行说唱以祈福禳灾的传统逐渐形成了人们表达信仰与情感的主要方式，末伦就这样形成了。

秀才说则认为，在宋末元初的旧州街上出现了谭姓和唐姓两名秀才。他们家境悬殊：家境富裕的唐秀才不学无术，头脑笨拙；家境贫寒的谭秀才勤劳刻苦，学富五车，满腹经纶。宋末元初的某一年，二人同时参加靖江府的省试，结果满腹经纶的谭秀才榜上无名，不学无术的唐秀才却因为买通考官而金榜题名。谭秀才为世道的黑暗感到心灰意冷，回乡后将自己的不幸遭遇编成唱词，彻夜吟唱，以揭露社会的不公，表达自己怀才不遇的愤慨。他所演唱的调子引起了广大穷人的共鸣，深受他们的喜爱，逐渐在靖西县和德保县等地传播开来，并最终形成了现在的壮族末伦。

山歌说认为从语音和押韵特点方面而言，靖西和那坡地区的山歌与末伦的起源密切相关。山歌壮话称为"西伦"（seilun），而在靖西和那坡地区，山歌被称为"伦"，靖西下甲的山歌被称为"西"（sei）。这种语音上的亲缘关系暗示着末伦与山歌之间的某种联系。同时，末伦和山歌"西伦"在押韵方式上具有相同之处，二者都为滚动式的腰脚韵，曲调方面也很相近。因此，持山歌说的人认为末伦是以山歌曲调为基础，同时受到了巫调较多的影响而形成的。末伦与巫调之间有着千丝万缕的联系，他们彼此之间的关系相对于其他艺术与民俗更为密切。

除了以上三说，还有人认为末伦起源于木偶戏。虽然关于末伦的起源众说纷纭，但其实更应该从桂西南地区的原始信仰等人文环境方面去考察其诞生。爱德华·泰勒在其《原始文化》一书中提出了艺术起源的巫术说。他认为艺术起源于原始民族的巫术活动。这不仅是近代西方学术界最有影响力的一种艺术起源学说，也非常符合末伦在桂西南地区的诞生条件。原始信仰活动是催生艺术形式的文化土壤，末伦也是在这样的土壤中茁壮成长起来的一种艺术形式。自唐宋以来，古代壮乡地区的巫术信仰便有迹可循。自然崇拜、祖先崇拜和鬼神崇拜等原始信仰让过去的壮族先民认为，其生产生活中所发生的一切祸端均源自于某种超自然力量，而巫婆则具有与超自然力量对话的超能力，是沟通人、神、鬼三界的中介。因此巫婆在古代壮乡的祭祀、战争、生产及文化生活等方面都是不可或缺的重要角色。当然，随着社会的发展，其职能逐渐收缩到了祭祀祈祷这一领域。同时，壮乡广西素以"歌海"之称在海内外享有美誉，唱歌是壮族人民一种非常重要的沟通手段，桂西南地区的壮族人民创作的民间歌谣不计其数。桂西南地区的靖西县在南宋时期就出现了歌圩，被誉为"歌海里最绚丽的浪花"，壮族山歌亦歌亦诗，句句押韵，是一朵璀璨的艺术之花。因此，末伦并非起源于单一的源头，而是诞生于壮族人民虔诚的原始信仰中，诞生于山歌的海洋中。它是以巫调为基础，沐浴着山歌的春风发展起来的，在曲调、唱词和押韵等方面都受到了壮族山歌很大的影响。在上述末伦起源说中，更为可信的当为巫调说和山歌说，秀才说则从一个方面说明了末伦在民间受到欢迎并具有强盛生命力的原因，即它是人们自己的草根艺术，是他们创造出来表达自己特有情感的艺术形式。

巫婆在仪式末伦中常用的说唱艺术手段有歌唱、韵白、散白和吟诵等。其中又以歌唱的使用最为频繁和普遍，在请神、招魂、送茅郎、赞颂和神灵对话等仪式过程中都离不开歌唱这种通神手段。在神灵或祖师附体之后，巫婆则采用韵白的形式与信众进行沟通对话。巫婆在使用韵白时，会根据附体神灵的不同而采用不同的声腔。因此，在巫事仪式中，韵白是巫婆以自身为媒介，为神灵代言并不停转换角色与信众进行信息沟通的一种手段。散白是巫婆在主家祖神附体后用于代表主家祖先与其后人进行对话的艺术手段。在信众看来，被祖先神附体后的巫婆就是祖先的化身。他们的态度极为虔诚，犹如面对祖先的耳提面命，场面肃穆庄严，动情时双方都会泪流满面。吟诵是一种念诵经文的方式，即巫婆在"送茅郎"环节采用桂柳官话念诵经文的一种叙事手段。

末伦的音乐曲式分为两个类别，分别为上甲的羽调式和下甲的宫调式，唱词以五二结构的七言为主，偶尔也出现三言、五言和九言。各段唱词的句数没有限制，句与句之间押韵方式为既押尾韵又滚押腰韵，即下一句的第五个字要押上一句的尾字韵，凡双句要互押尾字韵，如此循环往复。内容为叙事体，俗语、俚语、双关语和歇后语层出不穷，情节连贯，表演跌宕起伏，艺术效果扣人心弦。旧时的末伦表演为一人执扇坐唱，辅以铜铃伴奏，后为多人参与，姿势不限，道具增加了铃铛、手鼓和绣球，伴奏乐器有三弦、马骨胡和土胡等。

末伦的创作素材始终紧跟时代发展,其传统曲目多以民间传说故事为蓝本,反映民间疾苦;后来随着人们欣赏兴趣的改变,末伦艺人们开始借鉴汉族小说和故事改编成成套的唱本,如《梁祝》《昭君和番》《牛郎织女》《二度梅》和《杨家将》等;二十世纪三十年代,靖西县的末伦艺人梁文堂创作了《送夫出征》唱本,以控诉日本侵略者;自新中国成立以来,社会新气象成为曲目创作的主要元素,用以赞美新生活。

末伦的发展史大致可以分为三个阶段,即宋末元初至明清时期、民国年间和自新中国成立至现在。新中国成立后,末伦迎来了其艺术生命力的春天:其演唱形式从传统的单人清唱发展到双人对唱、多人合唱和领唱齐唱相结合等多种形式;伴奏乐器除二十世纪三十年代出现的小三弦以外,还出现了扬琴、马骨胡、土胡、月琴和中胡等多种乐器。创作倾向转向了对美好生活的歌颂,并涌现出一批热爱创作的艺术家。1954 年的广西省文艺会演中,艺人何玉山创作的《吴忠》获奖,这是靖西的壮族末伦首次登台演出;1958 年,靖西艺人赵开瑞创作的《两老笑山河》获区级大奖;在 1976 年举行的广西全区曲艺调演中,靖西末伦《痛说家史》受到好评;1986 年,靖西蒙秀峰同志创作的《慈母心》在全国首届新曲目比赛中荣获创作三等奖;1989 年 8 月,陈义辉同志创作的《路灯》代表广西壮族末伦曲种参加全国少数民族曲艺曲种鉴定会,受到了专家的肯定;2020 年 12 月,文化和旅游部公示了第五批国家级非物质文化遗产代表性项目名录,入选的 18 项曲艺名录中就包括了末伦。

然而,在城市化和信息化的发展趋势下,末伦所依存的原始信仰也受到了严重的冲击,民间传统风俗逐渐淡出人们的视野。在这种社会大变迁的背景之下,末伦的传承与发展也遭遇了一定的困境,如末伦艺人的业余化和老年化趋势、资金投入方面受限、受众逐年减少以及青少年受众比例极低等。只有提供政策支持的各级政府、提供智力支持的各类学术研究机构、作为传承主体的末伦艺人和作为艺术受众的广大人民群众共同努力,提升民族文化自信,才能真正让末伦这一艺术奇葩再获不竭的发展源动力,为弘扬壮族民族文化和增强我国文化软实力提供强有力的文化支持。

第三章 传统舞蹈与音乐

一、综论

舞蹈与音乐是最古老的表演艺术，传统先民们通过舞蹈与音乐，达到与意义世界的紧密相连。广西传统舞蹈与音乐具有浓烈的地域性和民族性，是广西各民族人民通过演唱、演奏或动作来塑造形象、传达情绪和情感，从而表现生活的艺术。传统舞蹈囊括广西各民族地区具有鲜明民族性和地方性的民间舞蹈，而传统音乐包括民歌、器乐、祭祀音乐，涵盖了整个广西，乃至整个中国不同阶段的历史大事件、神话传说人物、民间信仰，是民族地区群众生产生活、民风习俗、意识演变、民族个性、民族审美习惯"活"的显现。

我们通过广西考古发掘的文化遗迹等物质遗存，印证了少数民族舞蹈与音乐的萌生，其以不同面貌现存于各类文化遗迹及图像形式之中，向我们诉说着广西各民族别具一格的文明轨迹。广西传统舞蹈主要有田林瑶族铜鼓舞、瑶族长鼓舞、田阳壮族舞狮、藤县舞狮、瑶族黄泥鼓舞、瑶族金锣舞、南丹勤泽格拉、多耶以及壮族打扁担；传统音乐主要有侗族大歌、壮族三声部民歌、瑶族蝴蝶歌、广西八音、京族独弦琴艺术、凌云壮族七十二巫调音乐和壮族天琴艺术。各民族民间舞蹈与音乐是民众酬神娱人、反抗斗争、追求爱情的生动反映，彰显了中华民族文化的精神内涵。

广西民间传统舞蹈内容丰富，形式多样，以器物和肢体语言表演为主，大体可分为器物类和象形类。从舞蹈器物上划分，与舞蹈相关的器物可分为铜鼓、长鼓、黄泥鼓等鼓类和金锣等锣类，此外，壮族的生产用具——扁担，也可作为民间传统舞蹈器物，广西器物类传统舞蹈主要有田林瑶族铜鼓舞、瑶族长鼓舞、瑶族黄泥鼓舞、瑶族金锣舞、壮族打扁担等，器物类传统舞蹈成为民族群众表达情感的主要活动形式之一，体现出生产生活和情感表达的全过程，既是壮族人民乐观向上、奋发精神的生动写照，又是他们勤劳勇敢、热爱生活的情感表述，具有重要的民俗文化价值。

传统艺术的根在广阔的乡间，形源于自然生灵，广西象形类传统舞蹈包含田阳壮族狮舞、藤县狮舞、南丹勤泽格拉、多耶等。田阳壮族狮舞和藤县狮舞均以狮子为形体，不同的是田阳壮族狮舞起源于布洛陀文化的神话传说，具有鲜明的布洛陀文化特征和壮族特征。南丹白裤瑶勤泽格拉是巫文化与民族民间文化的结合，是举行葬礼时跳的一种祭祀性舞蹈，在舞蹈的过程中模仿猴子动作，是万物有灵信仰的显现。多耶从唱词、旋律到舞步，其歌词内容、音乐特征或舞蹈动作等都蕴含着丰富的侗族文化内涵，是探究侗族群众人生观、信仰观的重要窗口。象形类传统舞蹈多与民间信仰相关，也都离不开对神话故事的演绎。

广西传统音乐滋生于民族文化事项中鲜活的动态形式，包含与琴艺、傩艺、乐教等有关内容，是广西民族传统文化的重要组成部分。此章包括侗族大歌、壮族三声部民歌、瑶族蝴蝶歌、广西八音、京族独弦琴艺术、凌云壮族七十二巫调音乐、壮族天琴艺术等内容。其中，壮族三声部民歌、凌云壮族七十二巫调音乐、壮族天琴艺术是壮族人民生活习俗、民间信仰和审美观念等在音乐上的反映，是经过漫长的历史演变所形成的特有的艺术形式和风格，在艺术上和形式上都趋向成熟和完美。总之，广西传统音乐不仅是一种音乐艺术，还是族群社会结构、婚恋关系、文化传承和精神生活的重要组成部分，具有社会史、婚姻史、思想史、教育史等多方面的研究价值，此处不再赘述。

无论从广西传统舞蹈与音乐自身发展的角度，还是从非物质文化遗产层面来看，对传统舞蹈与音乐的相关文献、考古资料分门别类地搜集整理，呈现出其概貌，旨在为弘扬广西优秀传统文化，传承广西传统舞蹈与音乐贡献一份力量。当城市化进程与乡间传统的逐渐湮灭日渐加快之时，传统民族舞蹈和音乐与人们之间的勾连越来越淡，对于传统舞蹈与音乐，我们无论是要深挖还是保护，都应该客观地、实事求是地描述和反映它们，并以此为基础为后继者的研究工作开辟一条广阔的道路。

二、那坡壮族民歌

那坡壮族民歌作为广西民族民间传统音乐的一种，覆盖广西壮族自治区那坡县全县，跨县流传至周边的靖西市以及辖内安德、南坡等乡镇村庄，跨省流传到云南省富宁县，跨国流传至越南的高平、河江两省岱侬依族地区，是黑衣壮先民历代传唱的民歌，在诞生之初就同壮族人民的生产生活、信仰以及传统民俗节庆等密切联系、不可分割。那坡壮族人民遇事即歌，用歌声传情达意、表达心声。

2006年5月20日，那坡壮族民歌经国务院批准，被列入第一批国家级非物质文化遗产名录，其保护单位为广西壮族自治区那坡县文化馆。那坡壮族民歌的国家级非物质文化遗产代表性传承人为罗景超。

那坡县是广西陆地边境线最长的县份，地处桂西南边陲，云贵高原余脉六韶山南缘，东南与靖西市相连，西北面与云南省富宁县毗邻，南和西南面与越南接壤，在这里居住着壮、汉、苗、瑶、彝五个民族，壮族人口占百分之九十以上。

那坡壮族因着装全黑而得名黑衣壮，是壮族中具有奇特色彩的一个支系，自称"敏""仲""嗷"。黑衣壮能歌善舞，那坡县聚居着古老的黑衣壮人，他们穿着以黑为美的服饰，从3岁小孩到古稀老人都能够伴着古乐，唱着原汁原味的动听山歌，翩翩跳起黑枪舞、婚礼舞、末将舞等古代壮族舞蹈，场面蔚为壮观。

古朴优美、充满原生态的那坡壮族民歌是壮族文化的重要组成部分，如今已发展为二声部重唱。那坡壮族民歌曲调柔美悠长，按不同的声调可分为"虽敏""论""哎的呀""尼的呀""春牛调""请仙歌"和"盘锐"七大种类约一百六十多套。其中，"尼的呀"在广西那坡壮语里意为"好的呀"，是黑衣壮生活地区流传的民歌中常用的衬词。比如民歌唱到："尼的呀，尼的呀！尼的呀，山中年年水流长,尼的呀,竹笋年年遍山岗。青青竹林,尼的呀,歌声起,尼的呀,山歌年年唱春光……"

根据内容和题材的不同,那坡壮族民歌主要可分为叙事歌、苦情歌、农事歌、礼仪歌、风俗歌、祭祀歌、祝酒歌、情歌等,代表性曲目有《虽待客》《论造》《酒歌》《盘歌》《祭祖歌》等。叙事歌内容主要有神话传说、人物传记、环境变迁、历史事件等;苦情歌则主要是倾吐苦难、控诉压迫;农事歌是根据壮族人生产生活,反映自然、劳动经历;赞颂歌为歌颂风光美景;礼仪歌则凸显待人接物的礼貌;此外还有表现传统习惯的风俗歌、吊唁奔丧的祭祀歌、人生礼仪的祝酒歌,以及包含着抒情、初恋、连情、逗情、赌情、定情、盟誓、赞美、相思、忠贞、离情、叮咛、痛惜、怀旧、重逢、苦情、叹情、斗情、白头偕老等情愫的情歌。按形式可分为勒脚歌、排歌、散歌等。这些民歌涵盖了那坡壮族人民生产生活的方方面面,反映了他们劳作和情感等。

那坡壮族人生礼仪,即诞生礼、成年礼、婚礼、葬礼以及表明进入重要年龄阶段的祝寿等各式各样的民俗活动与民歌不可分离,那坡壮族人常以民歌来表达内心的喜怒哀乐。比如在信仰活动、婚丧嫁娶时所唱的民歌,体现了极强的仪式性。

那坡壮族婴儿出生后的第三天,家里会为新生婴儿举行隆重的诞生礼——"三朝酒"。在诞生礼当日,全村屯的人以及亲戚朋友都会前来祝福新生儿,产妇的娘家邀家族里的三姑六婆们带上活鸡、活鸭、糯米饭、黄姜、猪肉等礼物,外婆还要额外给孩子备好背带、衣服、鞋帽、小棉被、布等等,为新生儿贺三朝。

贺三朝仪式复杂,礼节繁缛。不同阶段的仪式和礼节中都有与之相对应的歌谣,统称"三朝歌"。这些或长或短的仪式歌谣内容相对固定,都是对新生婴儿的赞美和祝福或是添丁后对祖先庇佑的感激。其中唱得最多的是外婆送来"红背带"时的《连送纳》,歌谣诠释外婆做"红背带"的过程,从种棉花到纺纱到一针一线地织成布的细节都唱出来,把外婆对外孙的一片深情唱得淋漓尽致。除此之外,其他环节所唱的歌谣中的歌词是触景生情后顺情而出。"三朝酒"与现今婴儿满月所办的满月酒不同,那坡壮族地区办"三朝酒"之后还要请"满月酒",并由道公主持满月酒仪式。人们除了唱祝贺歌之外,还唱赞歌,赞颂小孩今后成长为天真活泼,聪明伶俐,才华超人,孝顺父母,服务百姓的人。在满月酒当天还有一种必行的仪式,当地称为"卖月子",即外婆给足月的孩子穿上第一套新衣服，又用崭新的背带裹住孩子，放在奶奶的背上，在人们唱《论漏纳》的歌谣声中，奶奶背着孩子跨过门槛，走在路上边走边唱"上街买书、上山打柴、下河挑水、下地种菜"，寓意小孩勤奋好学，聪明勇敢。如今，像这类祝福或赞美类型的歌谣在当地仍世代沿唱。

婚礼仪式在那坡壮族地区通常是隆重且热烈。举行仪式时伴有歌唱活动，在对歌交互时亲朋好友也在进行着感情交流。唱山歌分两队，相互对唱，一队是亲家对亲家，另一队是主人对客人，内容多为赞颂父母把孩子养大成人，祝福新人心心相印，执子之手与子偕老，歌谣中蕴含的做人道理和礼节教养也在歌唱中传给了下一代。在那坡壮族传统社会，衡量一场婚礼是否隆重，其标准是宴席分量重不重，即杀了多少头猪，备了多少烟酒，摆了多少桌酒席，来了多少客人，是否通宵对歌等。前三个标准表明的是婚礼的规模，最后一个标准表明的是婚礼的质量是否正式、隆重、热烈。大家留在主家通宵对歌，说明来的客人们玩得开心尽兴，是否有民歌对唱是那坡壮族社会衡量婚礼盛况的重要标准。一直以来，对歌都是那坡壮族结婚庆典上人们最乐意参加的互动活动。可以说那坡壮族民歌丰富结婚典礼的同时，也使自身生生不息地流传下来。婚礼上的歌唱活动集礼俗才艺、交际娱乐、道德教化等多重含义于一体，是人们普遍喜欢和接受综合教育的方式。

那坡壮族民歌与祝寿仪式密切相关。在当地只有年届六十一、七十三、八十四、九十五时才做酒祝寿，祝寿的场面隆重、仪式繁缛。每个场面及每个仪式都有与之相对应的颂歌，即人们所说的祝寿歌。老人的四大寿辰为"福""寿""康""宁"，到时邀亲朋好友来祝寿，在仪式中大家唱各种颂歌祝福老人。祝寿歌的内容和唱词比较固定，内容是祝福老人长寿安康、勤劳简朴、德高望重、安度晚年。人们通常先唱祝寿歌及敬酒歌，之后亲朋好友、青年男女相互对歌取乐。祝寿歌作为那坡壮族民歌的一种，在浓厚的补粮敬老习俗中枝繁叶茂地生长。[1]

人的一生必经生老病死，那坡壮族丧葬仪式过程也伴有民歌。壮族人在报丧、吊丧、治丧的时候，要唱歌颂死者抚慰主家的歌谣，如《请水报丧歌》《十月怀胎歌》《吊唁祭歌》《孝敬歌》《哭丧歌》《哭连叹》《唱亡灵》《奉供歌》《哭

---

[1] 参见陈丽琴：《民俗视野中的广西那坡壮族民歌》，《广西民族研究》2011年第3期，第86页。

父母歌》等悲哀的歌。歌谣中的唱词赞颂死者当家立业、养儿育女、吃苦耐劳、勤俭持家的功劳。死者入棺后亲友来吊唁，孝男孝女孝媳等哭丧，唱《哭丧歌》。丧葬仪式中那坡壮族用民歌悼念过世老人，表达悲伤之情，并通过歌谣宣扬壮族人孝顺父母、尊重老人等传统美德，以此来对每个壮族社会成员进行持续的人格教育。

如今，"尼的呀"逐渐演变成为壮族音乐的标签，那坡壮族民歌曲调清新明丽，艺术魅力独特。2006年，那坡壮族民歌被列入国家级非物质文化遗产保护名录项目之后，受到了多方重视。那坡县政府部门为了宣传黑衣壮文化品牌，邀请区内外有关专家学者组成"民歌保护行动"考察组到广西进行考察。考察团在三江、巴马、南丹、田阳、田东等地对侗族、瑶族、壮族歌手进行访录，共采访了235名民族歌手，录制民歌385首，录音52小时，录像57小时，搜集到了10个民族的民歌。同时，艺术家深入乡村采风，创作出一批反映时代特征的黑衣壮优秀文艺作品，并且这些作品先后在国内外文化交流活动中获奖。黑衣壮合唱团在2008年全国CCTV青年歌手大奖赛广西分赛区合唱类中荣获一等奖；同年12月，黑衣壮"尼的呀"合唱团参加由中共广州市番禺区委、区人民政府和中国合唱团协会主办的首届星海国际合唱节"星海杯"合唱比赛，荣获金奖；2011年5月那坡县金秋歌舞团参加在新加坡举行的合唱比赛，黑衣壮原生态四声部合唱《挑着好日子山过山》和彝族原生态风情歌舞《戈腊》两个节目喜获金奖；同年12月该县革命老区艺术团参加第十三届香港世界"金紫荆花奖"合唱比赛，歌舞《捶布谣》《戈腊旬池》摘取金奖。那坡黑衣壮民歌文化在世界文化艺术舞台上崭露头角。

在第三届南宁国际民歌艺术节开幕式晚会上，黑衣壮歌手以那坡本民族多声部无伴奏原生态歌曲《山歌年年唱春光》惊艳亮相，成为晚会上一道非常亮丽的风景线。歌曲以"尼的呀"起音，中段及结尾均以"尼的呀"作语气助词穿插和结尾，歌曲旋律优美，歌声嘹亮空灵，如天籁之音。至此，那坡壮族民歌，走出广西，走向北京，走向东盟，走向欧美。

高亢的那坡壮族民歌在"那地"唱起时，那嘹亮的腔调，那立意深长的词意在大山里回荡，涤荡着每位聆听者的心灵。极具特色的那坡壮族民歌与他们的社会性集体生产活动、生活方式紧密相关。他们是在本民族文化土壤上盛开的艺术奇葩，照亮着壮族人民的人生历程和精神内涵。原汁原味的山歌、奇异独特的民族服装、淳美动人的笑容，展示一个古老、神奇民族的迷人风采，那坡壮族民歌将人们引入如诗如梦的民歌音乐殿堂。

由于黑衣壮没有文字，那坡壮族民歌的传承需要一代代人口耳相传。那坡壮族民歌在漫长的历史发展过程中不断丰富自身，形成了与民间习俗相依存、内容丰富多彩以及原生态性等特征。除了具有娱乐等社会功能外，还具有历史文化、学术科研、民族艺术等价值，是壮族远古歌谣文化的遗存。

现如今，那坡壮族民歌虽极具价值，但因其赖以生存发展的民族文化空间发生了变革，师承断层、传唱场地萎缩等多方因素使得那坡壮族民歌面临着严峻的传承危机。

三、侗族大歌

侗族大歌作为南方古老歌种，是侗族民间多人合唱多声部歌曲的统称，侗语称为"嘎老"或"嘎玛"，主要流传于广西壮族自治区柳州市三江县的梅林乡、富禄乡、洋溪乡以及沿溶江河一带的侗寨。

2006年5月20日，侗族大歌经国务院批准，被列入第一批国家级非物质文化遗产名录，其保护单位为广西壮族自治区三江侗族自治县非物质文化遗产保护与发展中心、柳州市群众艺术馆。侗族大歌的国家级非物质文化遗产代表性传承人为覃奶号、吴光祖。

中国南方少数民族之一的侗族是历史源远流长的山地民族，侗寨依山傍水，寨中鼓楼鳞次栉比，溪水环绕寨子，或穿寨而过，或花桥横跨其上。美丽的生态环境自然陶冶出了心灵美好的侗家人。侗族主要聚居在三江侗族自治县，位于广西的最北端，地处云贵高原边缘，溶江的上游，东部与龙胜县、融安县交界，西部与融水县、贵州省的从江县相连，南邻融安县、融水县，北靠湖南省通道县、贵州省黎平县。全县居住有侗、苗、瑶、壮、汉等民族，其中侗族人口占总人口的百分之五十以上，是当地的主体民族，侗族大歌是当地多数侗人集体参与演唱的歌种。

人们常把侗族称为"歌的民族"。把侗族与歌联系在一起的类似比喻还有很多，因侗族民众热爱唱歌、过"大歌节"，唱歌就是侗家儿女生活的一部分。歌就是侗族人民独特民族文化的真实写照。

关于侗族大歌的来源，有一个美丽的神话故事。

传说古时候，一群侗族青年男女集体在山上耕种，累了他们就坐在一棵大树下休息，时而相互逗乐，银铃般的笑语引来山上的百鸟昆虫欢唱齐鸣，声音时高时低，此起彼伏。青年们被迷人的鸟鸣虫唱所吸引，于是争相模仿，一度以谁模仿得最像为荣。这样日复一日年复一年，优美动听的蝉歌、昆虫歌等组成的多声部侗族大歌就形成了。在侗寨，民众无人不歌，侗寨的每个角落无处不歌，婚丧嫁娶无事不歌。不仅歌唱历史、人类、民族、祖先，还即兴歌唱天气，歌唱生活，歌唱风俗，歌唱农事，歌唱男女之情等。

侗族大歌起源的具体年代至今仍是谜，但春秋战国时期的《越人歌》、南朝民歌《子夜歌》《大子夜歌》《子夜四时歌》等都与侗族大歌的形成有着不可分割的关系。宋代侗族大歌发展趋向成熟，由宋代诗人陆游《老学庵笔记》的"至一二百人为曹，手相握而歌"，可见侗人集体做客唱歌的情形。明代邝露《赤雅》一书中更加明确地记载了侗人"善音乐，弹胡琴，吹六管，长歌闭目，顿首摇足为混沌舞"的情景。民国《三江县志》记载"侗人唱法尤有效……按组互和，而以喉音佳者唱反音，众声低则独高之，以抑扬其音，殊为动听"。其中提到的"唱反音"的"喉音佳者"就是侗族大歌队中的"塞嘎"，即唱高声部的歌手；所谓"众声低则独高之"则指多声部的侗族大歌，因由两个声部默契配合而获得"殊为动听"的艺术效果。侗族大歌曲式结构独特，每首歌均由"歌头""歌身"及"歌尾"三部分构成，声部通常为二声部，是别具一格的支声复调音乐，且在某种程度上体现和传达了侗族文化的灵魂。

"清泉般闪光的音乐，掠过古梦边缘的旋律"，这正是听过侗族大歌的人们所发出的真切感受。侗族大歌侗语称作"嘎老"，"嘎"就是歌，"老"则含篇幅长、人多、声多和古老之意。作为侗家人三宝之一，这项集体参与的古老歌种特点在于多人合唱多声部，无指挥无伴奏，模拟鸟叫虫鸣、高山流水等大自然之音，它以神奇的多声部合韵名扬世界，被誉为世界绝美的"天籁之音"，是民歌艺术的珍品。

侗族大歌通常在各类节日庆典中唱，男女歌队相对而坐，坐在侗族鼓楼或围在火塘边进行对唱，唱歌暖屋、暖人、暖心，用这样的方式向寨人讲述人生哲理，传授生产生活知识。侗族大歌讲究押韵，词曲优美。歌词意蕴深刻且多采用比兴手法，一般由若干句构成，若干段组成一首。每首先有一个独立性段落作为序歌，中间部分由若干句组成，然后便是尾声部分，整首歌形成首尾呼应的结构。

侗族没有文字，大歌全靠"桑嘎"（歌师）口头教唱，在音色上可分为男声大歌、女声大歌、童声大歌以及男女混声大歌四种。体裁上又分为鼓楼大歌、声音大歌、叙事大歌、童声大歌、戏曲大歌、社俗大歌和混声大歌等七种。侗族大歌歌唱世间万物，是人与自然，人与社会，人与人之间的和谐之音。

侗族大歌以独特的演唱方式和特殊的组织形式代代相传，寨老通过侗族大歌向青年人讲述侗族的历史和文化，一般情况下，侗族大歌可按其风格、旋律、内容、演唱方式分为嘎所（嘎获）、嘎嘛、嘎想、嘎吉四大类。

其中"嘎所"是最精华的部分。"嘎所"为声音大歌，这种歌强调旋律的跌宕，声音的优美。而柔声大歌"嘎嘛"一般以抒发男女恋爱之情为主要内容，缓慢、柔媚而富感染力是其独特之处。"嘎想"称为伦理大歌，主要内容以劝教戒世为主，音乐旋律平缓，起伏较小，像是在诵经，多以称颂或讽刺为主，注重歌词内容的表述。叙事大歌"嘎吉"则多以故事情节和人物对话为主要内容，其音乐旋律舒缓低沉，带着些许忧伤。

整体而言，侗族大歌具有音韵美、嗓音美、和音美、和谐美等多重韵味，当倾听一首大歌时，不仅仅是旋律的动人心弦，让人沉醉不能自拔，那流淌出来的生活意蕴更是让人动容，达到了出神入化的境界。如侗族大歌的代表性曲目《蝉之歌》的歌词：

> 走进山间闻不到鸟儿鸣，只有蝉儿在哭娘亲，蝉儿哭娘在那枫树尖，枫尖蝉哭叹我青春老。得不到情郎真叫我伤心，只听蝉儿声声鸣，蝉儿声声心悲切，像是可怜我单身。静静听我模仿蝉儿鸣，希望大家来和声，我们声音虽不比蝉的声音好，生活却让我充满激情，歌唱我们的青春，歌唱我们的爱情。

这样有声有色、原汁原味的歌唱就像一串串美丽的珍珠一样，闪耀着熠熠的光芒。除此之外，侗族大歌代表性曲目还有《大山真美好》《装呆傻》《松鼠歌》等。

数年前，世界音乐界认为中国没有多声部和声艺术。直到 1986 年，由十一人组成的侗族合唱团赴法国巴黎夏乐宫参加金秋艺术节演出，演出非常成功，谢幕 37 次。此次演出反响巨大，并成功扭转了国际上关于中国没有复调音乐的说法。随着时代的发展，代代侗家歌师们不断打磨，丰富大歌的内容和种类，创作出紧跟时代步伐的混声大歌。侗族大歌内蕴的音乐特性和独特魅力，也已经成为"多彩广西"展示给世界的一张动听的名片。

侗族历史上没有文字，那时候的人们便以歌唱来表达自己内心的喜悦与忧愁，用歌声描绘生活，用歌声倾诉生活。侗族以"歌唱"作为载体，传承或记录本民族的历史文化，因此人们常说"侗家无字传歌声"。侗族大歌的传承方式为口传心授，其歌根植于民间，贯穿于民众生产生活，是侗族生存生活方式的集中体现，是侗族"天人合一"观念的表达。

民间传说侗族人不会唱歌，只有天上人才会唱歌。于是侗族人便派能通神的人去天上找歌，把歌找来以后，侗家才有歌，有了歌侗寨才有欢乐。世世代代的侗族人传唱的侗族大歌是天赐给侗族人的文化瑰宝。侗寨里的人们从小唱歌到长大成人，小时候唱儿歌，年轻时唱情歌，年长后唱故事歌或劝世歌。

侗族人民多年来一直保持着唱歌的习俗，男女老少人人唱。侗寨文化知识，侗族历史的传播教化都以歌为媒介。此外，无论是平日社交、节日庆典、人生礼俗或是信仰仪式等活动都离不开歌，青年男女谈情说爱更完全是以歌为媒。

对侗家人而言，唱歌是他们的生活，也是本性。被誉为歌声海洋的侗乡，那里的人个个能歌善唱，故有侗歌唱道：

> 喝得欢，有吃无吃歌不断。我们留恋年轻的时代，我们羡慕你们的青春，年老了也要唱歌哟，一直唱到尸骨变成灰烬。不种田无法把命养活，不喝山歌日子怎么过？饭养身子歌养心哟，活路要做也要唱山歌。

歌唱已经成为侗家人日常生活中的一项基本的群体性活动。侗寨人把"歌"

当"饭",视歌为宝,歌就是知识,就是文化,谁掌握的歌多,谁就是寨子里知识最广最有权威的人。侗族地区的歌师是被公认为是最有知识有权威的人,社会地位十分高,侗族大歌是侗歌中最精华的组成部分,歌师掌握的演唱内容、表现形式多种多样,但这之中的内容都与侗族人的生活习俗、心理特征以及生产环境息息相关,是对侗族历史的真实记录,是侗族文化的直接表现。侗族大歌以歌替书、以歌养心、以歌为媒、以歌联情,世代传承,是侗族人久唱不衰的古歌。

以歌替书。侗族人认为歌师是侗寨中最有文化的人,也最受尊重。侗族歌师通常能唱上百首歌曲,无偿教授寨子里的人唱侗歌,对于他们而言这是一份倍感骄傲和责任的事业。学歌就相当于学文化,掌握的歌越多文化越高。侗族人通过创世史诗、英雄史诗等了解本民族的历史文化,有的史诗能唱七天七夜。

以歌养心。侗族人的生活美学追求是把"歌"当"饭",亦是当作精神食粮,用以陶冶心灵和性情。侗族大歌在侗族民众的生活中不仅是常见的娱乐方式,更是侗族民众精神的支柱,是支撑生命的无形力量。侗族人多于农闲时用功学习大歌,这样才能在重大节日中以歌相娱。农忙时的侗家人也会在劳作中以歌提神,以此来消除劳动带来的疲惫。田间地头时时处处都飘扬着侗族民众的歌声,并形成"年长者教歌,年轻者唱歌,年幼者学歌,歌师传歌,代代相传"的日常。

以歌为媒。当夜幕来临,侗族小伙子三五成群哼着歌,弹着二弦琴或琵琶,在侗寨中串巷去找心仪的姑娘们行歌坐月,姑娘们聚集在"月堂",纺纱、绣花等候着男子互相对歌。"月堂"指的是某一姑娘家或鼓楼等公开的公共场所。在月堂里的青年男女相互用歌声诉衷情、结良缘。以歌为媒的传统至今一直保留,在侗寨唱大歌是侗族青年男女社交的一种方式。每逢侗族主要节日或农闲时,许多青年男女便会聚集在一起唱歌跳舞,用歌声来传递爱情信息。

此外,以歌联情是形成族群纽带关系的重要方式。在集体做客习惯中有一种"外嘿",即众人集体到别的侗寨做客。届时主寨会用一种非常有趣的方式迎接客人,在客寨大歌队进入主寨的必经路口或门楼前,用板凳、木柴、竹竿、绳子等杂物设障堵路。由主寨姑娘拦住客寨的后生,或主寨的后生们拦着客寨的姑娘唱"拦路歌",歌中唱出拦路的各种理由,接着客寨姑娘或后生们则唱起"开路歌",一开一拦,妙趣无穷。如果能顺利过关,他们将能在对方寨里吃饭,并和村里的歌队对唱。若不能过关,他们就只能"转战"别的寨子。这样有趣的活动通常会在农闲时举行,持续七至九天。长此以往,通过村寨之间持续性的活动,大家以歌结谊,增进了族群内在的情感联系。

俗话说:"汉人有字传书本,侗族无字传歌声;祖辈传唱到父辈,父辈传唱到儿孙。"联合国教科文组织在评价侗族大歌时十分认可其价值,将侗族大歌评价为"一个民族的声音,一种人类的文化"。

侗寨鼓楼边,歌者们唱完那抑扬顿挫、高山流水的大歌后,心满意足地卸下盛装,回到家中忙活着蒸一锅糯米饭,再拿出腌制的特色稻花鱼,在自家庭院举杯欢歌。民族艺术在这样的生活里发酵,散发着醉人的味道。穿越时空的隧道,侗族的历史和文化随着优美的歌声、随着歌者的生活川流不息。

如今,拥有悠久历史的民间合唱音乐——侗族大歌,参加演唱的人数越来越多。它被誉为侗族歌谣艺术中最高级的品种之一,它不仅是一种音乐艺术,而且还包含着侗族社会结构、历史文化的传承,人类婚恋关系以及精神生活等重要内容,具有多方面的研究价值。

四、多声部民歌(壮族三声部民歌)

壮族三声部民歌是壮族民间特有的原生态民歌,也是壮族人民的口头文学。它起源于广西南宁市马山县的古零镇、加方乡一带,主要集中流传于广西马山县古寨乡、里当乡,上林县西燕镇、塘红乡、镇圩乡,都安县龙湾乡、菁盛乡,忻城县古蓬镇、北更乡、遂意乡以及大化县共和乡、贡川乡等地。

2008年6月7日,多声部民歌(壮族三声部民歌)经国务院批准,被列入第二批国家级非物质文化遗产名录,其保护单位为广西壮族自治区马山县文化馆。多声部民歌(壮族三声部民歌)的国家级非物质文化遗产代表性传承人为温桂元。

坐落在红水河之滨、大明山南麓的马山县,素有"山歌之乡"美誉。马山县民族民间文化底蕴深厚,自古以来孕育了许多宝贵的文化艺术,其中传统音乐样式的典型代表就是壮族三声部民歌。因马山县地处偏远,交通不便,信息不畅,大石山区的人民在自然"屏障"下与世隔绝,不易受外界文化环境影响。

长久以来，壮族三声部民歌在广西大石山区的孕育下始终保持原汁原味、传承不息的原生状态，别有一番古韵。

壮族三声部民歌历史悠久，被称作壮族民歌的"活化石"。自古以来当地壮族群众称之为"欢哈"，汉语意为"和声的山歌"。民歌的产生与壮族人民劳作之余在山野对歌息息相关，壮族人民借由最能拨动心弦的歌腔和声来向对方表达最炽热的感情。据专家考证，壮族三声部民歌产生年代最早可追溯到宋朝初年，盛行于明清时期。千百年来它用最炙热的情感感染着广大壮族群众，壮族人们的生产生活及农事习俗活动都离不开壮族三声部民歌。古书有云："壮人迭歌声合，含情凄婉，皆临居自撰，不能蹈袭，其间乃有绝佳者……"壮乡人民唱起三声部民歌，含情脉脉，婉转凄切，让人心神向往。且早在唐代末年，马山县东部大石山区的人民就开始在生产劳作、人生礼俗、祭祖迎神等现实生活中唱民歌，民歌一度成为教化民众、交流情感、传达信息的重要方式。用唱歌来表白，是马山壮族最常见的男女表达情意的方式。随着山歌在马山地区的普及，一人独唱不足以衬托气氛，于是由单人独唱变成多人附唱，从一声部变成了多声部。起初这种天籁的和声在以马山为中心的附近乡镇传播，后来逐渐在上林县、忻城县、都安县、大化县等红水河流域地区盛行。明代中期，壮族民歌空前盛极。壮族人以歌会友，以歌传情，以歌育人，连唱三天三夜也不停息，歌声此起彼伏，将越来越多的人吸引而来，逐渐发展成为歌会。山歌盛会将壮乡儿女的情感联结起来，表现壮族人民热爱生活、辛勤劳作、悠然自得的生活态度和顽强坚韧、向往美好生活的精神。经过代代相传，壮族三声部民歌名声愈来愈响，造就了壮族三声部民歌的繁华盛世。

三声部指的是同一首歌曲由三个声部构成。因为有三个声部，因此演唱时最少需要三个人，第一声部为歌曲主旋律，一般由一人演唱，歌腔高昂、明亮、突出，属于高音声部，也是最主要的声部；第二声部是副旋律，一般也由一人演唱，歌腔平稳，浑厚，起到补充润色第一声部的作用，属于中音声部；第三声部是低音声部，由二人以上演唱，歌腔迂回婉转，和声常用"哼""呜""啊"等，或用鼻音哼唱来附和呼应第一第二声部，能突出和丰富主旋律。第一声部和第二声部均为独立音调，分别由主唱者演唱。演唱时，一人为主唱，另一个"哈"出二声部，两人以上"哈"出第三声部。全体歌手用支声复调合唱，和声"哈"的风格变换无穷，使歌曲具有三度和声风格。壮族三声部民歌整体和谐，音韵优美，歌词押韵，音色柔和，风格统一，声部间相互协调，恰到好处。三个声部既独立又融合，在全国乃至全世界的民歌中极为罕见。

根据曲调和句式结构不同，曲调可分为"蛮欢""卜列欢""加方欢""结欢"等四种类型。句式结构有五言、六言、七言几种，虽复杂但有条不紊，在现存的三声部民歌中，主要有五言四句式、五三五言六句式两种，并配以蛮欢、卜列欢、加方欢、结欢等曲调。歌词结构讲究对仗工整，首尾押韵，基本上有两种结构，一种是五言四句式，此种结构的歌词符合壮歌的押韵规律，即二三押韵，第二句的第二个词和第四句的第三个词分别与第一句及第三句末词押韵，第二句和第三句末词押韵。另一种是五三五言六句式，此种结构又称为"三顿欢"或"三跳欢"，即整首歌曲中两头各五言，中间三言，呈五三五形式，押韵复杂，有严格的韵脚，歌词的第一句及第二句的末词与第三句的第三个词互相押韵，第三句及第四句末词押韵，第四句及第五句末词与第六句的第三个词互相押韵。现今多用两组两句五言嵌一句三言，一首"欢"共六句的形式，以及三五腰脚韵的歌词结构形式，声部间互相协调，音调柔和，风格统一。

壮族三声部民歌既复杂又简单、平稳而不枯燥、统一而自由。有相对固定的演唱歌本，如《灯焕欢》《达红欢》《二十四孝》等，内容大多反映壮族人民与自然搏斗的过程，表达自身对美好生活的理解与追求，体现了壮族群众的自强不息、乐观向上的精神风貌，也有根据日常生活的所见所闻即兴创作，出口成歌的内容。从调式调性上看，其以羽调式、徵调式为主；其次，从句法结构上看，壮族三声部民歌句法结构具有非方整性；最后，从节奏节拍及旋律线条上看，节奏节拍及旋律多变，无论是在声部横向或者是纵向上都有着较为明显的差异性。

现如今，壮族三声部民歌仍具有极高的现实价值，是壮族人民生活中的一部分，并围绕着壮族人民的生产生活、社交娱乐、婚丧嫁娶和祭祖娱神等活动展开，其中婚丧嫁娶和祭祖娱神等仪式上所唱的壮族三声部民歌是沟通人神的媒介，尤显神秘庄重。此外在一些传统节庆活动，壮族三声部民歌也起着非常重要的作用，适逢壮族三月三、壮族霜降节、壮族敬牛节，壮族补粮节等壮族传统节日，以及春节、元宵节、中元节、中秋节、端午节等中华民族传统节日，壮族人民都会唱三声部民歌来欢庆节日。

如壮族补粮节，在九月初九当天，家中的晚辈要给长者补粮，尤其是年满六十的长者更为隆重，要大摆筵席庆贺。在壮族民间有个说法，六十甲子是人的生命轮回，人活到六十岁便意味着生命中的"粮食"就快吃完了，如果想长寿就要"补粮"。补粮仪式则是在节日当天给家中长者设宴席庆祝，邀请歌师携众人给长者唱歌庆贺。所唱歌曲为壮族三声部民歌中的南蛮欢调，五言四句式结构，用当地的壮话来演唱，内容朴实感人，深切地表达了期盼长辈长寿以及感恩父母的深厚情感。

在壮族地区，对于壮族人而言，他们最看重的人生礼仪主要有诞生礼、婚礼、寿礼和葬礼，这四个人生阶段贯穿了一个人全部的生命历程。同时，在各个环节的庆祝活动中，壮族三声部民歌于其中都扮演着重要的角色。满月的时候会唱壮族三声部民歌中以五言四句式结构为主的南蛮欢调子《满月酒》，歌词内容大概为庆贺喜得贵子，孩子茁壮成长，家族事业后继有人，感谢祖先神灵保佑。结婚时的歌唱活动对于增加新婚喜事的热闹气氛可谓是功不可没。新人新婚大喜之日，摆酒设宴，呼朋唤友通宵达旦地唱歌取乐，是马山壮族社会的传统婚庆习俗，并且会以三声部民歌中的五三五言六句式结构唱祝福新人的《喜酒山歌》，歌词大意为感恩父母的养育之恩，庆祝新人喜结连理。

在做寿的时候，壮族三声部民歌使得寿礼气氛热烈而亲切。整个寿礼场面既感人又热闹，贺寿必不可少的便是主家与客人一起为寿星唱《祝寿歌》，歌词内容为赞颂老人养家糊口，抚育后代的可敬精神，教化子孙要敬老爱老，知恩图报。

此外，乔迁新居，搬进新家对于壮族人而言也是人生大事，是家庭生活水平改善的一个标志性事件。壮族群众相信，自家生活越过越好得益于祖先和神灵庇佑。所以，乔迁新居应该宴请宾客，邀请大家一起唱歌，既是祈求家业兴旺，告知祖先神灵入住新居的喜事，又是亲朋好友相聚在一起的乐事。

实际上，作为一种传统民间文化，它的形成与发展的历史过程与民间信俗有着密切关系，壮族民众为了祈求神灵庇佑，每逢佳节喜事都会请师公、道公等神职人员来做法事，喃唱经书、跳祭祀舞蹈以娱神。这些神职人员，在仪式场合中要唱经，唱经即做法事过程中喃唱经文，经文与壮族三声部民歌类似。民间文化传习、信仰仪式等活动场合都为壮族三声部民歌提供了一个广阔的传承场域，并随着时代和环境的变更不断传唱发展。如今的壮族三声部民歌在信仰仪式中的普遍运用，一定程度上起到了丰富和充实祭祀的内容，满足了马山壮族群众精神需求的作用。

壮族三声部民歌作为壮族人民特有的传统音乐样式，像壮锦一样美丽，是广西民族民间音乐艺术瑰宝，其旋律悠扬欢快，如天籁之音，可谓是壮族人民历史发展的见证者，承载着壮族人民对生活中真、善、美的颂扬，对伪、恶、丑的鞭挞，传递着民族区域社会经济发展的重要信息，对于研究壮族文化具有重大的作用。

毋庸置疑，壮族三声部民歌历经千年风雨后又以涅槃重生的姿态走向世界，借此也填补了西方国家认为中国少数民族民歌没有多声部理论的空白。壮族三声部民歌盛极一时是不可否认的历史事实，现今它仍是壮族民间音乐的光辉硕果，是壮族劳动人民长期的生活实践和艺术智慧的结晶。它源于生活又高于生活，山野粗犷却纯净天然，象征着壮族民间音乐发展到了一定的高度，也丰富了我国的民族民间音乐宝库。

尽管如此，社会的快速运转，时代的更替，壮族民间演唱三声部民歌的歌手愈来愈少，仅在马山县东部地区较为流行，且能完整传唱者多为老年人，其中尤以巫、师、道者居多，当地青年一般不唱，也不会唱。为了壮族三声部民歌能更好地传承下去，防止面临消失的危险，抓紧、抓好传承工作仍然任重而道远。为了更好地守护壮民族珍贵的文化遗产，使其如鲜艳木棉般永盛不衰，还需一代代民间歌手不断地为民歌的永世传承而高歌咏唱。

五、多声部民歌（瑶族蝴蝶歌）

瑶族蝴蝶歌是瑶族在特定历史阶段经世代传袭下来的民族民间音乐，有浓厚的百越遗风，属多声部民歌。其旨趣在于用汉方言土话来唱歌求偶，因歌谣衬字及衬词中常出现"蝴的蝶"字样，而得名"蝴蝶歌"。瑶族蝴蝶歌悦耳动听，主要流传于广西富川瑶族自治县白沙镇、莲山镇、古城镇、柳家乡等瑶族聚居区。

2008年6月7日，多声部民歌（瑶族蝴蝶歌）经国务院批准，被列入第二批国家级非物质文化遗产扩展项目名录，保护单位为广西壮族自治区富川瑶族自治县文化馆。

瑶族是极其爱歌唱的民族。蝴蝶歌多是日常瑶民们抒情表意、歌唱生活的重要艺术形式。除瑶民的日常生活外，各种民俗活动，诸如恋爱婚姻、家庭聚会、祭祀迁徙等都会唱蝴蝶歌来表达情感，由此可见蝴蝶歌是瑶族人民对自然和生活的感悟，也是他们历史的记忆。

作为广西瑶族标志性民歌的瑶族蝴蝶歌，被誉为流淌于翅膀上的山歌，在富川瑶族人民的农耕文明中逐渐形成，具有多元文化的特征。蝴蝶歌流传地广西富川瑶族自治县历史悠久，古属百越族群聚居地，处在都庞岭、萌渚岭之间，地理位置特殊，境内山岭相连，群山起伏，古时候是中原文化、楚文化、瑶文化进入岭南的主要通道。元明清时期，瑶族、汉族、壮族等各民族文化互相交融相互影响，构成千姿百态、内涵丰富的民族文化。据史料记载，公元前111年汉武帝始置富川县。县志中记载富川当地的瑶族是先后于唐宋元明时期从黔中五溪及湖南道州千家峒等地迁徙而来。在《瑶族简史》中也有相关记录，富川早在隋唐时期就是瑶族人民的聚居区，到了明朝，由于明王朝推行土司制度，使瑶族文化与汉族文化的交融加快，瑶人从山上移居平地，聚寨而居，形成特有的平地瑶支系。

瑶族人民自古尚歌、善歌，"歌圩""歌堂"是瑶族人民以歌记事，以歌祭祖，以歌述史，以歌传情达意的活动场地。"凡音之起，由人心生也"，在广西富川瑶族自治县，瑶族文化风情浓郁，流传着这种独特别致、过耳不忘的瑶族蝴蝶歌，男女杂沓，一唱百和。唱歌是瑶族人民生活的重要组成部分，也是人内心的述说，除各类节日庆典外，瑶族儿女上山砍柴，下地耕作，入河捕鱼时都爱唱蝴蝶歌。唱蝴蝶歌成了青年男女沟通思想，交流经验，传达爱意的主要方式。此外，瑶族人民也会使用歌谣来表达各种礼仪道德、民间信仰、村规民约、民风民俗等。正如他们唱的："富川风光娇又娇，蝴蝶飞歌富川瑶，年年月月日日唱，唱了今朝又明朝；春风春雨润春苗，瑶乡歌声处处飘，山歌成海花招蝶，蝴蝶歌声颂花朝。"

瑶族民歌通常是瑶族儿女即兴而作，极少专门作词作曲，题材广泛，内容丰富，音乐艺术高超，语言艺术精妙。因而尽管瑶族一直没有本民族文字，但瑶族的历史文化、英雄史诗还是得益于瑶族民歌的口传心授一代代流传下来，深深植根于富川瑶族人民生活的土壤中，被誉为民族文化的活化石。绚烂多姿的蝴蝶歌是富川瑶族人民生活的写照，每一首歌、每一句词都从不同方面映射出富川瑶族地区的生产生活面貌，表达了瑶族民众的真实情感，是瑶族人民千百年来生生不息、奋斗不止的历史记忆；是富川瑶族民众生活思想、情感文化的集中表达；是瑶族人精神风貌的真实写照。它展现着富川瑶族人民农耕文化生活中的喜怒哀乐，承载着富川瑶族人对爱情、对生活、对未来的美好憧憬。

瑶族蝴蝶歌抒情达意，曲调婉转悠扬，旋律悦耳如涓涓细流，又如蝴蝶扇动翅膀时发出的美妙之音。瑶族蝴蝶歌世代相传，承载着民族不朽的音符，延续着瑶族人民生生不息的希望。瑶族蝴蝶歌传唱于广西富川县的东南地区，每年春秋两季最盛，其中春季以农历三月三漫天花开时最为盛大。

在多声部民歌中，瑶族蝴蝶歌内容丰富且有深度，民间流传着田间劳作的劳动歌、赞美自然的四季歌、弘扬社会主义的颂歌等，内容囊括了富川瑶族的社会历史、精神文化、经济生产，具有多方面的价值。而歌词多为七言绝句，言近旨远，源于生活，意味深长且耐人寻味，生动表达了瑶族人民美好的心灵习性，吟唱起来就像一首首诗，充溢着诗性的精神。在瑶族地区，不会唱蝴蝶歌的适龄男女难以找到爱情，为了赢得对方的好感和信任，青年男女都会通过对歌表达才华。因此，每年正月或平日农闲时，寨里的长辈就会教晚辈唱蝴蝶歌，唱歌厉害的老人家还被上门来学歌的青年踏破家门槛。

根据句式和唱腔的不同，蝴蝶歌的演唱者均为二男或二女，采取同声二重唱且同起同收。蝴蝶歌富有弹性，可分为短蝴蝶歌、长蝴蝶歌两类。短蝴蝶歌一般为四句，通常第一、二、四句均为七言，第三句常加衬词衬句，或者在第二句和第四句结束后加衬词衬句，并押脚韵，对于感情的表达、气氛的渲染起到了很大的衬托效果。如短蝴蝶歌《流水欢歌迎客来》，歌腔中频繁使用衬词，凸显出活泼欢快的印象，具有当地瑶族民歌的显著特点。长蝴蝶歌则是在短蝴蝶歌的基础上得以发展，特点在于歌曲的第三句可随演唱场合任歌手即兴填词，形成长跺句，难度较高，因此又称"双飞蝴蝶歌"。在唱腔上，蝴蝶歌随性而优美，瑶族蝴蝶歌为五声调式，其中多宫、徵、商、羽调，并在歌腔中频繁使用"蝴的蝶""尼的"等衬词。衬词的使用是瑶族蝴蝶歌的一大特色。歌词较短，歌中运用大量的衬词，在歌曲演唱中用的衬词占歌曲的三分之二，差不多一字一衬，衬词起到了一定的升华主题的作用。其中，"的"字衬词应用尤多，每隔几个字或一段话必衬。衬词的使用，凸显歌曲热烈活泼、富有朝气，这在中国传统民歌中着实罕见。

关于演唱特征，多用原生态的真声唱法进行演唱。没有固定的伴奏乐器，一般是清唱，多使用方言词汇演唱，淳朴且别有一番韵味。瑶族蝴蝶歌所属的二声部民歌，演唱时有高低两个声部，其主要旋律是高音声部，且低声部多从高声部中衍生，演唱中也十分注重高声与低声的配合，高声部与低声部同声且同终，以和为主，十分独特。

瑶族蝴蝶歌的演唱速度非常快，节奏为 2/4、3/4 拍，这和瑶族民众为人处事的态度有直接联系。瑶族人民性格爽快，做事麻利，因而演唱瑶族蝴蝶歌的歌手们也带有类似的特点，演唱时在统一节奏的情况下吐字清晰地快速演唱。这种独特的演唱方法离不开瑶族民众长期的实践和二声部民间训练方法。人们在练习时，常常会合歌，为了保护嗓子，缩短练习时间，歌手会采用"蜜蜂声"练声法，即两个歌手会把头靠得很近，两人的声音像一群蜜蜂嗡嗡的鸣叫声，这样二声部的音色音准才和谐。

在适用场合上，长短蝴蝶歌的适用范围有所不同。短蝴蝶歌主要用于男女对唱，青年男女在对歌中找寻恋爱伴侣，对歌时女子若觉得男子唱得好才对答。瑶家儿女相约邀伴对歌，从黄昏唱到天明，没有固定的时间地点，随时随地即兴而对。对歌分上半夜和下半夜，上半夜唱神话故事、民间史诗、道德礼仪、生产生活、瑶风民俗等内容，需按照二十四韵的韵脚对答。演唱形式多为双声部同声组合，上方声部称为"抛高"或"硬唱"，下方声部称为"抛低"或"顺唱"。下半夜唱情歌，唱到天亮后男子会与女子约定下次对歌的时间。关于长蝴蝶歌的适用范围，由于长蝴蝶歌太长，对演唱者的要求较高，歌手需要拥有很好的演唱技术，所以多用于祭祀仪式上师公诵念，或是拿出固定的唱本用于平时练习口齿气息，以及练习双人合作的协调性等。

"歌是瑶人最爱唱"，瑶族蝴蝶歌的代表性作品很多，主要有《情郎下海我下海》《流水欢歌迎客来》等。富川遗存着浓厚的百越歌圩遗风。每逢节日、会期、人生礼俗等社群活动，瑶家儿女都喜唱蝴蝶歌。歌者无论何地何时都可以放开歌喉，满腹蝴蝶歌词似的张口就唱，随口可歌，指物可唱。当瑶寨举行"二月二""二月八""三月三"等节日庆典时，蝴蝶歌是必不可少的点睛之笔。届时，方圆数十里的男女青年都兴高采烈地穿上节日的盛装奔赴歌会，成群成对，互对"蝴蝶歌"，参加的人数少则几百人，多则达数千人或上万人，几天几夜歌声不绝，把村寨变成了蝴蝶歌声的海洋。

在节日庆典期间，不少男女青年相识而歌，用歌传情，用歌谈情，互赠信物，几经往来，定下终身，直到洞房花烛夜双方成为夫妻为止。"以歌为媒"曾是瑶族地区盛行的婚姻习俗。发展至今，随着年轻人眼界的开阔，恋爱方式也越来越多，蝴蝶歌的择偶功能逐渐淡化，表演性质逐渐加强，演唱形式从单独的女声二重唱或男声二重唱，加上了混声二重唱的形式。瑶族蝴蝶歌发展至今，在富川瑶族地区蝴蝶歌的传承谱系中传承人已多为女性，男性的二重唱已很难听到。

1982年，瑶族蝴蝶歌曾被指名邀请参加全国部分省（区）多声部民歌座谈会，受到国内外专家学者的高度关注和好评。其旋律曾作为中央人民广播电台定时播音的乐曲之一，被国内一些艺术院校编入大学音乐教材，发掘、抢救、保护瑶族蝴蝶歌具有重大的学术价值和实用价值。因此，如今我们更需要系统化地传承和发展瑶族蝴蝶歌，让瑶族蝴蝶歌永远传唱，并散发出璀璨夺目的民族文化光芒。

多年来，蝴蝶歌成为富川瑶族标志性的民歌，也是中国瑶族的标志性民歌。蝴蝶歌已然成为瑶乡文化的璀璨明珠，是瑶族人民的心灵心声，是聆听者的诗与远方，是一种文化传统和诗性思维，糅合了世代瑶族儿女的文化智慧。作为富川瑶族音乐文化的代表，蝴蝶歌承载着瑶族记忆，并带着这份独特的记忆融入了社会的大环境之中。但瑶族蝴蝶歌这项民间艺术奇葩身上附带的高度审美价值无法得到瑶族青年一代人的认可，代际认同出现断层，面临着后继无人的危机，生存空间日益缩小，传唱范围逐渐变窄，美妙的富川瑶族蝴蝶歌正悄悄地消失。

民族艺术是重振一个民族精神和灵魂的精髓，因此更需要重视蝴蝶歌这一珍贵的非物质文化遗产，对其采取一系列的保护传承措施。这就需要我们拓宽视野，不仅关注蝴蝶歌的音乐本体，更关注背后蕴藏的文化内涵及传承群体。通过保护蝴蝶歌的生存环境，完善相关传承机制，多方合作推动非遗进校园，注重传播传统文化知识等方面来更好地保护传承蝴蝶歌。培育瑶家儿女的诗性思维，延续人们的心灵习性，保护瑶族蝴蝶歌世代生衍的文化沃土，维护大瑶山绿水青山的自然环境，让人们重新审视诗性思维和诗性精神在现代社会文化中的价值，实现瑶族蝴蝶歌鲜活生动的可持续向前发展。

六、铜鼓舞（田林瑶族铜鼓舞）

在木柄瑶聚居的田林县流传着一种民间特有舞蹈——田林瑶族铜鼓舞。与其他民族铜鼓舞不同，田林瑶族铜鼓舞为木柄瑶独有的且蕴含优良的民族品格和民族精神。它流传于田林县的平山乡、潞城瑶族乡等地，是瑶族同胞祈年闹春仪式的重要内容之一。

2008年6月7日，铜鼓舞（田林瑶族铜鼓舞）经国务院批准，被列入第二批国家级非物质文化遗产名录，保护单位为广西壮族自治区田林县文化馆。铜鼓舞（田林瑶族铜鼓舞）的国家级非物质文化遗产代表性传承人为黄明荣、班点义。

田林瑶族铜鼓舞流传地——田林县，地处广西西北部，云贵高原边缘，距广西区政府所在地南宁341公里。田林县多山多水流，山脉隆起加之河流切割，形成了山高谷深、峰峦迭起、地表崎岖、河流穿插等地理特征。这里孕育了田林民间民俗文化，为田林瑶族铜鼓舞提供了优质的传习地。

铜鼓舞源于壮、瑶族先民的自然崇拜和祖先崇拜，它是我国少数民族中流传最广的舞蹈之一，在瑶族民间也极具影响力。田林瑶族的铜鼓舞古老悠久且具有代表性。由于木柄瑶只有自己的语言而没有文字，田林瑶族铜鼓舞的历史通过民间史诗和传说记忆得以流传至今。

相传，他们的祖先曾经把自己独特的语言符号刻在刀柄、斧柄、锄柄上，"木柄瑶"的族称便由此而来。在漫长的迁徙途中，一面铜鼓和一面红色的双面鼓一直跟随他们历尽艰辛，被他们奉为神物。现在寨子里辈分最高的班点义，虽只是一个普普通通的老人，却在寨上享有很高的威望。他的威望就来自于鼓。寨子里被奉为神物的那两面大铜鼓，据说就是他的祖上千里迢迢从古州八万寨背回，在居无定所的漂泊岁月里，在风雨如晦的迁徙路途中，他的祖上把这两面铜鼓看得比自己的生命还重要。传说当时祖上的兄弟二人把这两面铜鼓背到这里时，身上除了一条遮羞的破裤，已经一无所有。定居下来后，他们的子孙后代们便拥有了铜鼓的保管权，并一代代传下来。

木柄瑶自称本族使用铜鼓、跳铜鼓舞的习俗形成于雍正六年（1728年），已有两百多年的历史。瑶族老祖宗带着铜鼓从古州八万寨运江大石桃迁徙而来，在田林落叶生根。在《清史稿》中也有相关记载："清雍正六年（1728年），古州苗变，清军进剿，木柄瑶祖先从古州八万寨向西迁徙进入广西田林。"史料《田林县志》中记载木柄瑶为长发瑶，1929年的《广西凌云瑶人调查报告》一书中称长发瑶居于去凌云二百里的北方之打房圩（今田林平山乡平山屯），侧面印证了木柄瑶在此地已繁衍生息多年。木柄瑶人通过特定的祭祀仪式活动表达对生命的敬畏、祖先的崇拜、铜鼓的敬重，具有多元性。

田林瑶族铜鼓舞随时间推移逐渐形成了自己的独特内涵和艺术魅力。它通常在每年春节正月初二到正月三十期间举办，有些较富裕的村落会举办到二月初二。这一独特的舞蹈仪式，意味着与过去一年告别，开心迎来新的一年，同时也是瑶族民众在仪式中纪念祖先，并求得祖先保佑五谷丰登、六畜兴旺的一种方式。整个田林瑶族铜鼓舞的仪式主要涵盖了起鼓、祭鼓、打鼓、埋鼓这四个方面的内容。由寨老主持进行一年一度的"起宝"仪式。"起宝"又叫起鼓，在大年三十这天，全寨无论男女老少都身着盛装参加仪式。"起宝"是村中的寨老带领三四个人到去年村中秘密埋藏铜鼓的地方把去年的铜鼓挖出来并抬回家中，用事先准备好的煮粽子水擦洗铜鼓。寨中人们认为，粽子水既可以清洗铜鼓又能保护铜鼓，还能把人的精神喜气传递到铜鼓上。人们通过清洗后的铜鼓色泽判断今年年景的好坏，准备就绪后擂打三下表示起鼓完成。起鼓完成后，紧接着祭鼓。众人将挖出来的铜鼓摆放在香案上，台面上供上贡品，再经由寨老诵经、祝祷、烧纸钱和验鸡骨，祭罢，将铜鼓抬回平地架好。

田林人"闹年打铜鼓"。打鼓时，先由寨老对着鼓槌诵经，默念祷告辞后擂打第一锤，然后由寨老指定的一到两人开始起舞，击打悬在高空的木鼓，击打一遍之后村里的人排成队再轮流击打。循序渐进，鼓声从轻缓到加快，最后高亢激昂，气势磅礴，响彻云霄。

田林瑶族铜鼓舞，既有铜鼓舞也包含有打长鼓。打长鼓是其核心部分，分单打、双打两种形式，长鼓合着铜鼓的节拍，还伴随着扁担舞、圆圈舞、迎春舞、丰收舞等各种带有仪式色彩的舞蹈。舞者踏着鼓拍而舞，边舞边击鼓，表达内心欢乐情绪。击打牛皮鼓的领舞者有两位，他们两位时而正面打，时而背身打，鼓槌不断随着肢体舞动在脑袋、旁腰、胯下，两人边打边舞，节奏明朗，配合得天衣无缝。铜鼓舞无人数要求，全寨居民都可参与。活动场合也是青年交友的一个场合，领舞者鼓动一轮后，在场的男女老少随着鼓声融入其中，舞蹈由铜鼓和长鼓伴奏，给出节奏点后，以长鼓鼓点为舞蹈节奏背景，这在广西少数民族地区是鲜见的，充分展现出田林木柄瑶独特的风采和鲜明的民族特色。

铜鼓舞一直持续到正月三十或二月初二，当一年一度的田林瑶族铜鼓舞接近尾声时，寨老会再次把铜鼓放在案上用香纸、白酒、水果等祭品祝告，意味着今年已将鼓神送回去了，而后找个合适的地方，悄悄地把铜鼓背到野外埋藏起来，待来年再次跳铜鼓舞的时候再起鼓。

田林瑶族铜鼓舞是木柄瑶群众创造的一种与神灵沟通的民间舞蹈。田林瑶族铜鼓舞艺术的核心是把铜鼓的象征意味通过舞蹈的形式表现出来。在铜鼓舞中，木柄瑶群众投入自己的情感，通过参与现场活动实现角色的转换，以求与神灵沟通，达到心理的慰藉。它作为瑶族人心中神圣的民族精神象征，不仅加强了民族认同感，还具有独特的艺术审美价值及民族文化价值。

在跳田林瑶族铜鼓舞时，需要用到一公一母的铜鼓、小鼓、唢呐、长号、笛子、长号、锣、钹等乐器，来为系列舞蹈伴奏。打长鼓是这一舞蹈系列的核心，也是开场，铜鼓悬空架在架子上，由一人在腹部以下的位置，以两腿顶住两个铜鼓的鼓腰，从而起到固定的作用。之后由一两位带头人边舞动边敲击高挂的木鼓，敲打的姿势多种多样，转身是关键动作，跨步是基本步伐，鼓棍上扬是基本形态。一般有转身背击，跨步重击，跨腿击鼓等一系列的击鼓动作，一方面是为了告知神灵田林瑶族铜鼓舞的开始，一方面也是带动在场人的气氛，场面充满神秘感与律动感。

青年男女自觉围成圆圈舞蹈，随着节奏变换队形，有一字形、半圆形、四方形、纵横交叉对跳迎春舞，迎春舞以长鼓和铜鼓伴奏，风格独特。主要特点是由青年男女各执一条短的红绸巾绕圆圈而舞蹈，队伍多变，呈弧形流动，但整体保持圆形或半圆形，男女青年带着丝绸融入其中穿插跳跃。红绸巾意味着喜庆，跳迎春舞则是表达对春天到来、播种粮食的喜悦。

紧接着跳扁担舞，青年男女自选心仪对象结为一组，手持扁担的两端作开合碰撞，舞者在扁担开合之间跳跃、旋转而舞。不被扁担夹住脚且能做出优美舞姿的组合为扁担舞担当，呈现出青年男女一刚一柔的对比，节庆狂欢的热情。

最后以丰收舞结尾。丰收舞则是在演绎丰收的喜悦，舞蹈队形内敛外张，以女子为内圈，男子为外圈，青年男女执杯在队伍中作敬酒状。在形式上呈多层次复合形式，有女子跟女子配合打鼓，男子跟男子配合打鼓，男女混合打鼓。脚步合着鼓声的节奏，鼓棍连着红绸飞舞，在质朴中溢出张扬的力量，向人与神灵传达今年丰收的喜悦之情，并期望明年五谷丰登。整套下来构成多层次、复合性的舞蹈内容。跳舞的人们动作灵活，舞姿豪迈，情绪饱满，热烈奔放，场面震撼人心，赢得观众的阵阵掌声。

在漫长的历史长河中，田林瑶族铜鼓舞记录着木柄瑶的世代发展历程，似一本不成文的民族百科全书，以其独有的创造力和生动的文化内涵，传承着田林瑶族文化，也丰富着人类文化多样性。

回顾田林瑶族铜鼓舞的发展历程，其起源于雍正年间，成熟于清朝末期，振兴在改革开放后。特别是在新中国成立以来，田林瑶族铜鼓舞再次掀起浪潮，引起世界各地的关注。不仅只有在节庆祭祀时才能跳铜鼓舞，平时也能拿起铜鼓跳舞。木柄瑶群众多次到县市区参加各类演出活动，走出了大山，走向了城市。

现如今，铜鼓舞主要依靠两种传承方式，一是家庭传承。木柄瑶子子孙孙都以家族的形式居住，小孩子从小看大人跳，长大后在铜鼓祖辈、父辈的言传身教间掌握这门艺术，等到老了又传给下一代，田林瑶族铜鼓舞的初始传承便主要依赖家庭传承。

二是群体传承，即是在交流中学习。每年的春节期间，整个瑶寨都一起举行节日庆典，是集祭祀仪式、群众活动以及族内交流为一体的群体性欢庆活动。节日期间族内的男女老少都会参与，在活动现场便能看到别人的铜鼓舞舞技，这便是一种通过群体集会学习的方式，在看别人跳，学着跳，自己跳中自然而然地形成了群体传承。

如今，大山中的木柄瑶人民仍用温暖的怀抱紧紧拥抱着铜鼓舞，守护着铜鼓舞，使其能够生存、传承和发展。在田林当地，逢年过节或有贵宾到来时，广大木柄瑶人民依然会在族中长老主持下集体欢跳一场铜鼓舞。随着历史的发展，时代的进步，田林木柄瑶民众也在不断借鉴生活的改变和民族的发展丰富舞蹈内容和表现形式，以求瑶族铜鼓舞不断发展，不断创新，与时俱进。

七、瑶族长鼓舞

瑶族长鼓舞起源于祭祀盘王，是还愿仪式中的主要舞蹈，也是瑶族人节日庆典、庆祝丰收、人生之喜等日子必跳的民间传统舞蹈，即娱人又娱神，主要流传在两广地区及湖南等瑶族聚居地。在广西，瑶族人口众多，主要分布在都安、巴马、大化、恭城、富川、金秀等这六个瑶族自治县。其中，富川瑶族自治县特有的芦笙长鼓舞是广西瑶族长鼓舞中一种典型舞蹈。

2008年6月7日，瑶族长鼓舞经国务院批准，被列入第二批国家级非物质文化遗产名录，保护单位为广西壮族自治区富川瑶族自治县文化馆。瑶族长鼓舞的国家级非物质文化遗产代表性传承人为黄道胜。

长鼓舞瑶语称"bogong"，就是打长鼓之意。瑶族能歌善舞，长鼓舞是瑶族最具代表性的舞蹈艺术，也是瑶族人民最喜爱的舞蹈之一，在广西各瑶族地区流传。瑶族文化中除了有风格独特的建筑，绚烂华丽的服饰，悠扬动听的音乐，世代流传的风俗外，还有丰富多彩的民间舞蹈，长鼓舞就是其中之一，可称得上是南方少数民族舞蹈中璀璨发光的星星。至今瑶族民间中仍然流传着"有瑶必有长鼓舞""瑶不离鼓，鼓从何来？鼓祭盘王越千年，载歌载舞踏歌堂"等佳话。

广西瑶族人口众多，是比较典型的山地民族。除了六个瑶族自治县有瑶族居住外，在凌云、田林、南丹、龙胜、融水、全州等县都有大量的瑶族群众居住，尽管瑶族居住得广而散，但是过盘王节时都必跳长鼓舞。各地的长鼓舞也因地域不同而有不同的名字，比如在金秀坳瑶地区流传有"黄泥长鼓舞"，平地瑶地区流传"芦笙长鼓舞""羊角长鼓舞"和"挞鼓舞"。据普查统计，瑶族民间流传的长鼓舞共有12套，分别代表传说中的瑶族12姓氏。

瑶族长鼓舞的历史十分悠久。早在晋干宝的《搜神记》中就有瑶民祭祀盘瓠的相关记述，南宋范成大《桂海虞衡志》中也有关于瑶族长鼓舞的记载："饶鼓，瑶人乐，状如腰鼓，腰长倍之，上锐下侈。"此外在瑶族地区的民间传说还有相关传唱："盘瓠出山转岭打猎，被山羊撞落石崖……为纪念盘瓠，十二姓子孙摇动长鼓，吹笛笙歌鼓板，引出大男小女，连手把肩，穿着斑衣，摇天转地，唱歌不绝……"

纵观唐宋元明清时期，广西瑶族地区祭祀盘王时打长鼓、吹芦笙、踩堂舞就已风行一时，解放初期，在富川一代的平地瑶还盛行三年还一小愿，二十年还一大愿，还愿时的必要环节就是跳长鼓舞来祭祀盘王。后发展至不止在祭祀盘王时跳长鼓舞，传统节日、庆祝丰收、乔迁新居、婚礼喜庆的日子都表演长鼓舞。

关于瑶族长鼓舞的由来，在瑶族地区有这样一则著名的神话故事。

传说盘王在一次上山狩猎时，不幸被野羊撞死在空桐树下，野羊纷纷逃遁，盘王的六个子女闻讯赶来，忍着丧父之痛追捕野羊，野羊终于被擒。为报父仇，他们砍倒空桐树，锯成一段一段当长鼓，剥下野羊皮蒙在长鼓两头作鼓面，击鼓起舞以祭奠盘王。

瑶族子孙后代祭祀盘王时，会先跳表示盘王开辟家园的舞蹈，目的是歌颂盘王的伟大，接着演奏悲伤低沉的芦笙曲，表示悼念被山羊撞死的盘王。悼念后人们通过击打长鼓与神对话，告慰盘王已惩罚山羊，最后大家相聚一起唱盼望歌，缅怀祖先，祈求庇佑。

关于长鼓的制作，通常选用沙桐木作鼓身，木心挖空，鼓身长 1.2 米左右，再择精致的牛羊皮蒙鼓面，将染色的麻绳捆紧两头的黄羊皮，两鼓对接，中腰较细，可以握持，鼓的其中一头比另一头略大三分之一，整体制作完后再涂上红、黄、白等色彩，绘上龙凤图案，美化鼓身。正是这朴实又讲究，或长又或短，或新又或旧的瑶族长鼓，敲打出了瑶族世世代代生生不息的历史，边敲边舞展现出魅力瑶寨的风情。

瑶族舞者跳长鼓舞时，先用一条彩带绑着两头的鼓颈，将其挂于肩、横于腰，右手使掌击鼓，左手持竹片击鼓，随着音乐节拍，即发出"嗐啪嗐梆"的铿锵之声。瑶族长鼓舞独特的艺术魅力在于动作上刚柔相济，步伐上多样灵动，以矮、稳、颤、拧为其特点。这种独特的动作之态主要来自于瑶族人民的日常生产生活，所以往往表现的是建房造屋、犁田种地、模仿禽兽等动作，形象生动且富有生活气息。无论是跳或跃、蹲或坐、旋转或翻扑、大蹦或腾空等动态，都表现了瑶族人民对待生活的热情奔放，面对艰难生存环境时坚强勇敢的性格特征。

在表演长鼓舞时，鼓手不止简单拍鼓，还有些技巧性动作，如握住鼓腰随着舞蹈步伐上下翻转，合着唢呐、锣鼓的节奏左右击鼓。舞蹈形式分为"单人舞""双人舞""群舞"等类型。舞蹈动作主要表现了瑶民如何建造房屋，如何制作长鼓，如何玩鼓，模拟动物及祭祀祖先等。这些舞蹈姿势中，沉稳有力的"蹲"是瑶族舞长鼓的独特姿势，具有鲜明的民族性。"蹲"的特点是给人一种稳重阳刚的美，"打得矮不矮"是评判长鼓舞的标准之一。瑶族群众舞姿刚健有力，具有很强的生活表现力。他们还可以在一张八仙桌上边打鼓边跳舞，唱《盘王歌》。长鼓舞整体共有72套表演程式，每套又分有起堂、移堂等细节动作，动作粗犷豪迈、热情奔放、刚强雄劲、彪悍洒脱。

跳长鼓舞时击鼓的鼓法可分为文打和武打。文打顾名思义就是动作柔和缓慢，武打则粗犷洒脱，鼓声洪亮有力。形式上可分为二人对打、四人对打以及群体围圈打，场上妙趣横生，场下气氛热烈。"无山不有瑶"，说明了瑶族人民主要生活在山地，这种环境使得他们的日常生活依山而居，每天在山中劳作生产，爬山过岭与自然抗争。这些瑶族人民的生活情景，再现在瑶族长鼓舞动作中，因此许多都是力量的体现，迸发出瑶族群众对生活的热情、民族的自豪。瑶族长鼓舞也因"力"显现自身独特的美和民族性。在舞蹈动律上瑶族长鼓舞主要表现出"柔和之美"，以圆、屈、颤、拧为主要舞蹈动作的基本体态和动律。因瑶族多山，平地少且小，因场地的限制，瑶族人在跳长鼓舞时律动也受到了一定的限制，所以柔和且缓慢是主要的动律。而以"蹲""屈"为主的舞姿轻柔，富有感染力，给人以"圆""曲""柔"之美。谈及"圆"舞，瑶族长鼓舞在鼓的运用上也讲究运动线条轨迹的"圆"，瑶族长鼓舞也有许多"圆"的韵律，尤其在文打中显现。

瑶族长鼓舞取材自然淳朴，代表性作品有很多，但主要表现题材是祖先祭祀和日常生活及生产劳作，内容呈淳朴自然之美。如《还盘王愿》中的长鼓舞，主要是还愿中的仪式性舞蹈，为纪念祖先盘王而舞。瑶族崇尚万物有灵，自然崇拜、祖先崇拜在瑶族地区较为常见。虽说瑶族长鼓舞源于还愿祭祀，但勤劳聪明的瑶族群众在世代发展中也创造出了不少表现现实主义题材的长鼓舞，如陈式"三十六套"长鼓舞，主要是表现建房劳作，模仿日常生活中的建新房、打地基、砌墙、上梁等动作，形象逼真地再现瑶族人民建房劳作的情景，彰显瑶族群众朴实纯真、勤劳善良的个性，表现瑶族地区浓郁的生活生产气息。

"长鼓咚咚敲,木叶声声叫,瑶山喜庆丰收年,人人乐陶陶。明月高高照,篝火熊熊烧,瑶山喜庆丰收年,寨寨好热闹。"这是瑶族庆丰年所唱的歌谣。秋收时,瑶寨定打长鼓庆丰年,此时长鼓舞舞者身穿本民族独有的节日盛装,腰间挂着带有彩条的长鼓舞动。

这一具有独特民族风韵的瑶族长鼓舞,还包含着一段美丽的爱情故事。

传说很久以前,瑶山上住着父子三人,老人临终前把家产平分给两个儿子。哥哥贪图钱财,把家产全部占为己有,弟弟冬比只好流浪在外,以给人做工为生。盘古王的女儿房莎十三妹看见冬比人品好,下凡与他结为夫妻。冬比的哥哥想用野法害死冬比,霸占房莎十三妹。盘古王知道此事,帮助冬比击败了哥哥,并把房莎十三妹召回了天庭。临别前,十三妹告诉冬比:南山上有棵树,砍来做个长鼓,打上三百六十个套环,等到十月十六日那天,踏环击鼓,跳上三百六十个圈,就可以像鹰一样飞上天去与她团圆了。冬比按照十三妹的嘱咐,不畏艰危,来到了南山,找到了琴树,做成了长鼓,果然在约定的时间跳了起来,终于飞上天与十三妹团圆了。

此后,人们为了纪念这对恩爱的夫妻,每逢盘古王婆诞耍歌堂时,都要跳长鼓舞,这种习俗,一直流传到今天。

瑶族长鼓舞,描绘出瑶族的人民生产生活,再现了瑶族人民的生活场景,抒发出瑶族人民的情怀,借丰富的民族文化积淀传达出瑶族历史的叙事诗。瑶族人民以长鼓跳出独特的舞蹈表达对祖先和神灵的敬畏和追思。

正所谓艺术来源于生活也高于生活,瑶族长鼓舞作为一项综合性艺术形式,既含有山地民族独特的文化缩影,又具有极高的艺术价值。一直以来,长鼓舞都是瑶族文化中不可忽略且富有特色的一部分。特别是在社会不断向前发展的过程中,瑶族长鼓舞的表演形式也会越来越丰富,其表演内容会更加广泛,这也使得瑶族长鼓舞能够一代又一代传承下去。最古老的瑶族长鼓舞主要是祭祀神灵、缅怀祖先,因还愿的需求而存在,所以在瑶族长鼓舞中大量的舞蹈动作都是祭拜,是一项单纯的娱神舞蹈。而随着时代的进步,社会的发展,瑶族人民观念的更替,瑶族长鼓舞也逐渐从单纯的娱神走向娱神且娱人,呈现出人与神同乐的情景，是现今瑶族群众精神文明生活的重要体现。

如今，瑶族长鼓舞在传承方面主要依靠集体传承。无论是祭祀活动或节日庆典，会跳长鼓舞的瑶族群众便会带着长鼓，穿着绚丽的盛装踏歌而来。在鼓锣等乐器的伴奏下边打鼓边跳舞，在场的男女老少都会因热闹的氛围而随之加入其中，在心理上对瑶族文化产生认同感，形成一种精神上的共鸣。在这精神和心理的双重支配下，充分唤醒瑶族群众学跳长鼓舞，传承本民族文化的热情。

同时，瑶族长鼓舞也是民族社交活动之一。在长鼓舞盛会上，能看到不同民族的人们聚集在一起，增加了民族与民族之间相互交流的机会。这既传播了瑶族长鼓舞文化，同时也有力地推动瑶族地区的社会经济向前发展。

时至今日，瑶族长鼓舞仍用身体语言向我们表达瑶族迁徙的历史，向世人展示着广西少数民族的文化精神。但随着社会变革，掌握制鼓技术的匠人越发稀少，会跳长鼓舞的艺人也日趋减少，瑶族长鼓舞在制鼓和跳舞上面临着严峻的衰落危机，急需各方抢救保护。回归瑶族长鼓舞本真，使其由"美"中来，再到"美"中去，融于自然和瑶族人民生活是最好的保护方式。瑶族长鼓舞是我们要寻找的美，也是我们需要继承发扬的美。

八、狮舞（田阳壮族狮舞）

素有"舞狮之乡"美称的田阳县，恰逢节庆时都会舞狮作乐，以祝国泰民安，吉祥如意。田阳壮族狮舞是壮族民族民间传统舞蹈，主要流传于田阳县河谷一带、坡洪镇及辐射到周边地区。

2011年5月23日，狮舞（田阳壮族狮舞）经国务院批准，被列入第三批国家级非物质文化遗产扩展项目名录，狮舞（田阳壮族狮舞）的保护单位为广西壮族自治区田阳县文化馆。

狮对于田阳壮族先民而言象征着威望和庄严。自古以来，狮是百兽之王，也是能够给人带来吉祥的神物。虽然壮族先民对狮抱有恐惧和敬畏之心，但在日常生活中先民模仿和崇拜狮。"狮舞"已成为田林壮族人们的常态活动。

多年来，人们提到田阳第一时间便会想到田阳壮族狮舞。田阳县有着悠久的民族文化历史，是壮族布洛陀文化的重要发源地，其中田阳壮族狮舞尤为著名。田阳壮族狮舞的起源可追溯到百越先民时期。

相传古时先民依山而居，多住在丘陵地区和深山密林地带，常常有各种野兽出没，袭击村民、偷吃家禽以及破坏农作物。为了避免野兽的骚扰与破坏，确保人畜安全、粮食收成，壮族先民们就想出"以兽制兽"的办法。先民们想到狮子是百兽之王，在动物界有一定的地位，于是用竹篾、草纸等仿制狮子，村里的几位壮汉便扛着狮子模型在村庄里、田野间鸣锣擂鼓地舞动，在夜间里还燃明火把，以震慑和驱赶群兽。常年来，因为狮舞，村落中人畜安全。于是，壮族先民便把狮子视为功臣和吉祥吉利的神物，每到重要的节日庆典或是喜庆时刻都以狮舞表心意。

据史料记载，明嘉靖三十四年（1555年）间，壮族民族英雄瓦氏夫人率人民奔赴江浙沿海抵御寇贼，壮族父老乡亲舞狮子庆祝其凯旋归田州。到了建国初期，随着时代的开放，喜欢田阳壮族狮舞的人越来越多，每逢喜事必舞狮，也渐渐发展成田阳县特色的少数民族体育项目。1976年以后，百花齐放，百家争鸣，田阳壮族狮舞开始进入复兴与发展高潮期。壮族人民又恢复了昔日以舞狮为乐的习俗，逢人生礼仪大事，逢年节喜事，都少不了用舞狮来助兴。

过去，每当狮队出征，寨子里事先会以三牲祭祖。出征时，前有龙、狮、凤、虎、豹五旗开路，正中是狮队，接着是黄、红、蓝、黑、白五头代表五行的狮子，最后是锣、鼓、钹及刀、枪、棍、戟等乐器、兵器护卫，整个阵容十分威武雄壮。狮队每到一家门前舞狮，主人先备好红包或"抢青"。红包与"抢青"形式基本相同，但抢青中除了钱币，还同时挂有猪肉或青菜、葱蒜之类的东西，寓示从"青"（春）天开始，四季发财，也表明今年五谷丰登、六畜兴旺，并预祝来年有更大的丰收。抢青通常只在春节初一有，其他喜庆节日则只挂红包。各家悬挂的红包或抢青，因地制宜，高低不一。有的挂在门前立竿上，有的从骑楼上用竹竿伸吊在空中，有的则挂在树丫上，还有的放在地上盛有清水的水盆盆中或盆底。这样，狮子取红包的方式也各异。有时由队员围着直立竹竿，叠三层人梯，舞狮者踩着人梯，边舞边往上攀登，直至竿顶取下红包；有时则由单狮缘木而上，取下红包后，就从杆顶跃下地面，着地后连接一个滚翻而起；有时则用23张（高者用到45张）条凳叠成"金山"，狮子边舞边上，至"金山"顶上，在表演各种扣人心弦的造型动作之后，取下红包，然后带着胜利的喜悦和骄傲，逐级下"山"，返回地面。而取水盆中或盆底的红包，又别有一番情趣。狮子首先必须"喝"完盆中之清水，舞狮者带上备好的吸水筒，暗藏于狮身之中，边舞边吸水，然后在狮尾喷出，状似狮子撒尿，直至"喝"干盆中之水，然后含着空盆，恭敬地送还给主人，主人才很有礼貌地将红包挂在狮子头上。

从古至今，田阳壮族狮舞在布洛陀文化视域下，日益将其传承性、习俗性、民族性、国际性显现出来。狮舞在田阳县10个乡镇都有流传，是壮族民众喜闻乐见的民俗文化活动，具有浓厚的壮族特色和广泛的群众基础。田阳壮族狮舞套路多而丰富，舞狮艺人动作熟练，技术精湛，集武术、杂技、舞蹈于一体。

田阳壮族狮舞在派别上可分为"文派狮子"和"武派狮子"。"文派狮子"擅于表演各种活泼可爱、风趣喜人的动作。地面狮舞属文派狮舞，擅于做狮子抓耳挠腮、舔爪子、撒娇滚地、跳跃玩球等动作。狮子由"孙悟空"和"大头佛"一前一后地牵引着，在鞭炮声和过鼓声中，引逗狮子表演挪闪、扑腾、翻滚等动作，展现出醒狮的喜悦感。一般在较为喜庆的活动时会选择文派狮舞，目的是为了活跃气氛，其代表作品有《群狮迎宾》《凤凰台狮技》《彩青拜年》以及《幼狮戏球》等。

"武派狮子"则是着重技巧。高空狮舞属武派狮舞，以高台表演为主，如走梅花桩、过独木桥、耍跷跷板、过天桥、刀尖狮技、高桩飞狮、踩球及采青等。不同狮舞队都会结合各自不同的拿手绝活到狮舞表演中。通常在队伍的前端，手持着"狮珠"的人便是带领狮子的引狮人，他负责引导、挑逗和护卫狮子表演，狮子在指引下可攀上20多张高凳叠起的6米左右高的"金山"施展雄姿，也可在高空钢丝绳上如履平地地跳跃，还能表演刀尖顶肚子旋转等惊险又刺激的动作。因此，武派狮子的艺人需要具备过人的胆量、超高的技艺以及扎实的武功功底。武派狮舞的传承人多为身怀绝技的武术教练，学习武派狮舞的套路前，先需要从基本功开始学，即学习扎马步、弹跳、腾空、踢腿等，继而进阶学习霸王锤、五行阴阳掌等拳法。目前，武派狮舞已形成16个精湛的专项狮艺绝技。武派狮舞艺人最基本的要求是展现翻身、滚翻、倒插等高难度动作，这些动作也常在娱乐表演、传统体育竞技比赛中使用。高空狮舞有许多体现精湛技巧的代表作品，如《狮子上金山》《狮子过天桥》《高桩飞狮》《刀尖狮技》等，其中《刀尖狮技》尤为惊悚刺激，领狮人光着脚板领着狮子爬上由三十六把锋利的钢刀和九根钢尖组成的一座"刀山架"，并且在刀尖上表演各种不同的高难度动作。该演出受到国内外专家称赞，并在全国比赛中获得金奖。

田阳壮族狮舞以"难""精""险""美"而闻名四方。随着时代的发展，狮舞的意义也变得不同，适逢节庆或人生礼仪重要之时，譬如壮族三月三、布洛陀文化旅游节、壮族歌节等，都会有狮舞助兴。此外，在不同时间表演的狮舞寓意也不尽相同：春节狮舞，迎新接福；开店狮舞，兴旺生财；丰收狮舞，五谷丰登；寿宴狮舞，祈求长寿。

尽管壮族狮舞源于乡野之间，但却走南闯北多次应邀登上都市的大雅之堂，甚至漂洋过海走出国门，取得举世瞩目的成绩。多年来，田阳狮舞的发展，多亏了民间艺人们不断推陈出新，在传统狮舞的基础上融入了现代体育、传统武术和舞蹈的新元素。现如今舞狮艺人还练就了包含"上刀山""上金山""过火海""过天桥"等多个高难度动作的高空狮舞，高空狮舞不但场面都很刺激壮观，而且造型独特、动作变化多样，艺术性、审美性极高。

如今，田阳壮族狮舞已成为一张亮丽的壮族文化名片。引人注目的是，作为一张少数民族体育文化名片，田阳壮族舞狮不仅在中国美名远扬，甚至在国外也引起了人们的赞叹。据国外媒体报道，1992年，田阳县的狮舞艺术团受邀远赴德国波恩市表演，外国的观众看到如此惊艳的狮舞，十分敬佩，喝彩连连，并高度赞扬其为"天下第一技"。多国爱好者受此吸引，纷纷来到田阳学习，学成后带回自己的国家。作为一种活态存在着的壮族民间文化，田阳壮族狮舞在文化传承方面有着不可替代的价值和重要的民族意义。作为壮族地方性、民族文化多样性的重要体现，田阳壮族狮舞在极大程度上有利于增强本民族的文化认同，提升族群凝聚力和向心力，对于维护民族之间的关系和情感发挥着不可估量的作用。

田阳壮族舞狮从产生到发展至今，由于种种原因，其有过没落也有过兴盛。它源于壮族人的生产生活，又经过历史演变和文化变迁，其文化价值和精神内涵与当地民众的信仰逐渐融为一体，多年来承载着当地壮族民众向往美好生活的夙愿。但如今，田阳壮族狮舞同大多数非物质文化遗产一样面临着严峻的考验和挑战。首要问题便是传承问题，田阳壮族狮舞世家相传，不外传，传承的路径变得单一。虽历代后人在传统舞狮套路的基础上增加很多新的花样，提高了观赏性，但因其不变的传承形态和性质使狮舞人才匮乏，难以寻觅合适的接班人。

为了使其重新焕发活力，田阳县政府号召社会各界人士共同关注狮舞的发展，更好地传承和发展这份民族文化遗产。非遗工作者积极为狮舞艺术团排忧解难，为重铸田阳狮舞辉煌而献计出力。此外，田阳县拨款扶持田阳壮族狮舞艺术团，大力培养舞狮人才和发展专业狮队，目的就是为了使狮舞技艺的传承和发展后续有人。

同时，为了适应市场经济的发展，田阳壮族狮舞艺术团加强市场化运作，走"以狮养狮"和以经济实体"养狮"相结合的发展路子，主动加强与外界的联系和合作，广泛合理地吸纳社会资金扶持，聚社会力量共同传承田阳狮舞文化。积极在每年的中国—东盟博览会、壮族三月三、布洛陀文化艺术节等时候举办狮舞争霸赛或狮舞表演，让田阳壮族狮舞节目闪亮登场，吸引眼球，扩大影响，打造狮舞品牌，使田阳壮族狮舞成为田阳文化新的冲击波。凡此种种，不仅将壮乡的绝技充分展现给各地观众，也对弘扬壮族狮舞文化起到了重要的推动作用，狮舞这一中华民族传统艺术形式也因此得到了较好的保护传承。

九、狮舞（藤县狮舞）

狮舞（藤县狮舞）隶属南派狮舞，是一种集武术、杂技、舞蹈和音乐于一体的汉族传统民俗文化活动。藤县狮舞发源于清朝初期，清乾隆年间达到顶峰，据记载藤县狮舞已有300多年的历史，主要流传于以广西藤县为核心的各个乡镇及周边县市，为当地百姓所喜爱。

2011年5月23日，狮舞（藤县狮舞）经国务院批准，被列入第三批国家级非物质文化遗产扩展项目名录，狮舞（藤县狮舞）的保护单位为广西壮族自治区藤县文化馆。狮舞（藤县狮舞）的国家级非物质文化遗产代表性传承人为邓明华。

"旋转、跳跃、扑腾、登高、翻转",这是狮子在梅花桩上做出一系列高难度动作所呈现出的威风凛凛的姿态。当人们还没来得及为眼前的高空狮舞震撼时,这只狮子已经来到了地面,一改勇猛神态,做出抛媚眼、做鬼脸、摇尾巴、歪脖子、扭屁股、跺脚等萌态十足的动作,逗得观众喜笑颜开。这是一段关于舞狮的表演,是有着"东方狮王"美誉的藤县禤洲狮队展现给我们的精彩技艺,这就是地方特色品牌名片之一的藤县狮舞。

历史文化积淀深厚的广西大县之一的藤县,古属南越之地,位于广西东部,是多民族聚居区,在这里居住着汉族、壮族、瑶族、苗族、侗族、毛南族、满族、回族、黎族、布依族、土家族、京族、彝族、蒙古族、白族、水族、仫佬族等 17 个民族。得益于便利的交通,藤县早早就受到了中原文化的熏陶,并在历史发展的进程中逐渐形成了具有自身特色的传统文化。

关于藤县狮舞的来源有这样一个民间传说。

> 相传古代的藤县山区出现了一头怪兽,每逢年尾岁末出现,到处残害人畜,糟蹋庄稼,先民苦不堪言。为了赶走怪兽,先民想出了一个以兽赶兽的办法,仿制兽中之王狮子来驱赶它。人们用竹篾扎成狮子,二人合舞,并组成一支庞大的狮队。怪兽出现时,锣鼓齐鸣,爆竹四放,群狮奋舞。怪兽见状惊恐万分,掉头就跑,再没出现过。从此,当地先民便把狮子视为镇妖驱邪的吉祥象征。每逢岁末年初,挨家挨户舞狮拜年渐成当地风气。为了迎接瑞狮到来,各家各户都要在门上挂个红包,狮子舞毕,举首衔去红包。

藤县狮舞广为流传,如今已成为藤县当地民间独具特色的狮舞文化。

藤县狮舞是汉族特有的传统文化之一,是民众在长期的社会生活中创造出来的具有浓郁地域色彩和民族特色的民族民间传统文化。民间通过狮舞表演寄托了人们除恶扬善的朴素情感、奋发向上的精神情感,以及期望生活安康的美好愿望。藤县狮舞在漫长的历史发展中形成了套路众多、技术精湛等特点,在广西众多的民间狮舞技艺展演中堪称一绝。

藤县狮舞的表现形式主要是采青和高桩表演,前者着重表演地面技艺;后者则着重在梅花桩上展现技艺。无论是采青狮还是高桩狮,在表现形式上都有着广西民间本土风格。藤县狮舞隶属南狮，而藤县也是传统南派狮舞的发源地之一。何为南狮？根据中国民间狮舞传统，南狮是由北狮演变而来并以广东佛山南狮为代表。根据相关历史文献资料考证，自五代十国以来，狮舞就已从中原流传到南岭地区，逐渐演变成为一种民族民间习俗。在《广东省志》中有相关记载，广东的狮舞由北方的黄狮子演变而来。北狮庄重雍容，以模仿写实为主，依旧保留有唐代皇家贵族的雍容华贵气派。而南狮头上扎有一只犄角，外表威猛粗犷，讲究神似，以写意与传神为主，称之为醒狮。由此可见南狮与北狮之区别。

经过长期的实践与创造，藤县狮舞仍然保持着原生性和本土性。一直以来，每逢年节和各种重大庆典活动等喜庆日子，当地民众都会自发开展相应的民俗活动，活动中必有狮舞表演，以狮舞寓意吉祥如意。在藤县当地，根据狮舞形态和表演技巧，表演形式主要分为"桩阵"和"采青"。其中，藤县狮舞的地方特色凸显在采青上，采青是藤县狮舞技艺的精髓及狮舞活动的核心，其主要特征是侧重于地面技艺表演，地面动作幅度较大，主要突出狮子的蹦跳和飞跃等高难度动作。采青狮的表演套路主要是狮子如何觅食，及其见到食物的喜、怒、醉、乐、猛、惊、疑、动、静、醒等多种神态和闪、躲、挪、扑、腾、跳、滚等七个基本动作，配合狮舞的鼓锣等乐器的使用套路和技法来完成表演。当采青狮铿锵起舞时，狮子由戴着猴子和大头佛面具的引狮人带路，引狮人负责引逗和护卫狮子，并配合锣鼓打击乐在燃放的爆竹声中提示狮子按不同套路进行表演。采青舞狮外表威武雄壮，但以活泼可爱、滑稽顽皮、动作细腻的表现为其特点。目前，在藤县仍保留有参拜、起狮、三星、抛狮、洗脚和食青等六种传统表演套路，主要用于节日庆典、家族集会、人生喜事等活动。

除采青狮外，在藤县狮舞中另一种常见的表演形态是高桩狮，其主要特征是侧重于表演空中惊险刺激的技艺。高桩狮的表演艺人多为有武功基础的人。高桩狮的表演通常由一位手持葵扇的引狮人带领和护卫狮子安全到达高桩上进行表演，完成基本规定的套路和动作。这些动作把武术、技巧、杂技、舞蹈动作融于舞狮之中，展现出造型美观、形象逼真、风格独特，且雄健有力、惊险生动的狮舞表演。高桩狮多适用于娱乐表演和传统体育竞技比赛活动。

到了二十世纪五十年代，除了继续发扬传统采青狮舞之外，高桩狮舞在技艺方面更有重大突破。藤县狮舞将高桩狮与采青狮结合，在原采青狮舞的基础上设计、完成了高桩狮舞的多个独创套路与节目，亦是传统技艺与现代技艺的结合。这一时期的狮舞活动得到了全面开展，并在多次对外交流中吸收了优秀狮舞队的特点，逐步改良后得到了发展和创新，形成一种新的竞技性狮舞。藤县高桩狮舞的套路设计，是根据狮子的神态和狮子的面对物来完成的。其桩阵结构为长方形，一般情况下，桩阵布置首先考虑安全，其次以观众视觉效果最好、最能表现狮舞技艺为宜。

目前，藤县狮舞中的高桩狮舞也已形成了一套包括飞攀上桩，在桩上钢线前滚翻，钢线一字腿，飞桩3.5米，侧空翻下桩，独桩挟腰转体450度以及金狮倒挂等十三个国家专项狮舞绝技的套路。藤县狮舞队也因此在狮舞界风生水起，多次在国内和亚洲的各种狮王争霸赛中摘金夺银。2004年藤县禤洲狮队在马来西亚世界狮王争霸赛中，以最高技术最高难度技惊四座，勇夺冠军和"世界狮王""东方狮王"的称号，后续还推出了《金狮倒挂》《灵猴攀树》《醉狮独峰赏月》《绝壁采灵芝》《高桩舞狮》《金狮翻筋斗》等一系列高桩狮舞节目，形成了一整套既有传统遗风又具时代精神的狮舞绝技和套路，为传承、传播中华民族优秀民间民俗文化，以及中外文化交流做出了贡献。

经过长时间的发展，藤县狮舞的名声大振，响彻内外，并流传到藤县周边各个地区，成为妇孺皆知、竞相参与的文体活动，并且人才队伍得到发展壮大，县内各种狮舞团队如雨后春笋般涌现。鼎盛时期，全县约有五百多个狮舞团队，狮舞活动成了当地民众喜闻乐见的娱乐活动。

藤县狮舞作为独特的民间文化符号，伴随着藤县当地的生活方式，受到地方社会风习的滋养，狮舞文化由此产生。狮舞对于藤县当地的社会经济文化建设具有推动作用，具有很高的社会、文化和应用等价值。首先，在民俗性上，藤县狮舞技艺与当地民俗活动有着紧密的内在联系，世代相传并经久不衰，是当地民俗文化不可分割的一个部分，与藤县的民俗文化相互依存，互相促进，而藤县独特的文化环境，又滋养着狮舞民间风俗文化的这一依存性特征。并且，自古以来，藤县当地的群众逢佳节或各重大庆典活动，都会开展相应的民俗文化活动，这些活动的举行必有狮舞表演。藤县当地丰富的民俗活动，潜移默化地为狮舞活动的开展提供了广阔的生存空间，也为狮舞技艺的传承发展提供了肥沃的土壤。

在综合性上，藤县狮舞技艺综合了舞蹈、武术以及杂技，表现手法上呈现出外形逼真、惊险刺激等特点，经过长期的磨洗和完善，成为融多种表现形式于一体的民间传统艺术，并在最后达到了雄壮、稳健、灵巧、美观的艺术境界。乐器上，狮舞的鼓乐伴奏可为狮舞演出增添光彩；狮舞的器具制作集合了编织、绘画、刺绣的精细手艺，它为狮舞的活灵活现提供现实物质基础。藤县狮舞通过多种综合性的表现形式表达出主体意义，缺少其中任何一环都会削弱藤县狮舞的完整性和艺术魅力。

在活态传承方面，藤县狮舞自形成以来，活动就一直没有间断过，技艺套路也在代代相传。虽然在六七十年代有过停顿，但实际上藤县狮舞从来没有终止。藤县狮舞的传承人群体在继承和弘扬传统套路的基础上，按照人们的审美心理要求和社会的发展趋向要求，不断地挖掘整理和创新发展狮舞。

此外，藤县狮舞的社会价值，从微观而言，其作为一项社会集体活动需要多人从中参与。在一场完美的狮舞表演中，需要狮头和狮尾的默契配合，引狮人、舞狮者与鼓乐手三者之间齐心协力地密切配合，并且还需要狮队成员之间的相互鼓励和支持。这样一来，开展舞狮活动，不仅鼓励了社会群体思维，而且有利于培养练习者的团结互助精神和集体荣誉感。从宏观而言，狮舞活动是中华民族共同体的显现，寓意着国家、地区、民族群众所表现出来的如石榴籽般团结的精神，反映了共同的民族文化心理。

藤县狮舞是鲜活的、强烈的且充满力量的，在它舞动的过程中，观赏者时刻感受到刚健自强、奋发向上和不屈不挠的精神。作为民间民俗文化重要组成部分，它一直在影响和鼓舞着人们，唤醒人们内心深处对传统文化的自信心和自豪感，并沉醉于它生生不息之魅力。但如今随着经济全球化和现代化进程的加快，人们的生产生活方式发生了前所未有的变化，或因对文化价值的不同理解，或因生存的压力，迫使藤县狮舞传承人逐渐减少，文化底蕴深厚的藤县狮舞在现代社会中受到极大的冲击。所以采取科学的方法加以应对，继续将这一文化传承下去，充分发挥它宝贵的文化内涵和价值，是时代赋予我们的使命和责任。

十、吹打（广西八音）

广西八音亦称桂南八音，曲调优美嘹亮，演奏风格欢快，独具广西民族地方特色，是中国民间器乐的一个乐种。广西八音因使用鼓、锣、钹、笛、箫、弦、琴、人声等八种乐器演奏而得名"八音",在广西民族民间颇具影响力,主要流传于广西桂南区域的南宁、玉林、钦州、贵港、梧州、贺州地的世居民族聚居地,其中尤以玉林八音最具代表性。

2011年5月23日,吹打(广西八音)经国务院批准,被列入第三批国家级非物质文化遗产扩展项目名录,保护单位为广西壮族自治区玉林市玉州区文化馆。

正所谓"八音一响,喜事连连"。何谓八音?广西八音,原为古代吹打乐器的统称。关于八音称谓,民间流传两种传说:其一是根据民间传统演奏习惯,由八人用八件乐器演奏而得名;其二是因八音吹打乐器中的主奏乐器唢呐开有八个按音孔而以此命名,广西民间有的地方则直接将唢呐这件主奏乐器称为"八仙"。广西民间流行的上述两种说法中,第一种比较普遍,现今所认定的"八音"之"八",已经变成一个象征性的数字,乐队人数不一定是八人,乐器数也不一定是八件。

广西八音在广西区内多有分布,迄今已有近千年的历史。据考证,广西八音的来源可追溯至秦汉时期中原宫廷及军中所使用的吹鼓乐,明清时期传至广西东南部的玉林及周边地区。相传明崇祯年间,一个在宫廷抄誊乐谱的九品笔吏是玉林人,他告老还乡后,将带回来的宫廷乐谱和演奏法与当时当地民间传统音乐相结合,整理编排后形成风靡一时的"玉林八音"。清乾隆年间,《九宫大成南北词宫谱》流传到玉林,成为八音演奏的主要曲目,辐射至隶属于玉林的博白、陆川、兴业等地,当地的客家人将赣、闽、粤等地的吹打乐融进了八音,充盈了八音的内容,使玉林八音发展迅速。此后,八音新颖奇妙的风格备受喜爱,被广泛运用于节日庆典、人生礼仪大事,并用于舞龙舞狮以及地方戏曲舞蹈的伴奏。在长期流传中,八音不断吸取借鉴其他乐种的精华充实自身,集民间器乐精华之大成,造就了既有中原风格又具备南方古韵的民间传统音乐。二十世纪五十年代,以广西八音为伴奏的《撑船舞》和《十打舞》,以及蕴含浓郁广西本土文化的八音曲《普天同庆》进京汇演获奖,傲立于民族乐坛,并被当时音乐界同仁称为"桂东南交响乐"。

"纯粹而复杂,欢喜而悲哀",这指的是广西八音在嘹亮和豪迈中又带着复杂的味道,无疑会让聆听的人百感交集。广西八音的班队通常由六至八人组成,不同于我国中原古乐"金、石、绿、竹、革、土、木、匏"八音。桂东南的民族根据器具以及演奏特点，经民间艺人长期磨炼融合而成，并且以八种发声物命名，即鼓，包括板鼓、战鼓、高头、木鱼；锣，包括文锣、手锣、苏锣、筛锣、高边锣；钹，又称镲，包括大钹、小钹、水钹、京钹四种；笛，包括大唢呐、小唢呐；箫，包括直箫、横吹、洞箫；弦，包括二弦、三手、二胡、中胡、大胡、高胡；琴，包括扬琴、秦琴、祖卓琴；人声，即由乐手演唱一些有汉字内容的曲牌和道白。

广西八音成曲方式多元化，不仅保留了中原吹打乐之遗风，还具有岭南古朴音乐的韵味。它承袭了中原昆曲的曲谱，融合了中原吹打乐的内容，形成既有器乐旋律又有文字内容和故事情节的民族民间音乐形式。八音的演奏整体上运用了七吹八大套以及300多个长短两类等，多用四至八人抬的雕龙画凤五彩鼓亭，曲目中有来自中原的原曲"满堂红""万年欢""山坡羊""十八摩"套曲，以及"古安庆""六国大封相""仙姬送子"等套曲，还有地方常用音乐素材"观音出世""昭郡和番""白鹤遨""白壳米""碎米""秦城""虎落平阳""老鼠偷油""大小拜门"以及用于采茶歌舞、鹩剧、春牛伴奏的相思调、撑船调等。发展至今，在广西的壮族、汉族、瑶族、苗族、仡佬族等世居民族中仍流传有1000余首八音曲目曲牌。荟萃的演奏曲目很讲究三对口，即曲目分为红、白事专用曲目和中性曲目，红事就是人生礼俗中的一些喜事，譬如结婚、进新房、孩子满月等，白事则是丧事，中性就是红、白事均可演奏的曲目，演奏程式一般有龙头、虎腰和凤尾，对应的分别是开头、正常演奏和收尾。演奏分为坐奏及行奏两类，坐奏是围在八仙桌边演出，常用于祭祀及长时段的演出环境。行奏则是随着活动队伍边走边奏，比如结婚时迎亲，出殡时送山，庙会时游行以及舞狮舞龙巡村、拜年等。演奏时各班队根据服务对象及演出场合选出合适的曲目进行演出，演出效果达事半功倍，其社会功能主要是娱神、娱人、制造气氛等。

经过几百年的变迁，如今的广西八音在整体上已经形成了以"邕宁八音"为代表的南路八音和以"隆林八音"为代表的北路八音。南路八音吸收了壮族民间音乐即壮剧、邕剧而兴起发展，在乐器上多以唢呐为主奏乐器，影响范围以邕宁、武鸣地区为代表，辐射至河池、百色地区，以及河池下辖的凤山、天峨等县，百色下辖的田东、平果、凌云、乐业等县。2010年邕宁区政府设立了"邕宁八音节"，不仅为保护传承南路八音提供了官方支持，也使广西八音备受关注。而北路八音则主要受地方戏剧影响，因地制宜发展，是以马骨胡为主奏乐器的丝竹乐八音，多流行于桂西北隆林等地，主要曲牌多脱胎自当地山歌。

无论南路还是北路八音，乐曲在形成与发展的过程中都有一部分与当地流行的民间戏曲、山歌密切相关。南路八音最初主要是为粤剧、桂剧等民间地方戏曲伴奏；北路八音则多为壮戏、师公戏伴奏。两者最初都是作为戏剧伴奏乐队而存在的，后来才逐渐成为独立的器乐合奏形式。它们在音乐素材使用方面均具有山地文化和农耕文化的特征。

但论起区别，它们最大的区别在于乐器使用、乐队形制以及演奏风格。首先，在于主奏乐器的不同。南路八音以吹管乐器主奏，善用唢呐；北路八音以拉弦乐器主奏，喜用马骨胡。南路八音所用的唢呐俗称"南唢呐"，音调较低，不同于北方高音调的唢呐。北路八音主奏乐器马骨胡是具有典型壮族特色的奚琴类拉弦乐器，演奏出来的音量、音色及效果与南路八音大有不同。

其次，随着时代的发展，它们在乐队编制及规模上也有所不同。南路八音乐队趋向大规模形制，乐队成员和乐器数量不限于八个人及八样乐器，一个邕宁八音乐队少时至少八个人，多时可达几十个人，吹唢呐的人数较原先增多，假如乐队 40 人，主掌唢呐乐器的就有 30 多人。此外，还有些南路八音乐队则吸纳很多除传统的鼓、锣、镲、钹外的其他乐器，如四人擂的大鼓、五孔笛、扬琴、中阮等，使得乐队趋向大型化。而北路八音较为传统，仍然保留着八个人八样乐器，由于编制较单一，队伍还会出现人员或乐器不配套的情况。

在演奏曲目上，南路八音表现为较为开放的成曲方式，演奏曲目丰富多样，北路八音较为守旧，因此沿袭传统曲目，相较而言显得少且单一。南路八音的主要代表地在邕宁，该地为交通要塞，文化交流频繁，获取曲目的来源渠道较多。其乐曲除当地民歌、戏剧曲牌及部分民间艺人自创俚曲小调外，许多流行音乐、外国音乐等音乐素材也被八音乐队融合吸收。因此，南路八音成曲方式多元化，演奏曲目范围广，呈兼容并包。而北路八音地处隆林县，此处为广西西北腹地，山川险阻，交通闭塞，因而外来文化影响较小，曲目上很大程度上仍沿袭传统曲目，单向性明显，活动范围相对较窄。

此外，南、北路八音的演奏风格也不大相同。如前所述，南路八音乐队规模庞大，演奏曲目又多是喜庆之乐，表演时一般多种组合，即鼓作指挥，配有唢呐数支，大锣、大钹、小锣、双皮鼓、梆筒、大单打、小单打各一件。届时唢呐声、锣鼓声齐鸣，气氛热烈欢腾，声势浩大。北路八音演奏曲目多为壮戏曲牌或是民歌，呈悠扬细腻，婉转流畅，速度较慢等特点，并以马骨胡为主奏，其余七种乐器为伴奏，乐队规模小而简陋。南北八音二者风格鲜明，容易分辨。

随着时代发展，在适用场合上，南路八音较北路八音而言略显优势，除在传统活动场合及展演演奏外，现如今响应时代号召，下乡演出、政策宣传与民族文化交流等活动都已成为其新的活动阵地。此外，因社会演出活动日益增多，还出现了以舞台呈现为目的的新型演奏方式，这种演奏方式也成为新的亮点。而北路壮族八音局限于民间艺人自发组织，因此得到的支持力度较小。他们的八音乐队经费有限，乐器不同程度地损坏，练习场合简陋，发展受限。但尽管如此，老艺人仍努力坚守着。无论是南路八音还是北路八音都有自己的独特韵味，也正因为他们各自的不同，广西八音才更加丰富完整和富有艺术魅力。当下也需要我们加倍呵护和浇灌，这棵八音艺术之树才能茁壮成长。

"宁可少摆几桌酒，不可缺少一台吹。"纵观南路、北路八音，每到节日庆典，民间八音团队便会自发组织深入到乡村，把喜庆带给群众，一方面满足了群众的精神文化需求，另一方面也丰富了群众娱乐生活，八音一度成为备受喜爱的娱乐方式。这项民间的礼俗性音乐，与民间各类民俗活动紧密相关。广西八音的各项社会功能主要在时令性民俗活动和礼仪性民俗活动中显现出来。时令性民俗活动是指少数民族的传统节庆，如春节、寒山诞、三月三、四月初六、中秋节等传统节日；礼仪性民俗活动则是指人生礼俗，如乔迁新居、婚丧嫁娶、生日祝寿、开业迎宾等重要活动。除了这些，广西八音也为舞龙舞狮、民间戏曲、舞蹈等伴奏，有时单独以节目形式在群众文艺舞台上表演，极赋音乐表现力和顽强的艺术生命力。

如今，因为各式各样娱乐方式和新媒体的出现，人们的审美观念、欣赏习惯发生改变，八音的消费群体日渐式微，"请八音"的习俗也不再盛行。但当乐师们再次奏起有"桂东南交响乐"美誉的八音时，动听的六笛声入耳，紧接着鼓声、锣声、钹声等陆续响起，起音如涓涓细流，轻轻絮语，高潮如狂风疾雨，电闪雷鸣。悠扬奔放的乐声响遏行云，余音绕梁，不绝于耳。此时依旧能深刻体会到广西八音蕴含的历史传承、丰富的内容及独特的音乐特征。着眼广西，放眼中国，八音相较于其他吹打乐器，只要在壮族当地仍有乐手，经济政治社会仍有需要，壮族文化的意义系统仍存在，壮族八音便仍存有气息。

十一、瑶族长鼓舞（黄泥鼓舞）

黄泥鼓舞是坳瑶文化的根，在瑶族舞蹈中独树一帜，多在悼念盘王时跳。黄泥鼓在瑶语里叫"泥王宫"，是广西金秀坳瑶的一种膜鸣乐器，因用黄泥浆涂在鼓皮上调音而得名。黄泥鼓舞是很有地域特色的瑶族长鼓舞，主要分布在广西金秀瑶族自治县的六巷乡、罗香乡等坳瑶聚居地区。

2011年5月23日，瑶族长鼓舞（黄泥鼓舞）经国务院批准，被列入第三批国家级非物质文化遗产扩展项目名录，其保护单位为广西壮族自治区金秀瑶族自治县文化馆。瑶族长鼓舞（黄泥鼓舞）的国家级非物质文化遗产代表性传承人为盘振松。

被誉为"世界瑶都"的广西金秀瑶族自治县，瑶族文化资源浓厚，在世界瑶族及中国瑶族研究中有极高地位。在广西金秀瑶族自治县，世代居住在这里的瑶族共有五个支系，分别是茶山瑶、花篮瑶、山子瑶、盘瑶和坳瑶。其中坳瑶是上述这五个瑶族支系中文化底蕴最丰富且民俗文化艺术保存最完整的瑶族支系。

古老而神秘的瑶族，无论哪个支系，他们都有一个共同的始祖——盘王。瑶族在社会历史文化变迁中一直在迁徙，其中坳瑶这一支系饱经沧桑而又保存着较为完整的民族文化，他们千百年来生活艰苦，与自然界、与人类社会不断磨合，在磨难中慢慢繁衍而形成自己的文化。瑶族舞蹈黄泥鼓舞是坳瑶文化最为经典的展现。

坳瑶是瑶族五个支系中的一支。据史料记载，坳瑶因早在清康熙年间就已向官府纳粮，故名为"粮瑶"，又因其男子的头髻位置不偏不倚地结在头顶正中，故也称"正瑶"。坳瑶的祖先原定居于贵州，从明嘉庆年间开始迁徙，此后迁居到广西百色、南宁一带，后又迁至桂平、平南沿河一带。而今坳瑶主要聚居在广西金秀瑶族自治县的大瑶山里，居住在这里的几千坳瑶人，把古陈视为他们的发祥地，也就是金秀瑶族自治县六巷乡古陈瑶寨，并视盘瓠为祖先。

瑶族黄泥鼓舞是秋收后坳瑶祭祀盘王举行仪式时必不可少的内容。仪式活动一般是一个村寨或几个村寨联合举行，也有一家一户举行，仪式的内容固定，但仪式规模根据资金的多少来决定。追溯黄泥鼓的历史，早在十一世纪时已在瑶族民间广为流传，一般自制自用，不送人，不出售，制鼓技术寨寨都有。宋代沈辽《踏盘歌》中就有描述瑶族群众打长鼓的情景："湘水东西踏盘去，青烟云雾将军树。社中饮酒不要钱，乐神打起长腰鼓。"宋代周去非《岭外代答》中也描述了制作长鼓的工艺："铳鼓，乃大长腰鼓也，长六尺，以燕脂木为腔，熊皮为面。鼓不响鸣，以泥水涂面，即复响矣。"清嘉庆《九嶷山志》中载赵有德《观瑶女歌舞》一诗："长腰小鼓合笙簧，黄蜡梳头竹板妆。虞帝祠前歌舞罢，口中犹自唱盘王。"历史文献中记载的铳鼓、长篌、长腰鼓，指的都是今日黄泥鼓，可见黄泥舞早已盛行。

民间传说黄泥鼓是坳瑶先民为悼念盘王而制作。相传盘王打猎时不幸被山羊撞落山崖，摔死挂于泡桐树上，盘王后代为了给盘王报仇射杀山羊，砍下泡桐树，挖空树干做成长鼓，剥山羊皮蒙鼓面，跳长鼓舞悼念盘王。坳瑶信奉盘王，在每年盘王节祭盘王时，黄泥鼓舞便是重头戏。

黄泥鼓分公鼓和母鼓两种，公鼓细长，母鼓肥硕。公鼓要用一整条的硬性木料制作，如今多用野酸枣树，鼓身长度一般为110厘米，最长不超过112厘米，最短不短于108厘米。鼓面直径为21—23厘米，一般做成22厘米。

制作黄泥鼓时，母鼓必须用质料软的阴性木材，公鼓定要用硬质的阳性木材，木材不可乱选，否则阴阳不能协调，会给村民惹来灾祸。制作好后要为公鼓涂黄泥，制作公鼓鼓面比较讲究，黄泥一定要黏度好、纯度高、无渣滓，这样才能发出分外高亢洪亮的双连鸣音"空——央"。在使用黄泥鼓时，新做成的鼓要请度戒师公去盘王庙做法开光才会响，这样的鼓在跳时才能与盘王心意相通，否则鼓音不会洪亮，也没有神力。

黄泥鼓没有固定音高，音的高低跟黄泥的质量和厚度有关，在演奏时需用大瑶山特有的湿黄泥粘涂鼓面，糊在鼓皮上增加鼓皮的厚度，而达到调音的效果。民间对涂黄泥的解释是因公鼓制作好后敲打不出声响，便放在盘王庙做供品。有一天，天降大雨，黄泥溅到鼓面上，鼓便发出巨大声响传至数里。从此以后，为公鼓涂黄泥的习俗便沿袭下来，声音低沉的母鼓恰好与公鼓鼓音一低一高，十分和谐，所以母鼓不用涂黄泥。

瑶族黄泥鼓舞的全过程始终是以"肥硕母鼓"为中心，"瘦长公鼓"围绕"肥硕母鼓"敲奏作舞。公鼓围绕母鼓站成圆形队列，应声敲打并转动起来，瑶族歌师口吹木叶，歌手领唱黄泥鼓歌，歌妹手拿花巾依次走出为歌手伴唱。鼓声、木叶声、歌声清澈悦耳富有韵味，充满远古气息。在传统金秀大瑶山社会，黄泥鼓舞只在祭祀盘王时使用，显现其神圣性和唯一性。古时，坳瑶村民多在每年的三月份、农历十月十六日盘王节跳黄泥鼓舞敬奉盘王。在即将祭拜盘王的第一天要集体修葺盘王庙，进行打扫和捡瓦等工作。瑶族师公进入盘王庙后需经请师和安坛流程。请师时师公左手拿法刀，右手拿铜铃，做法意通盘王。之后再为黄泥鼓开鼓，即用水和茶叶解秽再进行洗坛、安头生、教头生、禁官服、收山茶、喃青献、喃嫁妆、教嫁妆等仪式程序。

仪式当天，白天不跳黄泥鼓舞只唱黄泥鼓歌做仪式，晚上回到村上9点以后才开始跳。跳之前师公先要喃一更，喃完一更后开始给公鼓涂黄泥。过去，一般是一只母鼓配两只公鼓，后来随着人数的增多，演变为一只母鼓配多只公鼓。不过在坳瑶地区通常是四只公鼓和一只母鼓组成鼓群，也有一只母鼓配两只公鼓或六只甚至八只公鼓的，母鼓只能有一个，公鼓数量的多少实则是由当地当时的经济条件所决定，但公鼓和母鼓的数量加起来必须为单数。

瑶族黄泥鼓舞的表演者是由鼓手、歌师以及歌妹组成。黄泥鼓舞的母鼓鼓点尤为重要，母鼓指挥和掌握着整个舞蹈的节奏，众多公鼓的舞姿和队形则是迎合着母鼓的鼓点变化而变化。持公鼓、母鼓表演的都是男子，鼓手将母鼓斜挎胸前，左手以击竹击打鼓面，右手直接以手掌击鼓面，击竹击鼓面时发出"打"的声音，手掌击鼓面发出"咚"之声。公鼓比较细长，因此是竖着拿在手中，用左手敲击，右手拍击向下的鼓面，传出比母鼓高昂的"空"之声。跳母鼓者通常是寨子里有威望的老鼓手。鼓手敲打母鼓形成节奏后，公鼓配合着母鼓敲出节奏合乐跳动。鼓手边敲边打从四面而来进入表演场地，人越来越多，母鼓手按照自己所击打的节奏"咚—咚—咚哒咚哒哒咚哒咚哒咚"跳出舞步。舞步分解动作为："左脚前点成左前蹲点步并蹲一下，然后左脚前迈一步，再上右脚成右踏步蹲一下；接着右脚做相同动作，但不用做右前蹲点步；做完后左脚向左后迈，身体向左转半圈，跟右脚成右靠点步，双腿下蹲；继而重复第一个动作，再上左脚向左转半圈，落右脚成右靠点步，双手扶鼓再反方向做一遍。"总共跳完一整套里的 12 个大动作。

场上，黄泥鼓敲响后以母鼓为轴心，母鼓鼓点把握着整个舞蹈的节奏，敲打母鼓的老鼓手动作悠然自得且柔中有刚，而健壮的公鼓鼓手动作矫健有力且热情奔放。舞群配合默契、动作协调、队列多变。整个队伍踩着自己敲打出来的节奏先按逆时针方向舞动，公鼓和歌队队员把母鼓紧紧围在圆心当中，犹如群星拱月。母鼓手按一圈逆时针一圈顺时针的方向继续在圆心舞蹈，时而转身，时而跳跃，所有公鼓围绕母鼓转圈舞蹈，一般要跳 9 圈，9 圈为一轮。当然，现场的气氛根据鼓手的舞步决定，舞步跳得愈高，气氛愈热烈。舞步是否激昂有力往往是评价一位黄泥鼓舞者水平高低的重要依据。以母鼓为中心的圆形队伍将要形成时，歌师和歌妹依次走出。

一位歌师双手持木叶（瑶山中一种藤树上的叶子）吹奏，另一位歌师唱黄泥鼓歌。歌妹们双手持手绢边跳舞边伴唱。手绢为白色，里面包有师公做过法的纸条。歌师和歌妹脚下舞步一致，也按逆时针方向前进，然后停在公鼓手外侧、与队伍入场方向相对的一方，原地吹木叶、做舞蹈动作。一更跳完后要念一更愿。

接着是喃二更，跳第二更的黄泥鼓舞。这一轮是公鼓带着母鼓跳，公鼓手由相对而列变为并列，舞步变得比第一轮的简单，先是左脚向左跳一步，右脚紧跟上成右靠点步半蹲，执鼓腰向左平摆，右手击鼓尾，然后做对称的动作即可。这样反复敲八下鼓面。这一轮也是 9 圈。跳完后念二更愿。

第三轮同样跳 9 圈，也是在喃完三更后跳。这一轮是公鼓母鼓结合跳，将前两轮的舞步综合重复跳跃。到第九圈时，队伍恢复成进场时的顺序，依次排成一排。母鼓手依然将母鼓悬挂于腹前，用击竹和手掌同时用力敲击一下鼓面。公鼓手此时将公鼓从下往上绕 3 个半圆，然后身体向左稍微倾斜，手持公鼓鼓腰斜横于腹部，鼓手所持的公鼓左边鼓面略朝下，右边鼓面朝上。同时右手不断击打朝上的右鼓面，在母鼓手的带领下一一退场。歌师、歌妹此时也已停止吹奏演唱，随队伍一同离场。

从整个过程中我们可以看出瑶族黄泥鼓舞的古朴优美。直至今日，瑶族地区过盘王节时仍跳黄泥鼓舞，在村里有婚丧嫁娶时也会先举行祭祀仪式祭拜神灵，再跳黄泥鼓舞。瑶寨的大多数村民认为风调雨顺都是依靠盘王庇佑，因此祭祀仪式十分重要。在传统盘王节祭祀仪式中，必须先同时演奏黄泥鼓的公鼓和母鼓，这样才能达到祈求神灵保佑的效果。

瑶族先民能歌善舞，为我们创造了悠久灿烂的瑶族黄泥鼓舞，瑶族黄泥鼓舞光彩熠熠，是集瑶族舞蹈、服饰、道具等有形文化和民族信仰、精神心理、传说故事等无形文化于一体的综合性民族文化。其作为一种充满神秘色彩和传达远古瑶人勤劳勇敢品质的舞蹈，富有的原生性和民间信仰文化的完整性，无疑是坳瑶人民的珍贵文化遗产，也成为民族传统艺术闪耀的一颗星。金秀大瑶山黄泥鼓舞不仅是瑶族文化艺术的重要部分，又是坳瑶民族传统文化的精华，依赖于瑶族民间这样肥沃的文化土壤才得以流传和保存下来。

但如今随着时代的发展，黄泥鼓舞面临着断代隐忧。老坳瑶们都在感叹现在青黄不接的境况，黄泥鼓舞都是中老年人参与其中，而这些中老年人还不知能跳多久，要想更长久地传承和发展瑶族黄泥鼓舞，亟需培养更多年轻人来挑起重担。

十二、京族独弦琴艺术

独弦琴是我国京族的传统乐器，京语称"且匏"。京族独弦琴艺术是广西民族民间传统器乐艺术，其结构简单，音域宽广，主要流传于广西壮族自治区东兴市京族三岛一带，即东兴市江平镇的巫头、山心、万尾三个岛屿，及江平镇下辖的潭吉村等村屯。

2011年5月23日，京族独弦琴艺术经国务院批准，被列入第三批国家级非物质文化遗产扩展项目名录，保护单位为广西壮族自治区东兴市文化馆。京族独弦琴艺术国家级非物质文化遗产代表性传承人为苏春发。

我国唯一的海洋民族京族，与越南相邻，世代逐海而居，是中国唯一以海洋渔业经济为主的少数民族，高跷捕鱼捞虾是传统京族人的主要经济来源。独弦琴是京族民间最具特色的乐器，独弦琴艺术大多反映社会底层民众的喜怒哀乐，对美好生活的向往和追求，他们用一根弦和一摇杆，便能演奏出包含6个音区和3个八度的乐曲。

作为京族悠久历史的见证，关于独弦琴艺术的文字记载可从中国历史典籍中追溯。独弦琴这一古老的乐器源于古骠国，也就是今天的缅甸，到了公元八世纪已在缅甸、越南等东南亚地区流行。唐贞元十八年（802年），缅甸向大唐进贡，献舞中的舞蹈伴奏就用到了独弦琴。《新唐书》中有两处具体的描述，一处在《新唐书·南蛮传下·骠》："独弦匏琴，以斑竹为之，不加饰，刻木为虺首，张弦无轸，以弦系顶。"另一处记载为："复以半匏，皆彩画之，加上铜瓯，以竹为琴，作虺文横其上，长三尺余，头曲如拱，长两寸，以绦系腹，穿瓯及匏木。"公元1511年，东南亚地区的京族陆续从越南海防附近迁进中国，定居东兴，他们是与越南的主体民族越族同源的民族，独弦琴多为这一跨境民族彼此都使用的乐器。

京族独弦琴作为古代琴类的一种，至今已有一千多年的悠久历史，是京族精神的载体，带有神圣的信仰意义。在京族的众多神话传说中，有关独弦琴的民间传说可上溯到上古神话时代。民间流传，独弦琴琴声不仅若天籁，且有降妖除魔的能力。其中，有一个神话传说就讲述了独弦琴是如何被赋予神器的色彩。京族地区流传最广的是龙王七公主的故事，神话传说中独弦琴作为宝器被仙女七公主带到人间，并借由独弦琴斩妖除魔，制服黑恶势力，独弦琴一奏响便能净化坏人的心灵。在这个引人入胜的神话故事里，象征着世代京族儿女对海神的崇拜，独弦琴这一宝器净化心灵、驱除邪恶，为京族人世代铭记。除此之外，独弦琴作为京族器乐文化之源，是京族本土音乐文化的重要载体，其发展水平和状况与京族社会发展整体状况休戚相关。京族独弦琴在京族的族群生活史上有着不可磨灭的地位，是京族人民社会生活的一部分，在节日庆典、人生礼俗等重要场合中不可或缺，在反映了京族人民海洋崇拜的同时，也展现出京族海洋文化的内涵，即京族人不畏险恶，追求光明自由，坚决反抗恶势力的民族抗争精神。

中国古代的音乐类型分为金、石、丝、竹、匏、土、革、木这八类，即用上述八种不同质地的材料来制成乐器，从而达到不同乐器的音量、音质、音色之间的融合。独弦琴的前身分为两种类型，一种是独弦匏琴，匏属瓜的一种，熟后其壳坚硬，具有良好的密封与共鸣作用。古人用它制作"匏爵"，为祭天的礼器，在乐器制作上，乐工用它作笙斗，加大笙管音量，谓之"匏笙"或"抱笙"，用它镶嵌在乐器的底部或穿串在"摇杆"上则称为"匏琴"。而另一种是圆形管状琴，因只有一根弦而得名"一弦琴"，也是独弦琴的原型之一。只不过后来的圆形管状琴向着多弦乐器发展，如琴、筝、瑟等，这些乐器至今还遗留着其原理及其演奏方式。

独弦琴别称"旦匏",在京族地区,有着特殊的寓意,它不仅是海洋民族的文化隐喻、京族艺术文化的延伸,更是京族传统文化的重要象征物,是京族艺术中的闪亮明珠。独弦琴是京族人民最喜欢的传统民族乐器,古时用麻绳或用竹篾代替琴弦,弦的一头固定在琴身右端,另一头则系在琴身左端的摇杆上。独弦琴演奏时用右手拿贝壳或短竹片切弦,令其震颤发出声音,左手操纵摇杆,使声音袅袅颤变以形成旋律。演奏者通过双手的配合,完成琴谱所需的音高与节奏的变化。

传统民间制作独弦琴多采用竹或木,整体形制不变,皆由琴体、摇杆、弦轴及挑棒等组成,琴身长约1米,宽、厚分别约10厘米、8厘米,但竹、木独弦琴制作方式有所不同。竹制独弦琴通常是先将直径12—15厘米的毛竹劈去竹管小半边,将开口的一面朝下做琴体,小的一端为头,并在拱面上顺着丝竹安装一根丝线作为为弦,用竹竿竖插为摇杆。而木制独弦琴以木板拼镶成头小尾大的长方盒状琴体,上装一根韧性较好的金属细条作弦,遥杆多用牛角制并竖插于琴身的头部。

从二十世纪五十年代开始,京族独弦琴的外形除了原有的长箱形,民间手工艺人还制作了长条形、龙头形等。独弦不独声,因独弦琴本是泛音演奏乐器,演奏技巧十分丰富,可以在仅有的一条琴弦上,同时奏出泛音和基音两个音。常用的弹奏方法主要有正弹法、反弹法、刮奏、击奏、点奏等。并且为了更好的教学传承,独弦琴琴面上像其他乐器一样标出了泛音位置,也有的在琴面上增设木制指板,上嵌16个品位,这使得学习者能在快速演奏泛音的基础上增进演奏技巧。此外还安装了电子拾音设备,使其成为电声乐器。

演奏独弦琴常采取坐奏的形式,即把琴横置于桌子、琴架或腿上,演奏时右手握住竹棒或持甲套挑弹,借助推、拉改变弦的张力及弦的长度,以获得不同的音高。左手把握摇杆形成如同潮起潮落的悠扬声。临海而居的京族人民习惯使用海浪声以及水滴落下的声音作为独弦琴的拟声,不论是从独弦琴的外形,还是从独弦琴的发音上来看,独弦琴艺术都与京族人民生存的自然环境密切关联。

独弦琴虽然结构形制简单,但音域千回百转,与海浪交相呼应。所奏音色分高中低三个层次,高音清晰明亮,中音柔和悠扬,低音饱满深沉,奏出不同的高音和音色，产生各种滑音、倚音、波音、回音、颤音等富有韵味的旋律，奏出如诗如歌、婉转动听的旋律，仿佛置身于海边椰林风光美景之中。

京族独弦琴在与海洋文化休戚与共的民间信仰中也一直被作为教化的礼器，借此来培养京族民众端正的品格。镇海大王是世代京族人民供奉在哈亭正中央的海神，负责管理海洋，是京族人民最敬重也最恐惧的神。独弦琴的琴声被称作"龙吟"之声，具有神圣性，在每年必举办的大型哈节中弹奏独弦琴娱神是庆典中必不可少的环节。给"哈歌"的伴奏又使得独弦琴赋有娱人的世俗性。独弦琴曲目多姿多彩，充满生机，并兼有敬神、娱神、媚神的性质。独弦琴艺术作为京族民间艺术的代表，这种在传统节日欢庆时婉转低回的声音，在男女青年对歌时千回百转的曲调，体现了京族民族音乐的审美观念和民族文化的丰富内涵。

穿梭于独弦琴的神话传说，演奏者拨动琴弦，弹出美轮美奂的曲目，如身临其境般，琴中有我，我中有琴，让海洋文化流淌于旋律间，诉说着京族人对生活的赞美和向往。京族独弦琴曲目舒缓缠绵，内容多为描述辽阔无垠的大海，多种多样的海洋生物，孤傲美丽的岛屿以及京族人独特的海洋生活方式，蕴含海上民族那份宽广的心胸和对海洋的无限眷顾，具有浓郁的海洋文化气息。在当地，民间演奏者因个性化的差异，不同人对地域风格的理解不同，演奏同一首乐曲时所使用的演奏手法个性十足，加上每个人对曲目风格的把握和理解不同，诠释出来的独弦琴韵味也不同。这种个人风格的差异能将独弦琴艺术的个体性呈现出来，这也正是独弦琴作为非物质文化遗产的可贵之处。

当身处静处，听琴师用独弦琴演奏一首《拜月》，使人如临椰林轻摇、月光倾泻、海水荡漾、微风盈盈、月色迷人的海滨沙滩夜景，仿佛看见京族少男少女们在中秋之夜，成双结对，情脉脉意盈盈，虔诚地对月祈祷，渴望嫦娥赐予他们幸福美满爱情的动人情景。沿着独弦琴音，走进海洋民族的音乐世界。1949 年以后，民间谱曲者相继创作了数首独弦琴演奏曲，目前流传最广的乐曲有《骑马》《做海歌》《过桥风吹》《高山流水》《静静的大海》《送迎新郎新娘歌》等。二十世纪五十年代独弦琴曲目《高山流水》在广东中山纪念堂奏响。二十世纪八十年代，何绍老师独奏的《击战边陲》在北京人民大会堂演奏完毕后得到诸多好评。一些脍炙人口的独弦琴曲，如《我爱京岛》《拜海》《欢乐的哈节》《赶海》等曾由中央国际广播电台录音并向世界各地播放。

"半片大竹筒一根弦,弹奏优雅天籁之音。"居住在广西东兴京族三岛上的京族人民,在500年前经历了整体性漂海迁徙后,如今仍延续着与大海相依为命的生活。因世代靠海而居,京族形成了独特的海洋文化,独弦琴艺术也为京族历史文化做着清晰的注解。

在长期的生产生活过程中,独弦琴一度成为京族文化的主要载体,并被学者认定为京族传统民间艺术的重要标志。京族独弦琴艺术历史悠久,形式多样,京族社会处于半自然经济状态,是独弦琴艺术保留下来,并不断得到传扬的原因之一。京族世代依海而居,并在长期的发展过程中形成了悠久深刻、形式多样、曲目丰富的独弦琴艺术,并附有独特的社会历史价值、鲜明的民族艺术元素、多元的学术风格,是中华民族多元一体格局下民族文化认同的重要纽带。传承和发展独弦琴艺术对树立民族文化自信心、提高民族文化的自觉性、增强民族凝聚力有着不可或缺的促进作用。

二十世纪九十年代后,我国社会的发展与转型使京族人民价值观发生了质的转变。大批本土年轻人追求新生活远离家乡,因为大潮流而疏远本民族文化,京族独弦琴在京族社会生活的地位急剧下降,独弦琴艺术的保护传承出现了断层危机,并逐渐走向衰弱。进入二十一世纪,联合国倡导保护民族文化、传承文化传统,政府日益重视对民族文化和非物质文化的保护传承与发展,独弦琴因此先后被列为广西区级非遗、国家级非遗名录。在政府引导与扶持下,社会经济的投入和京族人民的文化自觉使其逐渐形成了"活态"传承及"静态"传承两种发展方向,活态指的是在家族间、师徒中、学校里、社会上依赖独弦琴民间艺人传播的传承模式;静态则是将独弦琴艺术编入教材,将独弦琴、乐谱及音像资料放在博物馆中进行物质化保存等传承模式。

十三、凌云壮族七十二巫调音乐

凌云壮族七十二巫调音乐是由壮族民间"巫文化"演变而来的音乐调子群,以壮话叙事为主,是壮族巫师在进行祭祀活动时演唱的原生态音乐曲调。唱调由当地的壮族女巫师传承,目前仍完整保留。其产生于广西凌云县,主要盛行于广西百色市凌云县的泗城镇,并流传至以泗城镇为中心的周边地区。

2014年11月11日,凌云壮族七十二巫调音乐经国务院批准,被列入第四批国家级非物质文化遗产名录，保护单位为广西壮族自治区凌云县文化馆。

"白云山脚走，山高入云霄"，描述的便是凌云县的地理特征。凌云县古称泗城，建制历史悠久，位于广西西北部，境内以喀斯特地形为主，山川灵秀孕育了许多人物英杰，堪称桂西文化重镇。宋朝初期设立州府建制，因山高壁峭，水陆交通不便，长期处封闭状态，自古便是相对独立自由的山国，壮族七十二巫调应运而生，并涵盖了凌云地区的社会文化环境、人类精神信仰等各方面内容。事实上，这样的环境恰好为其完好地留存原始民俗民风和民间文化信仰提供了天然屏障。

凌云壮族是古代骆越民族的后裔，自称"布楼""布侬"。据专家考证，壮族先民早在三千多年前就在凌云这片土地上生产生活、繁衍后代。古时，自然生存环境恶劣，人们对自然的认识还很有限，人们通过与自然博弈换取生存空间。男人们上山耕种和打猎往往一去不回，不知所踪，疾病和天灾也常给人来带危机。在自然面前，壮族人民显得十分渺小，壮族妇女为了祈求自然，寄托哀思，抒发对美好生活的祈望便开始以叙事的形式念唱，后来壮族地区逐渐有了通灵女巫这一社会角色，也逐渐形成了壮族七十二巫调音乐。这种音乐最早可追溯到明朝中期，盛行于清朝时代，至今已有六百多年的历史，是我国目前保留最完整的由巫文化逐步转化而来的原生态音乐。

何为"壮族七十二巫调音乐"？其在壮语中被称为"欢经"，是指巫婆在举行巫仪式过程中，在似真似幻的境界巡游，要经过七十二个地方、关卡，可理解为七十二个人文或自然景观，每个地方、关卡都有一位神灵（巫）把守，巫婆吟唱不同的巫调，请求诸位神灵放行，只有顺利通过才能到达最高掌管者处。壮族七十二巫调的调名与凌云县境内七十二种人文、自然景观相呼应。根据壮族民间关于三十六天罡和七十二地煞的传说所指，三十六天罡代表天上的三十六个星宿，即古人对天上三十六天将的称谓；七十二地煞指人们认为人死后进入地府需闯过的七十二道鬼门关，故巫婆在从事仪式活动时也将这七十二道关比喻为七十二个关卡或地方，壮族七十二巫调基于此而命名。

凌云壮族七十二巫调由女巫师做法事时演唱，明显具有母系氏族社会的痕迹和以女性为代表的信仰文化特色。巫术仪式活动是妇女们消除灾难或晦气的一种方式。因此，巫调萌芽于远古越族巫教，从起源之初至二十世纪五十年代，凌云县泗城镇仍有"布金"（巫婆）八九人。

布金唱巫调以单人独立演唱为主，一般为女声独唱，用壮语坐着演唱。根据音乐特点分为吟诵调、韵唱调以及咏唱调三种类型。吟诵调，指壮族麽仪式时巫婆预测巫术实施前景，向求巫者了解巫术当事人及事件状况时所诵的曲调。韵唱调则是实施巫术时所唱的带有歌词和旋律，节拍丰富、节奏分明，唱时近似说话道白，整段也掺杂有歌唱性段落的曲调，包含单人独唱以及众人合唱。咏唱调则具有歌咏性质，歌词抑扬顿挫，曲调舒展高亢的曲调，适合歌者尽情歌唱，抒发内心情绪。

巫调音乐器物分为静物器和响物器两大类，静物器通常是绒扇、香包、麒麟和凤凰，响物器有铃铛、铜珠、茭，二者配备使用。唱者多左手持一把挂铜铃的扇子，右手拿一张配有铜铃的红手帕，穿着一双铜铃绣花鞋。响物器和脚踏声是主要配乐，铃声、脚踏声以及协助进行仪式活动的人员发出的应和声同起同落，构成了七十二巫调音乐的伴奏乐。转调时涌现出不同风格和个性，时柔时凶，尤以散板特征著称，柔时似清风拂过，似静静流淌的溪水，又好似慢慢飘飞的云雾，体现出大自然灵活灵现的气派。

大凡民间仪式音乐的传承，常以师徒制的口传心授为主，经书为辅。自古凌云壮族七十二巫调音乐无任何文字记载，其由巫调的执行主体巫婆唱诵，附带神秘色彩。巫婆的出身是未解之谜，巫婆在懂巫术前是正常的妇女，但传说在某天开始有了一些怪异的言行后，像被鬼神关照过一般，开始会说一些她本人从来不会的语言，熟知陌生人的事情或者敢爬上几十米高的树枝也不怕摔跤。于是，她便成了壮族人口中的巫，她所吟唱的腔调便是巫调。

巫调音乐有两种传承方式，"阴传"和"阳传"。阳传为师传。所谓的阴传，是一种传说经鬼神指点后获取到特殊能力的传承方式。在凌云地区，自古以来没有祖传也没有师传，该地区的巫调是在特定仪式环节中获得一种迷糊状态并自觉吟唱而成，其阴传或"神传"与其他巫文化的传承有较明显的差异，其传承背景复杂。

阴传所传承下来的七十二巫调，可视为一种民间仪式。"万事皆有因果"，主家请巫做仪式一般都是有原因的，或因病、因灾，生活不顺等。在凌云地区，每当发生诸种灾难、家人身体欠安时，当地人认为造成这种家庭不顺的原因不仅是现实生活影响，而且也是阴间神灵在操控。巫婆被当地人视为可通阴阳两界的使者，所以就要通过巫婆去跟神灵沟通，去了解原因，再借巫婆施法，消除灾难或晦气。仪式的举行一般是主家上门拜谒巫婆，得到巫婆的应允后，双方约定好法事举行的吉日和要求。主家准备相应的物资，携礼物前往巫婆家解结。巫坛一般设置在巫婆家中某一处僻静的房间，房间墙上挂着七十二巫神像画，桌面上摆放有各种祭物。请巫者进到房间，按照巫婆指定的位置坐好后，仪式便开始。凌云壮族的巫婆不跳巫，即不狂蹦乱跳、手舞足蹈，而是坐在花轿上唱巫，即左手拿着挂着铜铃的手帕，右手拿着鹅绒花扇，双脚系着铃铛、铜珠等小物件。仪式开始时巫婆双脚自然放松，脚尖顶地。但仪式中巫婆开始歌唱时，脚便跟随歌唱内容有节奏地踏地，脚上系着的铃铛、铜珠和着脚踏声形成多重伴奏。脚踏声急促而错落便象征着巫事者骑马奔跑；脚踏声缓慢而艰难，便是象征她在艰难崎岖的道路上。总之意在用歌声形容走过的七十二条道路。

在仪式的第一个环节，巫婆跟神灵搭上线后，先问神，即向神灵请安，并礼貌告知将替某家人去询问某事或某难的原因，进入寻求问题之路。寻求原因是一段很艰辛的路，需要经过复杂的山路田垌、陡峭的悬崖高坡、密集的森林草地、深不见底的水塘等等，巫婆通过的每一个关卡都有神把守，巫婆在通关时要唱调来向神阐明来意，当听到曲调变化，同时扇子向外翻一下，表示对神的恭敬以及告知主家已通过此关卡。整体要经过七十二个关卡才能到达最高掌管者所在的地方。巫婆要在所有问题都解决后，回到最高掌管者处禀告问题的解决情况，并表示主家人的感谢之意。最后，巫婆重唱一边，沿着来时的路再次通关返回。回到现实，巫婆会大喊几声后长叹，一反刚才的迷糊通灵状态，清醒向主家交代事情后，整个巫事仪式与巫调过程才算结束。

上述仪式过程中，巫婆所有的通关事项都需要用巫调来表达。为了使人信服，七十二巫调所唱的各阶段神灵均代表着不同阶层的神级人物，并根据形象的需要而出现了不同的歌词内容，这些人物个性特征的表露，再现人物所处时代的心理状态和聪明才智，以表示巫事者本人的超高境界。凌云壮族巫婆的仪式中音乐与仪式同起同落，相辅相成，且从中可看出巫调中叙述的内容丰富且偶富娱乐性。如在巫仪式中有一个流程叫"欧贯房"，即招鬼丈夫，这个活动里的巫事者将自己扮成男性，在众多崇拜者中挑选一名绝佳的女性作为妻子，每晚都要在巫坛里逗歌娱乐，谈笑风生，这种带有娱乐性质的内容在凌云壮族七十二巫调中普遍存在，且带有世俗娱乐性质的内容是巫调中比较有趣的方面，充分体现巫婆丰富的想象力和吟唱功力。除了上述显现出的神秘艺术魅力之外，它所蕴含的原生风貌和韵味，也不乏给人们提供了一份宝贵的壮族巫文化研究范本。

凌云壮族巫调在历史长河中延续至今，如今其生存空间缩减到泗城方圆10公里以内。泗城至今仍保留着音乐语言奇特而优美，内涵古朴深奥，有着72种不同艺术审美的壮族巫调曲调。在当地，只有拥有一定功夫的民间艺人才能完整唱下来，其中，能唱完这些曲调的不乏文盲女子。

据凌云县当地流传，原有记录在册的其他巫师已相继离世。现能完整演唱七十二巫调且偶尔仍从事巫事活动的只有彭八英。老人家是土生土长的广西凌云县泗城镇人，因幼年家境贫寒从未上学，曾为生活打零工，做厨娘。老人约9岁时，突有神灵附体，不识字的她便开始会唱巫调，16岁以后能说出别人不知道的事，预测未来，于是便陆续有人上门拜访，请求算命解灾。据说老人得到了七十二神的真传，多年来以歌唱的方式进行法事，没有阳间师承也没有收授徒弟。由于年事已高，现今极少问及巫事和做仪式，实难推却的仪式也相对简化完成。

另外一种方式，阳传，即光明正大通过拜师求学而成，相对以往民间只阴传，阳传是凌云七十二巫调传承中的一种特异变化。发展至今，民间除阴传的彭八英老人外，多为阳传，百色市文化局的黄兰芬和凌云县居民唐远明，她们便是自学唱巫调，也属于阳传。

除上述外，凌云壮族七十二巫调音乐还具有很高的艺术价值，深受专家和广大听众的欢迎。唐远明演唱的巫调音乐《情比天还净》《水源洞》等，曾获自治区专业民间文艺汇演一等奖，《水源洞》一曲经由中央人民广播电台和广西人民广播电台多次播放，得到陈良、林宝枧等著名音乐家的赞赏；巫调音乐还出现在《红男绿女》《歌谣》《蛇郎》等影视中；广西艺术学院将巫调音乐编写成民族音乐视唱素材，以巫调音乐元素创编的歌曲曾多次获奖。

二十世纪八十年代，凌云壮族七十二巫调在不断与时代融合的发展中走向衰弱，后在凌云县委、政府的大力支持以及当地民间老歌师的相助下，对七十二巫调进行了一次大抢救，经过多方努力，于2009年出版了《凌云泗城壮族巫调》一书。此书达84万字，不仅极大程度地复原壮族巫调的原来风貌和韵味，并且终于使千百年口耳相传的泗城壮族巫调变成了文字资料，给人们研究壮族巫文化提供了一份宝贵范本。

如今，随着社会环境发展的变化，少数民族地区巫婆职业化现象逐步消亡，新时期女性社会地位不断提高，能接触到的东西越来越多，人们已不再依赖神鬼的辅助获取心灵的慰藉。懂得巫调音乐的人越来越少，现存的巫调音乐也变得越发神秘和复杂，而凌云壮族七十二巫调音乐也正在逐步向民族艺术化的道路上发展。

十四、瑶族金锣舞

瑶族金锣舞是广西布努瑶特有的民间传统舞蹈，主要流行于广西壮族自治区田东县作登瑶族乡梅林、平略等布努瑶村庄。瑶族金锣舞作为布努瑶民间的代表性舞蹈，在当地又被称为"鲁桑"，取瑶语"锣"的意思，金锣因铸造锣时掺有黄金而得名。

2014年11月11日，瑶族金锣舞经国务院批准，被列入第四批国家级非物质文化遗产名录，其保护单位为广西壮族自治区田东县文化馆。瑶族金锣舞的国家级非物质文化遗产代表性传承人为阮桂陆。

布努瑶在我国瑶族人口中占比大，是瑶族三大支系之一，分布区域较集中，民族特点突出，民俗内容丰富。在布努瑶地区，老人们这样描述："村里的汉子，没有哪一个不会跳金锣舞。"

瑶族金锣舞的形成，在瑶族口传史诗中可见。瑶族历来虽无文字记载，但在瑶族人的传闻中却流传着许多美丽动人的传说。《田东文史资料第一辑》《田东民间故事集》均有相关神话色彩浓厚的传说记载。传说中的金锣并非普通乐器，而是可以降妖除魔的法器，由此不仅印证金锣舞虽作为一种民间舞蹈，同时还与自然崇拜、祖先崇拜交织在一起构成了民间信仰。金锣舞是始祖崇拜的一种表现形式，人们用以酬神、祭祀、驱邪等民俗活动，人们通过金锣舞以求丰收和吉祥。

> 相传很久以前，在瑶寨里有个美丽、勤劳的姑娘，独自一人居住在深山野岭。一年一年过去了，大姑娘开始感到孤独、寂寞。有一年，她捉回两只细腰蜂，对它们百般呵护，经常与它们说话。有一

天，大姑娘回到家中，发现家中有两个白白胖胖的小男孩，把她乐坏了。她给两个孩子分别起了名字，大的叫旨阳，小的叫旨维。不知不觉间，孩子长大了。老大到外面做生意去了。老二听从妈妈的吩咐在山上开垦了几片荒地，种了些小米和南瓜。有件事令旨维很好奇，别人的田经常被野兽糟蹋，自己的却好好的。他决定查个究竟。一天，他悄悄藏在一边。一会儿，有个野人来到它的地里抓了一个南瓜。老二看到这里气坏了，想要用棍子打死她，但是走到野人跟前心一下子软了。野人从那天起一直缠着老二，最后老二赶不走她，只好答应她的要求，与她成了亲。有一回，他们上山围猎，二人不小心误入一个山洞中，在洞中，他们看到一群仙姑仙爷在跳舞，里面还有各种珍贵的珠宝。在正中间，他们看到许多面金锣和几个大铜鼓。一会儿跳舞的神仙突然不见了。老二夫妇顺便拿了七面金锣跑出洞外，等他们一出去，山洞的门马上关闭了。他们把金锣交给了母亲，让她好好保管。十几年间，老二夫妇生了七男七女。二姑娘出嫁那天正好是大年初一，全寨的人都来看热闹。这天野人不知怎么拿出一面金锣独自敲打起来，一时间声音竟然惊动了京城里的皇帝。皇帝派兵来此地调查，全寨人吓得都外逃了，野人也将七面金锣全都藏了起来。兵爷了解情况后，向皇帝报告说："是山民在打锣跳舞。"皇帝说："让他们打吧！只要不把声音闹得太响就是了。"大家听说皇帝不仅不抓他们，还允许他们打锣跳舞，都高兴极了。下一个新春，野人给七个孩子每人发了一个金锣，并教他们跳金锣舞。

此外，布努瑶对金锣舞的描述，也有另一则说法。

相传古时候的布努瑶先民居住在土地稀少、水深兽多、暗无天日的大石山区。在这里为了生存，瑶族先民都凑到一块，在山下的平地开荒种玉米等耕作物，那些耕作物成熟后，鸟兽多来与人争抢食物，粮食常被鸟兽糟蹋，人民生活苦不堪言。大石山区收成少，加上鸟兽的破坏，一年下来瑶族人民攒下来的食物连基本生活都无法维持。聪明的瑶族祖先们为了能在森林里生活，就想方设法跟野兽做斗争。先是创造出了用竹筒敲打和驱赶捕捉的方法，但没有成功。第二次找到了铁片也无法赶走这些野兽。第三次他们找到铜片，发现这些飞禽走兽很怕敲击铜片的声音，经过多次试验和探索，机智的瑶族祖先将铜片制成了铜锣，在田头挂上一面金锣，击打以驱赶鸟兽。因鸟兽惧怕锣声，后不与人们争食，人们的生活得到了改善，铜的颜色比较像金子，且后来较为富裕的人家又用金子铸锣，所以人们将铜锣称为金锣。

如今，在布努瑶地区仍流传相关习俗，布努瑶祖先定下了规矩：每年的除夕晚上，千家万户都得杀牲口以祭奠金锣和祖先。因此，除夕当晚，瑶族后人家家户户都会煮好猪头和鸡，由家中长老将将猪头和鸡摆在中堂的桌子上，点上三支香，备好三张纸钱和三瓶酒。准备就绪后将金锣请出，摆在桌子中间，然后老人们要对金锣说："金锣金锣，一年三百六十五天，今晚到大年了，现在特请你来吃一餐年饭，你先吃，吃完后请你就地休息。等我们家人吃完年饭后，你就跟我们一起跳金锣舞。"长辈请锣仪式完成，等瑶族同胞酒足饭饱后，寨中的人们带着几分醉意，合力在晒坪或廊檐拉绳，在人们中间吊起一排金锣。之后，彻夜敲打，乘兴跳起金锣舞，而且一跳就要跳到天亮。跳完一遍之后，队形里的相对两人迅速互换位置，继续从头舞起。就这样周而复始，舞蹈节奏由慢到快，金锣也越敲越响。当场上达到高潮时，围观群众的喝彩声、欢呼声与洪钟般的锣声混合在一起，在山谷中回荡不绝。

金锣舞是瑶族的一种自娱性舞蹈。金锣舞的人数跟锣数相关，一人也可跳金锣舞，但多是以集体舞为主，在参加的人数上也没有具体的限定，可三五人，亦可几百上千人，一般以偶数为宜。现如今，跳金锣舞是以"组"为单位的，每组4人，其中2人扛竹竿，2人敲锣跳舞，组数越多，规模就越大。

舞蹈源于生活的特点鲜明地体现在金锣舞中表演的那些动作中。布努瑶住在山上，为了生存经常在崎岖的山路上来回行走，山路崎岖，走路时必须抬高脚步，脚尖用力才可向上攀爬，腰部还要随着崎岖不平的山路扭摆，为了防止往后摔跤还需要含胸向前，这些都是他们在长期生活中形成的习惯动作。后来先民们将这些生活性的动作融进了金锣舞中，比如"左右抬腿击槌""背击槌""靠点步击锣""双槌过头""双槌击背""转身击锣""急转点锣"等。每个动作表演一次，整体过一遍后，再从双击锣开始继续表演，循环不止。此外，在跳舞过程中还要敲起到统领金锣和舞蹈作用的大鼓，大鼓的数量也视情况而定，可多可少。

瑶族金锣舞舞姿刚柔并济，伴以金锣声声，给人以轻快矫健之感。金锣为舞者的道具，也是唯一的伴奏乐器。以前，舞者都为身着节日盛装双手持木棒的男子，舞时在舞场上拉起一条藤蔓或一根绳索把金锣悬吊起来，抑或者将金锣吊于竹楔或木杈之上，只要不妨碍舞蹈动作即可，金锣离地面1.5米左右。现在，跳金锣舞男女均可，挂金锣的方式也发生改变，现在可用铁钩挂在竹竿上，竹竿两头各有一人扛住。

"咚、咚、咚……"，在布努瑶村寨，一面大鼓摆放在田东县作登瑶族乡梅林瑶族寨的晒谷坪中央，桌上摆放着贡品，四名男子手持鼓槌"咚、咚"地敲，村里的长者在铿锵的鼓声中将金锣请出。寨里的男女老少身着盛装伴随着锣鼓声激昂地舞起来，金锣、鼓槌在瑶族舞者的手中肆意张扬，激情敲打，散发出生命的力量。男子敲锣，女子伴舞，妇女们手持竹竿高举双臂，边舞边唱："呜——喂"，手腕上的银手镯随着手臂摇动发出叮当声，规律的叮当声和着锣鼓声十分和谐。手持金锣的男子，边舞边将金锣挂在妇女们手持的竹竿上，有律动地单点锣、双点锣、抬脚击槌、背击槌、头顶击槌、转身击锣、靠点步击锣，轻快地跳跃，急速地敲打，舞姿灵动。金锣舞场上气势磅礴，气氛热烈，伴随刚健的动作和浑厚的锣声，回响在空山幽谷，显得粗犷而神秘。

跳金锣舞、打金锣是老祖宗传下来的习俗，也是一种规矩。村民们说如果少一年不打，那么在这新的一年里会有不顺。因此，从除夕一直到农历二月初二期间，人们都是可以随时打金锣的。二月初二便到了打金锣的尾声。这时需要用清水把金锣洗干净，由寨里的长辈主持，说一些吉利的话送金锣回去，然后将它埋到谷囤里，待到第二年春节再拿出来打，寓意来年五谷丰登。

一直以来，金锣作为一种神圣的象征，是瑶寨最宝贵的吉祥物，是他们民族的神器，在布努瑶人民的生活中占据很高的地位。过春节的时候，金锣和逝世的祖先一起享受祭祀，目的是为了保佑族人世代平安、幸福吉祥。金锣舞具有综合价值，成为布努瑶群众表达情感的主要活动形式之一，体现出生产生活和情感表达的全过程。

旧时，村寨中的每个男人都会跳金锣舞，且金锣只有在两种情况下才可以打：一是举办丧葬仪式；二是大年三十至二月二期间，主要是瑶族群众用于酬神、祭祀、驱邪之类活动。也就是说，金锣更多与丧葬等白事有关，嫁娶等红事不使用。

金锣声声，驱走歪风邪气，随着岁月的推移和时代的进展，金锣舞一改之前的固有习俗逐渐演变为布努瑶人民一年一度庆丰年、贺新春的主要祭祀舞蹈。因此，在每年的春节和农历五月廿九，布努瑶地区的人们会跳金锣舞以示庆祝。当金锣声在瑶寨响起，人们如痴如狂唱歌跳舞。现如今，金锣舞不仅只有每年的春节和农历五月廿九可以跳，平日里还是村里农民的一种文化娱乐活动项目，并成为田东县重大节庆活动时必不可少的保留节目。

近年随着市场经济的发展，呈现给大众的娱乐方式是综合性、多元性的，越来越多的年轻人外出打工，寨里的年轻人越来越少，留在寨中的年轻人甚至认为跳金锣舞是一种落后守旧的活动，对其不屑一顾。目前，能够跳金锣舞的人大多年事已高，金锣舞面临失传的窘境。

为了将金锣舞传承下去，国家、地方政府和社会力量采取了一系列的保护措施。比如 1985 年，在田东县文化馆抢救收集、整理和上报瑶族金锣舞，并推动金锣舞由国家艺术科学规划科研重点项目组列为开发项目。2010 年，金锣舞入选广西第三批自治区级非物质文化遗产名录，因此逐渐进入了大众视野。2012 年，金锣舞获百色市"非物质文化遗产保护传承优秀项目"，金锣舞传承人获先进传承人称号。2013 年，梅林村被列为百色市瑶族金锣舞传习基地、百色市第一批非物质文化遗产保护工作平台建设项目。2014 年，金锣舞进入第四批国家级非物质文化遗产名录，实现了从民族习俗到国家级非物质文化遗产的华丽转身。

作为瑶民族文化艺术的重要部分，布努瑶虽无本民族语言，无民族文字，但布努瑶民众通过肢体语言和口头艺术的方式来表达和传承本民族文化。金锣舞正是布努瑶在长期生产和生活实践中创造出来的民间舞蹈，具有鲜明的民族特征，涵盖田东布努瑶的民间信仰、价值观念、伦理道德、风俗习惯等，是其文化传承的重要载体之一，是"活的文化"。瑶族金锣舞文化具有重要的价值，为了更好地保存金锣舞文化，目前亟待解决的问题有传承断层以及知名度不够等。因此需要加强宣传力度，树立金锣文化品牌，让更多人了解金锣舞，了解其中的文化内涵，最终打响金锣舞的名气，使其走出广西，走向世界。

十五、铜鼓舞（南丹勤泽格拉）

南丹勤泽格拉，意为"打老猴"，又名"猴鼓舞""猴棍舞"，是白裤瑶的象征，深受白裤瑶人民喜爱。传统舞蹈"勤泽格拉"起源于白裤瑶丧葬习俗，因祭祀方式需要打铜鼓，于是又有人称它为铜鼓舞，主要流行于广西河池南丹县的里湖、八圩瑶族乡等地的白裤瑶聚居区。

2014年11月11日，铜鼓舞（南丹勤泽格拉）经国务院批准，被列入第四批国家级非物质文化遗产扩展项目名录，其保护单位为广西壮族自治区南丹县非物质文化遗产保护传承中心。铜鼓舞（南丹勤泽格拉）的国家级非物质文化遗产代表性传承人为黎芳才。

白裤瑶是瑶族的一个支系，因寨民常穿着白裤子而得名，自称"朵努"，主要分布在广西河池南丹县的里湖、八圩瑶族乡等地。总人口仅三万的白裤瑶，就保存有300多面铜鼓。据《宋史·蛮夷列传二》记载，南丹州刺史莫洪皓遣子来贡"铜鼓三面"，可知白裤瑶打铜鼓已有多年的历史，逢婚丧嫁娶等人生礼俗或是秋后五谷丰登时，白裤瑶人就会打铜鼓跳勤泽格拉。居住在南丹地区的白裤瑶人于宋代前后就从湖南、贵州等地移居到此，定居在这一带距今至少有五六百年的历史。现今，白裤瑶仍将民族习俗保存完好，被称为"人类文明的活化石"，是中国为数不多的保留古老文化形态的民族，也是联合国教科文组织认定的民族文化保留最完整的民族之一。

瑶族是一个迁徙次数很多，历经苦难的游耕民族，他们长期避居于高山深谷间，猴子很多，受居住条件和生产劳动的环境影响，瑶族形成了独特的文化意识。朴实勤劳、善良勇敢的白裤瑶在"物竞天择，适者生存"的自然环境中艰难生活，并在生产生活中创造了本民族独有的勤泽格拉。勤泽格拉充分展现出当地民族文化的原真性，是祭祀中的重要仪式，属于三大葬俗中的铜鼓祭祀。

铜鼓作为白裤瑶的神物，是勤泽格拉身体仪式中需要用到的击打器具。勤泽格拉是模仿猴子形态动作的一种祭祀舞蹈，仅在葬礼仪式中会用到，用完鼓后也要进行相应的封鼓仪式。勤泽格拉在瑶话中是"猴棍舞"的意思，表演以铜鼓伴奏，所以又被称为"猴鼓舞""猴棍舞"或"铜鼓舞"。勤泽格拉由一面皮鼓指挥，众多铜鼓有节奏地敲打，铜鼓与风桶共鸣，舞者边打铜鼓边跳舞边唱歌，众人围之伴舞，动作古朴、粗狂敏捷、刚劲有力。

勤泽格拉作为一部遗留着的活历史，折射出白裤瑶族群对祖先的崇拜和神灵的信仰。民间关于勤泽格拉起源的神话传说主要有两种，其一是源自创世史诗《密洛陀》中的瑶族开创之说；其二是来自白裤瑶同胞口述记忆中的猴子模仿说。

相传很久以前，一位瑶族老汉在山地敲打皮鼓，驱赶偷吃黄豆的猴群，开始猴群被鼓声吓得不敢下山，后来顽猴却趁着老汉酒醉熟睡后，悄悄击鼓玩耍，并发出呜呜的叫声。老汉惊醒后，看见猴子打鼓觉得奇怪，同时逐渐被猴子击鼓、边跳边舞的动作所吸引。他暗暗记住了猴子们打鼓时的动作，回家后加以模仿，于是便有了这传承久远且独具风格的白裤瑶舞蹈艺术形式——勤泽格拉。

在白裤瑶地区，凡是村寨里死了人都要砍牛，送葬时家族亲属除了要用铜鼓来祭祀死者外，必须跳勤泽格拉来表达对亲人的怀念和对逝去亲人的深厚感情。

据有关史料及民间传说证实，跳勤泽格拉是白裤瑶为死者举行丧葬仪式时必须进行的一个环节，目的是为老人的灵魂"开路"，指引方向和顺利带路，与祖先团聚。击鼓而舞的目的和作用很明显，通告祖先、沟通神灵，并将邪鬼震走，为离世的人回归祖源之处扫清障碍。葬礼仪式悲壮肃穆，场面气氛凝重庄严。

每当跳勤泽格拉时，旁观的瑶族男女老少都会将目光投注在舞者身上，场面充满着神圣性，其中以铜鼓及皮鼓为主要伴奏乐器。铜鼓、皮鼓作为葬礼活动中所使用的打击乐，在平时不能随意敲打。这是勤泽格拉区别于其他民族民间舞蹈的一大特点。因为在白裤瑶人的心里，铜鼓和皮鼓不只是一种敲击的乐器，它是白裤瑶的精神和灵魂。在他们看来，这是祖先传下来的舞蹈，是活着的人同祖先灵魂进行倾诉与沟通的最好方式，后辈会沿着象征祖先足迹的路线，团结一心、不离不弃，不断繁衍壮大。

白裤瑶的铜鼓和皮鼓，民间传说是古代打仗出征时的警报器。传说白裤瑶人打仗时，因寡不敌众，头领身负重伤，只好带着手下逃进深山。后来头领因伤势过重含恨死去，瑶胞为了增长士气，祭拜头领，举行砍牛、跳勤泽格拉等仪式隆重安葬。从此，铜鼓和皮鼓便与祭祀联系在一起了。在白裤瑶地区，但凡有人去世后，家中家属就派人在举行葬礼仪式之前带着砍牛刀去向舅爷家报丧。舅爷见砍牛刀知是丧事便会带领着数十人背着铜鼓，提着风桶，来到死者家中敲打铜鼓。铜鼓在白裤瑶地区启用，人们便要杀鸡放鞭炮，请师公念经，在埋铜鼓的地方举行起鼓仪式后，才能把铜鼓取出。打铜鼓意味着活着的人跟祖先沟通。铜鼓声中，皮鼓手围着皮鼓一边敲击，一边模仿老猴取食、攀摘的姿态，动作质朴粗犷，敏捷有力，复现猴子的各种姿态神情。勤泽格拉的基本动作有十四个步骤，共 70 个节拍，分为怀里式、瑶里式、岜地式和纪后式，以岜地式和纪后式较为普遍。常用的动作有莲花、反背、单击鼓、双击鼓、三击鼓面、猴子戏鼓、绕鼓双击鼓身以及绕鼓双击鼓面等。跳勤泽格拉分别为开路、走路、送老人之意，主要由单人舞、双人舞、群舞三个部分组成，舞者通常为十二人，多少不限，表演者都化装成猴子，仿猴子的各种姿态和动作，攀、爬、跳、跃，并分别敲击猴鼓、小锣、小钹，或手执金箍棒、芭蕉扇等各种道具。众人很自然地围成一个大圈，皮鼓立于圈中，皮鼓是整场指挥，跳勤泽格拉者全为男性。演奏者将鼓置于鼓架上，站立鼓旁用双手执槌击奏，也可将鼓身系带挂于项颈，鼓置腹前，边击边舞，还可一人背鼓，另一人边击边舞。另一侧悬吊着数面乃至几十面铜鼓，铜鼓多是排成方形。每面铜鼓两名乐手，一人一手手持鼓槌击鼓面，一手手持筛子击鼓身，一人在鼓后手持簸箕一般的"土共鸣箱"。簸箕按一定的节奏前后晃动，使铜鼓产生低沉的共鸣，铜鼓音色铿锵粗犷，鼓声穿越山水，在数十里外的村寨和山谷中回荡，瑶胞们凡听到山寨响起铜鼓声和木鼓声就知道那里一定在办丧事，便会立即赶到鼓声响起的地方去帮忙。鼓槌在舞者手中灵动，互击和交叉敲击充满生机，与起伏的山峦和清澈的渠水浑然一体，构成了自然之声的生态节奏交响乐。鼓阵气势宏大、磅礴，充分展示了白裤瑶勤劳善良、粗犷朴实的民族风格。

"油锅制度"（同姓同宗的家族组织）主导着白裤瑶民众，因此瑶民们十分团结，听到鼓声后便会背着自家的铜鼓，或挑着糯米粑赶到铜鼓的声源地。鼓声越来越响说明来参加葬礼的人越来越多，葬礼仪式也就愈隆重愈体面。瑶族主鼓手一边以铜鼓鼓点指挥演奏,一边跳勤泽格拉以舞姿表现众人的愿望,待葬礼完毕后举行敬鼓仪式将鼓灵封存在铜鼓中,后将鼓埋好待下次使用时再取出。

勤泽格拉的传承方式至今仍保持着家族口传心授的形式,具有独民族特色和远古的遗风。白裤瑶丧葬习俗中不仅有勤泽格拉,还有惊心动魄的砍牛。从民间流传的砍牛习俗中可以看出砍牛并非眼见的血腥残忍,其背后是瑶族民众要传达的"孝"之优良传统。白裤瑶人民喜爱的勤泽格拉,不仅是民族传统舞蹈,还是瑶族人民在长期社会发展过程中积淀的文化结晶。勤泽格拉蕴藏着白裤瑶历史文化、风俗习惯、民间信仰等诸多内涵,具有古朴的民族特色,对研究瑶族社会发展历史、民族信仰、文化艺术都有着重要的价值。

但随着经济社会的快速发展,白裤瑶这一片净土被打破,外来文化快速渗透。瑶族青年男女外出务工,追求外面的美好,致使勤泽格拉民间传承人已寥寥无几。加之南丹勤泽格拉是依靠民间信仰形成的祭祀舞蹈,与其他少数民族舞蹈一样面临着同化、异化、失传、消亡的威胁,传承岌岌可危,濒危程度严重。因此,仍然需要给予它更多的支持以促进有效的保护和传承,展现和发挥它巨大的文化影响力和艺术魅力。

蕴含古老气息的勤泽格拉,真实而富有山野气息,作为白裤瑶民族文化长河中的一个缩影,它保存着白裤瑶文化的原始形态。它那么独特而充满原生韵味,就像历史活化石一样,体现着白裤瑶劳动人民与自然和谐相处,淳朴勤劳,善良勇敢的奋进精神。

南丹勤泽格拉习俗延续至今,对白裤瑶群众而言,不仅只在祭祀仪式上跳,在每年正月十五元宵节前后的"年街节"也会跳。"年街节"是旧年和新年的分水岭,此时白裤瑶人也会跳古老的勤泽格拉,并配合传统的铜鼓共同祈福元宵佳节。勤泽格拉是白裤瑶加强孝行、善行等中华民族传统道德教育和维护宗族社会秩序的重要艺术形式,它在白裤瑶族群社会的维系族群关系、传承民族文化、增强文化认同等诸多方面都发挥着积极作用。

十六、壮族天琴艺术

壮族天琴艺术是壮族先民骆越人流传下来的宝贵文化遗产,是集歌、舞、琴为一体的壮族民间艺术,以多声部形式出现,结合支声、对比、模仿和各种音型化烘托，变化丰富。其中所使用到的弹拨乐器天琴，弹奏时常有中立音而在曲中形成奇特的中调式色彩。壮族天琴艺术主要分布在广西壮族自治区防城港、龙州、凭祥、宁明以及越南的高平等中越边境一带，其中流传于崇左市龙州县的天琴艺术因其地域风格鲜明，文化底蕴深厚因而最具代表性。

2007年，经广西壮族自治区人民政府同意，壮族天琴艺术作为传统音乐类别，入选第一批自治区级非物质文化遗产名录。2021年5月24日，经广西壮族自治区崇左市申报，国务院批准，壮族天琴艺术被列入第五批国家级非物质文化遗产名录，保护单位是崇左市群众艺术馆。

岭南龙州古为百越之地，龙州之名可见于史书，因民间流传辖域内上龙乡水陇屯后山脚有"龙泉"而得名。汉初属南越国地，唐朝时期置羁縻龙州，属广州郁林郡下辖之地。被誉为"中国天琴艺术之乡"的龙州县壮族历史文化底蕴深厚，作为骆越文化遗风的壮族天琴已传唱逾千年，现如今仍是当地民俗文化的重要组成部分。

壮族支系偏人所常用的古老弹拨类弦鸣乐器天琴，当地称之为"鼎叮"，是根据乐器会发出"叮"声，谐音而得名。据民国刘锡蕃先生著的《岭表纪蛮》一书第二十一章载："有一种女巫，多散布于边防各县，名曰'鬼婆'。以匏为乐器，状如胡琴，其名曰'鼎'，以铁或铜为链，手势而掷诸牀，使其有声，其名曰'马'。凡病患之家，延其作法，则手弹其所谓'鼎'者，而口唱其鄙俚之词，杂以安南之音。至中间则掷铁链，谓之'行马'。"以上类似的描述在《宁明县志》中也有记载，"鼎"就是人们所称的"天琴"。1985年，广西民族文化艺术研究所的范西姆先生对广西边境地区的凭祥市、金龙镇、宁明县、上降乡等地开展田野调研后，根据"鼎"在民间所承载的"独天""唱天""跳天"功能，将其命名为"天琴"并载入《中国少数民民间乐器》以及《中国少数民族艺术词典》两本书中。

壮族天琴艺术是壮族历史文化的活态标识，其产生有着悠久的历史。它的起源可追溯到有史记载的骆越时期，壮族天琴艺术与古骆越先民的巫信仰之间存在密切关系，原是壮族先民沟通神灵，具有法器性质的传统乐器。由于起源于巫师法事活动，天琴艺术具有浓厚的原始文化色彩。这从有关天琴起源的三个传说里可见一斑，比如"将千金求雨说""侬端侬亚说""妈勒访天说"。三个传说虽然故事情节和人物有所区别，但是其故事的展开基本都是围绕凡人向天仙的祈祷展开，且都能反映出一个共同的信仰内核——"天神"。壮族人崇拜天神，神即是天，天就是神。故事中的"琴"也因此成为神圣的象征物，成为沟通人神的重要法器。这一功能从民间文化持有者的局内观也可以得到印证。

除了以上民间有关天琴起源的传说外，学术界关于天琴的历史也做了大量的论证工作，以及当下流传着具有上千年历史的天琴唱本《塘佛》。目前一般认为天琴的起源最早可追溯到先秦时期。依据《汉书》所载，先秦时期秦兵南征，与壮族先民交战，后者不敌遂逃至左江两岸，分散居住在峒中，以保留单个氏族或部落的实力。由于当时生产力水平极低，每遇天灾人祸时，壮族先民便寄希望于天神的庇佑，天琴便是在这样的需求下产生的。到了唐宋时期，对天琴艺术的记载分为不同名称。后世《龙州纪略》《岭表纪蛮》等都对其功能及内容做了一些记载。

天琴是壮族"做天"仪式中不可缺少的乐器，在壮族的偏人与岱人中流传。天琴不仅是乐器，而且是重要的法器，承担着沟通神人即娱天的功能。单从壮族天琴艺术的内容构成来看，其表现出的多元性主要从娱神和娱人两方面来诠释，而娱神和娱人又分为诸多内容。壮族人信仰天人合一，在"天"话语中，天即神，骆越族裔传统上有崇拜天神的习俗，这可从布洛陀文化的"造天"思想中看到其文化渊源，因而天琴亦有娱神酬神功能。做天仪式具有浓重的祭祀性，属于民间风俗乐舞的一种。不管是"乐天歌"还是"跳天舞"，都离不开天琴的伴奏。在漫长的封建社会时期，壮族天琴被视为神圣之物，有人神相通的灵性，是巫婆的神器，也是万物有灵思想的源泉。天琴平时是不准动的，只在巫婆给人禳灾治病"跳天"时，得先敬了香之后，才能取下弹奏。"跳天"是当地偏人独有的习俗，由一位身穿长裙，头戴珠绒帽，手持天琴的妇女，边弹奏边吟诵边跳舞，她自称是天上的仙姑，下凡是为了到人间玩乐，为苦难的众人解难和降福。在壮族天琴艺术流布区广泛存在对天琴的信仰，壮族民众历史上在红事白事等民间信仰事项中，也一直流行祈福仪式。这些仪式信仰活动往往需要天婆做法术，做法事时必用到天琴，民众通过对天琴艺术的信仰来满足自己的精神文化需求。

当今，随着使用经验的积累和演奏技巧的提高，现在的天琴除了用于民间法事活动以外，已经发展成具有民族特色的民间独奏乐器。天琴的世俗性较神圣性浓厚，世俗娱人功能逐渐显著，天琴艺人弹乐歌唱跳舞，将其优美的乐舞渐渐融入到人们的世俗活动中，弹奏天琴乐器成为人们日常娱乐生活的一部分。现如今，天琴演奏或作为侬峒节等传统节庆的仪式，或作为当地婚宴满月、红事喜庆日子的乡间文化大餐，或作为当今国际化民歌艺术节的品牌节目。而且为了满足现当代舞台效果和审美需要，天琴的形制也发生了较大的改变。比如它原来长约1.2米；木雕龙纹琴杆，凤形、帅印、太阳或月亮形；琴头左右各置一木制弦轴；琴筒呈半球状，用葫芦或麻竹筒制，厚10厘米，前端是麻竹壳或薄桐木板；面径11厘米，后端镂刻花纹为音窗等。在此基础上，通过继承和发扬民族传统器乐的长处，人们对其进行了多次改良。其中，以"中国民间文化杰出传承人"秦华北为代表的当地民间艺人不断改良革新，对天琴进行加工改造。先是把三截琴杆拼装改成一根直管，一节贯通，加了一条弦，两根弦变为三根琴弦，成了三根弦的木天琴；再将木质琴杆改用竹制，并加了品位，几近成了三弦；最后在三弦的基础上再加一弦，最终改良成了优质的四根弦24品竹天琴。

在演奏形式方面，天琴有着较丰富的表现力，可表现喜、怒、哀、乐等各种情感，擅长演奏欢快和抒情的曲调。根据天琴演奏场合的不同，其演奏形式亦有所区别，基本可分为坐奏与站奏（含"行奏"）两种类型。坐奏时，将琴筒置于右腿外，琴杆朝左放胸前，双腿盘坐，佩戴脚铃或铜串的右脚随音乐节拍晃动作为伴奏，演奏者怀抱天琴，脚摇铃铛，边弹边唱，表演风格极具特色。站奏，顾名思义，站立演奏，表演时琴筒置于右腹部前面，有时用栓带系住斜跨于胸前，左手按琴弦，右手弹奏。常用单音、双音、打音、长音、顿音和滑音等演奏技巧，尤以使用中、低音演奏两个对比声部时效果更佳。日常多用于独奏，或为民歌、舞蹈伴奏，也可一人或多人边弹、边唱、边舞。

天琴独奏又称"弹天"。演奏中常采取上下滑音的演奏技巧，滑音会使得节奏鲜明，曲调听起来十分轻松活泼。传统独奏曲目有三十多首较为固定，民间流传较广的对天曲目有《邀仙曲》《逗天曲》《弹天曲》；对人曲目有《解闷曲》《欢乐曲》《舞曲》《天琴声声应妹心》《颂路》和《庆丰收》等独奏曲。天琴伴奏又称"唱天"。伴奏时常以左手只按一弦，右手食指弹拨双弦而产生合音效果。此外，"独天"是由一人独唱、一人伴奏或一人自弹自唱，两人以上弹琴对唱的称作"对天"。人的歌声和天琴琴声在节奏、节拍、速度虽不相同但在结合时又显得十分融洽。有关壮族天琴艺术的描述，龙州清室文官黄敬椿的"口出蛮音莺弄响，足摇铃子手挥弦"，真实地描绘了演奏者唱、弦、铃三者兼顾的生动表演姿态。民间艺人在脚尖挂上一串小铜铃，合着乐曲的节拍抖响，使伴奏音层次更丰富。"唱天"更具有地方特色，较著名的唱天曲目有《开场曲》《唱牛》《四季》《好年景》等。

对于社区村落来说，天琴艺术贯穿于壮族人一生的活动与礼仪过程，全面生动地表现了壮族的生活与文化传统，壮族天琴艺术中的"弹天""唱天""跳天"等内容涉及民间信仰中娱天求神、弹唱、喃经、乐舞等信俗，融入在壮族民间信仰与习俗之中，具有极为突出的民俗文化价值。其作为一种古老的乐器，是壮族先民传统音乐的历史活态见证，并融合了巫文化中的越巫音乐和舞蹈，从中可探知我国岭南骆越乐舞艺术史；再翻看天琴的手抄唱本，虽撰写于明清时期，但记载的内容却古老久远，是研究我国边疆地区古代历史的重要民间典籍，也是研究壮族民间信仰史和方块字的重要资料；还有天琴仪式活动，集娱神娱人为一体，折射出我国岭南骆越悠久的仪式文化。

当下，天琴的使用范围已经突破传统的认知观念，开始走出龙州壮族民间一隅之地，逐渐走向国际舞台。天琴不仅是信仰法事活动操持者的弹拨法器，而且广泛应用于节日庆典和各类文娱赛事活动，甚至在南宁国际民歌艺术节、中国—东盟音乐周等一些大型赛事活动上不断亮相。比如，2003年龙州县13名女子组成的"天琴女子弹唱组合"以一首《唱天谣》参加南宁国际民歌艺术节的演出，唱响"东南亚风情夜"，轰动中外乐坛。

壮族天琴艺术作为广西壮族独特精品和骆越民族文化传承的代表，蕴藏着深厚的民族文化，既提升了群众的民族文化认同感，又铸牢了中华民族共同体的强烈意识。随着天琴艺术知名度的不断提升，应当借助时机，激活这一古老的民族民间文化，使其重新焕发出新活力。壮族天琴艺术不仅有望成为中国与东南亚壮傣族群之间文化交往的使者，同时也将是跨国、跨境文化传播的媒介。对于弘扬优秀壮族文化，维护边境国家文化安全，为其他少数民族艺术提供加强非遗保护的案例具有双重意义。但近年来，天琴赖以生存的土壤遭到破坏，壮族天琴艺术曲目的改编、天琴的改良，并没有把握天琴艺术的文化核心，传承天琴的方式过于急于求成，一味地迎合市场需求和观众口味，有价值的经典作品较少，以至于天琴艺术的发展持续走下坡路。如何较好地保护传承天琴艺术是我们未来继续要思考和探究的问题。

十七、壮族打扁担

壮族打扁担，在壮语中被称为"打鲁列"（daluozleah）或"谷榔"（guhlangz），意思为春米，是广西壮族自治区一种以扁担和板凳等作为道具和节拍乐器的传统舞蹈，也是壮族人民"那文化"的一种外显行为。这种舞蹈以农业生产劳动为主要模拟对象，舞蹈动作模仿插秧、收割、打谷子、春米等生产活动，是极具壮族稻作文化特色的传统民间舞蹈。其流布区域主要为壮族聚居区，如都安、马山、东兰、南丹等县，流传至今已经有一千多年的历史。

2021年5月24日，广西壮族自治区河池市都安瑶族自治县申报的壮族打扁担，经国务院批准，列入第五批国家级非物质文化遗产代表性项目名录，保护单位是都安瑶族自治县文化馆。

打扁担这一传统壮族民间舞蹈诞生于壮族人民的稻作文化，是壮族人民以唐宋以来的传统春米舞为基础，在其先民用以春米的农业生产用具"槽"和"杵"的基础上，所进行的一种顺应时代发展和环境变化的创新活动。打扁担活动所盛行的都安、马山和南丹等县为广西中部及中南部相互毗邻的壮族聚居区。这一区域地处亚热带季风气候，气候温和，雨量充沛，夏长冬短，常年适合栽培农作物，是广西重要的农作物种植基地。在这里，传统的生态环境和生产生活文化都得到了较好的保护传承。

唐宋至民国时期，壮族打扁担偶见于文献记载。从起源来看，壮族打扁担与古骆越、西瓯人的"春堂"有着密切的联系。"春堂"即春米舞，后来随着民族的迁徙和民族交往交融，发展为许多少数民族都有的歌舞形式，如布依族和黎族的"春米舞"、佤族的"春碓舞"和"春棒舞"以及高山族的"杵歌"等。历史上，打扁担并非像现在这样用扁担敲击板凳，而是以杵和木臼为道具，用杵敲击木臼。木臼是古时壮族的春米用具，以粗原木挖空中间部分而成，用木杵在其中春米。由于壮语称木臼为"谷榔"，所以打扁担在壮语中又被称为"谷榔"。

关于打扁担的历史记载，唐时广州司马刘恂撰写的《岭表录异》里有这样一段记载："广南有春堂，以浑木刳为槽，一槽两边约十杵，男女间立，以春稻粮，敲磕槽弦，皆有偏拍。槽声若鼓，闻于数里，虽思妇之巧弄秋砧，不能比其浏亮也。"南宋周去非的《岭外代答》也有载："静江民间获禾，取禾心一茎藁，连穗收之，谓之清冷禾。屋角为大木槽，将食时，取禾桩于槽中，其声如僧寺之木鱼。女伴以意运杵成音韵，名曰桩堂。每旦及日昃，则桩堂之声，四闻可听。"民国《隆山县志》写道："打春堂之习，相传已久，今犹未衰，每年农历正月初一至元宵为自由娱乐期间，妇女三五成群，作打春堂之乐，其意预祝来年风调雨顺，五谷丰登，人畜安康，盛世大平。故有谚云：'正月春堂闭轰轰，今年到处禾黍丰。'但浑木大，近颇难得，春堂之鲜矣，妇女每用木板以代其法，两端垫以长凳，两旁排列妇女二三。手持扁担，上下对击，或和以锣鼓，节拍轰冬，高下疾徐，自成声调。"

对比唐宋时期的春堂与现在都安、马山、东兰和南丹等地的扁担舞，不难看出它们之间的关系。二者的艺术表现内容都是农业生产劳动，具有大体相似的艺术形式，仅仅在舞蹈道具上略有变化。唐宋时期的春堂用杵敲打木臼，壮族人的打扁担用扁担敲击板凳或槽，其艺术效果均非常强烈，达到了"槽声若鼓，闻于数里""春堂之声四闻可听"和"节拍轰冬"的效果。当然，各个地方的传统总会有一些差异，有些地区不用扁担和木杵，用两头系着数枚铜钱的竹竿，通过敲击发出清脆悦耳的声音。

由于路况和交通的限制，旧时扁担是壮家儿女生产生活的必备工具，它既能用来挑运粮食，又可以当作狩猎用具。但是在壮族的传统文化中，一条扁担所承担的文化意义不局限于普通的劳动工具，同时也是农闲时壮族人民打扁担舞蹈的节奏乐器和舞蹈动作的指挥棒，亦可作为青年男女的定情物。壮族人民对打扁担活动的情有独钟是与其稻作农业生产、原始信仰等密切相关。

在壮族民间，流传着一个有关打扁的美丽传说。

相传，青蛙是天上掌管降雨的雷神和水神的儿子。雷神每年都要来到人间收取雨税。这一年，雷神带着青蛙到人间来收雨税。凡人都说由于雷王不发雨导致天下大旱，颗粒无收。雷神核实后发现的确天干地裂，五谷欠收，于是免掉了人们的雨税，并且为了今后按时降雨，将其子青蛙留在人间充当报讯使者。但是，青蛙在向雷神报信时声音太小，无法把消息送到天上，它便叫壮族民众擂响牛皮鼓，跳起扁担舞。于是，鼓声和扁担声响成一片，天上的雷神听到后就降下了雨水。从此以后，人间风调雨顺、五谷丰登，人民因此而得以安居乐业。

从上述神话传说中不难发现，在农业生产方面，壮族人由百越族群分化后，多居住在丛林或者河谷地带，并经过长期的生产生活实践，形成了稳定的稻作农业模式。打扁担的形成与古代农业生产中壮族人的农耕经济生活方式有着密切的关系。它的舞蹈动作具有极强的模仿性，再现了戽水、耙田、插秧、收割、打谷、舂米等农耕动作，充分利用扁担、竹筒、竹梆这些平常的劳作工具，传承并发展了这样一种极具地域和民族文化特色的舞蹈形式，彰显了壮族人民的农耕文化特质。

在原始信仰方面，壮族地区民间有过新年打扁担的民风民俗传统。适逢每年的除夕到正月十五，壮族乡间便到处洋溢着"登登打、登登打、登登打嘟打"的打扁担节奏。壮族打扁担既是农事仪式活动，也是他们的岁时节日活动。打扁担的舞蹈动作是壮族人民农耕文化的外显行为，隐含壮族人民深层的信仰情感，这种情感同样指向了他们的农耕文化。因此，壮族打扁担除了有模仿农事活动等娱乐的一面外，还有其隐含的原始信仰意义，即通过打扁担来表达雷神崇拜和蛙神崇拜，预祝来年风调雨顺、五谷丰登和人畜安康。

壮族打扁主要在农历正月初一至元宵节期间、三月三或各种盛大节日和庆典上表演，举办场地一般为村前的晒谷场上。表演人数方面有一个约定俗成的规定，即为偶数，有双人或四人或六人或十人或二十人不等，以妇女为主。传统表演比较随性欢乐，通常数位舞者手持扁担，相向而立，围着一条长一丈多、宽一尺的木槽或板凳，队列整齐后由一人带大家齐呼喊，然后开始上下左右相互有节奏地打击。人们还用竹筒配合打节奏，边打边唱边舞，场面热闹非凡。舞者间十分有默契，时而双人对打，时而四人交叉对打，时而多人连打，并在对打中伴有站、蹲、弓步、转身打等动作，节奏轻重、强弱、快慢分明，队形错落有致，舞蹈动作优美自然。

在舞蹈内容上，打扁担将农耕文化中农民从种谷到舂米的一系列劳作过程表演出来，如先表演耪田插秧，再到戽水耘田，紧接着收割打场，最后舂米尝新等，表达了农民喜庆丰收的愉悦心情。在道具使用上，所用主要有扁担、长凳、竹梆、竹筒、铜铃锣、鼓和钗等。蒙雪凤是第一代打扁担传承人。根据她的说法，1952年发生的一件事情使得扁担和长凳的使用变得更为普遍。1952年，加方乡的扁担队应邀到北京给朱德表演。由于槽重而不利于长途携带，于是他们便用长木凳代之。此后在打扁担活动中，使用长凳和扁担就成了加方乡约定俗成的做法。道具的轻便化导致了表现手段的多样化，这期间人们对打扁担的套路及动作方面进行了创新和改编。传统上表现耙田插秧、戽水耘田、收割打场和舂米尝新等4个情节的4个套路变成了8个套路，舞蹈动作和道具开始增多，并吸收了现代舞蹈的动作。当然，这些创新都有一个原则，即所有动作的改编都必须围绕4个传统情节进行。

广西是世界上最早的稻作文化发源地之一，即壮族人民所称的"那文化"的发源地。打扁担是广西稻作文化的重要表征，具有重要的民俗文化价值，日常应用于敬神仪式、节日娱乐、乔迁嫁娶、大型庆典和体育竞赛等场合。敬神仪式多为每年正月初一至正月十五新春伊始之时。壮族人民一般以宗族或者村落为单位，通过打扁担来取悦雷神和蛙神等图腾神和祖先神，以求来年风调雨顺、人寿年丰。节日娱乐主要是指每年的传统节日，尤其以春节和三月三最为隆重。春节期间参与打扁担的人数较多，举办时间长。同时，打扁担舞蹈节奏强烈，可以烘托出欢乐喜庆的热烈场面，是壮族人民最喜欢的庆祝方式之一，因此也成为壮族人民乔迁嫁娶等重要事件中的娱乐活动。每到这个时候，人们就用打扁担等方式来进行庆祝。当有重大的族际庆典时，打扁担又是促进民族团结、增强民族荣誉感的文娱活动。打扁担还是一种竞技活动，在组与组、自然村落与自然村落、乡与乡之间充当一项竞赛体育事项。通过这种不同层级的竞赛活动，打扁担促进了人与人之间的相互了解，增强了族人之间以及不同民族之间的凝聚力。

无论过去还是现在，可以说，打扁担的情感内核始终不变。它既是壮族人民乐观向上、奋发精神的生动写照，又是他们勤劳勇敢、热爱生活的情感表述，传递着浓浓的乡土气息。在新中国成立前，打扁担的举办时间一般在秋收之际，人们因地制宜，将其作为一种劳作之余的休闲方式，在田间地头、村公所、晒谷场等劳动场地举行。

新中国成立后，随着生产生活方式的改变，打扁担的表演场地从劳动场地拓展到了村头、地场和广场等地。打扁担的表演时间也从秋收时节拓展到了节日、喜事和庆典等场合。经过创新发展之后的打扁担所使用的道具为常见的生产生活用具，便于携带，没有严格的表演场地要求，这在一定程度上促进了打扁担舞蹈的繁荣。

打扁担是广西所特有的"那文化"传统民族舞蹈，其作为壮族人民智慧的结晶，是民族优秀传统文化象征，对于弘扬壮族优秀传统文化，乃至于促进多民族聚居区的民族团结和民族交融，具有重要的价值和意义。它将继续扮演着弘扬壮族人民的稻作文化、增强我国民族文化自信的重要角色。

十八、多耶

多耶是广泛流行于南方侗族地区的一种民间歌舞形式，也是侗族特有风俗"月也"的主要项目之一，集歌、舞、乐为一体，在集体社交活动场合中由一人领唱众人合尾韵而唱。侗家儿女于鼓楼坪上牵手踏歌而舞，场面浩荡、热闹非凡，是代表着侗族社会文化内在意义的一种集体性舞蹈。

2021年5月24日，经广西壮族自治区柳州市三江侗族自治县申报，国务院批准，多耶被列入第五批国家级非物质文化遗产名录，保护单位是三江侗族自治县非物质文化遗产保护与发展中心。

多耶是一种集歌唱、舞蹈、文学为一体的综合性表演艺术。"多"侗话称"qot"，意为"跳""舞"，后因在歌唱时多用"yeeh"作衬词，才有对应汉字"耶"，即这一系列的演唱活动侗语中称为"qot yeeh"，汉译为"多耶"，意译为"踩歌堂"，即歌舞相间或载歌载舞。它主要流传在湘桂黔边临地区的侗族地区，其中尤以广西三江侗族自治县最具代表性。2003年三江侗族自治县的首届"多耶节"是精心打造而形成的民族节庆文化品牌，以其民族风情浓郁，民族文化独特等特点成为海内外游客了解中国侗文化的重要窗口，被评为"中国十大最具民俗特色节庆"。

关于侗族多耶的起源，目前学界尚未形成统一的定论。历史上早在宋代已经出现了相关记载。宋代陆游在《老学庵笔记》中记到"辰、沅、靖州，有仡伶……农隙时，至一二百人为曹，手相握而歌"。笔记中所载"辰、沅、靖"指的就是侗族聚居的地方，现今湘西南的黔阳、会同、新晃、通道、城步和黔东南的锦屏、天柱、黎平等地区；"仡伶"则为侗族自称的音译；"至一二百人为曹，手相握而歌"便是当时多耶表演的真实写照。此外，据明邝露《赤雅·侗人》载："侗……善音乐，弹胡琴，吹六管，长歌闭目。顿首摇足，为混沌舞。"无论是民间重大祭祀节庆，还是娱乐习俗，歌舞都是侗族人民生活中不可分割的一部分。文化是各民族适应生存环境而形成的产物，民族精神在历史中演进，一个民族的性格和文化精神会在代际传承的过程中绵绵不断、生生不息。从古到今，多耶积淀了侗族古代社会生活的多种文化特质，是侗族人群主体互动的精神文化产物，更是侗族人民不可或缺的精神食粮。侗族艺术瑰宝多耶的来源有很多传说，当地民族民间流传最广的是关于侗族金比的传说。

> 相传很久很久以前，侗族有个名叫金比的年轻人外出经商。一天，他在不知情的情况下偶然来到了神仙居住的地方，看见侗族人身着盛装正在举行一个盛大的歌舞会，动人的音乐、优美的舞姿、华丽的服饰，看得他眼花缭乱，忘乎所以。他就这样如痴如醉地看了三天，方才依依不舍地离去。天上一天人间一年，家人和乡亲们看见三年杳无音讯的金比突然归来，纷纷向他询问外面的世界和外出的经历。听了金比在仙境的见闻，乡亲们惊喜不已，当即商议决定，公推族中富有声望的老人携带珍贵的宝物，结伴前往神仙居住的地方买歌。三位老人肩负乡亲们的重托，历尽千难万险，终于到达了神仙居住的地方买到了歌。自此以后，每逢重大节庆活动，侗族就以多耶来庆祝。

侗族是个能歌善舞的民族，通过歌舞符号彰显本民族的生存观、审美观和信仰观。侗族先民通过多耶这一歌舞表演符号，淋漓尽致地将侗人对祖先的崇敬、对神灵的膜拜表达出来。多耶的产生与侗族的原始信仰也密切相关，多耶作为一种祭祀歌舞活动，通过艺术化的手段表达内心的情感，凝聚侗族的民间信仰。如今，三江侗族人民仍普遍保留着原始信仰习俗。侗族先民信奉万物有灵，对自然、祖先充满敬意，通过自然崇拜等方式祈福禳灾。自古以来，歌、舞、乐三位一体的原始歌舞就是娱神的重要手段，歌舞成为沟通神灵、传达人间敬意的桥梁，侗族群众利用群体舞蹈的形式来表达对祖先和神灵的敬意，以求神灵赐福保佑。

神灵"萨岁"是三江侗族人民信仰的原始祖母，是侗族信仰体系中地位最高的保护神。相传，萨岁神通广大，能够影响风、雷、雨、电等诸神，侗族群众把她侍奉为社稷神。每年大年初一侗族地区都会进行群体性的祭祀活动。侗族儿女穿上盛装集会于神坛之前，在"耶师"的带领下踏歌起舞，跳起多耶，侗族人民边跳边唱，用歌舞表达对萨岁祖母的崇拜，祈祷萨岁祖母保佑五谷丰登、风调雨顺。"饭养身，歌养心"，受自然条件的制约，侗族先民早期主要从事渔猎农耕劳动，久而久之，随着生产力水平的发展和对自然界认识的提升，集体协作劳动的需求进一步加强，于是逐渐演化发展成一种凝聚宗族力量的集体性劳动歌舞多耶。

多耶是传承侗族文化的重要载体，"耶"是侗歌中较原始的歌谣，是侗族文化中最古老的艺术形式。从唱词、旋律到舞步，其文化内容、音乐特征或舞蹈意蕴都蕴含着丰富的侗族文化基因，是探究侗族人生观、信仰观的重要窗口。从音乐方面看，多耶的演唱内容有固定的传统唱词，亦有即兴演唱的歌词。唱词内容包含歌颂民族历史、生产劳动、爱情生活，也有祭祀神灵和描述侗族神话故事传说的内容，主题主要围绕赞颂生活、祝愿他人、歌颂爱情、诉说婚姻家庭等话题，深受群众的喜爱。侗族多耶在表演时候，歌曲全部为清唱，音乐旋律线条平稳，以级进或小跳为主，表演过程中旋律不断重复，曲体结构方整，多为上下句结构，节奏鲜明，整个表演过程无乐器伴奏，属于典型的一领众和演唱形式，音乐的长短随唱词的内容而定。丰富的演唱内容为民俗舞蹈增添了不少色彩，表演极富感染力，除了祭祀娱神之外，还能满足群众娱乐活动的需要。

多耶的舞蹈动作和队形的变化比较简单，男女老少皆宜。男女各自组成圆圈，齐呼开场词"本行秀，哈啦吼"。表演时男女青年分成两组队列，男子多一手搭前者肩膀舞蹈，女子则多以手牵手的形式组队，围成两个圆圈。通常男队在外，女队在内，步伐整齐，具有强烈的节奏感。手和整个身子随着歌声而左右摆动。由"耶师"，即侗语称"桑耶"的人物在中间领唱，众人合唱每句最后三个字，或者只唱"那哈那""呀罗那"等衬词，边跳边唱，顺着圆圈起舞。

多耶舞的表演要严格按照祭祀仪程进行，在所有的环节中，多耶舞的表演时间是最长的。根据表演场合的不同，三江侗族多耶可分为"耶堂"和"耶卜"。其中，具有祭祀性质，用于祭奠祖先恩德的称为"耶堂"。通常情况下，"耶堂"

表演有严格的程序，一般在春节的固定时间里表演，其他时间不能够随意进行。仪程分为三个环节。第一步称为"进耶堂"。侗族人信奉的是原始祖母萨岁，为了确保活动有序进行，人们的愿望能够如期实现，表演初始要前往神坛通过歌舞邀请萨岁前来引路。第二步称为"转耶堂"。这一环节属于耶堂的高潮部分，表演内容广泛，如通过祖先迁徙史的叙述歌表达对祖先的感恩，还涉及侗族的来源、繁衍、生产生活劳动、男女婚恋习俗、时令节气等多方面内容。第三步称为"散耶堂"。仪式进行到最后，首先要恭送侗族祖母萨岁回神坛，同时送别各路神灵，只有将萨岁及神灵全部送走，才能保佑寨子的安宁和兴旺。祭祀性的耶堂音乐主要是多声部合唱和齐唱两种，唱词内容以神话、传说、历史地理知识为主。

多耶的舞蹈步伐比较简单，分为"行进步"和"后退步"两类，舞姿抑扬顿挫，场面隆重而热烈。"耶卜"属于礼数性和赞美性的歌舞表演，其表演不受时间以及地点的约束，比较灵活自由，是一种自娱性质的舞蹈。"耶卜"的表演人数无固定限制，少则几人，多则上百人，动作亦随领唱者的变化而变化，即兴演唱。"耶卜"在侗寨地区的适用程度很高，不论在修庙搭桥或是迎宾送客，还是节日庆典、人生礼俗等场合，"耶卜"都是必不可少的节目，多年来一直是侗寨艺术文化生活中最常见的表演形式之一。不管是"耶堂"还是"耶卜"，多耶的价值功能都已经烙印在每位侗家人的生活当中。对局内人来说，多耶具有娱神的功能；而对局外人来说，多耶已演变为娱人的艺术形式。

尽管侗族有芦笙舞、款会舞、多键舞等多种舞蹈，但论其功能，多耶确实是无可替代的舞蹈类型，一代一代的侗族人民通过多耶表演共同传承着民族的族群记忆。在表演多耶的过程中，男女环圈，手拉手有节奏地舞动，是侗民族团结、互助、有爱的民族象征。

另外，多耶还包括信仰、劳动、起源、婚恋、娱乐、文化知识、祝福、赞颂等方面的功能，饱含侗族人共同的意识形态和共同的道德价值观念。首先，多耶具有教育功能。每当农闲时节到来，侗寨青年男女分别集中在鼓楼或耶师家里学"耶"。学耶时没有唱本，而是由耶师领读，众人随读，以口传心授的方式进行侗族文化历史的传承教育。其次，多耶具有交际功能。"月也"是侗乡的一种社交习俗，意为集体游乡做客。侗族各村寨之间为了促进交流，村寨之间经常约定相互做客，月也期间必不可少的活动是多耶舞表演。在表演多耶舞时，男女分别手拉手围成圈起舞，动作欢快，步伐节奏统一。此时，青年男女对歌跳舞，不仅强化了寨与寨之间的情感交流，若男女双方情投意合，亦可借此交流的机会择偶定亲。此外，多耶还具有娱乐功能、认同功能、审美功能。多耶是岭南文化的遗存，是侗族先民生产劳动和远古时代生活方式的民俗展现。

现在每逢节庆，侗族青年男女仍会成群结队相互走访，各寨之间以歌舞多耶维系着民族情感，弘扬民族文化。多耶作为侗族最隆重的娱乐活动，是侗民族的节庆文化符号。多耶增加了侗族人民节日的文化氛围，在表达侗族群众对美好生活的向往和追求的同时，也已成为侗族人民日常生活中的有机组成部分。多耶对于增强民族文化交流，促进族群文化认同具有重要、长远的现实意义。

随着现代化进程的加快，科学技术的发展，人类在不断了解自然、改造自然的同时，思维模式、思想观念和生活状态发生了很大的变化。与此同时，侗族多耶也在悄然改变，特别是改革开放以来，变化更为显著，由于交通的发展，寨子里的人们与外界的交往越来越密切，侗族文化融合了大量外来文化，长期闭塞在侗寨里的人们视野变得开阔。由于地域文化的交融，自然环境的改变，反映传统民族文化的多耶已不符合大多数人的审美观念。多耶的神圣性淡化，世俗性增强，其发展由祭祀内容的淡化到只保留形式部分，或许在不久的将来其仅存的形式也难免被淘汰，只剩下与当下人们的生活、心理贴近的舞蹈新形式与娱乐功能。因此，传统的保护传承方式已行不通，适应潮流，张扬多耶个性，使其焕发新的魅力，迫在眉睫。

第四章 民俗

一、综论

民俗是特定地域、特定民族、特定社会圈的民间传统文化的积淀。千百年沿袭下来的民俗文化在传承和流布的过程中，不断被演示并内化于民众的心灵深处，成为影响广西民族民众思想观念的一种惯性，在潜移默化中规范着他们的行为，具有不成文的规范性和约束性。

"一方水土养一方人，一方人创造一方文化"，广西各民族在长期的历史活动中形成了一套独有的民俗文化，呈现出民族性、地域性和多样性的特点，广西民俗可谓相沿积久、广为流传，其大致上分为人生礼俗、节庆习俗、信仰习俗三大类。

人生礼俗常指生、冠、婚、寿、丧、祭六俗。歌圩是壮族人民在约定俗成的时间和地点聚集起来举行歌唱的传统民俗活动，也是传播民族文化和联结民族情感的重要方式，在人生礼俗各环节中必不可少，壮族先民历来有好歌善唱的传统，他们善于遇事即歌、以歌传情及言志。与歌圩息息相关的是壮族三月三，它是一个仅次于春节、中元节的盛大节日，又称为三月歌圩。壮族三月三最为显著的传统之一就是到处歌声阵阵，人们群体性地歌唱，群体歌唱传统以歌圩的独特形式呈现；瑶族油茶习俗是恭城瑶族人与自然磨合的过程中摸索形成的茶俗，其传承过程承载着千百年来瑶家儿女的心血，打油茶用料讲究，制作工艺细腻，也是瑶族社交的重要手段和方式、六俗中的重要环节和招待贵客的最高礼节。盘瓠后人"好五色斑衣"，瑶族服饰贯穿瑶族人民的人生礼俗之中，瑶族服饰独具民俗文化特色，呈动态发展的规律，其在历史的延续性中保留着独特的艺术风格，具有统一性、地域性和相对独立性的特点，在不断的融合与变异中发展形成颇具特色的服饰文化语言以及多元性审美心理特征。

广西节庆习俗以时序物候为转移。一年四季，广西各民族常常伴随着赶圩、踏青、宴会等社群活动，在不同的节气举行不同的习俗活动。在广西，春季节日习俗主要有壮族蚂𰳌节、宾阳炮龙节、苗族系列坡会；夏季节日习俗主要有资源河灯节、京族哈节；秋季节日习俗主要有钦州跳岭头、瑶族盘王节、仫佬族依饭节、壮族霜降节等等。

这些节庆习俗常以各民族的民间信仰为依托，融民族文化信仰、村社习俗、娱乐交友为一体，表达各民族人民祈求丰收、人畜平安以及避祸驱邪的美好愿望。如钦州跳岭头、毛南族肥套、仫佬族依饭节、瑶族盘王节、瑶族祝著节等都是由传统信仰延伸出的习俗，具有敬祖和祈福的功能。此外，在壮族人的信仰观念里，人们相信自己的生命灵魂，可以与动物植物交感而连成一体，由此实现精神与神灵世界的统一。壮族铜鼓习俗、壮族蚂𰳌节、壮族侬峒节、壮族补粮敬老习俗等都与壮族"万物有灵"的信仰观念息息相关。广西各类信仰习俗经历几千年历史长河的冲洗后，成为沉淀下来的珍贵"活化石"，见证了广西各民族悠久的历史文化，深深融入了广西各民族人民的血脉，一代代延续着他们的文化基因。如今，这些习俗在充满传统仪式神秘气息的同时，具有了新时代的民族风情，呈现出多元化发展的形式。

优秀的民俗有利于维持社会稳定，构建和谐社会。一直以来，规约习俗承担着瑶族社会的自治功能，调整瑶族当地的社会关系并稳定生产生活秩序，以期达到更好的团结互助和利益分配。随着时间的流逝，规约习俗如同习惯法一样约束和规范人们的行为，成为瑶族儿女代代相传、共同遵守的行为规范，对于推动我国社会主义现代化进程具有重大的意义。

民俗"生之于民，作用于民"，是广大民众在长期生产实践中创造出来的物质财富和精神财富，亦是民族地区社会文化赖以生存和发展的土壤，农事节气、祭祀节日、岁时节庆都离不开民俗。广西各民族得益于天时地利的自然环境与历史悠久的传统文化，在长期的实践活动中，各族人民共同生活、共同劳作，创造出异彩纷呈的物质文明和精神文明，也创造和传承带有浓郁人文色彩和区域特点的民俗文化。广西民俗文化体现了各族各地民众的生存方式与生存特征，是广西地区非物质文化遗产的主要表现形式，其就像一根纽带，传递了孝、礼、善、真的审美取向的同时，将各民族的自然地理环境、社会历史文化、民众生产生活以及中华民族的发展进步紧紧相连。

二、壮族歌圩

壮族歌圩指的是在春节、"三月三"、中秋节等节日期间，壮族人民会在约定俗成的时间和地点聚集起来举行歌唱的传统民俗活动，壮语称其为"圩逢""圩欢""窝坡"和"笼峒"等。这是壮族人民自其先民百越民族那里传承而来的风俗。每逢节日，壮族人民欢聚一堂，一展歌喉。虽然各地举办都有各自的歌圩地点，但每一个地方举行歌圩的地点都是相对固定的。

壮族歌圩于2006年5月20日经国务院批准列入第一批国家级非物质文化遗产名录。广西壮族自治区南宁市民族文化艺术研究院（南宁市戏剧院、南宁市非物质文化遗产保护中心）为其保护单位，刘正城为壮族歌圩的国家级非物质文化遗产项目代表性传承人。

作为一种具有民族特色的民俗活动，壮族歌圩迄今已有千百年历史。其流布区域为红水河流域，主要在广西东兰、巴马、凤山、天峨、南丹等地。这些地方在每年的新春之际，都要过"蛙婆节"，举行"蚂蚓歌会"。"蛙婆节"是壮族人民青蛙崇拜的体现，以祭祀"蛙婆"（又称"青蛙姑娘"）为活动主旨。整个活动贯穿于正月。随着世俗性的增强，主要用于祭祀"蛙婆"的仪式性群体歌舞转向了娱人，"歌"代替了"舞"成为主要的活动形式。这种群体性的歌圩活动具有极强的文化象征性和民族凝聚力，影响到了壮族的每个成员和家庭。广西左江流域延绵200多公里的花山岩画表明，壮族先民骆越人在很早以前就经常举办大规模的群体性歌舞活动。

歌圩由氏族部落的祭祀性歌舞发展而来，后来它的功能又经历了由娱神到娱人的转变，而艺术形式则经历了由"群舞"到"群歌"的转化，最终演变成以群体方式唱歌的活动。壮族先民历来有好歌善唱的传统，他们善于遇事即歌、以歌传情及以歌言志。花山岩画描绘了壮族先民最早的欢歌狂舞盛大场面，《越人歌》记载了春秋时代的壮族先民以歌言情的盛况。

南朝梁时的《安城志》所记载的"乡落唱合成风"就是对壮族先民以歌言志的生动写照。歌圩到了唐代以后有了进一步的发展，那时已经出现了刘三姐的相关记载。刘三姐被誉为歌仙，这一形象的出现成为歌圩历史上的标志性事件。《太平寰宇记》是北宋时期的地理志，其中"男女盛服，聚会作歌"的记载，指的就是昭州（今广西平乐、昭平）壮人的风俗。《岭外代答》是南宋周去非的著作，也描写了静（今桂林）、钦（今钦州）两个地方民间歌圩的情况。《赤雅·浪花歌》云："峒女于春秋时，布花果笙箫于名山，五丝刺同心结百纽鸳鸯囊，选峒中之少好者，伴峒官之女，名曰天姬队。余则三三五五，采芳拾翠于山淑水湄，歌唱为乐。"张祥河等人已关注壮族歌圩歌词的语言结构及韵律。近代以来有关壮族歌圩的记载更加丰富。

与壮族歌圩相关的民间传说丰富而动人，有歌仙刘三姐传歌、赛歌择婿、祷祝丰年等内容，赛歌择婿的传说最为流行。据传说，有一位壮族老歌手生得一位美貌如花且歌声动听的女儿。老歌手想为其觅得一位歌唱才能出众的如意郎君，各地青年闻讯纷纷赶来，以歌决胜负。此后，这种赛歌择婿的赛歌形式逐渐成为定式。

歌圩已经成为壮族人民生活当中不可或缺的文化事项。凡是达到一定规模的壮族聚居区，都有约定俗成的歌圩场所。歌圩举办时间主要集中在春季和秋季，春季尤其以三月和四月最多；围绕农历"三月三"举办的歌圩最为隆重，次数也最多。秋季主要集中在八月和九月；围绕中秋节举办的歌圩最为隆重。传统大型歌圩一般在岩洞中设置祭坛，在开始之前先进行祭祀仪式，祭拜刘三姐、布洛陀、花婆等神灵。

壮族歌圩在很多方面都表现出仪式化现象。除了临场性歌圩，壮族歌圩一般都有固定的举办时间、地点和流程。大型歌圩的流程中，他们一般选择在每年农闲的时候，在村庙或神社附近的空地上，祭祀布洛陀、刘三姐、花婆等神灵。所祭祀的神灵都是壮族神话中的主角人物，尤其是刘三姐，被壮族同胞们誉为歌仙。大型歌圩开始阶段的祭祀强化了歌圩的仪式感，凸显了歌圩的凝重感和神圣性。

壮族的歌圩分为节日性、临场性和竞赛性几种形式。节日性歌圩主要是指在农历正月至五月、秋收时期的八月和九月期间的节日里举行聚会的歌唱活动。临场性歌圩主要是指没有固定时间的、临时性的歌唱活动，如在劳动场合、赶圩以及婚嫁庆典场合举行歌唱活动。竞赛性歌圩主要是用于比赛之目的，有"庙会赛歌""放球还球歌圩"等形式。当然，这种分类也不是绝对的，有的歌圩上面三者兼而有之，既有节日性和纪念性，还有祭祀性。

有些地方民族传统文化氛围很浓厚，临时性歌圩时有发生，比如在赶圩的路上就会因为结伴而行便形成临时性歌圩，这种形式是最为典型和常见的。由于歌唱活动的时间不同，也可分为日歌圩和夜歌圩。前者主要在野外进行，主要用于青年男女寻找配偶；后者在晚上，主要是茶余饭后在村子里传授生产、生活知识或者技能。

从规模上来看，壮族歌圩大小不一，少则几千人，多则一两万人从四面八方蜂拥而至。歌圩的持续时间约三到五天，既可以选择固定的地点，如圩场或山坡地带，也可在村寨附近的空地或山坡上随性选择地点。人们搭起彩棚，摆好歌台，抛绣球，寻得意中人。歌圩上所使用的歌曲具有固定的旋律，人们根据情景即兴填词。因此，歌圩上的歌词不是个人情感的抒发，而是群体情感的公共呈现。这些旋律被反复吟唱，蕴含着一种神奇的力量，能够在不同的听众中激起审美共鸣，同时也凸显了传统文化的精神力量。

壮族人对歌圩活动非常重视。他们不仅仅是为了娱乐，还讲究歌词的质量。歌圩活动还成为表现"学问"的机会。刘锡蕃在《岭表记蛮》中说："无论男女，皆认唱歌为其人生观之主要问题，人之不能唱歌，在社会上即枯寂寡欢，即缺乏恋爱求偶之可能性，即不能通今博古，而为一蠢然如豕之顽民。"壮族是一个聪明而富有才智的民族，性格乐观而灵巧，这些品格都在他们的歌圩中表现出来。

歌圩的精髓集中体现在为了择偶和竞赛的歌唱活动中。这些歌圩活动是壮族民族文化的百科全书，是壮族各类传统民歌传承与发展的重要途径。歌圩上的歌曲所表现的内容涉猎广泛，神话传说、天文地理、恋爱婚姻、社会生活、岁时农事、伦理道德，面面俱到。

在歌圩日，年轻男女盛装出场，男子带着礼物，女子拿着绣球。他们在人群中物色自己心仪的别村青年，三人一群，五人一组，前往歌圩场地一展歌喉。有些人重视仪式感，在抬着刘三姐神像绕场一周后才开始对歌活动。有些女孩则搭起色彩艳丽的绣棚，吸引年轻男孩前来对歌，女孩通过对歌判断对方的人品和才华。也有些歌圩活动是男女面对面站立，女孩将绣球抛向意中人，如果妹有情郎有意，男孩就会把礼物绑在绣球上抛还给女孩。有些歌圩中，若是男孩相中女孩，便用手中的彩蛋去触碰女孩手中的彩蛋，如果女孩也看中了男孩，就露出彩蛋给对方触碰。还有一种形式，就是甲村将彩球送到乙村，双方约定还球之日即为歌圩活动，如乙村败北，则彩球无法还给甲村，直至来年继续比赛获胜才能将彩球还给甲村。

由于素不相识，年轻男女在互相认识、传情和互诉衷肠时，必须显得含蓄而委婉。因此，比喻、暗示、双关等表现手法在歌词中被大量使用。歌词都是歌手在即兴发挥时填入固定的旋律，基于当时的情景创作，以便能传达出一种亲切而自然的情绪状态。这种自然而然又诙谐幽默的风格特点正好体现了壮族人民的智慧和审美倾向。

壮族人民以节日性聚会的形式参加歌圩活动，这与壮族人民喜歌善唱的民族特征是密不可分的。歌圩既是壮族人民颇具民族特色的传统文化活动，也是青年男女对唱情歌、倚歌择配的重要场所，从侧面反映了壮族先民在古时候的社会生活状况，同时也为广大壮族青年学习和传承山歌文化提供了机会，为他们展示才气提供了平台，使得壮族人民崇尚山歌和诗性的美好品质得以世代传承。

壮族儿童无论男女，大约在四岁时就开始跟着父母学唱山歌；男孩子向父亲学习，女孩子则向母亲学习。因此，他们基本都是在年幼时学习唱歌，到了成年参加歌圩活动。尤其是在农村地区，重要节日或重大事件时都会有歌圩活动，人们通过唱山歌的形式来交流情感。有的家庭甚至成员内部吵架也会采用唱山歌的形式进行。可以说，唱山歌几乎成了壮族人民生命中和生活中不可或缺的一部分。人人善歌，并且在艺术追求上精益求精。

壮族歌圩的对唱活动内容丰富多彩，歌词幽默诙谐，是壮族青少年学习传统民族文化的重要载体。这些歌词基本都是语言精简优美，比喻贴切动人，形象鲜明生动。比如：枇杷树上牵牛花，牵牛缠树往上爬，牵牛缠树死不放，哥今缠妹要成家。在这短短的四句唱词中，虽然没有出现"我爱你"这种直白的情话，却通过形象的比喻，把哥对妹的浓情厚意表现得淋漓尽致。这种歌词对歌手本人的语言能力和应变能力无疑是一种极大的考验和锤炼，而且对听众也具有很大的益智和教育作用。壮族歌圩就像是一个巨大的民间艺术宝库，不但有许多优秀的歌篇熠熠生辉，也有数量众多的民间歌手和诗人光彩夺目。

在壮族人民数千年的发展史中，歌圩盛会滋养着壮族丰富绚丽的民歌文化，从创世史诗、图腾歌谣，到神话传说以及历史故事，从婚恋情歌、风俗歌谣，到道德说教和生产技能等各种内容，均以口传身教的方式在长辈和晚辈之间世代传承。因此，歌圩是壮族民歌的自然传承载体，是壮族传统文学的大熔炉。

现在，壮族歌圩已经超越了原来作为祭祀活动的功能，演变为一种以娱乐和审美为主要目的的群体性艺术活动。它以男女对唱为主要形式，是多种群体性活动的大集合。虽然壮族歌圩种类多样，但大多具有四个程序：首先，开场的祭祀仪式。接着，以歌择偶，参加对歌的男女遵循循序渐进的交往原则，从试探性的打招呼到深入交往，从最开始的邂逅到最后的依依惜别，体现在情歌中，依次有见面歌、探情歌、对问歌、初连歌、连情歌、定情歌、盟誓歌、叮咛歌、离别歌等阶段。其次，赛歌赏歌，这个阶段的主要内容有盘歌、猜歌、对子歌、连故事歌等多种形式。通常大型歌圩活动还有增进人与人之间友谊的娱乐活动，如斗蛋、抢花炮、抛绣球、师公戏和壮剧等活动。

南宁国际民歌艺术节是由传统的壮族歌圩增加现代元素后发展而来的现代大型歌圩，是一场以唱民歌为主的盛会。它在继承和发展壮族传统歌圩的基础上，将乡村歌圩引入城市，精选具有代表性的节目，汇聚了诸多国内外优秀歌手和民歌曲目，融入了国际化现代元素，不仅每年为各民族提供了一个民歌文化交流平台，而且体现出民歌节民歌汇集的多元化特点。

经过悠久历史沉淀和世代的传承，壮族歌圩已经成长为享有盛誉的群众性民歌交流活动。它不仅是壮族人民的艺术盛宴，而且也是其他民族开展各种经贸活动的舞台。可以预见，壮族歌圩将以积极健康的内容、多彩多姿的组织形式和浓郁壮族特色吸引更多的人目光，在铸牢中华民族共同体意识的过程中发挥出更大的作用。

三、壮族铜鼓习俗

壮族铜鼓习俗指的是壮族人民在节日庆典或祭祀中敲击使用铜鼓、收藏铜鼓、铸造铜鼓等一系列与铜鼓崇拜信仰有关的民俗行为。作为最早铸造和使用铜鼓的民族之一，壮族具有全国最大的铜鼓文化传承群体。其铜鼓文化主要的传承区域为红水河流域的河池市，包括天峨县、南丹县、凤山县和东兰县，以及巴马、大化和都安三个瑶族自治县中的壮族村寨。

2006年5月20日，经国务院批准，壮族铜鼓习俗被列入第一批国家级非物质文化遗产名录，保护单位为广西壮族自治区河池市非物质文化遗产保护中心。韦真礼为国家级非物质文化遗产项目壮族铜鼓习俗的代表性传承人。

铜鼓出现于春秋时期，经炊具铜釜演变而来，后来发展成一种集重器、神器、乐器、礼器为一体的多功能器物。公元前七世纪左右，中国珠江流域的百越先人对炊具铜釜的造型和材质进行创新，使其在外形和音质上更加艺术化，由此而创造出了这种体鸣乐器。经过两千多年的演变和发展，敲击、使用铜鼓已经成为一种广泛存在于南方少数民族地区的古老习俗。

这种习俗自形成以后，又向四面八方传入了相邻地区：北面的传入地有四川邛都和贵州，东面的传入地有广东，南面的传入地有越南北部，西面的传入地有缅甸、泰国等地。后来随着社会和经济的发展，人们的生活方式发生了改变，传承和使用铜鼓的习俗逐渐淡出了大部分地区人们的生活舞台。现在只有壮族、瑶族、布依族、苗族、水族、彝族等少数民族地区还在节日和丧葬祭祀中保留着使用铜鼓的习俗。

居住在红水河流域的壮族在传统节日、婚嫁庆典和集会中均有跳铜鼓舞的传统。每有闲暇，邻村间的农民便会群聚在村郊的山坡地带赛铜鼓。逢每年正月初一、十五、三十，都会由某个村寨的青年敲打铜鼓召集其余人等，待达到一定人数后，便到附近山坡搭架敲打铜鼓。铜鼓是他们现存的传统文化载体之一。在他们眼中，铜鼓是一种神圣的媒介物，可以充当人神交流的中介，是亡者的灵魂返回祖籍地的保护神和祖先神的象征物，因此，铜鼓成了各种祭祀仪式的祭器，敲击铜鼓成为其中必不可少的仪式环节。

铜鼓已经被神圣化，历史有不少关于铜鼓会自行飞走等神奇行为的文献记载。如《广西通志》记载，伏波将军马援过江时，有两个铜鼓飞入水中，在水中等候德行高尚之人取走。据民间传说记载，后这两面铜鼓于清雍正年间分别被北流县一位农民和另一位浔江渔人所获。清人陆次云在《峒溪纤志》中记载，有一个人从别的峒偷来一面铜鼓，这面铜鼓到了夜里化身为猛虎在此人所在的峒行凶。待铜鼓被归还之后，该峒才归于平静。另有铜鼓助人断案、还人以清白和潭中铜鼓保护行船安全的记载。

在古书记载中，铜鼓经常会引发神奇的事件。如桂东南的铜鼓滩是黔、郁、浔三江交汇的咽喉之地，其最为神奇之处是铜鼓声。在夏日江水盈满之际，水浪中便传来击鼓鏖战之声，偶尔还有战马嘶鸣。古书记载，此处因有铜鼓而在夜间怪光闪烁，因此得名铜鼓滩。《大清一统志》也记载，因其常有浮于水面的铜鼓发出鼓声而得名铜鼓湾。乾隆年间的故事更加神奇，传言深埋地下的铜鼓因感应到雨声而发光，如附近有娶亲庆典就会破土而出。

铜鼓习俗世代流传的过程也是被附会诸多民间传说的过程。壮族民间普遍认为铜鼓还能够驱邪除恶，尤其是能够镇压"鳄精"，使之不至于祸害人间。因此，人们笃信铜鼓能消除心灵的痛苦和忧愁，给人以吉祥和幸福；能够为人们求来神灵的保佑，使人间国泰民安、人畜兴旺、风调雨顺、五谷丰登。在婚丧场合或节日期间，壮族人民都要敲铜鼓，跳铜鼓舞，以求"天地自然和谐相生，人文情怀长存不息"。

铜鼓亦有性别之分。在民间传说中，公母两面鼓被拟人化为情深意长的一对情侣。如传说南海庙中有一大一小一对雌雄铜鼓，大铜鼓不知所踪，小铜鼓还在庙中款款情深地等待。嘉庆年间，有海盗欲盗而得之，怎奈铁索断裂而盗取不成。人们说："此铜鼓，昔浮海至，其鸣应潮，自为大盗所移，灵蛙残缺，遂不复自鸣。铜鼓之大者，旧雌雄各一，今庙所存者雄也，其雌向遇风雷，飞入狮子海中，今雄鸣则其雌辄相应云。"意思为此两铜鼓虽分居二处，却能够心有灵犀，无法分离。

壮族使用铜鼓经常是雌雄成对的，此种鼓被称为"雌雄鼓"，或名"公母鼓"。鼓的雌雄可从其外观和音质上加以辨认。外观上决定雌或雄的主要因素有大小、形制和纹饰；音质方面决定雌或雄的主要因素是音色。各民族敲打雌雄铜鼓的手法也有差别，壮族一般有四名鼓手，如若有四面铜鼓，则公母各半，每人一面；如若是两面铜鼓，公母各半，两人合打一面鼓。

鼓声阵阵，将邻村的年轻男女从四面八方吸引到某个山坡上。大家一起搭起鼓棚，开始协商铜鼓比赛事宜。附近村寨所有拥有铜鼓之人均会携铜鼓前来参赛。比赛开始后，每村推举出四面铜鼓，每面鼓配三名鼓手，公对公，母对母，依次轮番上阵，使得鼓声延绵不断。鼓点节奏按固定曲牌来，有"七单七双""小姐妹""七三七""闹斑鸠"和"倒穿行"等。如其中一方出现差错，就失去参赛资格。鼓声清脆响亮且动听者获胜，鼓声沙哑或鼓面裂开者算输。旁观者边看比赛边对山歌。

东兰县现存538面传世铜鼓，素有"世界铜鼓之乡"的美誉。当地人认为铜鼓通人性，性格顽皮，爱打架，可镇邪安寨，对铜鼓的崇敬之心溢于言表。铜鼓经常出现在每年的岁时节日或重大活动之中，敲打铜鼓乃当地一大民俗事项。其铜鼓习俗与蚂𧊅节有着一定的联系。蚂𧊅即青蛙，为壮族生殖崇拜的图腾物。蚂𧊅纹是早期铜鼓的常见纹饰，或平面或立体。唐代刘恂在《岭表录异》中记载蚂𧊅为铜鼓的鼓精。

对于红水河流域的天峨、南丹、东兰、巴马、大化、都安等县的壮族人来说，蚂𧊅节是娱神求丰收的重要节日，也是东兰北部地区壮族民众传承铜鼓文化的主要场合。在历史上，铜鼓习俗与蚂𧊅节习俗是连为一体的：铜鼓习俗依托蚂𧊅节而存在，蚂𧊅节因为铜鼓习俗而更加具有神圣感。在节日当天，青年们在早餐后到附近的山坡上敲打铜鼓，既是用鼓声上报天神仪式即将开始，也是用鼓声通知附近的人蚂𧊅节要开始了。凡有铜鼓的村寨必须敲打铜鼓。人们自正月初一开始找蚂𧊅，抬着蚂𧊅棺材沿门祈福。附近的人都会闻声赶来参加蚂𧊅的葬礼。葬礼结束后又会敲打铜鼓，载歌载舞以示庆贺。

这些关于铜鼓的民间传说是铜鼓习俗和铜鼓文化的重要生存土壤，通过它们后人可以挖掘出更多有关铜鼓的文化习俗。民间传说使得铜鼓习俗成了有源之水，也赋予了它更大的文化魅力。这些铜鼓传说反映出壮族先民征服自然、社会斗争和民间信仰等方面的情况，说明铜鼓自古以来就在壮族人民的心目中具有神圣的地位，是可以通神的圣物。人们将其视为重要的祭器而进行崇拜。只要有关铜鼓的民间传说能够世代相传，铜鼓文化和习俗就能够传承不息。

东兰、凤山、巴马等地的壮族村寨还有出于自娱的铜鼓舞。每到新春佳节，整个寨子里的铜鼓就被集中到某个开阔的场地。人们按照大小和音域的高低用铜鼓排列出一个音阶序列，再选出一个熟悉音律的鼓手用敲锣的方式充当指挥。鼓手们在他的指挥下按照规定的曲调，相互配合敲出特有的节奏和旋律。这时候，跳铜鼓舞的人身着盛装，翩翩起舞。舞蹈内容一般分为六部分，分别是"开场""春耕""夏种""秋收""冬藏"和"迎春"。鼓声悠远，其他村寨的人聚众抬着铜鼓闻声而来。他们或合奏，或比赛，这种表演性质的铜鼓舞脱胎于原本用来娱神的祭祀性舞蹈。

壮族铜鼓文化内涵丰富，有铸造习俗、使用习俗、歌舞习俗、传承习俗等诸多方面，具有民间文学、造型工艺、音乐舞蹈等方面的艺术价值。它主要以建房、婚嫁、丧葬、节庆等具体的民俗事项为载体，具有娱神、镇邪、娱人、象征财富和权力地位等功能。比如在铸造艺术上，壮族铜鼓也是技术精湛的造型艺术品。从品类上而言，壮族铜鼓主要有万家坝型、石寨山型、冷水冲型、遵义型、麻江型、北流型、灵山型和西盟型八种类型。鼓壁上的纹饰生动而精致，有立体的，也有刻蚀的。立体装饰造型有青蛙、乘骑、牛橇、马、牛、鸟、龟等动物形象；刻蚀的有翔鹭纹、鹿纹、人体动作等画像艺术和圆圈纹、云雷纹、太阳纹等几何纹样。

虽然南方不少少数民族都有着自己的铜鼓文化，但因民族和地域的不同而在音乐和舞蹈方面各有特色。传承两千年的铜鼓文化历经历史长河的冲洗，沉淀下来的都是异常珍贵的"活化石"，是骆越民族历史和文化的见证物。作为一种活态的文化遗产，铜鼓习俗已经成为壮族人民现存文化传统的活见证。铜鼓情节已经深深融入了壮族人民的血脉中，一代代延续着他们的文化基因。在近年来的社会经济大变革中，虽然它几经风雨，遭受了大量的损毁和流失，但依然深深植根于壮族人民的文化意识当中。

四、壮族蚂𧊅节

蚂𧊅节流行于广西红水河流域的壮族聚居区，实为壮族先民生殖崇拜的遗俗，是壮族人民最具有民族特色的节庆之一。壮族人称青蛙为蚂𧊅，蚂𧊅节也称蛙婆节，或称青蛙节。由于蚂𧊅节会有歌圩活动，蚂𧊅节也叫"蚂𧊅节歌会"。红水河两岸曾有两三百座蚂𧊅亭。这一带的壮家村寨每年都会过蚂𧊅节。每到节庆时期，所有的壮族村寨都会通过蚂𧊅节的祭祀活动来祈求雨水充裕，作物丰收，人畜平安。

2006年5月20日，国务院批准壮族蚂蜗节列入第一批国家级非物质文化遗产名录，广西壮族自治区河池市非物质文化遗产保护中心为其指定的保护单位。廖熙福为国家级非物质文化遗产项目壮族蚂蜗节的代表性传承人。

壮族蚂蜗节民俗氛围最浓郁的地方是位于广西西北部红水河流域的东兰县。该县崇山峻岭，沟壑纵横。在东兰的壮族村寨，人们每逢大年初一清晨都会身着盛装，锣鼓喧天地来到田间地头挖出正在冬眠的青蛙。最先找到青蛙之人被为"蚂蜗郎"或"蚂蜗父"，本次蚂蜗节即由他负责组织。

壮族蚂蜗节与红水河流域壮族铜鼓的出现及其发展史具有内在联系。它具有悠久的历史，与其相关的信仰习俗已经融入了壮族人民的生产生活。

在蚂蜗节，人们都要身着艳妆，共同参加祭蚂蜗活动。他们从四面八方集聚起来，敲锣打鼓，一边对山歌一边狂欢。壮族蚂蜗节不仅包括一系列的崇拜活动，还安排有民俗表演、民间游戏、敲击铜鼓、碰彩蛋和打陀螺等民俗活动，以求作物丰收，人畜平安。此外，有的地区还出现戴着青蛙面具的男女青蛙神、青蛙将军及其他神灵，分别跳着各种舞蹈。蚂蜗舞主要为模仿青蛙动作的模仿性舞蹈，有撑棍仰身、抬踏颤点、双腿深蹲和碎步横行等动作，给人一种生动诙谐之感，具有浓厚的稻作文化特点。

有关壮族蚂蜗节的来历，有一个广为流传的传说：

> 蚂蜗是天神雷神之女，负责掌管人间的雨水，以保护天下风调雨顺。有一年四五月份，一个名叫东林的孝子在其母逝世后，为其守孝。由于田间青蛙鸣叫，东林烦其惊扰母亲之灵，遂用开水泼向所见之蚂蜗。蚂蜗或死或伤。结果该年蚂蜗再鸣叫，亦不见降雨，庄稼颗粒无收。东林赶紧向壮族始祖神布洛陀和姆六甲求救。布洛陀和姆六甲训其应向蚂蜗女神赎罪。东林谨遵神训，在大年初一敲着铜鼓迎请女神降临村寨。又为死去的蚂蜗举行了隆重的葬礼。此后，蚂蜗女神又派遣蚂蜗回到人间，人们又过上了丰衣足食的美好生活。此后，这里的壮族村寨在每年的春节都会到蚂蜗亭，共同举办蚂蜗歌会。

这种习俗后来就这样一代一代传承下来，并从一种以祭祀蚂蜗为主的节日演化为一种集娱乐与祭祀为一体的节日。

关于壮族蚂拐节起源的神话传说有六种不同的版本，其中流传最广的就是东林烫蚂拐后又祭祀的故事。这则传说突出了壮族人的生殖崇拜思想，通过对繁殖力强盛的青蛙的信仰，隐喻了他们希望能够将青蛙的繁殖能力赋予农作物和人类本身，在人与自然之间建立起一种和谐共存的共生关系。东兰县境内关于东林烫蚂拐的传说也是略有差异的。有的传说将东林变成了一个名叫牙游的女子，认为并非布洛陀和姆六甲让人们祭祀蚂拐，而是有的青蛙逃到天庭将被烫之事上告玉帝，玉帝降旨要求人们祭祀蚂拐。有的传说中，布洛陀和姆六甲要求壮民为蚂拐持续祭祀30天。因此，有些村寨的蚂拐节持续30天。

由于青蛙是一种繁育能力很强的动物，蚂拐节将其塑造成为壮族全民崇拜的图腾物。他们深知青蛙不但本身意味着多子多孙，而且也是整个族群农业丰收、生活富足的保护神。他们在活动期间所用到的祭品成了有神性的中介，是人与神沟通的媒介。他们做出色彩艳丽的蚂拐轿为其准备葬礼，让所有成员参加到找蚂拐的过程中去。节俗活动的当天，活动场周围插上绘制有形状各异的蚂拐的彩旗。在蚂拐节的歌舞活动中，他们跳起模仿蚂拐动作的舞蹈；在对山歌的过程中，他们唱起蚂拐歌，讲述有关蚂拐的传说。总之，蚂拐节的一切活动都与对蚂拐的崇拜有关，以此强化族群内部的身份认同。

壮族蚂拐节，整个活动其实是一场大型的青蛙葬礼，祭祀和埋葬青蛙实则为壮族人民祈求神灵保佑来年好年景的仪式。各地蚂拐节的持续时间长短不一，从正月初一开始，有的持续5至7天，也有的长达1个月。举办形式可以是各村单独举办，也可以几个村共同举办。与大多数节日习俗一样，蚂拐节也是越接近原初状态，流程越是繁冗复杂，越接近现代化的则变得越简单。另外各个地域或者村落的蚂拐节过程都有所不同，但是活动大致都要经过找蚂拐、祭蚂拐、葬蚂拐、化装表演和对歌这五个阶段。

找蚂拐。全村壮族人敲锣打鼓到田间地头去把正在冬眠的青蛙挖出来。惯例是要求有两只青蛙，公母各一只。本次蚂拐节的组织者将它们装入一个被剖开的竹筒中，即装入蚂拐棺中，随后将其合上，用绳子绑紧，再在外面糊上彩纸。第二天，找几个儿童抬着蚂拐棺到本村屯的各家各户进行巡游祈福，并念祝词愿主家新的一年五谷丰登，六畜兴旺。

祭蚂拐。到了正月十五日，在蚂拐坟旁边插上一根高达五六米的彩色纸幡，再供奉祭品，同时打铜鼓和皮鼓祭祀蚂拐。

葬蚂拐。虽然各个地区的壮族人民都有自己的葬蚂拐日期，但大都集中在正月二十五到二月初七这段时期内。葬蚂拐的仪式各不相同，规模不一。规模最大、最为隆重的有巴畴乡巴英屯的葬蚂拐仪式。参加仪式的人数多达上千人，活动内容多种多样。当天早饭后，人们在屯里点燃三声"地炮"，青年们听到炮声便扛起四面铜鼓直奔村边的坡地，摆好铜鼓就开始敲打。鼓声一直持续到傍晚。到了晚上，全屯人都集聚到蚂拐坟边的纸幡下，开始葬蚂拐仪式。在葬蚂拐之前，先观察头一年下葬的蚂拐尸骨，根据其色泽预判本年度的收成情况。

化装表演。在葬蚂拐之前，来自外村的青年男女蜂拥而至。此时，有两位老者用破烂衣服和蚊帐裹在身上，头戴面具，装扮成"蚂拐公"和"蚂拐婆"。一群"蚂拐仔"头戴丑角面具，手持棍棒，沿着人们让出的过道护送"蚂拐公"和"蚂拐婆"走进人群。其余人均不得踏入该过道一步。"蚂拐公"和"蚂拐婆"绕着本屯巡游一周后便离开，留下"蚂拐仔"维持秩序。此后，有"卖药郎""渔翁"和"算命先生"等角色来到过道上，手拿道具即兴表演带有祈福性质的节目，以期免除灾难，祝福新年一切顺利。接下来一对男女角色来到过道上合唱赶鬼歌。化装表演至此结束。

对歌。主持者宣布歌唱规则后，要与另一人合唱开场歌。接着，蚂拐歌会便宣告开始。十至二十对歌手分男女面对面对唱山歌。山歌的内容很广泛，上到天文，下到地理，还有历史和风俗，以及生产生活，都有涉及，但多数内容都与男女情爱有关。对歌一直持续到天亮，双方约定下次歌会接着对才算结束。整个蚂拐歌会到此结束。举行蚂拐歌会的时候，村村寨寨都能听到响亮的铜鼓声，无论是壮、汉，还是苗、瑶，各个民族都可以参加这个盛会。外族人到了壮寨后，会受到主人的热情款待，即使素昧平生，户主也会与之分享蚂拐节的吉祥与欢乐。这种热情好客的品格，促进了不同民族之间的相互了解，有助于民族团结。因此，蚂拐节的社会意义不止于信仰或娱乐属性。

整个仪式过程表明，蚂拐节是将人类的葬礼置换成蚂拐的葬礼。蚂拐葬礼中所用到的蚂拐坟墓边的幡旗、竹筒做的蚂拐棺材、蚂拐"喊魂"的仪式和祭品等都是人类葬礼的翻版。蚂拐节上，活动现场、蚂拐亭和蚂拐坟边都插满了蚂蚂拐旗，烘托了凝重而庄严的仪式氛围。一般情况下，村屯里的大部分人都会手拿一面旗子，加入到蚂拐的送葬队伍中为蚂拐助威，驱赶路上出现的鬼怪，以免蚂拐的供品被它们抢走。

此外，蚂拐节中也有占卜活动。人们以蚂拐的尸骨为占卜工具。蚂拐公凭借其色泽预判农业收成情况。如果蚂拐骨骸呈现为黄色，预示着来年将会是一个好年岁；如果呈现为白色，预示着棉花收成好；呈现为花色，则预示着六畜兴旺；呈现黑色，则预示着雨水过多，泛滥成灾。以上颜色的象征意义都来自于现实，黄色是成熟的稻谷的颜色，所以象征丰收；白色是棉花的颜色，所以象征棉花收成好；黑色象征着倾盆大雨，所以预示着有洪灾。

蚂拐节还包含了很多标志性的壮族文化，如壮族服饰、蚂拐节必备食品五色糯米饭、红鸡蛋、唱山歌、敲铜鼓、跳师公舞等。这些标志性的壮族文化都是壮族人民生产生活的反映，成为壮族文化的底色。

蚂拐节是红水河流域规模最大、影响力最广泛的壮族传统节日，折射出壮族人民强大的文化创造力。此外，蚂拐节歌会也对其他民族的人开放，无论是哪个民族均可参与进来，并且会得到壮族人民的热烈欢迎。因此，这无疑是一个民族团结的节日盛会，其影响潜移默化、深远且巨大。

由于秋收之后的田地已经闲置，所以壮族人民一般把举行蚂拐节的地点选在田野里。有的村屯在选择蚂拐节地点的时候会有意靠近蚂拐亭，如那地村和丹炉屯。如果有政府的资助，田地的主人还可获得一笔补偿金，作为对田地的踩踏所造成的土地损害的赔偿。可见，壮族蚂拐节已经成为一张文化名片，受到了当地政府的极大重视。

目前，仍有不少老一辈人怀有对青蛙的崇敬之情。在一些壮族地区仍然有避开蚂拐绕道而行、禁止杀蚂拐和吃蚂拐的习俗。壮族人民持有万物有灵的信仰，所有自然存在物，不仅仅是蚂拐，还有周围的山峦、河流、牛羊等都具有自己的灵魂，和人类的生存有着某种内在的联系，应该得到人们的保护和尊重。除了作为一种信仰与情感的表达方式外，蚂拐节其实也是壮族人民朴素的生态观的体现，即人类的发展以周围环境中所有生物和自然物的自在发展为前提，人类的发展不能以牺牲环境为代价。正因为蚂拐节蕴含着壮族人民与自然和谐共处的生态伦理观念，所以一直以来它起到了保护当地生态环境、促进人与自然和谐发展的正向作用。

五、瑶族盘王节

农历十月十六是瑶家人纪念始祖盘王、还愿于盘王的群体性传统民俗活动，是集古歌、舞、乐为一体的告祭仪式。瑶族人民在当天举行仪式纪念始祖盘瓠和庆祝丰收。广西瑶族地区盘王节活动十分盛行，主要流传于贺州市下辖的八步区、平桂区、钟山县、昭平县、富川瑶族自治县等区域。

2006年5月20日，瑶族盘王节经国务院批准，被列入第一批国家级非物质文化遗产名录，保护单位是广西壮族自治区贺州市群众艺术馆。国家级非物质文化遗产项目代表性传承人为赵有福。

历史上瑶民因受到封建统治阶级的压迫，被迫不断迁徙。他们"钻山唯恐不深，入林唯恐不密"，在荒山野岭刀耕火种，与自然博弈，食尽一山又迁徙，被史学界的专家学者称为"东方吉卜赛人"。曾经沧海，春种冬藏，无论他们迁徙多远，到达何处，在每年的农历十月十六日盘王节这个日子，天下各地的瑶族儿女都会穿上盛装，共同聚在一起吹着长唢呐，唱着歌，跳着长鼓舞，欢度瑶族盘王节。盘王节又被称为还盘王愿、跳盘王，是瑶胞祭祀祖先的节日，在当天除了祭祀祖先，瑶族同胞更要酬谢盘王，感谢盘王赐予五谷杂粮，赐予树木竹林，给了他们一年的衣食居所，给了他们风调雨顺的丰收年成。

广西规模较大的跳盘王主要集中于广西大瑶山一带，这里瑶族人口多且居住较稠密，民俗文化活动也非常丰富多彩，盘王节是众多活动之一。盘王节历史悠久，源远流长，迄今已有一千七百多年历史。瑶族儿女共同庆贺盘王节集中反映了瑶族的历史传统和瑶族人民的心理感情，是瑶族民俗文化艺术的精华。

瑶族欢度盘王节并以歌舞祭祀盘瓠的习俗在史籍中多有记载。最早在晋代干宝《搜神记》以及瑶族藏本《过山榜》中就有瑶族先民"祭盘瓠"的记述。其中，在瑶族地区世代流传的《评皇券牒》中记载："秋冬祭拜盘王，伊十二姓子孙，摇动长鼓，吹笛笙歌，引出大男小女，托手把臂，身着花衣花裙，惊天动地，歌唱不绝。"除此之外，唐代诗人刘禹锡贬官广东连州时所著的《蛮子歌》中也提到瑶族人民"时节祀盘瓠"。朱祥也在《江华县乡土调查笔记》里记载瑶族阴历十月十六日的隆重祭典。上述史料记载均集中体现了瑶族盘王节具有悠久的历史和深厚的文化积淀。

在瑶族民间流传着许多瑶族盘王节的起源传说。《十月十六调盘王》里记载：

很久以前瑶胞乘船漂洋过海，海上突然狂风大浪，使得船不得靠岸，在海中飘了七七四十九天，眼看就要船毁人亡时，有人在船头祈求始祖盘王保佑子孙平安，许下大愿。许过愿后，神奇的是突然风平浪静了，瑶民的船很快就靠了岸，众人终于得救。这天刚好是农历十月十六日，恰好又是始祖盘王的生日。于是上了岸的瑶民就砍树制木碓，再用木杵把蒸熟后的糯米舂成糍粑供奉给盘王，并唱歌、跳舞、奏乐来还愿盘王，此后瑶民就把这一天定为"盘王节"。

另有一则传说故事是说：

盘瓠取下高王首级，平王许诺他与三公主结婚，公主先后生了六男六女，盘瓠也成了盘王，传下了瑶家十二姓。盘瓠对儿女们的教育很认真，虽身居王宫，还是让儿女学打猎和耕织，锻炼一身谋生本领。但是好景不长，有一天盘瓠上山打猎，遇见一群山羊，山羊拼命逃生，盘瓠用力地追赶后被山羊顶撞，被犄角撬翻下崖，不慎摔在半崖的一棵大树上丧了命。当日落西山时儿子们提着猎物返回却不见父亲回来，便四处去寻找。听到树上鸟儿啼叫，抬头观看才发觉那树上挂着父亲的尸体。儿子们悲痛地砍下大树，将父亲尸体抬回家。儿女们为解心头之恨，决定把老奸巨猾的山羊剥皮制成鼓，用黄泥浆糊上，狠狠地敲它，重重地捶它，让他们的父亲在黄泉之下、在九天之上都能听得到，以示敬意。公主背起大鼓，儿子们拿起长鼓，边敲边舞，女儿们拿着揩泪的手帕，悲伤地边哭边唱，共同追悼父王盘瓠。从此，祭盘王仪式代代流传。瑶族儿女适逢年节，秋收或者驱魔赶邪时都要打黄泥鼓，唱盘王歌，深切怀念始祖盘王。

瑶族盘王节有单家独户举行，有全村人共同举行，也有宗族人一起举办，或是熟悉的朋友一起集资举办。其实不管以哪种形式举办，规模大都十分隆重。在盘王节筹备期间，瑶族人民都会提前准备鸡鸭鱼肉等祭品，到了盛会当天，瑶族男女老少穿上节日盛装汇集一起，摆下丰盛的宴席，宴请四面八方的亲戚朋友。在广西，各地瑶族过盘王节的时间不一致，节期一般为三天两夜，也有的长达七天七夜，但是时间都会定在秋收后至春节前举行，分定期和不定期两种。这样不定期的举行形式直到1984年8月，来自全国各地的瑶族代表汇集于广西南宁，大家商讨后一致赞成以"勉"族系的祭祀节日"还盘王愿"为基础，加上其他娱乐活动发展成为瑶族统一的节日——盘王节，并将节日定为每年的农历十月十六日，即盘王诞生的日子举行。

时至今日，瑶族盘王节仍以祭盘王为中心，有相对固定的程序，仪式主要分两大部分进行，融合了道教文化和民间信仰。第一部分的祭盘王仪式由4名正师公主持，即还愿师、祭兵师、赏兵师、五谷师，这四位师公每人还配备1名助手，操持祭盘王仪式的共8人。此外，仪式主要人员还有4名歌娘歌师、6名童男童女、1名长鼓艺人和唢呐乐队。敬盘王就是敬奉盘王，在举办节日时设置祭坛，悬挂诸神像，正中为盘王像，左右是真武、功曹、田公、地母等神像。人们面对神像，低头默祷以示怀念和敬仰。祭祀开始，鸣火枪三响，接着鞭炮齐鸣。在鞭炮声中族老、寨老在神像前供奉猪头、糯米粑、鸡肉、酒等祭品。期间炮声隆隆，歌声悦耳，师公们在神台边许下"愿头"，接着请圣、排鬼、上光、招禾、还三愿、谢圣。"招禾"即接五谷神，祭五谷农神是为了祈求五谷丰收，并引禾归山，祭五谷兵马。师公模仿瑶族图腾中盘瓠降福的场景，祈求来年风调雨顺，五谷丰收。紧接着是"还三愿"仪式，最后师公们翻看经书、摇着圣铃"谢圣送圣"，即送走神后把神像画和大道桥撤下。整个仪式持续两个晚上以上，期间唢呐乐队全程伴奏。

第二部分是请神、娱神和娱人，即瑶族祖先与族人一起"流乐"。流乐仪式一般要举行一天一夜，分为前后两段。第一段主要是请三庙，即福江大庙供奉唐王，连州大庙供奉盘王，行平大庙供奉十二游师。再到摆歌堂，即摆大猪，供长鼓，请瑶族各路祖先神参加盘王节的各种文艺娱乐活动。第二段为"挂红罗花帐"仪式，还有"摆洪沙大席"仪式（又称老鼠干筵）来专门宴请盘王，以及由主持仪式的四位师公、家主、童男、歌娘一起吟唱《盘王大歌》。众人们边吃饭边吟唱《盘王大歌》是盘王节中最重要的仪式。《盘王大歌》又称《盘王大歌书》《盘王歌》《还愿歌》《鼠干歌》，表现了瑶族的神话传说、生产生活、社会历史、政治经济和民族艺术等重要内容。《盘王大歌》内容广泛庞杂、篇幅甚大，主要是以诗叙述瑶族迁徙的过程、盘王的事迹、神话故事、社会生活等内容，格式为七字句式，曲律古雅而浑厚。为了使始祖高兴，在祭祀盘王时，师公每唱一轮，都要往盘王碗里夹菜，意味着盘王与我们同在。同时，瑶族民众也会在盘王像前唱史诗古歌《盘王歌》，这既是一种族内传承，也生动地反映了瑶族人的原始信仰。《盘王歌》是因祭祀盘王的仪式而产生发展的古歌，世世代代伴随着瑶家儿女，并在流传过程中由不同时代、不同地区的师公及民间艺人源源不断地输入一些新的内容进来，如《梁山伯》《彭祖歌》《夜黄昏》《石崇富贵》等是超越瑶族信仰的其他地区流传的世俗爱情内容。总体而言，《盘王歌》可以说是瑶歌的"集大成"，或者说瑶族的"民族知识总汇"。

此外，在盘王节上还有"跳盘王"、吃"盘王宴"的习俗。跳盘王是瑶族人民的古老习俗，古时是盘王节上必须表演的一种传统舞蹈，也是只有在盘王节才能跳的舞蹈，距今已有上千年的历史，是人们载歌载舞感谢盘王庇佑子孙后代的一种形式。盘王舞以锣鼓伴奏，舞步动作来源于瑶族游耕生活，如忽而上跳、忽而下蹲、忽而左转、忽而右旋等动作再现了瑶族先民开荒播种、耕种狩猎等画面。舞蹈内容丰富多样，形式较多，可分为"盘王舞""兵将舞""三元舞""刀舞"等，在舞蹈过程中时而有男女伴唱。其中以"盘王舞"最具特色，伴着节奏复杂多变的长鼓声，舞者动作粗犷大方，时而翻腾，时而旋转，时而跳跃，真实再现了瑶族先祖生活场景，令人眼前一亮。如今，跳盘王舞不再局限于盘王节，瑶族青年男女结婚时也跳盘王舞，目的是为了求盘王保佑夫妻和谐，恩爱相处。新婚夫妻邀请寨内男女一起站成一圈，在师公的带领下，由女的拿镲男的拿钹，集体面朝圆心，一前一后地跳，每跳一步，镲和钹都要敲响一声，舞蹈动作随着节奏的变化而变化。舞蹈完毕后，夫妻双双跪拜师公，表示感谢。

时至今日，在瑶族地区过盘王节仍跳《盘王舞》《铜铃舞》《出兵收兵舞》《约标舞》《祭兵舞》《捉龟舞》等。并且除了举行祭祀盘王仪式、唱盘王歌、跳盘王舞外，有些瑶族地区额外丰富了盘王节内容。盘王宴是瑶族宴席的最高形式与隆重礼仪，通常用于接亲嫁女、打幡拜王或是村寨联谊等活动。宴会场上能看到一张张桌子排在一起，排成几十米，规模大的上百米甚至几百米，主家邀请亲朋好友一起入席，相对而坐，把酒言欢。此外还会举办跳花棍、放花炮、唱情歌等一系列青年男女喜爱的活动。

瑶族盘王节，一个植根于高山密林的民族节日，是一次瑶族文化的欢庆盛典，是一回久违而本真的民族狂欢，是一席供奉于天地间的民俗盛宴。如今，在贺州博物馆仍存放着贺州市八步区沙田镇收集的土瑶古画《过山牒》，古牒文生动描绘了瑶族先民用歌舞祭盘瓠欢度盘王节的场面。经时代的洗礼，时至今日盘王节演变为娱神、怡祖、娱人兼有的集瑶族传统文化之大成的民族民间节日。各民族相聚于盘王节庆祝丰收，青年男女则借此机会以歌传情、寻觅佳偶。瑶族盘王节也成了增强民族向心力、维系民族团结的人文盛典。

六、瑶族服饰

瑶族服饰内涵丰富，其不仅是瑶族人民头饰、服饰、装饰品等外在物质形式，更具有深厚的文化符号功能。瑶族服饰主要流布在瑶族地区，服饰样式除绚丽多姿这些鲜明的外在特征外，更是千百年来瑶家儿女所形成的瑶族文化艺术中的重要组成部分，集中体现瑶族这一族群在特定社会文化结构下的民族生活习俗和审美理念，是瑶族文明进步及瑶族历史文化的物质表现形式。

2006年5月20日，瑶族服饰（南丹县、贺州市）经国务院批准，被列入第一批国家级非物质文化遗产名录，保护单位分别为广西壮族自治区南丹县非物质文化遗产保护传承中心和贺州市群众艺术馆；2014年11月11日，瑶族服饰（龙胜各族自治县）经国务院批准，被列入第四批国家级非物质文化遗产名录，保护单位是广西壮族自治区龙胜各族自治县文化馆。国家级非物质文化遗产项目瑶族服饰代表性传承人为何金秀（南丹县）、潘继凤（龙胜各族自治县）。

瑶族是一个古老而拥有灿烂文明的民族，其服饰文化也由来已久。民间文献中记载瑶族先民曾是秦汉时长沙武陵蛮，即东汉少数民族的一部分，或源于"五溪蛮"。公元三世纪，瑶族先民们主要生活在湖南北部，到了公元五至六世纪时集体向北迁徙，而公元十三至十七世纪又被迫南迁至岭南地区，广东和广西成为迁徙瑶民的主要居住地。后来这一部分瑶族人又从两广地区分别迁入贵州和云南的南部山区，安定下来后各立山头，形成了自称勉、门、敏等63种、他称有390种的支系，如盘瑶、蓝靛瑶、红头瑶等。新中国成立后，统称瑶族。

瑶族服饰具有统一性，但在数百年的迁徙过程中又形成了自己的相对独立性。历史文献《搜神记》和《文献通考》记载瑶人"织绩木皮，染以草实。好五色衣服，裁制皆有尾形""衣刺绣、亦古雅"，其服饰千姿百态，艳丽可人。据《隋书·地理志》所载，瑶人"承盘瓠之后，故服章多用斑布为饰"。汉代瑶民就有好五色衣裳的习俗，到了明代瑶族织锦已极其精美，当时瑶族的贵族服饰锦缎质地纯良，做工考究，刺绣华美。直到近代，瑶族服饰仍顽强地保留着这些独特的风格。

因族系不同，其服饰的颜色、裤子的式样、头饰的装扮都有不同。据不完全统计，瑶族服装的款式有100余种，头饰、腰带等装饰也不下100余种，在中国少数民族服饰文化中具有重要的地位和独特的价值。目前，入选国家级非物质文化遗产名录的瑶族服饰仅有南丹县、贺州市以及龙胜各族自治县这三个地区的瑶族服饰。但就其整体而言，瑶族服饰文化遵循"天人合一"的理念，无论哪个支系的瑶族服饰，均为瑶族人民与自然环境和谐共生的产物，其中刺、绣、镶、染等服饰制作技巧，以物质形态成为瑶族的文化符号，从多维度解释瑶族人民的生活情趣和文化观念。

瑶族服饰由质、形、饰、色、画五个基本要素构成，涉及衣着、腰带、发式及其他各种装束。质是质感，即服装布料的质量性质；形是款式，即服饰的样式形态；饰是配饰，即服饰搭配佩带的饰品；色是配色，即服装的色彩；画是花纹，即服饰的花纹图案以及人体身上的文面、文身等图案。五个要素相辅相成，相互作用，互为因果，融入在瑶族人民的服饰观念中，并在不同时期因审美观念的变化而发生改变。

瑶家女子精于织染刺绣，服饰亦多种多样。瑶族人民娴熟的蓝靛印染技术有蜡染、针线折染两种方式。蜡染即用瑶族地区独特的粘膏在土布上刻画再浸泡在蓝靛染缸中染色，针线折染则是用针线捆扎好，放入染缸中染织。瑶族女子制作的"瑶斑布"驰名中外。刺绣是瑶族妇女必备的一门手艺，在瑶族地区是必备的一项重要技能，也是一个妇女是否能干的重要依据。大瑶山的女孩们从小耳濡目染，在母亲跟前看纺织，七八岁时母亲就开始教习刺绣。首先会学挑花，即在头巾、衣领、围裙、裤脚边、鞋面、童帽、帐帘等小面积的布料上挑上美丽的花纹，挑花图案线色奇丽，色彩体现瑶族地区的地方特色。之后孩童再慢慢学习刺绣等复杂的技术，瑶族刺绣讲究工艺细致，图案多样不能出错，整体纹路要协调。

广西瑶族在服饰文化方面一直保持本民族传统特色，不同支系的服饰有所不同，每一支系都独具特色。男女服饰泾渭分明，一般说来，男子服饰简单朴素，女子服饰斑斓华丽。如红头瑶女子喜用红穗缠头，顶一方挑绣几何纹头帕，身穿滚边衣襟的对襟交领长衣，上衣袖口镶饰布条，下着短裤加上绑腿。大瑶山花篮瑶女子则是用青、白布帕包头，穿对襟交领式长衣，衣服两侧开衩，并在领襟、衣摆、袖子上施以红色绣饰，下身穿着青布短裤，再配以有民族图案的织锦绑腿，穿着传统的木屐鞋，颈部佩带银圈等饰物。常见的瑶族男子服装为身着对襟、左大襟短衣或长衫，腰间束带，裤子因季节不同分为冬长和夏短，大多数瑶族男士服饰色调以蓝色为主。但南丹白裤瑶服饰有所不同，其保留着一定的图腾或信仰含义。服饰图案以鸡仔花为主要纹饰，这一自然图腾体现出白裤瑶对鸡的崇拜。南丹白裤瑶男子蓄发盘头，包以蓝黑色头巾，穿蓝黑色无扣交领衣，下身较为特殊，穿着白色灯笼裤，宽臀紧腿，小腿扎绑带。这套装束为白裤瑶男子的节日装，从整体来看，男子身着的服装像只雄鸡一样，这衣尾高高撅起，像是鸡的尾巴，衣服两侧外翼像是鸡的翅膀。其中白裤的膝部绣有五条红色花纹，这一花纹相传这是瑶王与外族战争时留下的血手印，白裤瑶人民将其绣在衣上以示纪念瑶王，这五条血手印也是他们氏族图腾的标志。

头饰是服饰的一个重要组成部分，瑶族的头饰千姿百态极为丰富。光是样式就有宝塔式、凤头式、飞檐式、平顶式、圆筒式、帆船式等等。其中宝塔式是广西贺州瑶族地区较为常见的头饰，形制高一尺，分别用十几块不同颜色的布折叠而成，并串上丝线和五色珠子作装饰。凤头式常见于广西临桂县宛田瑶寨，头饰主体是木制帽，帽子框架分上下两个部分，底部是用圆木挖成瓜皮帽的形状，其上支着一根支杆，支杆上安上冠状的雕刻板并覆盖绣花帕，在绣花帕的后沿垂着若干股红黑色棉线直至后腰，形似凤尾。飞檐式的头饰是广西金秀瑶山拉珈瑶特有的风姿，其样式是三块月牙形的银牌置于头巾上，后方挂着一块洁白的手帕。平顶式头饰是广西金秀瑶山勉瑶妇女的头饰，以绣花带围成帽形于正前方交叉，再以四方形的绣花帕覆于其上，并在绣花帕的左右和后部均用彩色丝线吊着彩珠作为装饰品。圆筒式的头饰流行于广西贺州土瑶地区，是用纸壳卷成圆筒，用一层红、黄色纸裱在外面后涂上清漆，打磨光滑，再用毛巾或彩色丝线装饰，风格独特，古色古香。

同时，头饰也是区分年龄的一个重要标志。如帆船式的头饰是已婚妇女所戴的一种三角形高帽，未婚女子不可随意佩戴，帽子的制作过程是用猪油与蜂蜡把头发黏结在一起，再以白布包裹后覆上一条青蓝色的绣花巾。此外，在广西大瑶山花篮瑶地区，人们也将头饰作为区分姑娘是否成熟的标志。一般未成年的少女不戴帽子，多留长发编辫子。少女到待嫁的年纪后就要戴上帽子，已婚后又要戴上属于已婚女性的帽子，帽子用银夹固定在头上，再用黑白两块帕子缠绕稳固。

瑶族服饰各个组成部分丰富多彩、独具特色。整体而言，瑶族服饰自古以来便是五彩斑斓、绚丽多姿，衣着构成均朴素大方且又多样化。服装的主体不变，都是以传统的染织布料为基础，但配饰以及款式的形、色、光、声，会因地域不同而不相同，风格多样。瑶族妇女精于刺绣及织染，使瑶族服饰散发出独特的民族魅力，形成多元一体的服饰艺术，成为瑶族文化与精神的一种物质形式。瑶族人民将民俗风情、原始信仰、精神崇拜、审美观念、工艺技能等文化传统浓缩汇集于服饰之中，使服饰艺术具有鲜明的特点。

在实用价值方面，瑶族服饰实用性与审美性有机统一。它既是瑶族地区生活中的实用品，又是摆放在博物馆中的工艺美术品。一直以来，瑶族妇女在制作服饰的过程中精益求精，不仅追求实用性，而且关注审美性。瑶族妇女爱美，对美的追求体现在满襟绣花，她们在衣裙、围腰、头帕等处绣花、鸟、蝴蝶等自然纹，绣得栩栩如生、呼之欲出，再配上耳环、项圈、手镯、戒指等银饰，脚上搭上一双精美的绣花鞋。这一袭盛装看起来银光闪闪、花团锦簇、胜过天仙、精细别致和富有民族性，在制作上需要半年到一年时间，有时因为较为复杂的工序和季节性的材料，甚至要花上数年的时间。

作为物质文化来说，瑶族服饰的财富功能也十分明显。瑶族服饰风格独特且均为手工制作，耗费的时间、人力多。如今，广西贺州一带的瑶族仍将制作和添置服饰视为增加物质财富的象征，服饰越多且越精美，就表示这家人越勤劳越富有。所以小伙子为了要吸引姑娘，有条件的会在节庆时候身着盛装，同时将数件上衣穿上，每件上衣的颜色不同，因此将衣领敞开翻出以表示自己服饰之多和家庭富有。

瑶族服饰中仍使用银饰做主要装饰。佩戴银饰是瑶族女子财富充裕的表现，女子家中若条件宽裕，都喜欢在身上佩戴金银铜等饰品，在瑶族地区尤以佩戴银饰居多。女子们常佩戴的银饰有装饰帽子的银花、耳环、串珠、颈圈、银钗、银牌、银铃、银手镯等。每逢节庆，逛集会的姑娘们全身是银饰，个个珠光宝气、富丽堂皇。广西田林一带的瑶族妇女喜欢佩戴银戒指，家中富有的人，双手除拇指外几乎每个手指都会佩戴戒指。此外在广西金秀大瑶山一带的茶山瑶佩戴的银饰以大和重为富裕的标志，茶山瑶妇女们日常会在头顶上扎三块约半斤重、两头翘的银板，以示勤劳和富有。由于银饰作为家中的重要财产，瑶家姑娘的陪嫁便是一两件银饰，若家中生活困难，哪怕卖米、卖牛换钱也不会卖银饰。银器具有光泽，民间习俗认为具有驱邪之功效，如在广西白裤瑶聚居区，家中若是有小孩体弱多病或是成人生大病，其必须戴上银手镯，在当地银镯子为"保命圈"。居住在广西金秀大瑶山的花篮瑶，凡是家中有新生的小孩，父母亲或是外公外婆便会请人用银块打制一双银手镯、一副银项圈和一个银锁头送给小孩。民间认为小孩佩戴赋有特殊寓意的银饰后便可除邪解秽，快快长大。银饰已成为瑶族男女老少的日常饰物，人们认为将其佩戴于身，既起到装饰的作用，又能辟邪驱灾。

时至今日，瑶族人民仍将服饰作为礼物馈赠给重要的人，赠服饰是瑶族生活习俗中常见而庄重的礼仪。比如参加亲友婴儿的三朝礼、满月酒或是周岁生日时，常会将服饰作为礼物送给婴儿。婴儿的外婆还会送有九个银制立体神像作顶饰的布帽，瑶寨较为富裕的人还会送金银麒麟。此外，姑娘在选定意中人后还会将自己身上服饰的某一处布条送给对方作为定情之物。

随着时代发展和社会进步，瑶族地区的原始信仰仍以各种方式存在于瑶族社会生产生活中。瑶族服饰艺术带着神秘的色彩与时代融合，成为中华民族传统文化的重要组成部分。如果说瑶族文化是一条大江大河，那么瑶族服饰文化就是其中的一条分支溪流，这条溪流代表着瑶家儿女走出瑶寨、走向世界，令外界领略、欣赏瑶族文化。外界从无声但精彩的服饰艺术中了解、熟悉瑶族悠久的历史和丰富的传统文化。

七、苗族系列坡会群

苗族系列坡会群是融水苗族自治县苗族同胞共度的民间传统娱乐节，流传于以广西融水县为核心、辐射境内周边各乡镇村屯的区域。年年春季的农历正月初三至十七，由领头聚会，届时，数万名群众集聚坡会，活动如火如荼，吹芦笙和踩堂舞共庆丰收，祈祷家庭幸福、民族团结和国泰民安。苗族儿女是参与坡会活动的主体人群，此外，生活在一起的其他民族民众也会来赶坡，他们有的参与其中，也有驻足观望，坡上人潮汹涌，场面极其壮观。

2006年5月20日，苗族系列坡会群经国务院批准，被列入第一批国家级非物质文化遗产名录，保护单位是广西壮族自治区融水苗族自治县文化馆。国家级非物质文化遗产项目苗族系列坡会群的代表性传承人为梁炳光。

据不完全统计，现如今广西融水苗族自治县境内有将近百个大大小小的系列坡会分布在各乡镇村屯。各个区域的坡会内容都基本相似，活动热闹非凡，丰富多彩，主要包括传统祭祀仪式，吹芦笙、斗马、赛马、舞龙舞狮等比赛项目，其中吹芦笙和跳踩堂舞是苗族系列坡会必不可少的主体活动。苗族坡会历史悠久，关于坡会的记载，《融水县志》中便有相关描述："位于香粉乡古龙坡，又称十六坡（每年农历正月十六）。这天，方圆数十里的男女老少身着节日盛装，在坡上赛芦笙、跳芦笙舞、赛马、斗马、斗鸟、对歌、舞狮和鸟枪射击比赛，尽兴娱乐。古龙坡地处苗区前沿，商品经济较其他地方发达，坡会同时又是物资交流会，各种土特产品和民族时兴商品较多，给坡会增添了节日气氛。"县志中描述的香粉古龙坡会就是融水苗族系列坡会中的一个代表。

坡会依据物候变化、农事实践确定时期，融水当地的苗族有这么一个风俗，即正月初一不吹芦笙不出门，初二可吹芦笙不可出村，而从初三到农历十七则是系列坡会时间。坡会娱乐期间，苗族村寨的男女老少各赴坡会，老年人有老年人的坡会，青年男女有自己的坡会。坡会活动一直持续到农历十八，之后便进入苗族农事生产阶段。此时各村寨便把坡会的主要乐器"芦笙"封存起来，直到下一个农闲时候再取出。此固定风俗习惯使融水苗族系列坡会人员和时间都大量集中，当下现存的这些坡会都有约一百至三百年间的历史。苗族系列坡会举行期间，融水苗族自治县境内的十多个乡镇村寨几乎是每天一个坡会，按照时间排列成序、接连不断，从而形成系列化的独特文化空间，即一条完整串联的坡会时间线。苗胞根据坡会举办的日期排序命名坡会，从"三坡"到"十七坡"，或在日期前加上举办的地点，如"安太乡十三坡会""香粉乡十六坡会"等。

在此起彼伏、连续不断和蔚为壮观的坡会群间，各个区域的坡会内容都基本相似。一直以来，吹芦笙和跳踩堂舞是坡会的主体活动。坡会当日，分寨而居的苗家儿女身着新装，背上锦袋，捧着芦笙在同一时段聚集在芦笙坪上，主要节俗是在芦笙柱下设坛祭祖、踩歌堂、跳芦笙舞，未婚青年男女伺机结伴交友。每一个坡会的芦笙踩堂活动少则数千人参与，多则上万人，歌声悦耳，场面宏大。

苗族系列坡会多与苗年连在一起。在苗族史上，芦笙对苗族人民而言是祖先留下来的东西，因而十分神圣，是苗胞最喜爱乐器，吹芦笙也是坡会或者苗年期间最主要的活动。芦笙由六根芦笙竹管组成，每根竹管开一个眼孔，竹管头的发音处安上铜片作簧，能吹六个音。吹芦笙时必跳芦笙舞，一是缅怀先祖，告慰神灵；二是庆祝丰收，举家欢聚。广西苗族各个村寨里都有自己的芦笙坪，各寨的芦笙坪都是固定地点，进入芦笙坪有一定的时间限制和规矩。作为先祖开辟地的纪念空间，芦笙坪神圣不可侵犯，谁都不得逾越。芦笙文化是融水苗族系列坡会文化中的重要组成部分。

在坡会上，他们还会使用自制的芦笙柱。芦笙柱是苗族吉祥的象征，柱子选取苗寨地区的杉木而作，其形制高 10 至 20 米不等，底部直径为 30 公分，尾径为 16 至 20 公分。柱的顶部雕刻鸟兽，并在离顶部 2 米多的位置装一对水牛角，下半部是一对横杆，整个柱身色彩斑斓、绘龙画凤、精美细致。关于芦笙柱的造型有一个民间传说：

> 传说很久很久以前，苗寨没有鼓，也没有人会制鼓。一天，苗大王发现天上打雷，隆隆雷声如鼓声，苗大王猜想雷公一定有鼓，于是就派许多动物上天去请鼓。寒鸡上天后把鼓从雷公那里请了回来，但是带鼓回来的途中却不小心将鼓跌进龙潭，寒鸡没有办法下水取出，于是就让水牛下龙潭去把鼓捞了上来，为了感谢寒鸡求鼓和水牛捞鼓的功劳，苗人便把它们的形象加在芦笙柱上，芦笙柱最下端便是一个鼓的形状。

此外，每逢坡会，便会祭祀鸡和牛，鸡和牛也成了苗族人民图腾崇拜中的动物形象。

当地习惯将芦笙踩堂的形式称为"一堂芦笙"，包括特大芦笙、大芦笙、中芦笙、小芦笙在内的所有芦笙，也指正在进行芦笙踩堂的动态形式以及吹芦笙的场地。此外芦笙坪上还有大小芒筒、鼓、锣、大钹、小钹等乐器，其中锣鼓乐器的作用在于召唤村民们过来集中进行芦笙踩堂活动。在融水苗族地区，只要有芦笙的屯都会有芦笙队及吹芦笙高手。坡会上，芦笙队伍先入场奏响芦笙曲，有迎宾曲、送客曲、借路曲、欢庆曲等多种曲目，芦笙队伍规模的大小反映在芦笙数量上，芦笙的数量又取决于该屯人数的多寡，上百把芦笙一响，声音浑厚嘹亮，震地动天。

组织芦笙踩堂活动的人快节奏地敲锣打鼓，将寨子及附近的人召齐在坡会上，组织者开始放鞭炮，鞭炮一响，意味着活动的开始。届时，三堂芦笙同时吹响，古朴悠扬乐声下，男女青年身着华丽衣裳登场，一男一女成对地入场，这些盛装出场的少男少女们围着芦笙柱，在芦笙音乐下有节奏地绕圈走，在队伍绕芦笙柱几圈后，踩堂就开始了。芦笙与踩堂是一体的，踩堂就是踩芦笙堂的意思。融水苗族系列坡会上，男子吹笙，女子跳踩堂舞。传统的女子踩堂是男女交友的一种方式。女子身着盛装展示自己的服装和银饰，展现自己的美貌和活力，跟随着芦笙和芒筒共同吹奏的踩堂曲节奏，围绕芦笙柱一圈圈地小步伐走动，时而伴随一些幅度很小的舞步，芦笙坪上腼腆娇羞的待嫁姑娘通过踩堂这种方式展示自己，吸引未婚男子的目光。

芦笙表演完后，马主在阵阵欢呼下牵出马，苗族系列坡会上必有斗马。斗马紧张刺激，两马一组，激烈惊险，是男人们的竞技场。关于斗马的起源很是有趣。

> 相传五百年前，有一位苗族部落首领老来得女，女儿漂亮聪慧，当到了适婚年龄时，首领想为女儿招婿，于是招来了无数求婚者，来者都是各有千秋，父母取舍难定，于是交由女儿定夺。姑娘心生一计，想出了在坡会中以斗马比赛来决胜负的好主意。经轮番淘汰，斗马最终决出名次，她就将自己嫁给获胜者"白马王子"。

首领女儿崇尚的斗马精神，也是很多苗族女性所敬仰的。随着时间的推移，斗马就成了苗族青年男女互定终身的风俗活动，并世代延续下去。

如今的坡会斗马成为融水县独特的风俗。这项民俗活动已有约二百年历史，斗马文化不仅历史悠久，而且世代相传，盛行不衰。在斗马活动最兴盛时期，融水全县共有斗马约5000匹。斗马是由专人喂养且专用于斗马比赛而训练的，所以人们从不将斗马比赛所使用的马匹用于运输或劳作。越是临近斗马比赛，主人家就用拌以黄豆粉、碎米、甜酒等蛋白质、激素含量较高的食物给马食用，使马变得更加膘肥体壮、生性冲动。融水在申报国家级非物质文化遗产"苗族系列坡会群"的申报书中就有坡会斗马习俗的详细记录。据苗族民间传说，相传多年前融水就有斗马的习俗，斗马场地一般选择在田垌、河滩等开阔地方。斗马是坡会最激情热闹的环节之一，伴随着笙歌震天、花炮齐鸣，精神抖擞的苗胞牵着各自的壮马，从四面八方云集斗马场。苗族斗马共有"选斗""耍威""相马""厮斗"四个步骤。首先"选斗"就是由几个寨子有经验的人去物色斗马对象，之后被选中的马由马主牵到场上"耍威"，绕场一周与观众见面。接下来让裁判牵一匹俊美的母马进场与两匹公马"相马"。片刻将母马牵下场，两位马主松开缰绳，两匹公马立即为赢得母马青睐而"厮斗"起来。

斗马规则是由两匹公马相斗，每次只斗一对，以胜败场次多少论排名。在斗马场上的匹匹公马高昂头颅，气势威武，看见其他马便激起好斗的性子，踏动四蹄，前蹄腾空，急切求战。斗马场分有歇马场和决斗场，马主抽签分组排列次序后，主持人宣布斗马开始，首签的两个马主把马从歇马场中牵进决斗场。进入决斗场的马看到对方马便杀红了眼，马主一松脱缰绳双方便凶猛地扑向对方，经过轮番决斗，获胜的马仰天长啸，感觉十分过瘾。但有时也有实力不相当的两匹马抽签抽到了一起，马儿在不愿相斗的时候裁判便把母马牵往两匹公马中间，而这时的公马为了夺取母马便又互咬互踢起来。场外的群众，随着两马争斗而欢呼呐喊，为自己支持的马匹助威。在苗族地区，坡会斗马已是苗族民俗节日中的体育比赛项目，有专门的裁判给马儿评出名次，披红挂彩。马主领着马登台领奖，威风凛凛地牵着战马绕场一周。如果马主是未婚的小伙子，还会成为大家心目中的英雄，受到苗家少女的青睐。苗族芦笙斗马已逐渐演变成了集观赏、娱乐和体育为一体的传统民俗节庆文化活动。时至今日，苗族坡会仍延续着斗马活动，吸引各族同胞参与。坡会成为了促进民族交流，增强民族团结和友谊的重要平台。

入夜，寨中戏台上，精彩的地方小戏吸引寨里寨外的人驻足观看。山坡上，苗家儿女相邀结伴，对唱情歌。白日被相中的姑娘家火塘边坐满了前来"坐妹"的后生小伙，青年们对姑娘悄悄地唱起情歌，夜深时其他人便自动离去，留下那位被姑娘看中的后生继续与姑娘唱歌谈情，通宵达旦第二天才离去。在白天坡会中结下情谊的村寨，过后也会相互邀约，请对方全村寨的人串寨交流。

当下，融水苗族系列坡会群每年仍在持续举办，安太乡元宝"忍整呆"坡会、安太乡十三坡会、香粉乡十六坡会等大型坡会仍存在。现如今，像苗族系列坡会群这样保存完好的民俗节日已十分难得，它不仅仅是一个歌、舞、乐的聚会活动，还体现了浓厚的人文情怀和民族情感。苗民们在互相赶坡中除了烧香祭祀外，还能在舞龙舞狮、芦笙踩堂、斗马斗鸟等娱乐活动中施展才华，与相中的青年男女谈情说爱，与好久不见的朋友叙旧，与同胞互通信息、交流技术、交易商贸等。随着各民族的交往交流，苗族系列坡会群流布广泛，向外界展现出这个地区人民的生产生活特征、风俗习惯和民族审美情趣，它凝聚了民族思想情感，增强了民族文化认同感。

八、仫佬族依饭节

仫佬族主要分布在广西河池罗城仫佬族自治县东门、四把、桥头、下里等乡镇，还有少部分仫佬族人口分布在罗城县的周边县市。依饭节也称"敬依饭公爷"或"喜乐愿"，是仫佬族独有的、最为隆重的传统节日。依饭节实为仫佬族向祖先还愿的大型文化事项，具有敬祖和祈福的功能。

2006年5月20日，国务院批准仫佬族依饭节列入第一批国家级非物质文化遗产名录，广西壮族自治区罗城仫佬族自治县文化馆为其保护单位，谢忠厚为国家级非物质文化遗产项目仫佬族依饭节的代表性传承人。

仫佬族是古骆越人的后裔，具有悠久的民族发展史。作为百越族群的一个支系，仫佬族的先民早在三千年前就活跃在我国岭南地区辽阔的土地上。现在的仫佬族有90%以上都聚居在广西罗城仫佬族自治县，因此该县获得了"仫佬山乡"的美誉。仫佬族人世世代代生活在这片土地上，在不断繁衍生息的过程中，他们形成了独特的民俗文化和节庆文化，其中以依饭节最具特色，最为隆重，是仫佬族的民间文化的代表。大型的依饭节庆典每三年要举行一次，小型的依饭节庆典则每年举行一次。

同为百越族群繁衍而来的民族，仫佬族与壮侗语族的壮、毛南等其他民族具有共同的文化渊源。仫佬族自古以来就具有多神信仰，依信仰而存在的节日较多。一年中十个月都有节日，只有十月、十一月除外。仫佬族是一个稻作民族，农业为其主要的生计手段，尤其以水稻栽培而闻名。为了感恩神灵保佑自己五谷丰登，也为了祈求来年风调雨顺，仫佬族每年秋收后都要在农闲时间祭祖敬天。随着历史的发展，这些祭祀仪式逐渐程式化为固定的岁时庆典，最终形成了独具特色的仫佬族依饭节。

据传，在古骆越族群分化为"伶""姆佬"等支系的时候，仫佬族依饭节就已经萌芽，其发展史至少有五百多年。由于仫佬族历史鲜见于文献记载，依饭节的确切起源已无据可查，但其丰富的民间文化资源为我们提供了不少线索，从神话传说等口头文学以及碑刻铭文等民间史料中也可寻得一些蛛丝马迹。例如，在罗城仫佬族自治县的大梧村就有一块谢姓石碑，其碑文曰："历代以来，敬有'依饭公爷'，每逢辰、戌、丑、未之年，轮四房族头，买办依饭节牲头，至依饭年要各房头人办齐牲头，勿得有误。"过去，关于依饭节的神话传说也多有流传，不过在如今的仫佬族聚居区已几近失传，或流变成为歌颂祖先功德的民间故事，或仪式化为还祖先愿的节日。

有多种民间传说提到了依饭节的起源，其中在民间传播范围最广、且最广为接受的有两种。其一，纪念白马姑娘。

> 据说古时候，仫佬山乡群兽为害，特别是兽王——神狮，凶猛异常，伤人畜，毁庄稼。正当仫佬人陷入困境时，来了一位白马姑娘，她力大无比，射死了神狮，解救了万民，并从狮口中夺回谷种送给人们，又用芋头、红薯做成黄牛、水牛为人们犁田耕地，教仫佬后生习武灭兽。从此，仫佬山乡风调雨顺，五谷丰登。为纪念白马姑娘的功绩，每逢闰年立冬日，人们便以"峒"（仫佬族以血缘聚居，同姓为一家族，族内分"峒"）为单位，集资轮流主持聚会，相沿成习，于是形成依饭节。这一天，仫佬族人要在公共祠堂前搭起彩门，摆上供品，表演持碗舞、持香舞等舞蹈。它表达了仫佬族人民祈求风调雨顺、国泰民安的期望。

其二，依饭节是从纪念仫佬族英雄罗义和罗英父女俩的功德演化而来的。

> 传说罗义、罗英父女俩能射狮驯牛，又会垦荒忡地，使仫佬族人丰衣足食。为了纪念他们的功绩，村村寨寨聚会敲锣、打鼓、唱歌。

久而久之，就演化为还祖先愿的节日。如今人们还在节日里唱歌、跳舞、舞狮、舞龙、唱彩调，热闹的笑声回荡在寨子中。青年们更是高兴，他们到野外"走坡"。"走坡"是青年男女的社交活动。他们在山脚边、坡上、路旁，互相以歌对答。小伙子先唱"邀请歌"，姑娘杆愿意与之交流，则唱歌表示答应，至两情相依时，则唱定情歌。悠扬的歌声交织着青年们新的向往，给古老的依饭节增添了新的活力。

从史料和传说得知，依饭节历史悠久，文化底蕴深厚。仫佬人借丰收的喜悦办依饭节以感谢诸神对他们的保佑。虽然有的地方四五年举办一次，但多数地方已经约定俗成，三年一大庆，一年一小庆。具体举办日期为立冬之日，或立冬之后，均为农闲之时。节庆活动的组织方式一般以宗族大姓为单位，或以村屯、寨、峒为单位组织集体参加。

仫佬族多喜欢60户以上同姓簇居，同一宗族在此基础上形成村落。各宗族不一定有族长，但都要设置"冬"的社会组织。"冬"为宗族的下一级民间分支组织。由民众推举60岁以上、干练而又有组织协调能力的人当选为"冬头"。规模较大的"冬"都建有宗族祠堂作为公共活动场所。"冬"再细分为五个左右的"房"。同样需要推举诚实能干者为"房长"，主要负责祠堂修缮和路桥维护，并处理房内纠纷等。仫佬族还专门设置"会款"来维护社会生产秩序。由此可以看出仫佬族的宗族制度仍然遗留有古骆越人以血缘为聚居组织方式的文化遗迹。

仫佬族在举办依饭节时一般是以"冬"为组织单位。由于是举行隆重的依饭祭祀仪式，如果有祠堂，则会把举办地点选在祠堂里面。在仪式举行之前，人们在祠堂的墙壁上挂上三十六幅神像画，在祭坛前的桌子上摆上面具，并且挑选出最长最饱满的糯米谷穗，用彩带捆绑好悬挂于墙上。此外，他们还用芋头和红薯雕刻出水牛和黄牛模型，摆放于堂前的大桌子上，同时在五色糯米饭周围一圈摆上沙姜、黄豆、芝麻和八角等十二种农产品，以及猪肝、猪心、鸡、鸭、鱼等十二种祭品。他们用这些祭祀神灵，以求渔业、农业和牧业丰收。摆好祭品之后，歌师身穿红色衣服，围着供桌吟诵歌舞，所涉及的内容能全面反映出仫佬族的伦理观念，比如"十劝歌"等，教育人们要尊敬长辈、和睦邻里、诚实守信、勤俭节约等。在依饭节结束时，他们将谷穗和牛的模型分发给各户，以示神的恩泽惠及到了家家户户。在传统依饭节祭祀仪式上众多被崇拜的神灵中，以白马姑娘、依饭公爷、梁吴二帝、梁九等为主神，兼有雷神、婆王、社王。主持祭祀的师公由本族人担任。

仫佬族也是热爱歌唱的民族。歌声是他们传情达意的主要手段之一。他们认为一个人的歌唱水平反映出这个人的人生阅历、处世智慧和文化修养。年老歌手是仫佬族最主要的民间文化传承者。他们以自己的人生阅历为基础，把本民族的神话故事和历史事件艺术化为简单有趣的叙事诗，在节日场合中弘扬光大。仫佬族人对之非常热爱，因为这是他们学习本民族历史知识和民间文学的主要方式。正是由于这些歌师的反复吟唱，这些神话故事和历史事件才得以世代传承，发展成为弥足珍贵的民间文化遗产。

按照使用场合和性质，依饭曲调有歌舞曲、颂神曲和诵经曲。歌舞曲用于表演，颂神曲和诵经曲用于跳神和祭祀作法。师公在祭祀场合中歌颂神灵、缅怀先祖，所唱的是古歌和祭祀歌。这些艺术形式融民间说唱、民间戏曲和民间舞蹈为一体，具有多样的体裁、内容和形式，如长篇叙事诗、短小诗词、独唱、对唱和齐唱等，应有尽有。在风格方面，有的庄严肃穆，有的活泼轻松，有的幽默诙谐。

依饭节祭祀活动的法事程序很完整，主持者一般为宗族中的年长者，其法事多由"梅山教"师公操办。依饭师公有一套独立的祭祀歌舞用来请神、颂神和送神。这套歌舞遵循严格的程式，显得肃穆森严，不仅能够凸显神的权威，也更能激发仫佬族人对整个祭祀仪式及其所崇拜的神灵的虔诚信仰。在他们看来，依饭师公就是神灵的代言人，能够上通天意、下达民情，容不得丝毫亵渎和冒犯。

实质上，依饭节是一个公共的祭祀活动。活动全程都在道场上进行，其礼仪、"三十六神"面具、所唱的歌词和表演的舞蹈，无不凸显出浓厚的原始文化气息。在依饭节里被祭祀的神灵系统较为庞大而复杂，有祖先神、创世神、行业神等。具体言之，仫佬族依饭节所敬之神，一是依饭公爷、梁善利侯王、吴广惠侯王、白马姑娘，二是历代祖先，三是社王、土主、婆王、城隍、佛教诸佛、道教历代教主与法师等。

依饭节过节的时间为每年秋收后的立冬日或立冬后数日内，具体时间因各地各姓而略有差异。但其主要目的仍为祭祖还愿，祈求风调雨顺、农业丰收和人畜平安。在举办地点方面，有祠堂的首选祠堂，没有祠堂的就在族长家。节前的场地布置也较为繁杂。他们首先要贴上门联，在门楣上贴上九张红、黄、绿、蓝的彩纸，其上分别书写"依饭""奉神""集福""庆贺"等字样。堂前是松枝扎成的三道门，在堂中设置祭坛，祭坛之前烧纸焚香，摆放祭品。祭祀仪式的程序一共有八道，主要包括安坛、请圣、点牲、劝圣、唱神、合兵和送圣。整个依饭节的仪式一共有两位担任司仪的师公。其中一人为"跳师"。他头戴面具，身穿红色法衣，脚穿草鞋，跳着舞蹈请神颂神。另一人为"唱师"。在祭神仪式结束时，族人一起狂欢几个通宵。他们一起宴饮，唱歌演戏，耍龙舞狮。

随着世俗化的进一步发展，如今的依饭节已经不再束缚于传统的固定歌舞表演程式。在请神的过程中，师公会根据每个神的不同事迹编入相应的表演成分，形成故事展演。整个表演过程中的节奏与调度都很自由，显得诙谐幽默。同时，为了调动围观者的参与度，师公们还不时与他们对话，以便让他们参与进来，一起完成整个祭祀程序。此时，参与进来的围观者也成了仪式的扮演者，获得了不一样的体验。在喧闹的锣鼓声中，师公们戴着面具、身穿法衣，翩翩起舞，乡民们则唱着"呀呼""嗬嗬"和"嗬啊"的衬词和帮腔，与师公们一起将仪式活动推向高潮。

这种场合消解掉了世俗生活当中的森严等级和压抑气息，神人和谐。在整个活动中，围观者和师公们互动不断，互问互答，互相调侃，传来一阵阵欢声笑语，热闹非凡。因此，一年一度的依饭节能够让仫佬族人重新燃起对生活的热情和对未来的美好向往，具有催人积极向上的精神作用。

如今的依饭节除了庄严肃穆的祭祀活动以外，还有轻松愉快的娱乐活动，如"依饭风味千家宴""原生态歌舞表演""走坡""山歌"和"歌王擂台赛"等。其中的"千家宴"尤为热闹。仫佬族群众会在宽阔的广场上摆满桌椅，在桌子上摆上特色菜品，并邀请特邀嘉宾、本族的各界名流和政府工作人员，以及80岁以上的老人共同参与。千人盛宴，把酒言欢，依饭节成为仫佬族一道展现民族风情的亮丽风景线。

与节日相伴而生的仫佬族美食也是仫佬族民族文化的重要组成部分。仫佬族继承了古骆越人的美食文化，喜爱辣椒、糯米饭和酸菜。每个节日他们都要烹制各种特色食品，比如在依饭节前夕，家家户户杀鸡宰鸭，包粽子，蒸糯米饭，筹备菜肴祭祖还愿，期盼来年是个丰收年。

仫佬族心灵手巧。他们的美食已经超越了充饥的功能，已经成了他们民俗文化的重要载体。他们做出的重阳酒、五色糯米饭、白馍、艾糍粑和狗舌糍粑都具有独特的文化含义，如他们把用糯米制成的狗舌糍粑包在梧桐叶里，有的还掺入草药，成为一道特色美食。狗舌糍粑不仅是依饭节的明星美食，也成为青年男女"走坡"之后的定情食品。还有五色糯米饭象征着美好的明天，也成为祭祀仪式必备的一种食品。五色糯米饭的颜色为天然植物颜料，无毒无害，还能防病消毒，促进身体健康。因为烹制各种食品，仫佬族的饮食器具也是琳琅满目，品类多样。此外，仫佬族每户都会在家里安装地炉，用来取暖、供热水、防潮以及加工食物。

如今，仫佬族依饭节已经发生了变化，社会的发展促使其单纯的祭祀教功能不断弱化，同时其娱乐色彩及教化功能进一步凸显，人神共欢，娱教合一。仫佬族演变成为传统文化与现代元素相结合的民族文化展示平台，具有重要的现实意义。在祭祀形式上，依饭节增添了舞龙、舞狮、演戏和对歌等文艺活动，体育赛事及经贸交流等商业活动，发展成为一个集祭祀、娱乐、聚会多种功能为一体的大型群体性活动。虽然现代社会日新月异，但不论如何变迁，依饭节一直是仫佬族人心目中共同的文化家园，具有巨大的民族向心力。依饭节这一民俗活动在让每一位参与者在活动中获得愉悦的同时，也在潜移默化地传承仫佬族民俗文化。

九、毛南族肥套

毛南族肥套（以下简称肥套）为毛南族的还愿仪式。"肥"是毛南语，指做、举行，"套"为道场之意。肥套即为做道场，实为毛南族傩面舞。肥套为毛南族独有的祭祀活动，其主要流布区域为广西环江毛南族自治县的下南乡。这里是毛南族人世代居住的地方。肥套是毛南族男子一生中最重要的礼仪。千百年来，肥套以一种令人敬畏的祭祀方式代代相传，渗透进每一个毛南族人的文化基因中。

2006 年 5 月 20 日，国务院批准毛南族肥套列入第一批国家级非物质文化遗产名录，广西壮族自治区环江毛南族自治县非物质文化遗产保护传承中心为毛南族肥套保护单位，谭三岗为国家级非物质文化遗产项目毛南族肥套代表性传承人。

毛南族肥套又被称为还愿舞。起初，肥套借助傩舞祭祀天地万物，在漫长的发展过程中融合了毛南族的口头文学、舞蹈、戏剧、山歌和打击乐等艺术形式，逐渐发展为毛南族独具特色的综合性民间艺术。作为毛南族傩文化的典型代表，它见证了毛南族的发展史，同时也是毛南族非物质文化遗产的主要代表。毛南族人民为人生美好而祈福，为恪守承诺而还愿，当人们在仪式中以"神"之名翩翩起舞时，承载的是一个民族的信仰与道德传承。因此，毛南族"肥套"与其他民族的傩舞不同，它主要为祈福仪式，驱鬼逐疫的内容较少，宣传重承诺、守信用的思想，这种思想在现代社会也同样值得弘扬。

毛南族先民为"伶人"。他们在原始社会时期就信奉万物有灵，通过祭祀仪式调节人与自然的关系，以达到消灾除祸的目的。唐宋时期，傩以及佛教、道教相继传入毛南族先民聚居区。毛南族先民在其原始信仰的基础上融歌、舞、乐为一体，形成了肥套。肥套种类繁多，内容丰富，在明清达到了鼎盛状态。太平天国运动和辛亥革命运动期间，肥套的发展受阻。师公们被迫淡化其祭祀色彩，强化其艺术性和表演性，而与肥套相关的艺术表现形式有傩面具、傩乐、傩歌、傩舞、傩戏和傩故事等，也因此得以留存。

在毛南族的传统文化观念中，无论大事小事均须先向神灵许愿，待到愿望实现后，必须择机还愿。小的愿望若实现，可免去法事，在家中杀鸡祭神即可。如实现了大的愿望，必须请"三元公"（毛南族师公）做法事，即做肥套。每一代人的一生必须举行一次还愿活动，一家不举行法事最多不得超过三代。整个还愿活动过程在家庭中举办。仪式中需要搭神坛和挂神像，并摆放各种供桌，在神坛上安楼。歌舞为其主要的祭祀手段，贯穿整个活动过程。整个仪式由20多个主题故事构成，涉及农事活动和爱情等内容。仪式中还有来自壮族和瑶族的角色，如土地（有两个土地角色，一个是土地公，一个是壮族青年，两个角色都是毛南族的生育神，代表强大的生育能力）和瑶王（瑶王捡到了花婆送给毛南族的花，送还给他们，使他们可以生孩子，是毛南族的恩人）。

毛南族肥套分为"红筵"和"黄筵"。"红筵"祭祀万岁娘娘（花婆），为求子而举办；"黄筵"祭祀"雷王"，为祈福而举办。毛南族民间流传着"红筵"的故事。

> 很久以前，有个名叫韩仲定的毛南族孤儿，家徒四壁，无钱娶妻。每看到别人家妻儿满堂，他便因为自己后继无人而唉声叹气。有

一次，万岁娘娘问其缘由，韩仲定道明原因，签字画押许愿求子。万岁娘娘可怜他并答应了他的要求。此后，韩仲定将许愿文书藏于柱头之上，意为不忘初心。不久，万岁娘娘赐其仙女一名，韩仲定果然生得五男二女。但他得意忘形，不但不还愿，还将许愿书放在鞋底踩踏。万岁娘娘震怒，收回了他的七个儿女。韩仲定后悔不已，痛哭流泪。后来，一位仙家将他带至万岁娘娘跟前。他将许愿书还予万岁娘娘，回家杀牲祭神还愿。此后，七个子女被悉数归还。

此故事在毛南族广为流传。他们认为，每一个孩子都是万岁娘娘所赐。因此，每个男丁在得子之后，都要做"红筵"酬谢万岁娘娘，祈求幸福平安。

毛南族肥套主要以还愿仪式为载体。每个毛南族男子在婚后都要向万岁娘娘许愿"求花"。在生育子女之后，他们会在适当的时机请三元公举办肥套仪式。一场肥套仪式一共有十几个主题。整个仪式活动均由一个师公班子主持完成。

肥套的傩歌有四种歌腔。第一种为三元公与神灵对话的喃神腔调。它一字一顿，尾字为拖音，具有一定的音高和节奏。第二种为念经颂神腔调。有一人独念和多人齐念两种形式。这种腔调紧跟锣鼓的打击乐节奏，尾句音调流畅，有一定的音高和韵律。第三种是韵唱曲。此为法事关键环节的歌唱腔调，以羽调、宫调为主要调式，速度平缓。这是一种具有独特的音律性和抒情性的腔调。第四种是歌舞曲，主要用于歌舞性法事科仪，节奏较快，连舞带唱，显得鲜明活泼。

肥套的傩舞有十多个场次。它们是穿插在祭祀仪式之中的跳神舞蹈。三元公头戴木刻面具或纸质面具，身穿水袖法衣，手持曹标、简笏和铜铃等法器，伴随着打击乐的节奏翩翩起舞。这种舞蹈风格古朴，舞姿阴柔安静，塑造出众神灵腾云驾雾、飘然而至的神话形象，具有浓厚的信仰特色。如万岁娘娘送金花、花林仙官送银花、瑶王拣花踏桥、穿针舞、雷王坐殿和家仙贺筵等，均具有较高的观赏价值。

肥套的音乐分为吹奏乐和打击乐两种类型。其常用打击乐器有祥鼓、木鼓、铓锣和小锣四种。二十世纪八十至九十年代，"一公一母"的一对唢呐也是肥套中经常使用的乐器："公唢呐"声音低沉，"母唢呐"声音高昂。其形制结构类似于普通唢呐，但是唢呐吹口用到的震动乐片为虫蛹皮，节奏活跃，多用于伴舞，或用于演出间歇烘托气氛。常用的唢呐曲牌有"迎亲曲""歌舞曲""敬酒曲"和"庆贺曲"。不过，现在会吹唢呐的三元公不多，除非愿主有特别要求，一般情况下不再使用唢呐。祥鼓是肥套中最主要的乐器，以前一共有三十六种节奏，目前只剩下十多种。

肥套朝着傩戏的方向发展，具有一定的戏剧元素，与仪式行为浑然一体。多数肥套剧目都与万岁娘娘的生育主题相关，如《万岁娘娘送金花》《花林仙官送银花》《瑶王拾花》《仙官架桥》和《土地配三娘》等。这些剧目均以婚恋生育为主要内容，借助穿插于其中的傩歌和傩舞作为辅助表演手段。其中，最吸引人的是《土地配三娘》的插曲《柳郎咧》。《土地配三娘》讲述的是三娘如何从一个天真烂漫的无邪少女成长为一个情窦初开的少女。剧情简单，具有一旦、一净、一丑三个角色，属于从傩舞向傩戏发展的初级阶段。但是该剧目动作夸张，风格滑稽，引人发笑，观众可参与对白，深受人们喜爱。

在肥套的所有剧目中，《花林仙官送银花》是高潮剧目。花林仙官又名林娘，为管花女神。她在仪式中的主要职责是给愿主送银花。她漂亮妩媚，风流成性。但毛南族人非但不轻视她，反而认为女性是生育之功臣，对女性的生殖崇拜甚浓。《花林仙官送银花》中的"定鸡"属于一种绝技。毛南族人对每次肥套仪式都充满期待，欲一睹为快。该情节的寓意为给祖母送"长生鸡"，以感恩这一位家族中子孙满堂的功臣。节目开始时，将一只雄鸡定在男性愿主的背上。男性愿主背着雄鸡登楼走向祖母卧室。同时，林娘作法，保证公鸡老老实实地在愿主背上啄米并且不飞走，才算吉兆。此时，三元公在锣鼓声和欢笑声中婆娑起舞，祝祖母健康长寿。

肥套是毛南族民间故事的大杂烩，尤其以神话故事最引人注目。毛南族的神话人物既有外神，也有家神，既有生殖神，也有生产神。几乎所有的神话人物都有一个生动的传奇故事。这些神话故事加上世俗英雄故事，以及各种相关的动物故事，一道构成了毛南族民间故事的主要组成部分，而肥套可以让这些故事得到完整的呈现。故事的呈现方式多为三元公或唱、或念、或诵。这些故事于肥套中呈现，无论是艺术表现力，还是情节塑造，均比其他的民间传承方式更加生动和丰富，基本展现了毛南族民间文学的精髓。

毛南族肥套的面具与周边民族的师公戏面具一样，也有三十六神之说。

面具雕刻师以每个神灵的生根、地位、功德神威和性格为依据，或写实，或夸张，以突出其美、丑、善、恶等属性。毛南族肥套的三十六神木面具是毛南族最具民族特色的木刻脸谱艺术，极具艺术表现力。当主唱三元公念诵到哪位神灵时，便有其他三元公戴上该神灵的面具，在祭坛前起舞。整个仪式按照固定的程式展开，一共有十五组舞蹈。三元公在这些舞蹈中表演登梯、超度、架桥、拣花、送花、坐殿等情节。舞蹈动作多轻盈阴柔，少有粗狂雄浑的动作，如甩袖、绕手轻拜、软拜步、跳小步、起伏碎步和辗转绕圈等，在流畅的舞动中起伏跳跃，表现出一种庄重平和的氛围。男性角色身穿绣有各种图形鲜艳的龙袍和蟒袍，女性角色则与民间服饰大致相同，上衫下裤，不穿裙。舞蹈的主要目的为还愿，希望通过酬神活动获得恩赐，保佑愿主家多子多孙，兴旺发达。

毛南族肥套有着多种多样的表现形式和丰富多彩的内容，是毛南族人用来表达对祖先和其他神灵的感恩之情的主要方式，既有浪漫的神话色彩，又体现了毛南族积极奋发、追求美好生活的理想与追求。毛南族没有自己的文字，但却恰恰在肥套仪式中完整地保留下了整个民族的民俗风情。因此，毛南族肥套不但蕴含着毛南族的文化基因，更是毛南族民族文化的"活化石"。

由于历史上的原因，毛南族肥套处于濒危状态。庆幸的是，肥套因为毛南族民间艺人的努力得以保存传承下来，且随着时代的发展，作为毛南族肥套的一些傩俗也获得了新的发展空间。1995至2003年，毛南傩戏班曾经两次东渡日韩、南下东南亚进行文化交流与演出。我国中央电视台、港、澳、台地区电视台以及来自日本和英国等国家的电视台也深入环江三南地区，邀请谭信慈等三元公进行表演，并以专题片的形式播出。2002年，在毛南戏《柳浪咧》的基础上改编而成的毛南族民歌在南宁国际民间艺术节上登台亮相，并获得专家的好评。同年，广西民间舞蹈大赛上的毛南族节目《傩舞》连获四项大奖。神秘的毛南族傩文化不断给人们带来震撼。

如今越来越多的人开始重视这项民俗活动。肥套仍在毛南族聚居区不断上演，其重大意义在于寄托了毛南族人对家庭幸福和族群繁衍的美好愿望。一直以来，许愿和还愿成为其仪式活动中的核心要义。它所传达的诚实守信不仅可以维持神与人的和谐共存，也会促进人与人的和谐发展。这正是肥套超越信仰价值的社会价值所在。

十、京族哈节

哈节俗称"唱哈节",是京族的歌节,也是隆重的传统民俗节日。在京语中,"哈"大致有"歌"或者"歌唱"之意。作为世代京族人最重要、最具有自身民族特点的一个传统民俗节日,哈节传承至今已有五百多年的历史,集中流传于京族聚居的广西壮族自治区东兴市江平镇的巫头、山心、万尾三个岛屿,其余分布在谭吉和红坎等地的村屯。

2006年5月20日,京族哈节经国务院批准,被列入第一批国家级非物质文化遗产名录,保护单位是广西壮族自治区东兴市文化馆。国家级非物质文化遗产项目京族哈节代表性传承人为罗周文。

中国海岸线的西南端,散落着许多浅海小岛。这些小岛屿上的岛民是我国京族人。京族是跨境民族,历史上亦被称为"京人",与越南隔海相望,1958年正式定名为"京族"。京族的主体在东南亚,自古以来一直从事海洋渔猎生产,被誉为"海洋民族"。很多岛民在海上捕鱼,不知不觉就迁徙到了中国,并在风景秀丽的东兴定居。

京族是中华民族人口较少的民族之一,主要聚居在广西壮族自治区东兴市江平镇俗称"京族三岛"的万尾、山心、巫头及其附近的谭吉、竹山、红坎、恒望、米漏等村屯。作为以海洋渔业为传统生计来源的少数民族,京族人对于大海母亲怀有深厚的情感。在每年渔季结束时便举行盛大的庆典,纪念、供奉、祭祀京族地区的保护神以表达对于丰收的感激。在京族的各种世俗仪式活动中,哈节在京族地区世代相传且长盛不衰。它是京族人最重要的节日,也是集祭祀酬神、庆贺丰收和慰劳家人为一体的大型习俗节庆活动。

关于京族三岛名称,源于镇海大王的故事。

传说古时候,白龙岛一带海域住着一只胡作非为的蜈蚣精,兴风作浪危害百姓,镇海大王闻知此事后化身乞丐,让百姓把他献祭给吃人的蜈蚣精。渔民们把船只停到蜈蚣精洞穴旁,蜈蚣精正欲加害于人之时,镇海大王将一个滚烫的大南瓜塞进其喉咙,蜈蚣精咽下大南瓜后痛不欲生,被烫死了。渔民为了解恨,把蜈蚣精的身躯砍成了三段，头一截、身一截、尾一截。之后，蜈蚣精的头变成了现在的巫头岛，身子露出海面成了山心岛，尾巴则是今天的万尾岛。于是人们为了感谢镇海大王斩奸除恶的功劳，修建哈亭来供奉他，每年丰收的时候便请他回哈亭，给他举行仪式，并为他歌舞，后来便逐渐演变成京族哈节。

除此之外，关于哈节习俗的由来在京族民间流传着不少神话故事，其中较具代表性的是歌仙的故事。

> 相传七八百年前的京族人民备受封建统治者的压迫，生活苦不堪言，食不果腹。上天感念善良的京族人民，于是派一位歌仙来到京族三岛，以传歌来动员群众反抗封建统治者压在身上的大山。歌仙的歌声委婉动听，她一边传歌一边召集人民起来反抗，一传十十传百，最终京族人民鼓起勇气奋起反抗，战胜了封建统治者。后来京族人为了纪念她，尊其为歌祖，向她学歌，并建立了哈亭，定为唱歌传歌的地方，后京族人民几乎人人都能歌善舞，哈亭唱歌也渐成节俗。

这两则传说流传至今，集中反映了当地民众丰富的想象力和民间文化魅力。

在京族当地，小型哈节由村民自己承办，通常每村每寨过节日期有所不同，但内容流程大致相同。日期多定在农历六月初十或八月初十，有些地方甚至到了正月十五才办，通常持续一周。但具体哪一天，需要卜卦看日子决定。哈节具有较强的娱神性和仪式性，哈节围绕着各种仪式活动展开，传统的京族哈节由"翁村"即亭长操持，指导和引领翁祝、翁巫、哈妹、司文官员、祭员、陪祭员做好本职相关工作。仪式多在哈亭中举行，以迎神、祭神为主线的仪式活动贯穿其中，内容主要围绕迎神、祭神、坐蒙、送神等四个主要环节展开。哈节中祭祀五位灵官，即镇海大王、高山大王、广达大王、安灵大王和兴道大王这五位京族民间信奉之神。这些仪式性内容蕴涵了京族丰富的海洋文化，具有凝神聚力的社会文化价值。

在哈节前一个月，翁村开始组织村里人到哈亭召开关于哈节的筹备会，大到安排祭品、工作人员和坐蒙排位；小到安排哈亭附近的绿植修剪，几乎事无巨细，只为哈节当天能有序展开。与会村民在哈节的筹备、举办、结束等环节上都听从翁村的安排，并自发地打扫哈亭和神像。哈亭早年修建时只是木柱草盖的小亭子，祭祀神灵的祭品为猪、鸡、肉、香纸蜡烛、水果等，以前大家经济状况不好，村里人就集资购买祭品，每家每户都出人力。后来村里的人做生意赚钱了，每年都集资一部分钱在哈节举办前修葺改建哈亭，现在会改造成有现代建筑元素的木石砖瓦结构的庙宇式建筑，红瓦白墙，反翘亭角，屋脊正中雕双龙戏珠图案。哈亭内供有神位和祖先牌位，是祠堂与神庙的结合体。

哈节节庆活动当天，村民们齐集哈亭，等到吉时，迎神队伍便集队举旗擎伞，准时出发，抬着神架到海边迎神。迎神仪式是最重要的环节之一，迎神队伍浩浩荡荡，领头的是亭旗和头旗手，紧跟着乐队、迎神车，最后跟着村里的长老、独弦琴队、腰鼓队、葵帽队等方队人员，把神灵请进哈亭。近年来，迎神队伍又新增了服装礼仪方队和文艺表演方队、越南方队、领导学者方队等。迎神仪式所用的香案台以及神架台等物件也在不断更新换代，讲究做工，愈加突显京族人对神的敬重。

到了吉时，迎神队伍从哈亭出发到指定海滩，鼓乐齐鸣，队伍浩大，有一种庄严肃穆但又不失热闹的祭祀氛围。当队伍抵达地点后，香公和翁祝等几人在沙滩上面向江山半岛白龙尾上的镇海大王庙，嘴里开始念念有词地进行迎神祷告，祈福和迎神灵。香公念完后抛阴阳杯珓，即用蚌壳、竹片做成的占卜用具，抛到胜珓，即一开一合时，意味着镇海大王同意前来，于是迎神队伍再浩浩荡荡返回哈亭。

哈节祭神仪式数百年来没有多大变化，祭祀分为大祭和小祭。大祭两个小时，小祭一个小时，哈节第二天是大祭，随后几天都是小祭。大祭与小祭最大的区别是在大祭上必须宰杀一头生猪作为祭品。祭神仪式开始前，祭员要提前准备好祭品，祭祀从上午开始，参与祭祀的人按照年龄长幼和捐钱多少从高到低就座，威望越高的人坐的位置就越靠近神。祭神仪式的祭品参照以前的样式，开始前先要宰"养象"（大猪），即由上一年哈节结束后新选出的 8 名陪祭员各饲养一头大猪，在祭神仪式前两天选出养得最肥的一头猪作大祭之用。祭祀礼仪词由正、副通唱用京语吟诵，整个祭神的过程严格遵循传统的程序，始终笼罩着庄严肃穆的氛围。

哈节祭神礼毕，翁村安排哈妹"唱哈"并组织众人在哈亭内设席饮宴，即"坐蒙"（又称"哈宴"）。按传统规定，村里每年都会根据"乡饮簿"让京族成年男子入席参加哈节，妇女不能参加，"坐蒙"的顺序由地位和年龄从高到低排序。哈亭工作人员在哈亭左右偏厅内铺草席和摆圆桌，供大家围桌席地而坐，六人或八人一桌。"入席"菜肴轮番上桌，菜品除少数由"哈头"（又称陪祭员）提供外，大部分由参加"入席"的人家准备。坐蒙前，哈妹照例要跳娱神舞，即进香舞、献花舞、敬酒舞、花棍舞、天灯舞等一系列舞蹈，舞蹈内容多为祈神，程式严谨、动作规范、细腻别致、民族风格浓郁，都是京族最具代表性的民族传统舞蹈。之后哈妹还要唱哈以及演奏独弦琴等独具京族特色的文艺表演，大家一边吃食，一边聊家常，一边看演出，气氛轻松愉悦。

到了哈节最后一天的吉时，香公在"唱哈"结束后念颂《送神词》送走神灵。神位前，大家感情虔诚含蓄，将神灵平安送走。送神仪式结束便意味着为期数天的哈节结束。

除了上述较为严肃的娱神外，另一方面哈节也具有轻松愉悦的娱人功能。京族人认为哈节就是大过年，过哈节前几天，家家户户早早就开始打扫门亭，修剪树枝，里里外外布置一新。哈节那天，全村男女老少穿着节日盛装参加活动。祭祀之后的娱神环节，又会穿插人们喜闻乐见的娱人节目，如反映生活情趣的古诗词演唱、历史故事说唱等。如今还有前来参加的游客自带节目表演，大家自娱自乐，热闹非凡。

按照传统习俗，哈节一旦开始，京族人就会通宵达旦、歌舞不息。现如今除了本族人会参与，周围各族群众以及游客们也会来共同欢庆。唱哈是仪式中的重要环节，就是在哈亭内演唱娱神又娱人的歌。"哈哥""哈妹"轮流演唱。唱哈曲调有30余种，有叙事歌、劳动歌、风俗歌、颂神歌、苦歌、情歌等。"唱哈"中演唱的"哈词"内容包括记述民间信仰、京族的历史传说、汉族的古典诗词、情歌以及反映京族人民生产生活新面貌的故事等。"唱哈"多有歌本流传，歌本以"字喃"写成，都是由京族人民十分熟悉或喜闻乐见的故事编写而成。"听哈"者以8人一桌入席，一边饮宴，一边"听哈"，其乐融融。

在歌声、锣鼓声伴奏下，少女轮番登台献舞，模拟采茶和捕捞的动作翩翩起舞，用柔美的舞姿表达出京族少女对诸神的爱戴和崇敬。哈节的娱人环节里还有京族独弦琴演奏，独弦琴声音优雅动听，似大海的儿女在吟唱。让每一位置身其中的人都能深刻感受哈节民俗文化的仪式之美和它所展示的京族传统文化全貌。同时，哈节作为京族传统文化传承的重要载体，它所承载的是京族深厚的历史故事和文化积淀。

哈节也被视为京族年轻男女交往交流的正式场合。在京族地区，有一首流传已久的京歌："摇船过海摇绳断，还有几摇到岸边。板短搭桥难到岸，望妹伸手过来牵。"歌词内容表达的便是京族青年男子的求爱行为。按京族古老习俗：过节时，未婚男女青年拿出之前做好的木屐，若双方制作的木屐大小、样式和花纹都同样的话，那便是天意撮合，这对青年男女便能成为夫妻。为了拿到"天意撮合"的头衔，这些青年人就会与暗自相识的恋人私下串通好木屐的大小、样式和花纹，使之"巧合"相同，人们也从中获得了身心的愉快和精神上的享受。

如今，参与哈节多为村中老人和工作人员，年轻人很少到场。近年来幸于人民对非遗的重视，京族哈节传承问题受到了关注。有关部门和群众意识到应重视哈节的传承问题，发掘、抢救、保护京族哈节急不可待，继而一系列鼓励和传承政策相继推出。哈节基本上涵盖了京族文化的核心，着力保护传承好哈节这一民俗文化，有利于丰富和完善中国海洋民族节庆文化，为世界民族节庆文化的保护传承提供借鉴案例，对非物质文化遗产的发展都将产生一定的推动作用。

十一、宾阳炮龙节

位于西南边陲的广西宾阳县拥有一项综合性民间节庆系列活动——宾阳炮龙节，也被誉"东方狂欢节"。炮龙节融合了壮汉文化特色，于每年农历正月十一举行，节俗包括舞炮龙、游彩架、灯酒会等形式。届时，宾阳街上人声鼎沸，群龙劲舞，鞭炮齐鸣，欢度炮龙节。炮龙节主要流行于广西南宁市宾阳县一带。

2008年6月7日，宾阳炮龙节经国务院批准，被列入第二批国家级非物质文化遗产名录，保护单位是广西壮族自治区宾阳县文化馆。

宾阳炮龙节历史悠久，孕育于宋元时代，清末民初趋于成熟，至今已有上千年。关于"炮龙节"的起源，各方说法不一。相传宋仁宗皇祐年间，狄青率大军赴广西征剿侬智高，在宾阳昆仑关屡攻不克。当时正值元宵节，狄青心生一计，令兵士以稻草扎成龙形，放火烧竹，竹子燃烧爆裂后发出炮仗般响声，并用舞龙大闹元宵以此麻痹敌方。侬智高果然放松了戒备，最终为狄青所克。当地人据此认定舞炮龙能带来吉祥好运，每年农历正月初十至十五都要舞龙，后来相沿成习。后人为了纪念狄青的功绩，就把正月十一舞龙的习俗保留了下来，后逐步发展成了今天的"炮龙节"。宾阳人十分崇拜和敬仰龙，认为龙是吉祥如意的象征，他们把舞炮龙当作欢度佳节、纳吉祈福的一种重要仪式，当地甚至有"炮震千山醒，龙腾百业兴"的说法。

另《宾阳县志》也有关于炮龙节的相关记载。清朝时宾阳地区曾发生 6 次瘟疫，瘟疫把村子弄得乌烟瘴气，多人死亡，当地的老百姓认为是鬼怪在作祟，于是在村子里舞龙，又想到硫黄能杀死病毒，于是为防止瘟疫扩散蔓延，提出了在舞龙时燃放鞭炮，用鞭炮中的火药与硫黄驱邪杀菌。经由上千年的发展，宾阳炮龙节积淀了鲜明浓郁的民族色彩，并在不断与外界交融中具有文化共生融合性和民众参与积极性等独有特征。宾阳炮龙节不但具有独特的中华龙文化研究价值，同时也满足当地民众驱邪祈福的心理。

传统炮龙节由民间自发组织，村委会筹集舞炮龙的经费，每家每户出资，资金用于购买炮龙、吃灯酒等花销。各街道从来不硬性平摊，遵循个人意愿捐钱，家庭富裕的人往往直接捐出一条炮龙，出手阔绰的人乐捐两三千元，家庭条件不太好的乡民也会捐个五元、十元等。此外，各街道的青年男子还会踊跃报名参加舞炮龙，小孩子报名参加舞炮龙前游行队伍中虾兵蟹将的角色。舞一条炮龙大概需要三四十人，包括举龙需要身强力壮、身高均衡的四五位男子专门负责，舞龙脚则较为随意，没有训练过的爱好者也可以参与。此外还有专业拿火把护龙的一组人，专门抛火药炸龙的一群人，举灯彩的一队人，演奏八音和敲锣打鼓的乐师队伍等。舞炮龙是村民或街道居民联系感情的一大活动，通常除了专业舞龙队有酬劳外，其余的人均是义务劳动，即便如此大家的热情丝毫不减。

炮龙年年舞，年年舞炮龙。宾阳炮龙节当天处处洋溢着节日的气氛，延续着千年的热血狂欢。舞炮龙活动由"游彩架""舞炮龙""灯会"三个部分组成，每个部分各有特色。"游彩架"亦称"彩架游行"，起源于清代同治十三年（1874年），由舞龙队、舞狮队、彩色台架等组成游行队列，队伍长达半里甚至一里以上，以奇美的装饰和边走边表演的奇险技艺引人注目。彩架上是数个人物扮相的孩童，孩童站在四方桌上，手持刀、弓、剑、伞、扇、花篮等道具，道具上的孩童如悬半空，神气毕见，妙趣天成，令人称奇。不同的方队演绎不同的内容题材，历年来均没有特别多的变化，都是演绎炮龙雄风、龙腾盛世或是中国历史神话传说及广西本土民间故事，如《刘三姐》《白蛇传》《哪吒伏魔》《瓦氏夫人》等。近几年则拓展到在南宁国际民歌艺术节上表现的《大地飞歌》《中国女排》《奥运会》等。

炮龙节的核心是"龙"，整个活动体现出龙文化的意境美、活力美，是中华龙文化的重要组成部分。舞炮龙是整个炮龙节的高潮，以点燃的鞭炮弹炸狂舞之龙，直到把龙炸到只剩龙架才结束，因此舞炮龙活动通常持续很长时间，通宵达旦是常事。当地民间认为，自家烧的鞭炮越多，龙在自家门前停得越久越吉祥，鞭炮炸走晦气，预示着来年红红火火。

"舞炮龙"环节由迎龙、开光、舞龙、烧龙架四部分组成。一般首先是"迎龙"。每年正月十一清早，由不同姓氏人群组成的舞龙队敲锣打鼓地出发了，他们都会按照预先制定好的"龙路"行进，到制龙艺人那里去"迎接"做好的龙，接到龙后再按原路返回。有趣的是，"龙路"的制定要以不同姓氏的舞龙队在行进中互不相遇为原则，这就保证了舞龙队会经过更广泛的地理范围，让更多的人见识到舞龙的风采。

按照当地风俗，农历正月十一晚七点是炮龙"开光"仪式。这个古老的仪式一般在有几百年历史的古庙前进行，开光仪式上会准备牛、羊、猪的头作为祭品，由身穿法事服的"道公"手敲小锣、口念咒语举行法事。在此期间观众要保持肃静，而且也不能接触龙身。最后，由人们事先推选出当地名望较高的长者蘸取鸡冠血点上白须巨龙的眼睛，此"点睛"之举，能让天龙的神魄下到凡间，给人们带来吉祥。开光仪式完毕，舞龙者先把白须巨龙舞起来，其他匍匐在旁边的几条红须龙也开始舞动。鞭炮声、锣鼓声便铺天盖地地响起来了，城里各街道的卧龙苏醒，霎时，整条街沸腾，各个舞龙队抖擞精神，踏上了惊险刺激的舞龙之路。

"舞龙"的人多半为青壮年男子，他们赤裸上身、头戴斗笠、腰系红带、身穿黄裤。龙珠、龙牌、锣鼓、文武场为其开路，随后是火篮，火篮之后是引珠，炮龙就在引珠的指引下上下翻腾地穿梭在炸响的鞭炮里。凡是炮龙经过的地方，都会有人向龙身上扔爆竹。刹那间，响声惊天动地。而舞龙者也是毫不畏惧，勇士们甚至直接任由鞭炮在身上噼啪地炸响，丝毫不退缩。舞龙者们按事先计划好的线路去到各家，循序渐进。家家户户提早备好爆竹，龙行至之处，爆竹声不断。万炮齐鸣，惊天动地，舞龙者愈加兴奋，舞得更狂。哪里的鞭炮烧得多烧得响，就往哪里狂舞。

当地有一个不成文的规矩，炮与龙在整个舞龙环节是相互依存的关系，炮能添龙威，只要有一家的鞭炮没有响完，龙就不能离开所在的街区。而且从舞龙一开始，龙头就不断有人争抢，这期间舞龙头者须保证龙头翻腾而不落地。炮龙在冲天的火光和巨响中翻飞起舞，围观的人中也有勇者闯进舞龙的队伍去"钻龙肚"，十分刺激。当地人认为，成功钻过龙肚，就能获得一年的吉祥如意，不仅如此，龙身上的每一个地方都能给人们带来好运。扯得龙鳞代表着来年五谷丰登，摘得龙珠就有了招财进宝的福气，捋下龙须系在畜栏上就会六畜兴旺。因此围观者都是争前恐后地去接触龙身，盼望能获得好运。

当舞龙队走过一轮后，就会到村头街尾既定地点集合。此时龙身上只剩残絮几片，骨架全露。这时"会首"（总指挥）要带领舞龙者"烧龙架"，举行传统的送龙升天仪式。会首把剩下的龙架聚在一起，龙头在最上，用火把点燃，送龙上天。此外，人们还会就着烧龙架的火堆架起一口大锅，熬一锅"龙粥"给舞龙健将们喝，据说喝此粥能消病健身。至此天已大亮，喧嚣热闹的舞龙就算结束了。

当地百姓们的民间信仰贯穿着炮龙节，即求神祭祖。在舞龙期间，龙行至哪家，主人家就要烧香敬奉先人。此外，节庆期间，宾阳人民除了舞炮龙外，还会举行一系列的民俗活动，并制作美食大宴四方来宾。除了炮龙之外，"灯会"俗称"灯酒会"，也是宾阳人民在炮龙节当天重要的习俗，即与亲朋好友分享美食，许愿取灯。

传统"灯酒会"举办前，由村屯和街巷商讨组织上一年生男丁的家长担任"头人"筹集"丁款"，街道每家派一名男性到祠堂或村社开会，回顾上一年收成，商讨来年农业生产计划，聆听村规民约后商定今年灯会日子。取灯意味着需要"求嗣取丁"。在灯会当日，"头人"引领生有三男两女的"抱花岳父"和擅长山歌的"抱花岳母"同众人一道从村社庙宇或祠堂出发，为取灯人家送去"莲花灯"。传统灯酒的名称由来是"丁酒"，即街道这一年有喜得贵子的人为了表示感念上天，庆贺得子，贡献出好菜好酒来宴请邻居街坊，同时也给别人沾沾喜气，希望来参加的各家各户人丁兴旺、生活幸福和事业兴旺。

现如今，吃灯酒的传统习俗仍然存在，其蕴含的意义不变。但吃灯酒的出资方式发生了改变，现在是由同一街道的家家户户公摊份子，出资购买出鸡、鸭、猪头等好菜，街道的人共同做菜，晚上共同进餐。街道负责人考虑到近年来很多人外出读书工作，街道邻里往来较少，趁着灯酒节的机会可以把大家聚在一起联络感情，青年男女相互认识，老朋友叙叙旧，邻里温情绵延久远。灯酒节恰好提供了这样的平台。

炮龙节从古至今延续着，节庆当日县城里的街道上到处是鞭炮齐鸣、人声鼎沸的盛况，人们纷纷涌出家门，争相一睹炮龙彩凤彩架。噼噼啪啪的鞭炮声将节日的气氛带动起来，欢乐的人群簇拥着一条条上下翻飞的巨龙，为世人展现出一幅幅蔚为壮观的节日画面。

随着人民生活水平的提高，"炮龙节"的规模也越来越大。自从"炮龙节"入选国家非物质文化遗产保护名录后，热情好客的宾阳人还在节庆当天举办各种相关活动，邀请全国上下乃至世界各地的客人，共同体验这一独具特色的民俗节日。火龙炫舞，勇者竞技的"炮龙节"作为南宁宾阳最具特色的民俗节庆活动，一直深受人民的喜爱。当人与龙共舞，人们燃烧的激情和万人共欢乐的情景也展示着"炮龙节"的巨大魅力。龙的形象，勇往直前、百折不挠的炮龙精神，已成为中华文化鲜亮的符号，鼓舞着人们奋发向上。

大都市的高楼蚕食着民众传统文化沃土，远在边陲的广西宾阳县悠远古老的"炮龙节"民俗因过度商业开发，其节庆文化价值亦有损伤。近年来，宾阳龙文化中的核心技艺，如扎炮龙和舞炮龙面临着后继乏人的窘境。在此情况下，当地政府应牵头组织社会团体及民众，在综合考虑宾阳历史地理、人文等因素的基础上，积极探索出新型宾阳炮龙文化的传承模式，寻求其在现代文明中的立足之地。基于此，政府方面在政策和财政上应给予更多的支持，最大程度保留传统文化的真实性和多样性，还原其生存空间及历史文化记忆，延长宾阳炮龙节民俗文化的生命力。

十二、三月三（壮族三月三）

三月三是壮族人民在长期实践中形成的民俗文化，也是壮族同胞以歌会友、以歌传情、弘扬民族文化的盛大传统民族节庆活动。广西壮族三月三以武鸣三月三较具代表性，包含唱山歌、抢花炮、祭花婆、抛绣球等丰富多彩的内容。从分布上看，壮族三月三流传于全国各地的壮族聚居地，其中武鸣的城厢镇、两江镇等乡镇为壮族三月三活动的核心区域，并辐射到南宁辖区内的上林、隆安、宾阳、马山等地。

2014年11月11日，三月三（壮族三月三）经国务院批准，被列入第四批国家级非物质文化遗产扩展项目名录。保护单位是广西壮族自治区南宁市武鸣区文化馆。国家级非物质文化遗产项目三月三（壮族三月三）的代表性传承人为卢超元。

广西武鸣，中国壮乡。山海欢歌、舞龙舞狮、壮族天琴弹唱和祭拜骆越祖先等活动都会在每年农历三月初三上演。届时，各族群众共同欢庆，八桂壮乡成为歌的海洋。在广西壮族地区，三月三又称为"三月三歌节"或"歌圩"，是一个仅次于春节、中元节的盛大民俗节日。

三月三歌节上的口头史诗《刘三姐》是民俗文化的集中体现，是武鸣壮族人对三月三的特殊情感记忆。

> 传说唐代刘三姐出生在广西宜山县一个渔民家中，三姐从小爱唱山歌，成年以后容貌美丽，出口成歌，附近村子的人都喜欢来跟三姐对歌，三姐更是青年男子的梦中情人。当地有个财主莫怀仁说与刘三姐对歌，他赢了就要刘三姐做他的小老婆。他请来三个秀才跟刘三姐对歌，被刘三姐唱得无力还嘴后准备强抢，刘三姐誓死不从，莫怀仁派人把刘三姐抛入河中。刘三姐顺水漂流到柳州，有幸被搭救，之后便在鱼峰山下落脚。十里八方的乡亲们闻讯，纷纷赶来学歌。后来三姐传歌的事被莫怀仁得知后，莫怀仁勾结官府势力，把刘三姐抛入鱼峰山下的小龙潭。半夜，月明星稀，当乡亲们想把三姐的尸体打捞上来时，忽然一阵清风，只见刘三姐骑在一条鱼背上，一边唱歌一边腾空而去。自此人们都说刘三姐成仙去了，便把刘三姐称为歌仙。后世的人为了纪念这位歌仙，便在每年农历三月三，刘三姐"成仙"的日子，唱山歌三天三夜，歌圩就此形成。

广西被誉为"歌海",有着悠久的歌唱历史传统,并一直以群体性歌唱著称于世,歌圩文化已有上千年历史。宋代的《太平寰宇记》中记载壮族"男女盛服……聚会作歌"的对歌活动。到了宋元以后,山歌兴盛,歌会盛行。至清代已形成了有规模有组织的歌圩活动。清代黄君钜、黄诚沅父子合纂的《武缘县图经》中有记载:"答歌习俗,武缘仙湖、廖江二处有之,每三月初一至十日,沿江上下,数里之内,士女如云。"这就是描述武鸣县仙湖、廖江两地三月三歌圩的盛况。同时期的韦丰华在《廖江竹枝词十七首》中撰写三三佳日时,乡民祭祀真武并且分食肉类祭品的情景,也为壮族人过三月三的细节提供了佐证。

壮族三月三最为显著的传统之一就是到处歌声阵阵,家家儿女群体歌唱。这一节庆期间的群体歌唱传统以歌圩的独特形式呈现出来。因此,壮族三月三期间,广西坚守歌唱传统,让歌海中每朵浪花都竞相开放。节日期间各地都会举行规模大小不等的歌圩活动,小型歌圩的规模达一二千人,大型则可达数万人。"歌如海、人如潮",举办大型歌圩会,主办方会提前很长时间就通知方圆几十里的男女青年前来参加,单身的青年还可在歌圩中寻求爱人。届时,人山人海,煞是热闹,歌圩场上人们赛歌、赏歌,歌声此起彼伏。

此外,《壮族民间故事》的传说中,三月三是壮族始祖布洛陀诞辰日。因此在三月三节庆期间,壮族人们不仅踏青欢歌,而且围绕着壮族民间信仰展开拜山祭祖、祭拜盘古以及布洛陀始祖等仪式。壮族三月三祭祀是重要的民俗事象,主要流程是先打扫村中的祖神庙,并在庙中设坛,准备大型牲畜猪、牛、羊和五色糯米饭等祭品,请师公和道公主持祭祀。紧接着师公跳舞开路,用彩轿将祖神从庙中抬出巡游村寨。之后村民便在家中摆上猪、鸡、鱼等小型牲畜祭祀自家祖先,上一年向祖先神灵许愿后实现愿望的家主,来年还需要将祖神彩轿抬至戏台前安放,请戏班唱戏给祖师爷看戏,以达到娱神还愿的目的。

除了祭完共同的祖神,壮族还会在三月三期间为过世的先人扫墓。在壮族民间地区流传了千百年的《嘹歌》中的《三月歌·蒸黑饭拜山》,"三月逢初三,家家蒸黑饭,分我一二团,拿去拜坟山",记录的就是壮族三月三期间,壮族同胞各家祭祖扫墓的情形。扫墓是壮族一年一度最庄严隆重的时刻,此时无论壮家儿女在何方,都会提前回到家乡与家人商讨扫墓事宜,这也是一年之中好似春节会亲友的日子。

壮族扫墓内容十分丰富，祭祖的仪式围绕献祭展开，祭家祖以家族为单位进行，通常由正当年的一代子嗣轮流操持主祭。到了祭祖当天，虽然猪、鸡、鱼、糯米饭、米酒等都由当年主祭的家庭集中购买，但祭祀中所用到的猪鸡鱼"三牲"，是壮族民间畜牧生产中最为普遍的家禽，故一般都是用自家亲自饲养的牲畜作为祭品款待祖先，以表对祖先的尊敬，尽己所能表达至诚。同时，鸡与"吉"谐音，吉祥是壮族人寻求的一个好兆头，因而使用鸡作为贡品，也表达希望祖先能够保佑家族吉祥如意、人畜平安。祭品送到主祭家中后，由各家男人用竹篾筐或背篓把祭品运到祖坟，进行献祭。但各个小家庭还是会事先准备好自己那份祭祖物品，主要有鞭炮、香火、冥币等。壮族人认为供给祖先在阴间使用的钱越多，祖先就会越保佑子孙后代。很像旗幡的清明吊子是每个小家庭自己准备的，它由白沙纸折叠裁剪成串状，祭祀时按一定步骤撕开成树杈型的长串，用树枝挂着举起来，插在坟后。哪家坟头上插的吊子越多，证明这家人丁越兴旺。近年来还兴起在白色串子上染上红色或金黄色等颜色。

三月三祭祖先在祖先坟地进行。家族全部人到了祖坟后，男人们用镰刀清除坟地周围的杂草，用铲子挖上一方新鲜的泥土给祖坟培土，然后在坟后面插上一根细木条，挂上新的清明吊子。女人和孩子们将祭拜的物品按照米饭、酒、鸡鱼肉的顺序摆放在簸箕里，并在各个坟前的泥土里插上供香，祭品都准备完后，飨祭正式开始。飨祭过程约持续一炷香的时间，最后，人们念完祝祷词，将祭拜的纸质物品焚烧掉。祭品焚烧完毕，所有祭祀者要向祖坟三鞠躬。随后女人们便开始收拾祭品准备前往下一处墓地。男人们留下来将杂草和垃圾集中在坟墓边的空地上，用大火焚烧掉，并在坟地及其周围涂上白石灰，走的时候在坟地周围燃放一大卷爆竹。一路上，辈分最长者还会向后辈讲述所祭先人的事迹，或是久不见面的亲人们相互交流近况。当所有祖先的墓都拜祭完后，参与祭祀的所有人要共享祭品。分享祭品的方式有两种，一是在野外聚拢而食；二是回到主祭人家中重新加工而食，并且留下一部分食物给每一家带回去摆祭，或分给家族中给了份子钱但人未能到场祭祀的家庭。壮族三月三祭祖仪式中，不管是食物的进献还是物品的焚烧等，都是壮乡人以献祭的方式与先人沟通的表现，体现出孝敬祖先、祈求福佑的传统。

在祭祀用品上，清代文献有记载壮民会在三月三这一天将染上五色的糯米饭带去祭祖。人们首推的五色糯米饭，它背后暗含的深意正是壮民祭祀祖先的重要内容。五色糯米饭是三月三祭祖中必不可少的祭品，是各家用红兰草、黑枫叶、黄姜、紫蕃藤等植物的汁液浸泡糯米，蒸熟后捏团做成。武鸣壮族三月三就有做五色糯米饭的传统。壮家人喜爱五色饭，把它作为幸福吉祥的象征，吃了糯米饭能除邪驱鬼、人丁兴旺，且身体健壮。糯米粉是壮族人重要日子里必不可少的食物，除了农历三月初三外，社日、春节、中元节、孩子满月及新居落成等日子都会做五色糯米饭。主家还会将做好的五色糯米饭蒸煮分送给左邻右舍。壮族民间流传五色糯米饭给人带来吉利和平安，因而做五色糯米粉剩下来的染料渣，壮族人也会将其撒在家中房屋外围的墙脚下，以求驱邪保平安。

五色糯米饭的形成，传说与一个关心壮族百姓疾苦的官员韦达桂有关。

有一年大旱，韦达桂劝谏皇帝免征粮赋，皇帝不允，他便用计免除当地沉重的粮税，为此遭到了报复。韦达桂逃回家乡山上的一个枫树林里，三月初三这天官兵找不见他便放一把火烧山。过后，乡亲们找到他的尸体，把他葬在枫树旁并用酒和糯米饭等祭祀，顿时狂风大作，枫叶、红兰草等纷纷落在祭品上，糯米饭呈现出红、黄、蓝、白、紫五种颜色。后来壮族人民就给糯米染上色，在每年三月三这一天就用这种五色糯米饭纪念他，表达他们心中的感激之情。

从传说来看，五色糯米饭其实代表了人们感念先辈的功德。如今，三月三所具有的"慎终追远"的旨意仍然深深影响着壮乡的人们，通过三月三节日仪式又潜移默化地感染着年轻一代。在壮族人民的心目中这个有特定意义的节日已成为他们保持本民族的传统与记忆的独特方式，不可替代。

此外，在三月三期间，壮族地区有抢花炮、抛绣球、碰彩蛋等习俗。抢花炮习俗又称为"东方橄榄球"。抛绣球习俗早在宋代已有流传，绣球是姑娘们自己手工制作的工艺品，十二花瓣连接成球，下坠丝穗和装饰的珠子，象征着纯洁的爱情。抛绣球既是娱乐，也是定情信物。清代黄敬椿的系列风土诗中有记载："斜阳门巷破萧条，姐妹相从孰最娇。好把飞球空里掷，迎来送去赏花朝。"当姑娘看中某个小伙子时，就把绣球抛给他。碰彩蛋是互相取乐承欢，也有定情之意。彩蛋是壮族人家把煮熟的鸡蛋染成彩色，用丝线网住，挂在胸口上。壮族小伙子在歌圩中手握彩蛋去碰姑娘挂在脖子的彩蛋，彩蛋此时的功能是传情，如果姑娘不愿意就把蛋握住不让碰，如果有意就让碰。蛋碰裂后，两人共吃下彩蛋，意味着双方已相好。如今的碰彩蛋可以男女相碰，朋友相碰，亲人相碰，碰彩蛋蕴含着"碰碰碰，碰出好运气"的意头。

凡此种种，壮族三月三与当地壮族生活紧密相连，蕴含多层次的传统文化意义，是壮民精神世界的投影，也是地方性知识的诠释。过三月三既娱神又娱人，不仅是祭祀仪式、节庆纪念，还是壮族人寓教于乐的活动场所。

嘹亮的山歌、盛装的"刘三姐"、五色糯米饭、烟墩的大鼓、阿妹的绣球……每年的农历三月初三，广西全区各地就成了一片欢乐的海洋。以祭祖踏青为核心，以群体歌唱为依托，形成了独特的民俗文化。现当下，我们仍然要不断挖掘三月三文化内涵，利用毗邻东盟国家的优越条件，充分发挥它的时代作用，让壮族三月三成为壮乡多姿多彩的民族文化交流平台，并沿着综合性、世界性的方向继续丰富和充实其中的内容。

十三、农历二十四节气（壮族霜降节）

壮族霜降节是壮族民间祭祀祖神、庆祝丰收、歌圩择偶和贸易往来的传统节日，是壮族稻作文化的体现。人们会在农历霜降日集聚，欢歌唱戏、舞龙舞狮，历时三天。壮族霜降节流行于广西大新县下雷、雷平、宝圩一带并覆盖天等、靖西、德保等地。

2014年11月11日，农历二十四节气（壮族霜降节）经国务院批准，被列入第四批国家级非物质文化遗产扩展项目名录，保护单位是广西壮族自治区天等县文化馆。

壮族霜降节依托壮族"那文化"，是壮族民众在自然中寻求生命感悟，追寻精神向往而形成的民俗节庆，最初只是壮族民众庆祝丰收的一种表达形式。因为早期自然生存环境恶劣，壮族先民要靠采集和狩猎来获取食物，对自然界有很大的依赖性，种种生存威胁也让人们对自然产生神的信仰和崇拜，特别是保障生存的动植物等。壮族是稻作民族，对稻谷和耕牛有着特殊的崇拜和感激之情，祈丰收是以米粮为生的壮族人最朴实的心愿。谷神和牛神是壮族民众的信仰之神。在稻谷丰收、秋末冬初之时的霜降节，也逐渐演变成为壮族人民重要的节日。所谓春祈秋报，人们得到了丰收，当然首先想到要谢神娱神，霜降节就是谢神的最好时候。壮族地区因其特殊的地理位置和悠久的土司文化，祭神祈福仪式成为霜降节最重要的组成部分。后来经由历史的发展，霜降节的祭祀娱神谢神活动，转变成为集祭祀、娱人、贸易、交友于一体的综合性民俗活动。

壮族霜降节在壮族地区传承并沿袭下来，它的产生发展与特殊的地理环境、社会文化息息相关。霜降节是一个由节气演变而成的节日民俗，按照二十四节气的流转循环来看，霜降的日子是每年农历九月，也就是秋冬交接之时。壮族霜降节在每年农历霜降后的9天内举行，具体的日子顺应天时，根据卦象来定。"旦那"，即晚稻收割结束之后的日子，是劳作了一年的壮族乡民们认可而约定俗成的霜降节。节庆当天，乡民们用新收成的糯米做成"糍粑""迎霜粽"等，招待一起过节的亲朋好友。人们以歌会友，走亲串戚，对歌看戏，用歌谈情，同时在节庆期间的圩日，人流量非常大，人们将农副产品拿到圩上售卖，购买生产生活用具为第二年的春耕做准备，整个过程蕴藏着浓郁的农耕文化气息。

秋意渐浓，晚稻收获，春祈秋报。霜降节这一天，位于西南边陲的广西天等、大新、德保等地人头攒动。白天，圩镇传来不同口音的叫卖声，售卖农副产品和农具，各家各户吃着迎霜粽，打开大门，迎接四面八方的客人。夜里，山歌声袅袅伴着壮戏的"呀嗬嗨"，壮族同胞歌唱民族英雄、缅怀先烈，壮家儿女对歌结缘，寻求配偶。这些贸易交流、纪念英雄、缅怀祖先、对歌听戏等文化现象，展现壮族独特的风俗习惯、文化认同、道德伦理以及真挚淳朴的信仰。在广西地区，壮族霜降节这一习俗尤其以天等县向都镇的气氛最为浓厚。天等县境内壮族人口占总人口的98.83%。天等向都的霜降节也是歌节，是天等人民进行文化娱乐的传统节庆，过去也是未婚青年男女唱情说爱的最佳时刻。农村青年以歌传承、以歌交友，在一定程度上丰富了农村文化娱乐生活，并且成为一种无形的历史文化遗产。歌圩是才艺展示的舞台，是访亲交友的盛会，壮族人民的纯朴、勤劳、智慧、善歌、友爱等特点都得以淋漓尽致地发挥和表现。

民间流传着关于霜降节的顺口溜："霜降歌节自古有，为忆长奶齐功勋。故事如歌年年记，哥妹再唱一百年。"关于向都镇、下雷镇的霜降节，地方上都有普遍流传的民间传说，其来源与明代土司夫人岑玉英（乜嫲）有关。传说岑玉英刚出生时身体素质就异于常人，后来骑牛射箭，练就了一身好武艺。因为当时朝廷腐败、欺压民众，她自发组织起"护乡同盟会"抵御倭寇。一日，倭寇偷袭，岑玉英来不及穿衣服就骑牛出击，其披头散发，腿与牛身融为一体。倭寇见状纷纷逃窜。岑玉英骑牛护国有功，从那以后世代向都镇壮族男女老少都自发组织祭奠"七嬷"，人们期望英雄事迹能激发未来更多的民族同胞热爱民族的情怀，祈求英雄能给壮族带来未来一年的美好祝福和吉祥。在三天三夜的祭奠里，向都青年男女们用民间谚语，通过唱山歌的形式来表达自己的思念，用山歌对唱来缅怀先人。

除了天等县向都镇，距今已有三百多年历史的大新县下雷镇的霜降节也被认为是霜降节的源起之一。当地传说中，节庆来源于岑玉英和她丈夫协同当地壮族同胞的反侵略斗争。为了保卫壮族人民生活安宁，岑玉英率众抵御外敌，凯旋之日正值霜降。当地百姓欢庆三日，此习俗随后代代沿袭，为了纪念他们，下雷人民建起玉音庙（娅莫庙），逢霜降日民众扛着岑玉英的画像举行游神活动。节日传说丰富了节日文化，增强了霜降节文化内涵的叙事性。

此外，民间传言下雷镇的霜降节与稻作族群的节期规律有关，是农民丰收时庆贺的一种形式。《归顺直隶州志》中有关于"霜降节"的记载："前一日，州城各户裹粽，谓之'迎霜粽'。节间燃烛烧香，供祖先，给小孩。四乡亦作糯米糍，谓之'洗镰'。推原其故，盖幸登场事竣也。"这说明壮族霜降节依托壮族稻作文化，是壮族稻作文化传统的活态体现。每年这个时候的霜降节，反映壮族民众共同的文化记忆、族群认同以及从英雄事迹中汲取凝聚壮族民心的力量。

《镇安府志》中提到下雷土州"耕作山顶，鲜知贸易"，因下雷特殊的地理位置，霜降后人们都会来镇上赶圩，赶圩日为三天。传说霜降节买的东西结实耐用，是吉祥如意的兆头，供奉鬼神为的是风调雨顺，获得丰收，当人们尝到甜头时便要感念神恩。壮族民间谚语"九月里、秋风凉、棉花白、稻子黄、家家户户放牛羊"，霜降节时，晚粮已到。因而，霜降节又是"春祈秋报"的最佳时候，谢神娱神成了霜降节固定的表达方式。壮族霜降节分为头降、中降、尾降三个阶段，并且，中降是最为重要的高潮阶段。

头降日这一天传统上主要是敬牛，乡民在这一天会让牛好好地休息，并给牛洗澡，跟牛说话，感谢牛的辛苦劳作，体现壮族地区对牛的崇拜。霜降节第一天，壮族人民会起个大早，街上的客商们更是早早地摆出各类商品，从生产用具到生活用品，等待客人们的到来。头降开始的清晨，男人在杀鸡宰鸭后去圩镇买农具，女人在家包粽子和舂糍粑，做菜准备款待四面八方的亲戚朋友。

晚上，壮族儿女相聚而歌，较为宽裕的壮族村屯还会花钱请戏班在古戏台上举行酬谢活动，并摆上糍粑、粽粑等祭品祭祀各方神灵，以此祈福祭祀，敬神娱神，表达祈盼五谷丰登的愿望。

中降即是正降，这一天主要是敬神。人们先是在自家香火台燃香祭祖，再拿着糍粑、猪肉、香烛等祭品到娅莫庙祭拜，进香迎神。师公在庙里请神后进行游神活动，在锣鼓喧嚣中，青年男子打扮成士兵模样，举着牙旗，在狮子的开道下把女英雄乜嫽画像抬出来巡游。巡游以表纪念民族英雄乜嫽，路线从街头到巷尾，他们抬着乜嫽的神像挨家挨户地巡游，巡到哪家，哪家就要燃放鞭炮迎接。到时被认为"命轻"的孩子是不能出门观看的，以免体弱生病。清代时，不仅百姓祭祀，土官也身着官服率众顶礼拜祭。中降日晚上，进入丰富多彩的文体活动时间。期间会举行山歌对唱，壮戏演出。长期以来，壮族民众将连续三个圩日定为歌圩。歌圩上，歌手自由组合，通宵达旦对唱山歌。对歌内容丰富多彩，主要有以歌传史，即通过传唱创世古歌和叙事长歌来颂扬祖先与传播历史文化，普及有关农事等方面的知识；以歌交友，即是通过唱游歌、见面歌、求歌、和歌、盘歌等相互增进了解和结交请谊；以歌传情，主要是唱相交歌、定情歌、相思歌、离别歌、约定歌。未婚青年人则三三两两地对起山歌，对唱的男女在固定对唱的地方对唱后，若是想继续通过对歌进行深入了解，便悄悄约定好下次对歌的地方，并互赠信物，赠品多是布鞋毛巾之类日常用品，礼轻情重，双方都很珍惜。以前霜降歌圩规模宏大，很多壮族男女就是通过这样的方式组建家庭，对歌活动一直持续到下一天的尾降。另外，近年随着经济文化的繁荣，中降节晚上一般都有篮球、拔河等体育赛事。

此后，便进入了尾降，即远近闻名的"霜降圩"。古时候人们认为霜降节买的东西经久耐用。因此，为了图吉利，便会省下一年的钱，留到霜降节时才拿出来买新的东西。这一沿袭下来的俗信观念，使得人们特别乐意在霜降节期间购买生产用具、生活器具等，所以广东、福建、浙江等外来客商也会赶来圩镇销售商品。唱山歌纪念先人、表达情谊也就从这里开始发展。此活动吸引着当地及县内外数万名群众参与。在霜降节期间有来参加比赛活动的，观看赛事和演出的，有的慕名来了解山歌文化和观赏历史景观，更有专门来买东西的。

在霜降节祭祀祖先、宴请亲朋好友和招待好客人，这其实是一种潜在的民族团结，也是一种民俗力量。每年的霜降节开幕式都是热闹非凡的，十里八乡的乡亲和远道而来的客人，皆因为霜降节而相聚在一起。近年来当地利用壮族霜降节这一文化名片，在原有祭祖仪式和登山祈福的形式下，多增加了山歌邀请赛、非遗项目展演、壮族打榔舞和壮族音乐剧等各色演出，吸引了大量外来游人。时至今日，越来越多来自各个地方的群众自发来参与霜降节活动，给当地壮族群众带来了新理念和思路，城乡互动性增强。壮族霜降节成为天等县持续时间最长、活动内容最丰富、影响范围最广且参与人数最多的传统民俗节庆活动。随着城市化进程的加快，壮族世代举行的霜降节面临巨大的冲击。人们开始反思过于注重节日所带来的利益而忽视和甚至无视了节日精神的传承。

如何在当下经济文化环境下保护传承霜降节，探寻一条可持续发展道路显得十分重要。天等县为此采取了一系列行之有效的举措，首先对壮族霜降节相关材料进行挖掘、收集和整理；制作壮族霜降节视频材料；建立壮族霜降节的电子档案；保护节日循环链条，培养新一批壮族霜降节传承人；稳固壮族霜降节的节日品牌和节日基础，同时在节日文化传承中注意反映时代性，不断融入新的品质精神，使壮族霜降节具有了更多的文化内涵。

壮族霜降节因时代发展而更加丰富精彩。作为拥有丰富内涵的节庆活动，无论壮族霜降节形式如何改变，千百年来壮族民众对美好生活的希冀始终不变。它体现着一个区域族群的文化生活方式、风俗习惯，融合了古今的历史传统和文化心理，凝聚了一个族群的集体记忆和价值观念，展现出丰富多彩的壮族民俗文化，是壮族文化展演的大舞台，同时也承载了壮族土司文化、反侵略斗争的历史记忆，具有凝聚族群、传承弘扬民族精神的重要现实意义。

十四、中元节（资源河灯节）

资源河灯节起源于唐宋年间，是资源县民间百姓通过供奉贡品、放河灯来祈得美好心愿的传统节日活动，又称为"中元节""鬼节""七月半节"，流传于广西桂林市资源县一带，覆盖县辖区内的资源镇、中峰乡、梅溪乡等乡镇。当地百姓用放河灯的方式来祭祀亡人，祈求祖先保佑，呈现万盏河灯漂资江的胜景，极具民族特色和地域特色。

2014年11月11日，中元节（资源河灯节）经国务院批准，被列入第四批国家级非物质文化遗产扩展项目名录，保护单位是广西壮族自治区资源县文化馆。

资源河灯节是山水与民俗风情交融而成的一颗璀璨明珠。资源县每年举办的河灯节都会吸引大量游客前来领略八角寨的神奇、资江的秀美、五排河的激情和宝鼎瀑布的雄奇。山清水秀、石奇林幽的资源县属桂林林市下辖县区，位于广西东北部，与湖南省毗邻。县内有众多少数民族聚居，民风淳厚，崇礼尚仪，民族之间交往密切。资江自南而北纵贯资源县境东部，流域面积1315.5平方公里。境内由白垩系丹霞地貌构成的资江、天门山、八角寨风景区以及宝鼎瀑布风景区、五排河漂流，集雄、奇、险、秀于一体，县境内的越城岭西麓为资江发源地。境内自然资源丰富，民风特色突出，是广西重点风景名胜区，被称为"国家森林公园"及"国家地质公园"。

资源河灯节历史悠久，子子孙孙世代承袭。它于每年农历七月半举行，是当地富有特色的传统民俗节日。关于资源河灯节的缘起，《资源县志》中有相关史料记载。在湘桂铁路开通前，水路是交通运输的重要方式，资江作为一条重要的水路，桂北与湖南的所有商贸活动均通过这条水路，是交通大动脉。地处亚热带季风气候区的资源县，时常突然下雨，水急浪高，小船动荡容易撞到礁石，且下海打鱼的人们常常会遇到暗礁或巨浪，因而常有舟覆人亡的事故发生。适逢七月半的中元节，人们都会自发地为葬身资江的冤魂做道场超度，末了放几盏河灯，一来以示对亡者的祭奠，二来也求自身辟邪消灾，万事大吉。一来二去，资江放河灯的习俗由此产生。咸丰二年（1852年）的时候，湖南商人兴建湖南会馆，规模宏大，占地六余亩，选址在距离资源县城两公里处的合浦街。自此，湖南会馆每年从公费或民间捐款中拨出经费，专门在农历七月半期间延请本地或外地名道高僧，高搭法坛，做"水陆道场"超度资江中的亡魂，并在当夜由会馆统一组织民众在资江上漂放河灯来寄托哀思和祈祷平安。经民间上百年的延续传承，当地人依放河灯的习俗将中元节称为河灯节。

此外，关于资源河灯节与信仰的关联，当地也有相关传说。相传，唐朝大和年间，佛教传入西延，西延也就是今日的资源县下辖的中峰、延东、大合、瓜里、梅溪等乡镇。资江水路发达，佛教传入速度快，这一带佛教信徒众多。为了祈求神灵保佑，祈愿家庭平安幸福，在县城沿资江一带，每年的七月十一至十四日地方商会或佛堂便组织信徒举办佛教法事"盂兰盆会"，此间除了请佛祈福祭神外，更重要的是通过佛法超度那些遇难溺死在资江里的亡灵和厉鬼，使其不要出来作乱，危害百姓。到了清朝，资江上水路通行的人愈来愈多，交通事故也变得越来越多。为了祭奠亡者，保一方安宁，每逢七月半中元节，有组织的便会跟着组织人员一起去河边祭拜，没有组织的也会自带祭品前往。当地群众不仅会制作简易的河灯在资江的河面上漂放，以示祭祀祖先之灵，让他们找到回家的路，还会自发地为葬身资江的亡灵做道场超度，放几盏河灯，既可以祭奠亡者，求得地方清泰平安，又可以祈祷自身平安顺遂。如今，每到节庆时刻，万盏河灯漂资江，当地都会举办盛大的资源河灯节，河灯节的内容也愈发与时俱进。以河灯为主体内涵的资源河灯节渐成规模，增加了山歌擂台邀请赛、民间歌舞文艺演出、民族服装走秀、民族特色体育活动、商品贸易展销会等内容，形成了独特的地方性民俗节庆活动。

起初，资源河灯节放流的河灯只有"敬神灯""莲花灯"以及"粽子灯"三种。河灯寓意有航灯导引的功用，有指路照明的意思，寓意给游荡在外的游魂照亮、引导归家之路。"放河灯"不是展示河灯的精美，不是表演给人看，是表演给水神、鬼魂看，"每个步骤到位、心意到就好"是资源人民的惯常心态。"敬神灯"以四根灯柱钉成固定的框架，再糊上四面透光皮纸，贴上吉语即完成。敬神灯用来敬河神，祈求河神佑护，免遭覆舟之灾。"莲花灯"则是用剪刀将粉色的硬纸剪成莲花状，再在底部糊上一个碗周，形制似盛开的莲花，取佛教的莲花洁净之意，作超度魂灵之用。"粽子灯"则是将松脂碎渣用"禾蔸纸"包成粽子状并固于木板而成。

二十世纪中期以后，河灯的制作工艺及内容日益完善和丰富，河灯的种类也丰富多样，有"龙凤灯""走马灯""罗汉灯""八角灯""宫灯"及花鸟鱼虫、山水风景等花样，花灯虽形制奇特、种类繁多，但主要寄寓着人们对美好生活的祈盼。

此外，资源河灯节还是有名的歌节。以前资源河灯节兴唱歌，每逢农历七月半，夜幕下的资源县灯火辉煌。歌节期间，男男女女、老老少少集会于桥亭，资江边，互对山歌。歌声悠扬，彼落此起，连续数日以此怀念祖先，叙述人物英雄，抒发男女爱情，赞颂美好生活。少男少女哼唱旋律悠扬婉转的山歌："古来涛涛资江水，月半歌节放河灯；山歌阵阵表心迹，河灯盏盏祈太平。"霎时，盏盏河灯次第点亮并漂放江中，万灯齐明，一时间仿佛是银河仙境坠入资江，如神话一般。一排排、一组组、一列列制作精美、花样繁多、万紫千红的大小河灯,承载着放灯人的心愿和祝福,伴着歌声流光溢彩,随江水缓缓前行。过节时,家家户户先在自己家中供奉神灵,祭祀祖先,斟酒三巡便意味着祖先已经吃饱,家宴要开始了。家宴时,合家团坐,共进晚餐。夜幕降临时,阵阵敲锣打鼓声传来,意味着各乡的舞狮队、舞龙队、河灯队、艺术表演队已到达,即将要汇集到城里大显身手。届时,人们将提前准备好的手工河灯点亮,放些许小祭品在灯上逐波而流,以此寄托对先人的思念,祈祷先人对子孙的保佑。放逐河灯的景象十分壮观,资江上的河灯从零零星星到满江辉煌。赏灯之后,各乡队伍便开始通宵达旦地表演文艺节目,青年男女开始对唱山歌。熙熙攘攘的群众拥挤在河边交流物资的集市上。人潮汹涌、商品贸易、万灯逐流、歌声如海将这个小小资源县城掀得沸腾起来,尽显一派盛世繁荣景象。

  传统的中元节是夜不出户,独自在家,颇感凄凉惨淡。而这同一天的资源河灯节,却是热闹非凡的民俗节日。节庆当天万人空巷,齐聚资江放河灯祈福。每年到了农历七月十四这天,许多人都期待着资源县沿袭下来放河灯的习俗,人们已等不及太阳落山,三五成群早早前往,静候在资江边的廊桥上,就为了占个有利位置,有人干脆把家中的晚宴都搬来资江边上,迎着江边徐徐晚风就餐。夜幕降临,资江两岸华灯初上,此时风雨桥上已经是水泄不通了。晚上九点半左右,月半正空明,天上月、水中灯交相辉映,资江流水潺潺,岸上人声鼎沸。河面上最先出现上百盏身形较小的粽子灯,远看如点点星光倒映河面。紧随粽子灯的是两盏长方形"排头河灯",排头河灯上书写着今年河灯节的主题词,十分有派头。排头河灯放出后,九龙灯渐次出现,七八米长的龙身,内部点燃蜡烛,穿梭在粽子灯的"护驾"队伍中,新奇的金鸡灯、抱拳的松树灯,甚至远眺的孙悟空猴形灯,这些河灯沿河边而放,守护在九龙灯的外围,整条资江都被九龙灯首尾相接,连出了一条光带,场面震撼而壮观。大约只有十多分钟,上游将灯陆陆续续放完,此时资江水面已布满了河灯。随着官方的河灯悉数放出,资江边的人们也激动起来,百姓们也自发自制形状各异的灯,一一顺水推放入资江中,有飞禽走兽、花鸟鱼虫、宝莲赐福、龟鹤延年、龙凤献瑞等灯型。人们将心愿写在河灯上,并对着河灯诉说,有人祈愿生活顺心,阖家幸福,有人祈愿来年添丁,平安顺遂。万盏河灯漂浮在水面上,数万盏灯烛伫立其间,发出柔和的光亮,指引着在外归客回来的路,默默承载当下人们许下的祝福。随着河灯成群聚拢,满江辉煌或集中到河面一隅,或静静漂流顺水而下,在大而皎洁的月亮的映衬下,河灯仿佛天上的星星倾倒在资江中。

祭祖源于人们相信灵魂不灭,逝去的人存在于另一个时空维度,而资江上的河灯便是已故的人与活着的人之间交流的媒介。资源河灯节这一民俗节庆文化已经不再仅仅是一个民间习俗,它在人们日常生产生活中也发挥着民间信仰的作用,让社会更加和谐有序。随着民族间的频繁交流,汉、苗、瑶、壮等民族的风俗民情交融,资源河灯节已成为当地民间一年一度民风浓郁的传统节日。

如今,在县政府的主持下,资源河灯节已成功举办了二十届,从毫无名气到现如今街头巷尾水泄不通。盛会时分,资江两岸三天三夜歌声缭绕,整个县城成了歌海,吸引了成千上万的国内外游客,当地和附近的各族人民云集,月夜观赏河灯,领略这绚烂的人间奇观。资源河灯就像是资源一张最靓丽的文化名片,来此收下的人们无不感受到她深刻而独有的魅力。借助资源河灯节的时令性,地方政府不断将资源县的非物质文化遗产与当地经济发展相结合。在现代语境下,资源河灯节借此完成了从古到今的完美转变。在此过程中不仅肯定了资源河灯节的历史地位,也为中国传统民俗节日增色不少。

十五、民间信俗(钦州跳岭头)

钦州跳岭头,又称"看岭头""跳大排""跳鬼僮""颂鼓""傩舞"等,指的是钦州市一带汉壮文化融合共生的综合性民族民间节庆习俗活动,它集祭祀、戏曲、舞蹈为一体,属于民间傩戏的一种,承载着民众驱邪祈福、祈求丰收、人丁兴旺等美好心愿。跳岭头因多在野外的岭坡上进行而得名。每年八月、九月是广西钦州市各县区举行跳岭头的时间,主要盛行于南壮、汉族杂居的钦州钦南区、钦北区、灵山和浦北等县区,至今已有四百多年的历史。目前钦州地区仍拥有跳岭头班子数十个,保留下来的传统节目有近百个。

2014 年 11 月 11 日,民间信俗(钦州跳岭头)经国务院批准,被列入第四批国家级非物质文化遗产扩展项目名录,保护单位是广西壮族自治区钦州市非物质文化遗产传承保护中心。民间信俗（钦州跳岭头）国家级非物质文化遗产代表性传承人为陈基坤。

作为古老的民俗文化，跳岭头习俗属于民间传统傩戏中的一种，至今仍流传于桂西地区。傩是中国舞蹈艺术的活化石，最早起源于古代原始"巫"，是腊月驱鬼收妖、扫除瘟疫的重要仪式。我国广西南部钦州一带汉族民间流传着俗语"岭头大过年"，由此可见跳岭头在当地民众心中的隆重程度仅次于春节。跳岭头承传了傩的特征，是一种以戴面具驱鬼逐疫形式出现的传统祭祀活动，仪式中的主要打击乐器是豆鼓，即与新石器时代祭祀礼器"豆"的形状相仿的一种陶鼓。民间认为钦州跳岭头具有重要的神圣性，是祈神娱神、驱鬼逐邪、护佑后人以及祈雨求丰收等的祭神仪式。

钦州跳岭头源于祭祀活动，是一种傩祭仪式，与当地原始社会时期的巫觋事鬼现象相关。作为一种民间信俗，钦州跳岭头最早的文献记载可追溯到明嘉靖年间。《钦州志》卷一《风俗》篇中记载："八月中秋，假名祭报，妆扮鬼神于岭头跳舞，谓之跳岭头，男女聚观，唱歌答。"《灵山县志》卷二十二《风俗志》中又载："八、九月各村多廷巫师鬼童于社前，跳跃以编，始入室驱邪疫瘴，亦乃乡傩之遗意也。"此外在清道光年间的民间文献资料中也有相关村男村妇于坛戏歌、跳岭头等记载。据钦州市久隆乡跳岭头老艺人罗莱春（1904—1985）回忆，她年幼时曾听村中父老说："傩就是跳岭头，跳岭头就是傩。"可见一直以来跳岭头在钦州地区都与傩文化紧密相关。

从节目类型及表演形式来分析，跳岭头大致历经三个发展阶段。第一阶段从《三师舞》《四师舞》《五雷舞》来看，多是古代越人崇拜天、地、水、雷的痕迹，其主要目的是娱神。第二阶段的表演目的主要还是娱神，但开始出现带有娱人风格的祭祀舞蹈。第三阶段是大转变时期，约发生在明清时，凸显较强的歌舞性和娱乐性，这是跳岭头从娱神为主的祭祀活动转变为以娱人为主的风俗舞蹈。

现如今，每年农历八月至九月是钦州壮、汉族各村屯轮番举办跳岭头的时期，各村屯跳岭头有固定的日期，而邻近村屯跳岭头的日期大多相互错开。跳岭头的地点一般选在村边的缓坡岭头上，活动之前，师公都要到主事村屯的社庙里拜祭，有些村庄在社庙祭完后就直接在庙前的空地上表演，因此又称"跳庙"。举办"跳岭头"的村子，一般从头天下午开始家家户户杀猪宰牛，杀鸡宰鸭，广发邀请，大宴宾客，民间传统认为宾客到来的人数与主人家的运气相关，谁请来的人数越多，谁家当年运气越旺。这就考验主人家的人脉关系，除了邀请本村人参加，邻村和外地朋友也被邀请前来。钦州跳岭头前后历时三个多月，时间跨度之长，这在国内外民间都是罕见的。

  钦州各地跳岭头虽然有一些不同的做法，但内容基本是相同的。跳岭头活动筹办时先由村长和当地民间组织"岭头队"商讨，筹集资金，征求村里人的同意后岭头队在"师父头"的组织下开展跳岭头。岭头队人数一般在22人至30人左右，可多不可少。根据表演形式的不同，跳岭头分为三种：四人表演、八人表演和十二人表演，表演时，表演者头戴帽子，脸戴面具，身着玄衣朱裳，双手执刀、斧、戟、剑、棍、锄、铲之类的兵器或者农具来进行人物塑造。舞蹈是跳岭头的重要组成部分，占据着十分重要的位置。具体来说，跳岭头的舞蹈和音乐贯穿整场活动。舞师会先根据所跳的舞段角色选择穿戴相应的服饰和佩戴人物面具来表演带有角色个性化的程式舞蹈，并伴以打击乐器颂鼓、蜂鼓和铜锣等的伴奏。表演时，人物栩栩如生、诙谐有趣，民间地方俚曲色彩鲜明，传统节目多取材于古代的神话传说和当地戏曲故事。

  根据筹集资金和岭头队伍人数等各方面的差异，每个村屯所举行的跳岭头规模略有不同，但涉及的程式和表演唱词则大同小异。钦州跳岭头仪式程式主要有开相、主坛、开坛、跳日午、跳夜灯、复相和捉精撬船。跳岭头的传统节目有请神、扯大红、跳三师、拜四帅、跳五雷、十帅舞、千岁舞、收妖、插科打诨等，贯穿于请神、酬神、送神仪式这三大部分之中。请神即包括开相、主坛；酬神即戴面具扮神歌舞，包括开坛、跳日午和跳夜灯；最后的送神就是捉精、撬船，收完妖的同时也把神送走。

  钦州跳岭头首先是开相，相即面具，开相仪式在农历八月初二上午，于跳岭头活动场地上举行。届时，需要摆出跳岭头所用的全部法器、面具、服饰、乐器、神像等仪式道具安坛开光。民间说法是只有经过开相仪式，道具才具有神性。开相仪式由师傅主持，请求赋予祭祀道具神力，神保佑整个活动顺利进行。接着组织艺人在会餐后进行排练，各岭头队成员聚到一起练习舞蹈动作和唱腔，既相当于彩排，又是技艺新老交替、老传少学的时候。每个岭头队各自开相的时间不尽相同。开相之后，岭头队就开始接受邀请，到那些没有自村岭头队的地方表演跳岭头。

其次便是主坛仪式。农历八月十四下午，由岭头队的师父头带领岭头队的艺人们在村里香炉前开始用竹木搭建简易的坛场。坛场分上下两处，上坛供奉神灵，下坛安置厉鬼。晚上十一点，师父头开始主坛仪式。首先是"请师"。通过念经、画符等法事请出岭头队的祖师爷，向祖师上报跳岭头的时间、地点、主庙代表，请祖师保佑跳岭头平安顺利。紧接着"封坛"，将请到的祖师爷神坛用纸钱画符，念咒封住，不让鬼怪叮扰捣乱。最后是"收禁"，将五方邪师妖怪收押于岭头鼓中禁锢起来。仪式完毕后，主坛也就结束了。

到了农历八月十五上午九点再举行"开坛"仪式，师父头施法并念完一封奏文后，派人在坛屋前宰牲。之后开始跳日午。一人身穿龙褂，头戴"三师"平面面具于额前，左手执系着红布的朝简，右手拿马铃，随鼓点起舞于坛屋内神案前，意为神仙骑马降坛场。坐在凳子上的艺人们开始唱神的故事，间有岭头鼓、过山钟伴奏，每唱两句就敲乐。所唱内容大致为请功曹骑宝马去请"三师"和各路神仙，唱词大多为叙述各神仙的出圣成仙经历和遭遇，所唱有《请三师》《捻香保福》《台盘使者》《开山拨路》《搭桥铲路》《吹箫打笛》《铺帘挂帐》《阴歌大雅》《阴歌小雅》《监灯领醮》《请鲁班》等。跳岭头的节目多分为抛偈和唱格，并持续到下午三点左右才告结束。

晚上八点时分是跳夜灯仪式。跳夜灯设在坛屋前的空地上，灯火通明。跳夜灯是跳岭头舞蹈表演的主要部分，其节目顺序安排包括《三师格》《四师格》《三元天格》《四帅格》《五雷格》《仙娘格》《十帅格》《千岁格》《杀精格》《唱格》《捉五方精格》等十一个节目。到《捉五方精格》的时候，节目就收尾了。

艺人们根据各个节目里的人物，表演带有角色个性的程式舞蹈，穿戴各种服装和面具。傩舞中人物角色的类别、性别和身份地位是由舞师头上系戴的面具体现的。面具制作精工釉彩，脸有红黑，貌有美丑，形有喜怒，艺术性格特征强烈。每跳完一个节目，坛屋内坐着的唱师就会穿插歌唱一个段落的人物故事，即"唱格"或"偈"，如跳完三师就唱《三师格》。有时一个节目要唱许多"格"或"偈"，如跳杂神时，就唱《云梯偈》《社王偈》《城隍偈》《祖师偈》《圣爷偈》《土官偈》。表演过程伴随着敲锣打鼓声、鞭炮声，表演会持续到第二天凌晨两点多，至此跳岭头就算全部结束了。

有些地区十六日还要跳"复相"，即选择前一晚上表演的部分节目简单地重复一遍。复相节目中的"捉精撬船"最有特点。师父头身着三元袍，头戴王帽，岭头队的两名艺人戴面具扮文、九两官，还有一人戴土地暗相，另一人戴妖精暗相，表演五方精被王捉拿的故事。首先将坛屋周围的妖怪邪精悉数捉来，放进纸糊的龙船里。捉完妖精，王扛着龙船跑在前，其他人敲着锣紧随其后，整个队伍从坛屋向村尾行进，一直跑到村尾的河边，王将船头朝向村尾，放火焚烧。此即撬船，意味着让那些致人疫病、损害庄稼的妖精随水流去，永不回头，昭示全村来年也必将平安顺意。至此，跳岭头祭祀活动宣告结束。

钦州跳岭头以民间信仰为依托，虽表演内容的情节简单，手法原始。但近年来，它吸纳了许多民族民间歌舞、戏剧等文化元素，并将跳岭头表演融于节日习俗、信仰习俗、村社习俗、娱乐习俗中，确有其独到之处。从节目程式中明显可见其与中原古代方相氏黄金四目、执戈扬盾等驱傩习俗有着妙不可言的关系。在跳岭头中岭头队表演最多的舞蹈动作是蛙形，与左江花山岩画中的蛙形人物相似，也是壮族自然崇拜中的一种类型。岩画的静态、跳岭头的活态充分证实了民族文化及其各项元素几千年来相互渗透、相互融合的历程，生动体现了古老的民间艺术的历史文化魅力和它的神奇力量。钦州跳岭头在壮族沃土下成长的同时吸收了汉族民间文化，是壮汉民族文化交流与融合的产物，并通过音乐、舞蹈等艺术以活态的形式向世人呈现。

如今，细细品味钦州跳岭头师公所跳之舞、所唱之词，领略民间生活文化的活宝库，我们可以通过整个仪式完成的酬神还愿、娱神悦人等文化功能，感受到民间傩舞的魅力。在长期的发展过程中，跳岭头通过原始古朴的祭祀仪式和歌舞表演，在民间潜移默化地代代相传，它可以满足乡民特有的精神信仰和心理需求，具有其他文艺形式所不可替代的、贴近百姓日常生活的内容，也随之成为地方集体记忆和潜移默化的思想指导。

十六、敬老习俗（壮族补粮敬老习俗）

广西壮族是非常尊崇孝道的少数民族，素有尊老敬老的传统美德。壮族人对老人的健康长寿非常重视，他们为老人祈寿的习惯经时间的发展逐渐形成了壮族补粮敬老习俗（以下简称补粮习俗）。敬老习俗主要流传于广西地区的巴马、南宁、三江口、忻城、上林、田阳、平果、靖西、那坡等地，其中广西壮族自治区河池市巴马瑶族自治县各乡镇的壮族聚居村落的补粮习俗十分普遍，每个村寨49岁以上的壮族人都会请仪式专家主持补粮仪式，这些地区的补粮习俗最具典型性。

2021年5月24日，广西壮族自治区河池市巴马瑶族自治县申报的敬老习俗（壮族补粮敬老习俗）经国务院批准列入第五批国家级非物质文化遗产代表性项目名录，保护单位是巴马瑶族自治县文化馆。

补粮习俗源于壮族尊老敬老传统，与壮族"命由魂生，魂由粮养"的观念有关。老人被视为家族团聚的核心，崇老敬老是壮族极为推崇的社会风尚。地方资料中多有相关记载，壮族史诗《布洛陀》有"老人话里有金句"的诗句，并把敬老的美德写进《传扬歌》中，单独作为《孝敬》《养育》《妯娌》《分家》《后娘》等的章节。其中，壮族"道德经"《传扬歌》的"敬老"一章中："娘忍饥吐哺，父挑担打工，莫忘父母恩，辛苦养成人。壮家好传统，儿女承家风，老人他服侍，合家乐融融，羊有跪乳恩，人有父母情，天下父母心，都望子成龙。"这些都在具体教育子孙如何敬老，小及吃饭时必须老人先动筷大家才可以吃饭，大到村落中以"都老"为管理者。崇老敬老观念融入社会生活中，以习俗的方式实践并世代相承。

补粮习俗的形成也源于壮族的生命观，稻作文化是巴马壮族的文化内核。补粮习俗始于何时，广西地方古籍资料并无详载。二十世纪五十年代后，《广西壮族社会历史调查》对补粮习俗进行了具体的文字梳理。二十世纪九十年代以后，广西方志中关于壮族补粮敬老习俗的记载较为普遍，2002年的《巴马瑶族自治县志》第三编即载有补粮习俗。据巴马瑶族自治县壮族仪式专家黄仲新叙述，其家族主持补粮习俗仪式已逾三代，他是跟父亲学的，父亲是跟爷爷学的。明代以后陆续从中国广西迁入越南北部的岱、侬族仍然保持了补粮习俗。足见补粮习俗在壮族社会具有较悠久的历史。

补粮习俗与壮族稻作文化、壮族原始信仰、民族历史和民众生产生活息息相关。壮族作为稻作生产的民族，稻谷对于他们而言更具特别的灵性，稻谷也是他们生命符号的象征。在壮族原始信仰观念里，人们相信自己的生命灵魂，可以与动物植物交感而连成一体，由此实现精神与神灵世界的统一。粮食是生命符号的象征，壮族人自出生以来，花婆便赐予了固定的粮食，粮断则命尽。因此当人老了生病了，或是年岁已高，精气神不佳，表明粮食即将耗尽，要举办添粮补寿仪式，用稻米补充元气后才能延续生命。

粮对壮民族的生存具有非常重要的意义。常言道："有命不怕病。"在壮族地区，补粮的实质就是在给老人"补命"。"受粮"的老人认为生命已得到延续，内心得到了进一步的升华，老人在生病时也会积极治疗，生活便少了烦恼与忧愁，愉悦快乐地度余生。人的年龄从一个层级到另一个层级，也就是其个体的生活不断地从一个阶段进入另一个阶段。壮族人认为，人的灵魂与肉体要有所均衡，因此当人的年纪到一个界限值时便要举行补粮仪式。

补粮习俗有的一年一次，有的三年一次，需要请道师根据老人的生辰八字来计算补粮的时间和决定补粮的日子，每位老人过该习俗的日子都不一样。补粮习俗既简朴又隆重，通常由孝主发起，孝主为长辈择定添粮日子后通知亲友，仪式由司仪道公主持，司仪熟悉掌握补粮仪式程序，补粮仪式在他们的引导下展开。整个仪式内容大体可分为：点炮、请寿星上座、持红、添粮、敬酒、送红包、唱十保歌七个程序，添粮是中心环节。添粮时，要在寿星面前摆出一个小米缸，要向这一小米缸添加九斤九两米，以表示阳寿久久。给老人喂食是儿孙敬老的主要行为，将这种行为仪式化，敬老就有了庄重感和神圣感，表达了子女为父母祈求延长寿命的强烈意愿。在补粮仪式结束后，亲友团聚在一起吃寿宴，这也是消弭代沟、沟通邻里、密切亲情、增加族群凝聚力和向心力的一种方式。

补粮习俗举办情况大致有三种：一是老人在49岁（虚岁）后，每隔十二年，即49、61、73岁，举行一次，73岁后视老人身体和家境情况择期举行。由外嫁女儿各带一小袋米，在家中依次"运粮"入"魂米筐"，为老人添"魂粮"；二是每年农历九月初九，外嫁女儿各带上一个"寿粮包"，给61岁以上老人房内的"寿米缸"添粮；三是在以祭祀圈为单位的大型公共仪式中的敬老环节里举行，晚辈为老人敬茶、献粮包，仪式专家行"奏斗粮星科"。补粮习俗由道家、麽公、师家等仪式专家主持，念诵民间补粮仪式经本，经本通常使用《谢星盘粮》《奏斗粮星》等。在补粮仪式中，晚辈为老人"运粮"、梳头和喂饭，并唱《添粮歌》、跳"祝寿舞"为老人祈福祝寿。这三类情况的补粮习俗是由家族集体参与，孩童们从小就耳濡目染，在家庭环境的影响和熏陶下，家族里的每个人都可以按照仪式的规定被纳入到整个活动之中。因此，老人的地位与权利不断得到保证，子女彼此应尽的责任与义务也得以明确。

补粮习俗有拜寄补粮、补熟粮、补生粮、讨百家粮等四种形式。拜寄补粮是指家中幼儿从小体弱多病或常在夜里哭闹，民间认为这类情况的孩子属于命薄根单，因此需要拜寄父、寄母，吃拜寄对象家的粮食来借粮补命、消除灾难。生儿育女或年龄三四十的中年人，出现头疼脑热身体不适的情况，壮族社会认为这是缺粮的表现，因此这个年纪的人需要"补熟粮"，补熟粮需要晚辈或年幼者用绿叶包好熟食。据说，吃儿女送来的粮食可以扫除疾病，延年益寿。此外，每逢过年或是过节，孩子都打包一份熟食给家中的长辈，祝愿长辈健康，这种补熟粮的方式一直延续到老年，接下来便进入到"补生粮"的阶段。人老了，"粮库空虚"，老人才会遭受病痛。壮族儿女为孝顺老人，趁老人健在时张罗举行补粮仪式，儿女选上最好的稻米，放在老人的"寿米缸"中，表示孝子孝女祝愿老人健康长寿。至于讨百家粮，则是家庭困难而没有条件举行补粮仪式的人家，为家中老人补充生命中粮食的一种方式。无论是哪种方式的补粮，都是壮族人借助现实中的稻米来弥补生命中的粮食，以达到慰藉老人和弥补"子欲养而亲不待"的心理内疚。

补粮习俗作为壮族社会中的一种生命礼仪，在清朝以前就已经存在，持续在壮族地区代代流传，形成了积善长寿、仁者爱人的民风民俗。通过仔细观察，我们不难发现，敬老是壮族悠久文明的缩影，补粮是壮民族尊老爱老传统的传承。补粮补的不仅仅是粮食，这里面还有千千万万壮族儿女的孝心，补粮不仅是后辈从物质上关心长辈，更重要的是通过环环相扣的文化传承来强化族群意识，满足老人内心深处的安定感。

千百年来，"日出而作，日落而息，凿泉而饮，耕田而食"是巴马壮族人的生活写照。自然环境是各民族赖以生存和发展的条件。其中"世界长寿之乡"巴马瑶族自治县，是壮族孝老、尊老、敬老文化的代表。广西巴马瑶族自治县属喀斯特地貌，溪河纵横，土地资源稀缺，分布有大大小小的溶洞岩洞。巴马地理自然环境素有八山一水一分田之称，对于巴马的壮族来说，居住在山区且蓄水能力弱的地方，种粮十分艰难，仅仅可耕种的几亩地，时而还要遭受干旱带来的颗粒无收和洪涝带来的谷物发霉。因此，当地壮族认为稻米最珍贵，对粮食十分珍惜。壮族各种人生礼俗、祭祀活动都涉及稻米，稻米被赋予了神性。

巴马壮族人提到粮食，便认为"粮在生命在，粮绝生命绝"，粮食是维系壮族人生命的重要生活资料。粮满则意味着生活幸福，歉收则意味着生活艰辛，同样，巴马壮族人的一生也用粮食来定义。民众认为，粮食给予人力量，有了粮食就有了生存下去的希望，粮食对于他们而言不仅是生活的重要物资，同时也是精神的依靠和生命的符号。"羊有跪乳恩，人有父母情"，壮族补粮敬老习俗是为老人祝寿的人生礼俗，是壮民族孝道文化的传承，老人年纪大了，魂粮就少了，少了就要"添粮""补寿"，目的是为了供养灵魂和维持生命。

一直以来，巴马壮族民间传统认为，人过了七十载，意味着命中注定的"粮食"差不多吃完了，人生之路快走到尽头了。因而为了给家中的老人增加寿命，孝顺的子女需要按照惯例习俗给家中老人举办"补粮添寿"的活动，用米补给魂魄，延长寿命，使其重新焕发新的生命力。这些举行过补粮仪式的老人们，从心理上都不约而同地认定自己的生命已得到延续，心中对年龄的焦虑得以释放，并在此后很长一段时间内都会感到愉快和没有后顾之忧。

广西巴马瑶族自治县以长寿闻名，长寿成为这片土地的文化符号。其中，以大米作为载体，以尊老敬老爱老为目的的传统补粮习俗，一直受到当地民众的自觉重视与维护。以敬老为内核，宣传补粮的孝行，展现出当地独特的长寿文化，体现出壮族人民对崇老、敬老、爱老文化的认知和实践，是壮族稻作文化的体现，亦是中华民族传统敬老美德的地方性呈现。

随着时代的发展，外来人口的增多，巴马壮族在与外界民族接触中逐步展现出了民族的文化魅力，以及壮族民众与自然、与疾病作斗争的宝贵精神，同时也吸引了一批来巴马养生的"候鸟族""癌症患者"，他们渴望通过来此地的生活方式重构生命。

近年来，巴马瑶族自治县人民政府借助"长寿文化"的背景，把补粮习俗与重阳敬老感恩教育结合起来，通过挖掘、放大这一习俗来培育青年一代敬重老人、关心老人的良好品质，同时也使民众更加深入了解壮族补粮习俗的内涵。在政府的推动下，各家各户除了根据老人的八字卜卦，定时举办补粮仪式外，还由官方在重阳节期间统一举行补粮活动，以"集百家米，唱长寿经"来为老人添粮添寿。通过这些活动，当地民众深切感受到壮民族文化的价值，对于增强其民族自信心和自豪感，从而自觉自发地弘扬中华民族尊老爱老的优良传统具有重要意义。

十七、壮族侬峒节

壮族侬峒节于每年农历正月初八到十四举行，源自布傣人对自然的信仰。节俗以祭天"求务"为主线，伴有山歌对唱、壮戏演出、舞龙舞狮、对山歌、斗鸟斗鸡、抢花炮、踩高跷、抛绣球等民族文娱体育活动。它盛行于广西中越边境的龙州县金龙镇壮族地区。

2021年5月24日，广西壮族自治区崇左市申报的壮族侬峒节经国务院批准列入第五批国家级非物质文化遗产代表性项目名录，保护单位是崇左市群众艺术馆。

壮语中"侬"为"下"之意，"峒"意为山洞，实意为走出山洞走到平原来过节。参加侬峒节祭天活动的壮族布傣人，是秦汉时期生活在中国南部与越南北部的骆越后裔，中越边境把中方一边的布傣（今壮族）和越方一侧的布傣（今岱族）分居两地，但他们不分国籍仍共同欢度侬峒节。越南地区的布傣主要分布在越南北部高平省下琅县的陇埝、陇喉、下让、板教等地。中国一侧的布傣主要分布在中国南部广西崇左市的金龙镇及下辖村镇。金龙布傣（布岱）人是个拥有一万七千多人口的小族群，主要聚居于中越边境线中方一侧的广西龙州县金龙镇。二十世纪五十年代进行民族识别时曾自报苗族、彝族，后来改报为傣族，1958年被定为僮族，1965年改为壮族，因而被看作是南部壮族的重要支系。不过，布傣人一直自称为"根托"（布傣话：土人）或布傣（傣人）。金龙布傣人之所以自称为"布傣"，除了天琴与长袍黑衣等文化特质外，还与其独特的节俗侬峒节有关。

早在公元九世纪，汉文古籍中就有记载侬峒节的来历。至唐代，段成式撰的《酉阳杂俎》续集《支诺皋上》中的"叶限"一则中，也记载着崇左江州地区的人们赶"峒节"的情形，"峒节"就是峒民一年一度隆重的侬峒节民俗活动。这说明金龙地区的壮族布傣人早已盛行过此节来表达和感念上天之情。侬峒节从每年正月初八开始举行，初八先在金龙镇武联村百里屯开始首场，初九到民建村布豪屯，初十是武联村王朝屯、贵平村板烟屯，十一是双蒙村板池屯、民建村板送屯，十二是立丑村逐立屯，十三是双蒙村板蒙屯，十四是横罗村那土横屯、侵笔村板球屯，十五是越南下琅县布傣人居住的村屯。以每天一村屯的轮流开展,各地村民们可以一日一屯都参与,也可以一家派个代表,或是村中组织一同前往。

"文革"时期,各村屯的侬峒节停办了十年。1975年慢慢恢复侬峒节活动,却已没有往日盛况,难以恢复如初。目前仅有在板池屯和板送屯两个地方举办,且每次举办均为八个屯合办。

广西属于喀斯特地貌,天然的岩洞是壮族先人的聚居地。峒中常年有小溪从山峰间淙淙流出,化育万物。壮族人敬奉自然神,信仰万物有灵。大地滋润万物,土地赐福人类,布傣人认为神就在他们身边。壮族布傣人过侬峒节也反映出人们对自然万物的崇敬以及天、地、人相互感应的自然宇宙观。关于侬峒节,民间仍流传着许多动人的传说,现存具有代表性的有祈祝丰年一说。相传很久以前,金龙遭遇大旱灾,一连三年河流干涸、生灵涂炭、颗粒无收,以采野果和狩猎为生的壮族先民苦不堪言。金龙镇神龙洞的妇女将千金偶然听闻向上天求雨的事,于是在洞中长跪祈求上天降雨,一直不吃不喝跪到第三天,将千金昏倒了,恍惚中看见一位老翁飘然而至,留下桃棓、葫芦和两根长胡须并对她说:以老朽万年之桃棓、千年之葫芦、百年之胡须做个"鼎",弹着它,口念心语,一切会如愿以偿,但是别忘了正月十一祭上苍。将千金醒来,果真见到自己面前的三件宝物,于是赶紧照老翁所说做了个"鼎",边弹边念心语求雨,结果一场罕见的暴风雨哗哗哗地下了起来。原来,这老翁就是天神。将千金弹鼎求雨显灵的消息传开后,洞居的壮族先民每当遇到天灾人祸时,都到神龙洞来求她弹鼎祈福禳灾。一弹一念,每次都能给求者带来好运,于是人们称她为布祥,即给人带来好运的人。并且此后每年的正月十一,方圆几里无论远近,人们都不约而同地带着自家的美味佳肴以及自身的美好心愿汇聚到神龙洞来参加求天祈福禳灾活动。后来因前来参加的人越来越多,洞里容不下太多,人们纷纷走出山洞,聚集在山下开阔的地方举行祭天仪式,并将其称之为侬峒节。

侬峒节是壮族布傣人一年中最隆重且盛大的节日。侬峒节仪式主要有三个功能:一是祭天;二是驱魔除晦;三是祈愿美好生活。祭天仪式多由当地德高望重的老人及村中管理者共同商讨,决定当年侬峒节举办的事宜,包括筹集资金、请师公、安排场地等内容。祭天仪式中有重要的三个因素,缺一不可,即"求务""布祥"和"鼎"。"求务"是壮族侬峒节祭祀活动中的核心内容,壮族布傣人信奉天神,"务"是壮族高祖与飘浮在天与地之间的神(即承担天与地沟通的仙官）。求务仪式则是由"布祥"（即仪式主持者）通过天琴弹唱经书《求务科》向天神祈求人畜兴旺、五谷丰登等美好心愿的仪式。届时，布祥先安桌，即念咒语将全村各家各户带来的棉花籽、芝麻、稻谷、玉米等种子，以及鲜花和各种食物供品等封存。安桌之后便点上香烛清嗓子开声，伴随天琴"噔噔噔"的琴声，请来"阴间挑夫"，带领全村人的生魂，挑上封存的物品开始上路求务。求务的第一道"阴官门"里是各家各户的家神，布祥口中念念有词地向家神自报来意。之后继续通过第二道官板守着的阴官门。第三道是土地公，第四道是金龙布傣的山神等等，一共要通过十二道阴官门，之后再跨越两条仙水河，然后再上天仙门交代求务来意后，将供品在仙水河洗净，带到仙官面前求务。具体内容有向上天购买种子，祈求破除村中人家的灾难，求全村老少平安幸福，再向花婆求子求氏族繁衍后返回人间。接着，布祥开始举行封村仪式，即弹奏天琴唱《叭蝴蝶》，让妖魔鬼怪不得入村危害村民，再向各方神灵行跪拜礼后，整个仪式接近尾声，此时的布祥再请挑夫和兵马退下，整个"求务"仪式完结。

近些年，壮族侬峒节主要集中在每年农历正月十一日举行。举办期间，崇左市金龙镇民建村板送屯会集聚各地布傣人，在举行陇峒节当天凌晨寅时（布傣人称为鸦时），寨子里的头人开始敲打竹梆，催促各家各户起来做好祭礼的准备。穿好节日盛装的各家各户男女老少，从四面八方而来的布傣人都会拿着家中美味的食物或是植物种子赶来祭天，祭祀场上整整齐齐地摆了一百多张小饭桌，每一桌都摆满了必不可少的供品，如鸡、鱼、猪肉、粽子、沙糕、米花等祭品，以及玉米、黄豆、棉籽等农作物种子和五色花。使用这些祭品十分有讲究，种子代表五谷；壮族人信仰花婆，鲜花则代表氏族繁衍不息。在祭祀仪式中，已没有过去的布祥主持全场，而是请会弹奏天琴的十几名男女仪式专家共同操持。上午 7 点至 10 点为卜卦算好的祭祀请神的最佳时间，此时，几位布傣男子早早便起来宰一头上一年仪式中选定的大肥猪，并将猪头放在主祭桌上，用于祭神时使用。天蒙蒙亮，两对容貌俊丽的少男少女，当地称之为"布崽乜婴"，事先被安排好要身着布傣壮族传统服饰，到田峒间、山野上采花，并将花带回来分发到各家各户的祭桌上。当他们开始分发花时，天琴仪式专家们弹奏天琴，嘴里吟唱《塘佛》（壮语，意为"佛路"），即表示现在已经到了祈求各路天神驾临的环节。仪式专家们开始穿上红色的法衣，斜挎天琴于胸前，带上脚铃等法器，铺开经书端坐于师桌前，弹唱经书《求务科》。多年来，当地民间信仰的神灵体系一直没变，人们相信，掌管稻作的神灵居住在"求务府"里，而每一种稻作均有不同的神灵掌管，如果上一年哪种作物欠收，必是在哪方面得罪了神灵，因此在求务时需要让仪式专家去问原因。天上最高神灵称"匕帝甲"，其职责是主管万物，尤其是管人口，若是今年没有添丁或是人们有病有灾，那便需要问匕帝甲，同时也祈请匕帝甲送"花"送子，促成好姻缘，家家户户人丁兴旺。在求务过程中，仪式专家需要唱颂赞美神灵的《求务经》，跳"求务舞"，告慰神灵，并祈求他们在收到祭品后能实现人们的美好心愿。仪式的娱神部分较过去没有那么多复杂严谨的程式，祭祀、驱魔、祈福的仪式完成后，便到了人们过壮族侬峒节时最期待的聚会活动。

上午10点左右仪式结束，附近村落的布傣人开始打电话、发微信呼朋唤友前来吃饭，身着黑色长衫的布傣少男少女穿梭在人群中接待，老年妇女看到他们稚嫩的扮相笑逐颜开。来往贸易的各地商贩们也陆续支起摊点，等待着客人的到来。现如今，商品交易已成为节俗的一部分，是人们交换信息、沟通交流的重要平台。此外参加壮族侬峒节的人数较杂较多，除了本地人外，还吸引了不少媒体朋友、专家学者，因而当地人在祭祀场边还准备了宴席，一是敬老席，一是贵宾席。侬峒节开始进入精彩纷呈的文化展演时间。活动期间还能弹唱以前只有做仪式时才能拿出来使用的法器天琴。壮家儿女还能尽情对歌跳舞，观看舞狮舞狮、抛绣球、打陀螺、踢毽子等民族传统体育竞技活动。这些新变化使得壮族侬峒节在充满传统仪式神秘气息的同时，具有了新时代的民族风情，也是金龙布傣当地风土人情的最直观的反映。

约下午4点，人们在仪式专家的带领下牵着本地小黄牛，敲上竹梆到田峒间驱逐虫害，最后再将这头驱逐虫害的小黄牛宰杀，埋到地中，寓意着守护一方土地，以保来年丰收。最后，仪式专家中的领头人，还将每家每户来参加侬峒节时带来的种子倒在一个大箩筐里搅拌均匀，同重新整合后的鲜花一起，均分给每张祭桌，各家各户将种子装到提前准备好的小布袋里带回家，分给家中的孩子，让孩子挂在脖子上，拿回来的鲜花则插在花婆龛前，喻指"求花护花"。即得子护孙，保佑自己的孩子平安成长。

当所有活动都结束时，人们陆续散场返回家中，有些还在家中另外设宴招待远道而来的亲朋好友。入夜后，在侬峒节上相识的年轻男女找个僻静的地方进行整晚对歌活动。你来我往，唱得婉转优美、缠绵动人，"三节诗"此起彼伏，布傣人唱起高亢的山歌通宵达旦、不眠不休。若是第二天还有别的峒场举行侬峒节，人们再赶场，至此，整个壮族侬峒节算告一段落。

起初，壮族侬峒节只是纯粹的酬神祭天仪式，从农历正月初八至十四，在布傣人居住的村屯持续七天轮番举行侬峒祭祀。随着时代的发展，现如今，由于各种原因，人们减少了侬峒节举办的场次，将其浓缩成一场重大的节俗活动。壮族侬峒节作为祭祀的庄严性已逐渐被淡化，娱乐活动的狂欢性占据了主要部分，并在其中逐步加入了舞狮舞龙等民族民间体育娱乐活动，呈现出多元化发展的形式。壮族侬峒节最主要的核心是仪式，仪式的地位降低后，不可否认的是，这一节庆民俗活动也在年年走下坡路。或许，只有将传统文化与现代文化合理结合，以开放的心态吐故纳新，而不是一味复制和展演，才会使壮族侬峒节重新焕发活力。

十八、壮族会鼓习俗

"壮鼓欢歌踏月来，乐声绕梁久徘徊。"会鼓，又称"汇鼓"，是壮语牛皮鼓的音译，"汇"取汇集之意，意为壮族古时村与村相聚斗鼓。壮族会鼓习俗主要流传于南宁市马山县，覆盖马山县辖区内的百龙滩、乔利乡、白山、古零等乡镇。

2008年，经广西壮族自治区人民政府同意，壮族会鼓入选第二批自治区级非物质文化遗产名录。2021年5月24日，广西壮族自治区南宁市马山县申报的壮族会鼓习俗经国务院批准列入第五批国家级非物质文化遗产代表性项目名录，保护单位是马山县文化馆。

马山县位于南宁市北部，是条件恶劣的大石山区。县域内居住着壮、汉、瑶、苗、侗等11个世居民族，其中壮族人口居多，占总人口的70%。1951年7月1日，经广西人民政府批准，原那马县、隆山县合并为马山县，县名取自那马的"马"和隆山的"山"，县治设在原隆山县城厢镇（即今白山镇）。壮族会鼓、三声部民歌与壮族扁担舞合称"马山三宝"，是马山优秀的壮族民间传统艺术。

鼓在我国西南少数民族地区通常具有特殊的文化内涵，它作为沟通人神、阴阳之间的桥梁，大多具有神圣的意义，与祭祖祀神活动密切相关。据考古发现，中国最早出土的鼓是用土烧制而成的土鼓。商周时期开始有了革鼓。战国之后陆续出现了铜鼓、木鼓等。马山县壮族会鼓源远流长，源于宋末，兴于元、明时期，盛于清代，迄今已有近千年的历史。据《隆山县志》记载："击鼓之习，相传已久，今犹未衰，每年农历正月初一至元宵节为自由娱乐期，每村每屯，男丁三五成群，作赛鼓之乐。"马山会鼓是中国鼓文化的重要组成部分，由马山当地先民创造，是南方鼓文化的代表。早期主要是战场上振奋士气以及作为警报使用。到了清朝末期，壮族会鼓主要用于体育竞技及表演，此时会鼓使用频率达到了鼎盛，当时每村至少有 2 至 3 面大鼓。每逢新春佳节或大型祭祀庆典，各村屯相邀赛鼓，每面鼓配一个锣、一个钹以助声威，赛输者要赠胜方红包，并杀猪宰羊以款待送行。现在会鼓逐渐发展成为马山县境内壮族地区独有的民间乐器，并以鼓声大、形制大、场面大等特点给人留下深刻印象。壮族会鼓习俗也成为马山地区独有的节俗。

关于会鼓的起源和传说有四种：其一是起源于战鼓之说。民族民间文献资料记载，宋代侬智高叛乱，狄青奉旨率兵平乱，当地先民在马山古零镇金刚寨屯兵抵制宋军，击鼓振奋士气，宋军数日攻打不下。所用之鼓便是现代会鼓的前身。其二是驱邪鼓之说。当地壮族民间传说，古时候有一农民，每逢赶圩行至半路，都有一个野鬼跃上其肩，只闻其言不见其行，欲甩不掉，到了圩场又离开，等到了晚上又跟着他回家，家中小孩看到后惊叫，鸡飞狗跳，不得安宁。农人有意除鬼，便问："你不怕我，你怕什么？"鬼随口回答："我不怕人，我怕闪电雷鸣。"农人暗记于心，等鬼离开时，便用牛皮来制成鼓，以鼓声代替雷声，疯狂敲打，此后，鬼就再也没有出现。从此以后村中凡遇不顺之事就敲击这种鼓祈福消灾，人们便可逢凶化吉。其三是守月鼓之说。据传适逢马山壮族村屯的节日庆典、人生礼俗等重要时刻，壮族人便会大擂其鼓，扬清激浊，其功能为驱鬼镇妖，外袭警报，祈求吉祥。人们借"守月鼓"鼓声壮村威，哪个村的鼓声最宏大则这个村的士气越高，鬼怪越不敢靠近，因而借鼓声可驱邪镇妖保佑平安。而鼓通灵，是人与祖先沟通的工具。所以借鼓酬神娱神，可表达壮家儿女祈求五谷丰登、六畜兴旺的美好心愿。其四为通天鼓之说。据传，古时天下大旱，恰逢雷王和儿子青蛙来人间征收雨税。见此干旱情形，雷王决定免收一年人间的雨税，并决定将青蛙留在人间，负责向雷王通风报信。因青蛙声音不大，于是雷王叫人间制作牛皮鼓用于祈雨，鼓声一响，雷王便降雨。从此以后，每逢天气干旱，人们便焚香擂鼓向雷王求雨。因此，牛皮鼓也被当地人称为"通天鼓"。

马山壮族会鼓是马山县人们的吉祥物，是马山县壮族人民独有的一种民间娱乐活动，蕴含着浓郁的地域特色。最初会鼓用于驱邪镇妖，外袭报警，祈求吉祥，现在每逢节庆习俗或重大庆典活动时，人们都会抬出会鼓，用鼓声尽情表达喜悦心情，擂打会鼓也成了节俗当日必不可少的节目。表演时主要使用会鼓，再配以锣和钹伴奏，需要协调配合，鼓点节奏合拍，击打动作整齐，人的精气神高度统一。鼓声洪亮清晰，浑圆厚重，锣和钹声在会鼓声的映衬下显得十分清脆。演奏时，由族长先挑选村中强壮且节奏感强的男子作为鼓手，族长领头参加比赛，比赛的胜负以阵容大小、鼓声铿锵有力、节奏变化丰富程度、擂鼓时间长短为评判标准。擂打会鼓的训练场一般选在村中的晒谷坪、村公所等大片空旷的空地上。比赛场地则各村轮流择定，但一般都选择村头或圩镇中心等人流量大的地方。

壮族会鼓的制作工艺复杂，做工讲究。在制作壮族会鼓过程中需要用到电锯、圆规、墨斗、斧头、凿刀、刨刀、铁锤等工具。为了确保会鼓的音响效果，工匠一般会选择生长时间较长的樟树、榕树、枫树，按照鼓的规格大小锯成相应尺寸，整段挖空木心作为鼓身。用圆规在木段横截面上画好需要挖空的部分，并用墨斗进行标记，用凿刀开始凿洞，用大刨刀把木头的会鼓外立面刨成弧形，用小刨刀把会鼓弧形内立面刨光滑，然后将制作好的鼓壳上油漆。两头蒙上有韧性的且经过浸泡、晒干的水牛皮作鼓面，一般选取的是母水牛皮，且水牛越老越好。然后用竹篾缠绕固定，再用力搅结固定，不用胶水粘，这样才能保证鼓皮的紧绷，从而获得最为理想的音质效果。会鼓鼓身中间大，两边小，具有壮族地方特色。优秀的鼓制作出来后，鼓声应是透彻响亮并带有回响。在马山县，目前留存最大的会鼓直径达 150 厘米，最小的也在 50 厘米左右，敲打声洪亮浑圆，带有厚重感。

壮族会鼓风格的表现，一是原始古朴。因马山壮族会鼓源于宋代，历史悠久，在演奏风格上古老纯朴，极富原生态特征。二是鼓型大、声音洪亮。因马山壮族会鼓鼓身大多用樟树、枫树、榕树等老树原木挖空制成，因而鼓型大，再缚上特制的老母牛皮，声音洪亮，久久回响。三是场面壮大激烈。会鼓表演时，表演者一人击鼓，一人敲锣，一人打钹，形神一致，鼓声有力洪亮，鼓点节奏整齐，点数变化多端，既悦耳动听又震撼人心。

壮族会鼓的打法有很多种，混鼓（序曲）、狂欢鼓、舞龙鼓、扁担鼓、花灯鼓等打法穿插进行，中间还有各式各样的插曲鼓，再配以清脆的锣钹声。多年来，会鼓习俗积累了丰富的鼓谱曲牌，敲打时整个场面鼓声雷动，震耳欲聋，声音摄人心魄，场面恢弘大气，奏出壮族会鼓的独有风采。马山会鼓具有悠久的历史文化，其演奏方式随着历史发展而不断发生变迁。在古代，演奏会鼓时一般将鼓放置于地上，用砖块或其他木块等材料垫高，击打鼓面的一侧，有时候也会出现几个人轮流交替击打一面鼓的场面。经过不断改良创新，现在人们制作出用以移动会鼓的架子，演出时以会鼓为主奏乐器，伴以锣、擦等小型打击乐器和现代电子乐器，鼓手通过鼓点来引导整个乐队的速度。鼓手不但要具有娴熟的演奏经验，还要注重团队成员的合作。此类赛鼓活动深受当地百姓的喜爱。

壮族会鼓习俗历史悠久，深深植根于民族民间文化土壤，千百年来活态传承从未间断。广西博物馆于 1956 年将一面近 400 年的牛皮鼓作为文物收藏，显示出壮族会鼓集聚多重价值。它作为一种重要的民间艺术表现形式，承载马山一方壮族儿女的记忆，涵盖了诸多壮族文化因素，积淀着马山壮族群众的情感、心理、意识和体验，展示了当地的风俗礼仪或是岁时节日的生产生活等实践活动。

近年来，马山会鼓走出大石山区，走向全国各地。2008 年壮族会鼓参加奥运火炬广西传递仪式表演，2010 年参加上海世博会广西活动周表演活动，并在多届广西民运会上作为开场演出，多次参加南宁国际民歌节，以及到广西各地参加各类庆典展演和交流比赛。它作为广西壮族的特色民俗文化品牌，以特殊的魅力多次受邀到国内舞台上进行展演，比如参加北京、上海、台湾、成都等地的非遗节和参加中国东盟博览会演出等，表演效果获得在场的国内外嘉宾的一致好评。

与此同时，壮族会鼓的传承保护工作备受各方关注。马山政府成立了专门的管理机构与社会民间团体共同传承与保护壮族会鼓。壮族会鼓这一文化符号得到社会群众和政府部门广泛关注的同时，强化了壮族群众的心理认同和民族情结，有效推动了壮族会鼓的传承发展。

守护家乡会鼓的韦建廷，家住广西马山县白山镇大同村，是广西壮族自治区非物质文化遗产名录项目壮族会鼓代表性传承人和广西民族传统体育项目壮族会鼓代表性传承人。韦建廷自小热爱会鼓，从父辈手中接过这门艺术后，他致力于壮族会鼓的研究和表演已有 30 多年。在多种重大活动赛事上，他带领着大同会鼓队倾情演出，颇受好评，被外界称为"马山鼓王"。对于壮族会鼓的传承他做了大大小小的工作，如制作牛皮鼓、组建壮族会鼓队、培训壮族会鼓人员等。同时，为响应"非遗进校园"的政策，他承担着马山县中小学的壮族会鼓课，向学生们传授壮族会鼓技艺和文化。

浑厚有力的会鼓声，凸显骆越文化遗风，展现壮族文化蓬勃生机的画面。壮族会鼓从古至今一直伴随着壮族民俗活动，成为酬神和娱人的重要手段。时至今日，随着现代进程的加快，壮族会鼓的应用范围更加广泛，影响力更大，外出演出数量激增。马山当地政府及壮族会鼓新时代传承人，坚持活态传承的原则，学会紧抓市场经济的脉搏，将这一传统民俗活动和现代市场经济紧密结合起来，并借用专业团队对其进行包装宣传，通过对外承接商业演出，拓宽了会鼓的生存空间，同时也扩大了壮族会鼓的社会影响力。壮族会鼓习俗，让中国人民领略到广西壮乡独具特色的民族艺术，成为世界了解和认识壮族传统文化的一张靓丽名片。

十九、大安校水柜习俗

大安校水柜习俗是一个群众自发形成的传统消防节，也是传统的民间节庆习俗。大安校水柜习俗是民间消防的"老字号"，是全国消防史册中浓墨重彩的一笔，它流传于以广西壮族自治区贵港市平南县为核心的东南部地区。大安镇的大安消防所是全中国现存规模最宏大、保存最完整集中的古建筑群，它始于清道光十四年（公元 1836 年），迄今已有一百八十多年历史。

2021 年 5 月 24 日，广西壮族自治区贵港市平南县申报的大安校水柜习俗经国务院批准列入第五批国家级非物质文化遗产代表性项目名录，保护单位是平南县文化馆。

"田湖翠映，畅岩怀古"，广西西江流域有"一戎、二乌、三江口"三大著名古镇，分别指苍梧龙圩、平南大安和桂平江口。平南县古称龚州，置县已有一千六百多年的历史。大安镇古称乌，地处西江江畔，是广西两江流域著名的古镇，也是广西三大名镇之一。古镇商业及手工业十分发达，至今已有四百多年的历史。大安镇人口稠密，交通便利，物产丰富，商铺林立，小巷纵横，且均为砖瓦木结构，家家户户挨得很近。这里广东商人及其后裔众多，喜粤曲，享有"粤曲之镇"之称。它历史文化底蕴深厚，孕育了南汉状元梁嵩、宋理学家程颢、兵部尚书袁崇焕、清古文学家彭昱尧、黄花岗起义五烈士以及"爱其风土醇厚，有卜筑之意"的明四部尚书张澡等仁人志士。

根据《平南县志》记载，大安镇位于浔江冲积平原内，地处河流的咽喉地带。东南部有河流，山峰环峙，北部与阆石、畅岩遥相映带，西部有大水山、四岩山、狮子山为大安镇的屏障，中部地区为宽广肥沃的冲积大平原，交通便利，往来车马众多，是一座著名的小镇。大安镇优越的经商环境，得天独厚的地理环境，孕育出许许多多的民间文化艺术。

大安镇民间艺术气息浓厚，有民剧队、狮龙队、粤曲曲艺社等 140 多个艺术社团。此外，饮食文化也十分丰富，山楂饼、三黄鸡、虎骨木瓜酒等在其日常生活中必不可缺。节庆习俗上，国安壮胞"三月三"、平南船家婚俗、大安校水柜习俗是当地特有的的节庆习俗。每年农历八月正是易发生火灾的秋冬季节，八月二十日是大安校水柜日，即灭火演练和检试灭火器的日子，当地都会举行一次全民参与的消防演练。其具有独特的教化意义，提醒人们做好防火防灾的准备，世世代代的大安人对消防工作始终保持着高度的自觉参与意识。

清道光十九年（1884 年）镇内遭一场特大火灾，疯狂的火浪一个接着一个把一间间房屋吞噬，将原本繁华喜庆的大安镇变成一片火海。所造成的损失不计其数，场面极其惨重。此后，百姓认识到了防火防灾的重要性，开始集资购买灭火器械——水柜，街区成立消防所，人人都是义务消防员。当地人称人力灭火器为水柜，因大安镇的巷道弯曲狭窄，现代大的消防设备进不去，而水柜体积小，储存便利，成为大安的救命之物，深受人民群众的喜爱。大安镇地理位置优越，吸引了许许多多的广东商人在此做生意，平日里，大安镇的居民除了世世代代在此居住的本地人外，八成是广东人及广东人的后裔。在火灾平息后，镇上各界有识之士发动有钱的乡里相亲以及广东商人集资捐赠，添置人力水柜，配备水枪水槽、火钩以及消防桶等专业的灭火器械，以街为单位成立了 7 个消防所（镇安、镇东、镇华、镇新、镇西、镇北、镇南），并设镇上的五个水塘作为消防用水取水点，镇长及其他居民代表集体商讨制定消防公约。水柜存放在各社区各街区并组织成立义务消防小组。民国五年（1916年）农历八月二十日，大安镇开展过一次规模宏大的消防演练活动，居民的防火安全宣传力度增强，未雨绸缪的大安镇居民，每年都自发进行消防演习。年复一年，于是，每年农历八月二十日被定为检验灭火器的日子，并于新中国成立后正式定名为大安消防节，后称大安校水柜习俗。

在校水柜习俗当日，各消防所门前张灯结彩，演练场上红旗招展，各色舞狮队、八音队、武术队整装待发，增添热闹气氛。大安万人空巷，据不完全统计，旁观群众有4万人。大安镇的七支民间消防队各自集结，他们戴着消防帽，从家中和消防所里搬出各式各样的传统消防水柜，水枪、喉叉、火钩以及铜锣等器械物品，迅速而有秩序地从家里向灭火演练场地集合，大街小巷锣鼓喧天，全镇3万多居民涌向活动场地，万人参与灭火竞赛，场面十分壮观。灭火竞技比赛中，设定两个高12米、远18米的"火笼"悬挂在高空。参赛的各街道队伍，每队包含十几名壮汉，两支街道消防所队伍推来水柜，壮汉奋力摇压水柜，不断加大水压，促使水枪喷出水柱，进行人力水柜射高、射远比试。为把水射得更远、更准，参赛队员们奋力抓压水柜两条杠把，动作又快又猛，能射出30多米的水柱。各参赛队的指挥员一边紧盯着队员们的压杠动作，一边有节奏地吹着哨子，力求每个队员动作与哨音合拍，队员齐心合力，快速扑灭高空中的"火笼"。把火球扑灭用时最短的队伍为胜，比赛分第一、二、三名奖励。

"永远消灾有备，安然消患无虞。"富饶的大安镇，自古以来物产丰富、商贾云集，建筑群均为砖木结构，因此极易发生火灾。"一时疏忽火星飘，一日火势千里遥。"肆虐的大火给大安人留下了难以磨灭的伤痛记忆，自形成大安校水柜习俗后，在数以千计民间消防员的共同守护下，数年来大安镇未发生过较大火灾。

在新中国成立以前，一般以一头大肥猪为优胜者的奖品。现如今则是奖励现金、锦旗、奖状。待竞赛归来时，无论胜负，参与的消防所都会进行集体聚餐或是领一份纪念品。大安镇的义务消防员占全镇人口的百分之七十，当天傍晚，街头巷尾灯火通明，活动结束后全镇人民举杯欢庆又度过一个平安年，在节庆的欢乐高潮中为下一年祈福。如今，即使灭火的设备在不断更新，但是每年镇上的居民都会用传统的灭火设备自发参加消防演练，灭火竞技赛已然成为一项培育镇民顽强抗火精神的文娱体育活动，同时该活动也有利于促进日常镇民消防工作。

"百年大安消防"全国闻名，为了延续大安校水柜习俗这一传统文化瑰宝，贵港市委市政府对大安的消防工作特别重视，也先后成立了大安镇专职消防队，配备了专职队员和现代消防车。平南县政府联合消防部门一起成立了消防工作委员会，通过培训和宣传，教导居民整改火灾隐患，加强义务消防员和群众的防火安全意识，使大安民间消防的影响力传遍广西各地乃至全国。

"消灾不论亲疏，救火不计远近"，这些防火宣传标语不仅印在旗帜上，还印在消防水柜上。平南大安校水柜习俗代表性传承人王沛林回忆道，每年的消防节当天，全镇居民都穿着印有所属消防所名称的服装，拿着消防器具，众人齐推着多台人力水柜和机动泵，在花环队、八音队、舞狮队、铜管队的簇拥下浩浩荡荡进入会场。每队有数百人，场面十分壮观。一声令下，多条银龙直射云天，上万名观众的喝彩声，八音队的锣鼓声，指挥员的哨子声，水柜的机动声连成一片。

灭火竞赛众人齐参与，活动的主力不止有青壮年，还有妇女们和六七十岁的老人们，他们神采焕发地开启消防水枪，喷向高空的火球。这群"老当家"为习俗这天忙碌的身影，更值得今人敬仰，自治区级非物质文化遗产项目平南大安校水柜习俗代表性传承人王沛林便是其中之一。他自幼就随父母一起参加大安校水柜习俗活动，消防工作在他心中占据了重要的地位，他一辈子都在为大安消防做贡献。平日里他也会在没有活动时去消防所擦拭消防头盔、水柜和其他消防用具，尽管消防帽子内层铁锈斑斑，但外表依旧鲜亮无比。在他儿子刚满十岁时，他便教儿子使用消防用具，再大一点他又教儿子维修水柜等消防器具。他从1984年起便担任全镇民间消防演练的指挥官，直到2017年消防节，带病参加消防节活动的他卸下了指挥员的身份。但他还是坚持将非遗带入校园，教镇里的小朋友们如何使用消防器械。直到去世前，他还叮嘱儿子要把本镇群众的生命财产安全时刻放在心上，要时刻保持为人民群众服务的初心和热心，肩负起带领群众做好消防工作的责任。

另一位"老当家"是73岁的邓子东，他是一名退休工人，虽年事已高，但消防情结紧系心头。1977年秋季晚，大安镇粮所发生火灾，他奔跑在火场第一线竭力救火，汗水湿透了衣背，一晚上就只喝了两口水，在镇里居民的团结抗争下，大火终于被扑灭了。自此有了经验的他在面对火灾险情时都能头脑冷静，思路清晰，处乱不惊，沉着应对。1984年他从企业回到镇西社区任支书，此后每年消防节前他都不忘回到消防所检修消防器械，擦拭消防用具。他很擅长修葺老物件，在他任支书的镇西社区，消防所里有两个老水柜，其中一个因为丢失了一个活塞，被迫变成了摆设品。为了让老家当继续产生价值，邓子东和梁运访老人一起想办法维修。显然，市场上已经找不到这样的配件了，于是两位老人费尽周折找来适合制作活塞的铜质材料自己磨制，耗时几日终于磨出精密度分毫不差的活塞配件，他们的心血和努力，让一个尘封已久的消防水柜又重新活过来了。

消防已成为老人们生命中不可放下的责任，他们从青春年少到步履蹒跚，每年的水柜出街游行、参加比赛从不拉下。他们的生命见证了从清代流传下来的手工操作的水柜，到现代化更新换代的柴油机动泵、手抬机动泵等消防硬件设备的转变。新老消防设备的互补和新老消防员的更新换代，"老当家"与"老家当"在彼此默默注视中慢慢老去，急需新兴力量再承接上来。

大安校水柜习俗沿袭至今，起初街道只允许男性加入消防队伍，在新中国成立后，增加妇女队参加竞技比赛。大安形成了自己独特的消防文化，传承的方式是言传身教，即老带小，大安人人都是义务消防员。现如今的大安共组建了22个义务消防队，订立了"六要十不准"消防公约，消防所的队员中涵盖了各个职业的人，既有政府干部、商人、医生、也有教师、学生、工人、农民。

大安校水柜习俗传承百年，对于大安当地群众来说，这已经不仅是一个民俗节日，这一优良传统增强了全镇人民的凝聚力和向心力，体现了中华民族传统文化习俗的独特人文魅力，展现了特色鲜明的民间传统文化习俗，反映了中华人民守望相助、团结奋进、不怕困难的优良传统，激励了一代代大安人"助人长安"。

没有比镌刻着岁月冷暖的这份消防精神更珍贵，这毋庸置疑亦是大安镇百年消防长盛不衰的强大动力。大安镇世世代代的镇民，无论男女老少，均以这种方式向传承已久的大安校水柜习俗表意，镇上一代代义务消防工作者的光影，留存在这些代代传承的七所消防所里以及洁净如新、保存完整的消防设备里，他们与它们在时光中见证了百年大安防火防灾的坚定信念，遇火抗争的勇气和邻里间守望互助的宝贵精神。

二十、茶俗（瑶族油茶习俗）

油茶是瑶族人民极富地方特色的传统饮食，是中华民族茶文化宝库中的一块瑰宝。瑶族油茶习俗与瑶族自然地理、气候环境息息相关，是恭城瑶族人与自然磨合的过程中摸索形成的茶俗，主要盛行在以恭城瑶族自治县为核心的南岭走廊地区的瑶族聚居区。

2021年5月24日，茶俗（瑶族油茶习俗）由广西壮族自治区桂林市恭城瑶族自治县申报，经中华人民共和国国务院批准列入第五批国家级非物质文化遗产代表性项目名录，保护单位是恭城瑶族自治县油茶协会。

山水秀美在桂林，油茶习俗在恭城。油茶的制作过程比较复杂，熬制油茶称为打油茶，在广西的恭城、富川、融水、龙胜等少数民族自治县都有打油茶的习俗，其中尤以恭城油茶著名。恭城瑶族自治县位于广西东北部，历史气息浓厚，既崇文又尚武，以文武两庙闻名于世。山地丘陵面积占70%，山高林密的恭城瑶族地区自古就是广西重点产茶区，该地不仅盛产茶叶，而且瑶族茶文化也相当久远。在瑶族《盘王歌》中，就有瑶族地区"十二月山茶满树红"的描述。瑶茶有红茶、绿茶、白毛茶、甜茶等多种，恭城人每天都要打油茶，不分季节，一年四季每天早晚都喝。民间饮茶已然成为瑶族人民日常生活的必需品。恭城茶叶产量高，制作过程中要伴以油盐来煎炒，故繁衍出恭城油茶民俗文化。

据史料记载，恭城油茶这道古老又传统的美食起源于唐代，距今已有1000多年的历史。据清末《恭城县志》，"隋大业十四年（618年），萧铣称梁帝，置桂州，分平乐地，置茶城县。此为建县之始"。据相关的文史资料分析，恭城产茶叶，且可能因盛产或茶叶质量好而被称为茶城。《恭城县志》中又有相关辅证："茶，出北洞源，味尤佳。"说明恭城北洞源的茶叶品质好。清朝纂修的《平乐府志》引省志载："恭城四时晴，云便寒，或有风雨，俄顷便寒。调护稍失，百病易生。"可见恭城的自然环境有潮湿、瘴气重等特点。另据《桂林风俗》记载，恭城属于高寒山区，瘴气重。北宋御史周渭奉旨回恭城探亲，不料返京时接连几天的蒙沙（瘴气）使得随行多人病倒。周渭自小知家乡社会环境，且略知医理，知道应该如何治疗。他将茶叶和生姜放一起捶烂倒入锅里，加水烧开，放入盐和油，煮出热乎乎的油茶汤让病人饮用，病人喝下后很快就痊愈。此后，周渭打油茶治病的消息很快传开了，恭城当地百姓趋于保健的心理，便逐渐有了打油茶饮用的习惯。民国时期的《平乐县志》载："盖以平日所汲取以供饮料者，河水性寒，惟长饮油茶可以辟之，尤宜于冬季。"由此可见，"恭城因地处山区、多雾瘴，寒热无常，为防疾病，人们好饮油茶"的风俗一直延续到了民国，显然恭城油茶是当地百姓应对恶劣的自然环境而衍生的饮食习俗。简而言之，这是当地居民为适应高寒山区地理条件、社会环境而形成的饮食习俗。

油茶由古代的药饮、粥茶、煎茶、煮茶衍变而来，是将油茶叶、生姜、大蒜等原材料，放入铁锅反复捶打后熬煮制成的饮品，俗称"打油茶"，常配以红薯等杂粮食用，既能充饥解渴，又能驱寒消暑、除湿避瘴。油茶不说煮而称"打"，是各地的统一称法，而各地的油茶却各有其不同的风味。苗、瑶、侗族等少数民族地区喝油茶还要佐以炒黄豆、炒花生、玉米花等脆香的食物，再则就是油茶配糯米饭团或糯米粉糍粑。在恭城瑶族地区喝油茶，主家在给客人送第一、二碗油茶时不配筷子，并将白米花、玉米花、炒黄豆之类的小吃加入碗里，这些小吃一遇油茶便脆香膨胀吸满了茶汤，别有风味。客人将碗里的茶喝完还留些佐料在碗底，意味有余不尽，当喝到第三碗时主家送上筷子，客人再配以酸菜、小酥肉、凉拌菜等佐料进食。在恭城瑶族地区，主家以油茶作为最高礼仪款待客人，客人也必须喝三碗以上，若是只喝一两碗则表示不满主家的招待。

恭城瑶族民风古朴、热情好客，他们喜欢打油茶，日常自家食用只喝油茶水或油茶泡饭。当来了尊贵的客人，恭城人会以打油茶作为招待客人最隆重的礼仪，并准备各式各样丰富的佐食。油茶文化在恭城地区深深扎根，当地人喝油茶不分季节，不分早晚。要是有客人到来，主人家不分早晚也要打油茶奉客。朋友较多的瑶族人家，第一批客人刚走还未尽兴，第二批客人又来，主人家又重新上茶锅打油茶招待。

恭城民间谚语："恭城油茶喷喷香，又有茶叶又有姜，如果天天喝两碗，一年四季都健康。"油茶用料健康且工艺讲究，多喝油茶对人健康有益，且茶叶含有丰富的茶碱，在高山林密的恭城，喝油茶具有保健功效，如当地湿气大，油茶中的生姜驱寒湿，可调理全身。走在恭城的街头巷尾，无论是路过瑶寨或是汉族民居，都会听到家家传来"咄咄哚哚、哚哚咄咄"捶打油茶的声音。在恭城当地，打油茶不分民族，已然成为当地饮食中不可或缺的一部分。

恭城油茶用料讲究，制作工艺细腻，每一道工序，每一种用料，都是人们在反复实践调配中得出。正宗的恭城油茶需要选用清明、谷雨两个时节采摘的上好本地老叶茶，茶树选取当地野树或是自栽自培的老树，茶叶种类不规定，可选取粗茶、细茶、苦茶、甜茶、红茶、刺茶等。以谷雨前后采摘制作的茶叶为佳，这时候择取的茶叶味道香醇，茶汤干净。打油茶看似简单，但茶具十分讲究，须有专门的茶锅，即用生铁铸成茶锅，锅要厚实且带嘴，大约有水瓢那般大。制作油茶还需一个专门的油茶槌，即一把像"7"字形的木槌。此外，茶叶隔也必不可少，茶叶隔能过滤掉茶叶残渣，使茶汤无杂质，茶叶隔一般使用藤竹合制。当工具和茶叶都准备齐全后，就要开始打油茶，油茶制作关键在于"打"。先将茶叶洗净后用少许开水浸泡 5 至 10 分钟，这道工序能够减少烟火味及苦涩味，目的是将茶叶泡软。接着将需要捶打的茶叶、花生、生姜等放入茶锅内，置于炉火之上，炒干一些后用茶槌反复捶打。锅中没水渍并冒烟时在茶锅内放少许猪油烧热，与茶、蒜、姜一同炒至微香，随即将其捶细，捶好后观察茶叶的颜色，待茶叶变色后加水烧开熬至出味，出味后放盐，用竹漏斗把茶叶过滤去渣，留下的便是一碗浓酽喷香的油茶。在制作恭城油茶的过程中，要反复观察茶的颜色、闻茶的香气、尝茶的味道以判定质量是否达标，完美的油茶色应是金黄茶浆液，闻起来香气应是纯油茶淡淡的茶香，味道尝起来应是茶味浓郁带有些许苦涩，涩中还有生姜的辣且咸淡适中。打好油茶之后便可开始品油茶，品油茶十分讲究配料，配上用小碟装好的葱花、香菜、白米花、脆果、酥花生、炒米、炒黄豆、麻蛋果、炒酸菜上桌即成，中间一锅油茶，围着一圈的小料按个人喜好选放。除了小料外，配油茶的小吃还有排散、船糕、萝卜粑、水浸粑、芋头片等当地特色小吃，食客可根据喜好进行搭配食用。

恭城油茶在传承过程中，打油茶成为瑶族特有的习俗和文化，是瑶族社交的重要手段和方式、人生礼仪的重要环节和招待贵客的最高礼节。人们围坐在火塘边，边打油茶边聊家常，融洽邻里关系，拉近主客距离，扩大人群交际圈。在瑶族与当地壮汉族的交往过程中，油茶习俗逐渐传入壮汉族人群，成为多民族共享的习俗，并在当代因人口流动而流布到城市社区，成为城市人喜爱的一种茶饮习俗。

随着康养生活的提倡，城市人越发讲究养生，恭城油茶的精华就是茶叶和姜，这两者都是养生好物。茶叶属凉性、味道甘苦，有清热解毒、解渴利尿、保健消食、止咳化痰等多重功效，茶叶中含有茶多酚，能够延缓衰老，防治心脑血管疾病。而削皮后的生姜属温热性，味道辛辣，有祛湿散寒、止咳化痰、和胃止呕、发热发汗等多种功效，其所含的姜油酮等物质能使血液循环加快，起到驱寒保暖的作用。将这些药用价值较高的食物综合以后，辅以恭城油茶独特的制作方法，碰撞出奇妙的美味，身体不舒服的时候来一杯热乎的油茶，一会儿便有舒畅的感觉。此外，广西其他地区的瑶族茶俗还喜用桂皮、山姜等煎茶，认为这种茶有提神、清除疲劳的作用。

随着社会经济的发展，恭城瑶族油茶习俗从山区走向了都市。人们的生活条件越来越好，喝油茶养生的人也越来越多，城市中三五好友相约油茶馆喝茶聊天已是常事。商家也开始尝试与研究怎样让油茶味道更好，打油茶的技术也在不断变化发展。首先是原料的变化。传统乡村油茶使用的是老茶叶，较难购买和找寻。进入城镇以后，都市中油茶所使用的茶叶直接在市场上购买，或是联系茶农直接收购。传统上用花生米跟茶叶一起捶打，现在用焦米以增加香味，油也使用猪油、鸡油，不用牛油、羊油或者肥肉，并且最后才将肉渣与茶叶等一起捶打，再配上猪骨汤增加了肉香，很好替代了原来以开水做汤的做法。

恭城瑶族油茶习俗在工具使用上也从传统铁铸的茶锅、7字形的木锤、竹藤编制的茶叶隔换成了大铁锅、机器自动捶打的茶锤，待大漏网过滤后再将打好的油茶装入桶或者罐子中存放，有客人来时分装加热即可，方便又快捷。并且在进入都市以后，恭城油茶种类也变得多样化。从小摊变成店铺后，多为大锅油茶，按人头算茶份子钱，或者论锅数买茶。送茶的佐料也日益丰富，更显多元化，不受限于时间和地域的影响，除了米花、排散、麻蛋果、炒莲花粉，还有以前四月清明才能吃到的艾叶粑粑，五月端午才会包的大粽粑，七月半吃的狗舌馍，八月十五做的大肚粑，正月过年的糖糕和肉糕粑，还有武汉周黑鸭、四川麻辣兔头等送茶的美味佐食，只要想吃都能吃到。

"恭城油茶，长寿密码"，恭城油茶作为瑶家特色饮食文化，承载着千百年来瑶家儿女的心血。目前，恭城油茶店在桂林的街头小巷随处可见，恭城油茶进入了桂林市各种酒楼饭馆，广西各个地区也开都了油茶馆。同时，首府南宁的各大星级餐厅都推出了恭城油茶自助餐。随着时代的发展，油茶习俗也变得多样化。现如今随着工业化的进程，油茶也出现了浓缩素食油茶，即油茶粉、油茶膏等便于携带的油茶产品，食客可以带回家中自己准备喜欢吃的佐食，还能自己选择喝茶的环境，方便舒心。

时至今日，恭城瑶族自治县每年都会举办"油茶文化节"，从世界各地慕名而来的客人都能在节庆活动中领略恭城油茶习俗独特的文化魅力。恭城产茶历史悠久，独特的地理环境孕育了瑶族茶俗，茶文化、养生文化和瑶族文化结合发展。油茶文化节的举办，是恭城油茶传播推广的好路径，使恭城油茶这一饮食文化品牌逐渐打响，变得家喻户晓。恭城油茶就像一根纽带，将恭城上千年的自然地理环境、社会历史文化、百姓生产生活以及中华民族的发展进步紧紧相连。恭城瑶族油茶习俗作为饮食类的民俗文化，被更多的人接受，至今仍在广西八桂大地良性传承发展。并且在新时代的潮流卷涌下，恭城油茶已经走出了大山，走进了寻常百姓家，走向了世界。

二十一、规约习俗（瑶族石牌习俗）

瑶族石牌习俗是镌刻在石牌或木板上大家共同遵守的一种规约习俗。它方便个人自觉进行自我管理、自我服务、自我教育、自我监督，若有人违反，由石牌头人负责执行处罚，达到维护社会秩序和社会治安的效果。瑶族石牌习俗是瑶胞们在石牌头人的带领下为求得更好的生存和发展的一种社会整合机制，它主要流传于广西壮族自治区来宾市金秀瑶族自治县以及广西各瑶族自治县。

2021年5月24日，规约习俗（瑶族石牌习俗）经中华人民共和国国务院批准列入第五批国家级非物质文化遗产代表性项目名录，保护单位是金秀瑶族自治县文化馆。

据史料记载，蚩尤战败后，其后裔为了躲避追杀而找寻偏僻的地方躲避，瑶族先民不得不放弃原有的落脚点，需要往更远更深处生存发展，因此瑶族的祖先被迫迁徙，越来越远，部分从中原地区迁徙至广西大瑶山地带，后来世代在此定居。广西金秀瑶族自治县，山多林密，自古便是偏远荒凉之地，历代统治者鞭长莫及。瑶民迁徙至此过着自由自在的生活，但是桀骜不驯的瑶族人不遵王法，内部族人与外来友人的不规范交往也造成了很多不必要的麻烦。为了维系瑶族社会的和谐稳定，瑶族人不得不将村规民约刻在石牌上形成村与村之间、村与人之间、人与人之间的规定，以达到约束和规范的目的。规约习俗在大瑶山地区的出现较早，但具体时间难以考证。目前已发现属于规约习俗的石牌共74块（含纸写）。石牌制从制定到判罚，都经由了不成文到成文的发展过程。最初是召集群众口头议定规约，当众宣读后以立石牌为标志，但只是无字石牌，明代以后，这种表义模糊的"无字石牌"已达不到约束作用，于是产生了有字石牌。有字石牌能起到规约的作用，必历经"会石牌""请老""剪草为筹""交码""退码"以及"起石牌"等一套完整的程序，明确文字来确立石牌具体内容，进一步规范人们的行为。这些条文使得瑶族人民在社会生产生活中"有法可依"。史料记载中能见到的最早成文石牌是1631年明崇祯年间的《成二下故都等村石牌》。古代中央政府对大瑶山瑶族实际采取一种辖地自治的态度，金秀大瑶山"山高皇帝远"，生产力发展落后，很长一段时间一直完整保存着一套规约习俗来维系瑶族社会秩序。

关于规约习俗的形成，瑶族各村寨众说纷纭，但是这些传说都提到明朝时期被镇压的瑶民进行了大藤峡起义，这是规约习俗形成的一个重要原因。大藤峡地处大瑶山南端，由于明朝的边疆民族政策以及经济政策等问题，加重了土司治理给百姓带来的困苦，以致于1376年大藤峡起义爆发，并延续长达268年，一直到1644年才结束。在这么多次起义中，中央王朝每次都进行大力镇压，并且在瑶民起义失败后为了防止其卷土重来，索性对大瑶山施行了封锁。战争时瑶族人口大量减少，为了自保和延续血脉，不参战的瑶民拖家带口往更深的山里迁徙。与自然博弈、与盗匪斗争都需要集中全力，但由于寨民们分散居住，村寨若是一方遭贼，将会十不存一，因而很需要寨子与寨子之间达成共识，守望相助。在生产生活中，自家也会产生或多或少的矛盾，有时矛盾升级到生死之争。为了避免纷争，巩固团结，寨中最有威望的长老觉得必须制定规约来规范族人的行为，以期达到团结互助和更好的利益分配的目的。渐渐地，这些约定俗成烙印在心，随着时间的流逝，变成了共同的行为规范。瑶族儿女代代相传，深入骨髓的规约自然形成了本民族的特有习俗规范。

石牌制属于民间的一个自治组织形式，国家政权贸然介入往往会打破这种稳定的社会秩序。1932年，国民党政权强势进入，推行团甲制；新桂系军阀为了巩固在广西的割据统治，于 1940 年在金秀设立了警备署，开始了对大瑶山的全面管理。大瑶山的石牌习俗在当时被强行取缔，瑶族人民为此召开了石牌大会，后进行了强烈的武装反抗和起义，但由于瑶族生产力水平相对落后，最后以失败告终。至此，国民党的基层政权组织得以建立。建立后，石牌制度被废止，瑶族人遵循政府当局制定的法制法规。

1949 年新中国成立，部分国民党残余势力进入瑶山作乱，人民军队于 1950 年解放大瑶山，在瑶族自治区建立了人民政权。1951 年为了进行民族识别，费孝通先生带领中央访问团深入大瑶山，对大瑶山废止多年濒临消失的石牌规约进行全面调查。鉴于此种情况，广西壮族自治区人民政府紧急召开有关乡镇代表大会，表决通过了费孝通先生的提议，决定恢复规约习俗，并在石牌制度中注入新内容，《大瑶山团结公约》和《大瑶山团结公约补充规定》，运用瑶民自治形式，将民族团结公约刻于石牌。一方面，石牌制度肯定了瑶民观念中已有的自我管理以及石牌头人的约束力；另一方面，原来瑶族石牌制度中维护社会秩序职责的石牌头人变成负责仲裁的各级政府。可以说，这时的石牌制度既体现瑶族人民意志，也体现了国家意志。国家采取地方自治，目的是让民族政策在大瑶山贯彻落实，这是国家增强民族团结、处理民族社会矛盾纠纷的重要举措。

石牌制是瑶族传统社会的政治协商制度，是为了避免纷争而制定的规则，传统石牌制常使用"严禁""不得"等用语从社会的各个方面予以行为规则和规范。瑶族是一个以农业为主的山地民族，但随着人口不断迁到平地，不少瑶民开始兼事渔猎。得益于大瑶山河流清澈，水草丰茂，瑶族渔业也发展得很好。虽然对于山地民族的瑶族而言，渔业不是其主要经济生产方式，但在瑶族农业社会的经济结构中仍占据重要地位。为了不破坏自然生态，瑶族长老对捕鱼的时间、方式、数量等都作了具体严格的规定，休渔期和捕捞期都有篆刻在石牌上，并明确规定不允许乱捕滥捞，积极有效地保护鱼类资源的有序发展。比如《六拉村三姓石牌》的"吾村老班公共山场四处，河水四条，不准乱行弄鱼蛙。如有乱行偷盗，罚银十二两"，就规定了禁止捕捞以及严惩偷盗。此外，石牌习俗还能起到促进自由贸易的作用。在瑶族地区的《坪免石牌》中规定："无论何人见客（汉）买卖生意，不得乱作横事，莫怪石牌。"《莫村石牌》中规定："往来生意，取物有道。"《金秀、白沙等五十一村石牌》中也作出了如下规定：

"如有客（汉）、状（壮）、瑶人，生意货物买卖，价钱两边自行为准，不得争打；算数不明，位（回）计（去）村团算清。"上述不同的石牌均对买卖贸易应当遵循的规矩做了规定。《六十村石牌》还明确规定："中途劫抢客商，即起石牌追捕。"可见，石牌对客商们的人身财产安全起到了非常重要的保护作用，这也使得更多的客商愿意进入大瑶山经商。客商们将商品运进大瑶山，一方面满足了瑶族同胞生产生活上的需要；另一方面也使瑶民们生产出的土特产品能运出大瑶山，使土特产变成商品，增加了瑶民们的收入。这些石牌的制定使大瑶山的商贸活动更加公平有序。

为了维护社会秩序，瑶族石牌制进行了一系列的规定，比如不准赌博、不得打屋烧屋、"请老"不许食银、入理不入亲、不准复仇、不准"打由伙"等等。这里提到的"打由伙"指的是无端敲诈勒索的行为。瑶民们发生械斗时，很可能采取打屋或烧屋的方式，《坤林等六村石牌》中明确规定："各村打由伙（油火），与抢劫同罪。"另有《滴水、容洞等四村石牌》和《罗香七村石牌》中分别规定"有事不得打屋，打屋犯五十两正""无论有争论打架，不准放火烧屋"。如果违反规定，瑶民们遇到纷争时，他们往往请石牌头人来判案，解决纠纷，俗称为"请老"。石牌头人往往是那些平时热心群众事物、懂道理和见识广的人。石牌头人判案时能获得一定程度的酬劳，但不允许私吞罚款，否则为犯石牌，《门头、下灵、黄桑三村石牌》中对此也有明确规定："请老不许食银。"在判案时，瑶民们坚持"入理不入亲"，指的就是石牌判案讲法理不讲人情。无论什么人，只要违反石牌制的规定，石牌头人都要秉公判案，并要求犯石牌的亲属也不能庇护，坚决维护石牌制的公正性。由于历史和社会的原因，大瑶山各支系、各村寨之间常存在着各种各样的矛盾纠纷，这些矛盾纠纷均通过石牌来解决。若发生矛盾纠纷，寨里先由石牌头人出面调解，若双方不和解，才能采取械斗的方式解决。

在维护家庭婚姻关系上，石牌也有很多详细的规定。金秀大瑶山在建国以前一直实行族内婚，它是原始社会遗留下来的一种婚姻制度，是一种把婚姻范围局限在本支系内的婚姻方式。实行族内婚意味着禁止外婚，《滴水、容洞等四村石牌》中明确规定："过村招男女，有子（女）不用，犯银一百大元正。招客（汉人）犯银五十大元正。"即规定本族人不能与外族交往，否则罚款。《金秀大瑶山全瑶石牌律法》中的"谁家生了姑娘，不许嫁到大地方（汉壮地区），我们是鸡嫁鸡,他们是鸭嫁鸭,自古鸡不拢鸭,自古狼不与狗睡",也规定了不能与外族通婚。同时,石牌制规定婚姻实行一夫一妻制并不许离婚,在《滴水、容洞等四村石牌》中明确指出:"在四村招第二老婆,犯银一百大元正。过村招第二老婆,犯银五十大元正。"还有《坤林等六村石牌》也有相关规定:"日后娶婚,好丑为妻,万世其昌,不许拆妻离夫。若是拆妻离夫,不许石牌娶妻,交与家人教训。"

传统的石牌习俗是新中国成立前大瑶山自行进行族群内部管理的规约习俗,后来因为异文化的碰撞和族群社会结构的变化等导致石牌习俗几乎走向衰落。二十世纪八十年代初石牌制度改革,大瑶山的瑶民为维护村寨的社会秩序,在党和政府的指导下,重新制定新石牌,在遵循原有的《大瑶山团结公约》及其补充条约的精神下,由瑶族人民商讨出适应现代化生活生产的需要,能够良好维护各村社群秩序的"村民自治契约"。

新石牌的内容参考了旧石牌中原有的条文,并在此基础上进行延伸和补充,嵌入国家法律法规等内容。如此一来,更巩固了瑶族民众的国家意识,民族意识以及集体意识。规约习俗在大瑶山地区仍具有威慑力,当地群众已达成共同意识,必须遵守规约,对规约习俗有极高的推崇。一直以来,规约习俗承担着瑶族社会的自治功能,调整瑶族当地的社会关系并稳定生产生活秩序。新石牌的契约条款与其他法律规定共同起到规范和约束人们行为的作用,以显性或隐性的方式影响着司法实践,在乡村治理、民族团结等方面意义重大。

二十二、瑶族祝著节

祝著节是广西红水河流域瑶族支系布努瑶的酬神娱神传统节俗。祝著又称"达努",在瑶语中,"达努"是"不要忘记"的意思,即永远不要忘记瑶族祖先密洛陀恩情。布努瑶相信祖先密洛陀是神圣而真实的存在,是所有布努瑶儿女共有的历史记忆和精神家园。祝著节围绕密洛陀祭祀仪式展开,主要流传于广西红水河流域一代的巴马瑶族自治县、都安瑶族自治县、大化瑶族自治县、东兰县、凤山县、天峨县等瑶族聚居地。

2021年5月24日,广西壮族自治区河池市巴马瑶族申报的瑶族祝著节经国务院批准列入第五批国家级非物质文化遗产代表性项目名录，保护单位是巴马瑶族自治县文化馆。

瑶族历史悠久，是分散于天下的世界性民族，布努瑶是瑶族的一支。新中国成立前，迁徙是瑶族的常态。《都安瑶族自治县志》载，宋朝末年，自称"布努"的蓝、罗、蒙、韦四姓族人，从庆远一路南迁，沿着东兰地带的红水河迁徙，直到都安的下坳、隆福等大石山区定居。因人口繁衍，食不果腹，四姓族人就在一块叫做"耶鼎耶哒"的巨石旁边，宰杀了一头母猪聚餐，之后挥泪分离，这块巨石就是布努瑶分支立姓的地方。此后，一部分人渡过红水河，来到巴马石山区定居，一部分散居在都安境内，还有一部分迁到大化七百弄地区。千百年来，布努瑶人一直过着刀耕火种的生活，在一方土地上世代守护着本民族文化。现如今，在巴马弄山村布努瑶聚居区，他们居住的地方，"入山唯恐不深，入林唯恐不密"。因为具有一定的封闭性，所以红水河两岸的布努瑶文化保存较好，尤其是祝著节文化保存得最为完好。

关于祝著节的来源，在瑶族地区有着神秘的传说。

> 相传古时候，在巍峨高大的群山中，有两座同样高大的宝山，这两座宝山分别有着各自的名字。左边是威武雄壮，似勇士挺立的布洛西山；右边则是像个拖着长裙的姑娘的密洛陀山。随着时间的推移，每年两座山之间的间隔会缩小一点。久而久之，经过了数百万年，两座山紧紧相连到了一起。农历五月二十九日，一声惊天动地的霹雳下，两座山的裂缝中走出了高大勇猛英俊的布洛西和亭亭玉立的密洛陀。两人结为夫妻，生育了三个女儿。随着岁月的流逝，儿女也在慢慢长大，开始各自去谋生。大女儿扛着犁耙，去平原耕耘；二女儿挑起一担书不知所踪；三女儿拿着谷物种子、锄头开荒种地。其中三女儿通过自己辛勤的劳动，种下的庄稼结出了累累硕果，三女儿也在山中安居乐业。但是天有不测风云，不幸就在这时发生了。三女儿所种的庄稼和果实被野鸟地鼠偷食殆尽。三女儿见状非常伤心，去找密洛陀倾诉，密洛陀鼓励她："天空难免出现乌云，生活也会遭受挫折，狂风吹不倒劲松，困难吓不倒勤劳的人，只要勤奋耕耘，生活是会幸福的。"并给三女儿一面铜鼓和一只猫，教会她如何使用。三女儿来

到田间地头，敲响母亲给的铜鼓，惊走了鸟兽，放出猫吃尽了地鼠。有了这两件宝物，三女儿种的庄稼长势更加喜人，来年也获得了大丰收。为报答密洛陀的养育之恩，三女儿带着丰盛的礼物于五月二十九日为密洛陀祝寿，一家人其乐融融。此后，密洛陀的教诲被人传颂，纳入《密洛陀古歌》。

每逢祖娘密洛陀生日时，瑶族儿女都集中聚在一起举行仪式，感念密洛陀的功德。瑶族各地根据谷物成熟的周期，过祝著节的频率也各异，两三年一次或三五年一次不等，但具体过节时间都是定在始祖密洛陀的"神归日"，即农历五月二十九日。届时，神尽其兴，人尽其乐。

瑶族祝著节，胜似过年，节庆当天，瑶胞们盛装打扮，瑶族儿女从各地赶来，就连出嫁的姑娘在当天也会带着孩子回娘家过节。每个村寨都有一个节俗活动场地，每家每户会提前备足酒食，一大早赶到预定地点，把食品堆放在一起聚餐。这一天是瑶族人民最大的节日，也是民族团结的盛会，还是瑶家青年男女寻找对象、自由恋爱的好机会。节庆当天一大早，布努瑶儿女便开始祭祀始祖母密洛陀。祭祀仪式由道公主持。首先，打铜鼓和跳铜鼓舞。铜鼓在密洛陀神话中具有崇高地位，是布努瑶的神器，"瑶不离鼓"正是布努瑶民间文化的写照。适逢年节、人生礼俗，瑶胞都会敲打铜鼓，打铜鼓既能娱人，更重要的是酬神，在请出铜鼓之前，布努瑶人须先进行祭祀，布努瑶相信铜鼓是神灵的化身，需要"请鼓"后将铜鼓吊在梁上，由长老先击打第一锤铜鼓祈福，然后开始跳铜鼓舞。铜鼓舞已然成为布努瑶向始祖密洛陀表情达意的仪式舞蹈。布努瑶人认为跳铜鼓舞可将人心中所求传递给密洛陀，求得始祖保佑，因此打铜鼓、跳铜鼓舞是仪式中最重要的活动。

其次，祝著节活动中的射弩也是年轻人非常喜欢的一项民俗体育活动。射弩是青年男女传情连心的活动。射弩场上会有许多年轻姑娘围观，她们在暗地里注意观察男子的箭法，通常射得最准，命中率最高的男子是英勇的象征，他在比赛结束后都会备受女孩子喜欢，若是双方情投意合，姑娘便会把自己的头巾送给他，男孩接受了便是对姑娘有意。之后双方就会对唱瑶歌。瑶歌是瑶族文艺的表现形式，对唱山歌是节俗必不可少的环节。节日当天，大家聚在一起，用不同的语言唱不同的歌，唱的瑶歌形式多样，内容丰富。瑶歌语言也分为祭祀语言、史歌语言以及爱恋歌语言三种。祭祀语言是用古汉语、古瑶语的一些名词构成词汇，由仪式专家来诵唱的，如创世史诗《密洛陀》，主要是在祭祀场合中唱，在娱乐喜庆的场合禁唱。史歌包括节俗中中老年男女对唱"读芬劝世"等寓言传说故事，专门用于喜庆场合，白事场合不能唱。爱恋歌又可叫细话情歌，是瑶族青年男女谈情说爱时对唱的歌谣。布努瑶同族人欢聚一堂，聚会宴饮，对歌时旁边还会围着许多倾听的人群。庆祝活动持续到夕阳西下，瑶民方尽兴而归。

祝著节不仅是布努瑶历史上传承下来的节庆日，具有一定的娱乐功能、教育功能、管理和交流功能，它也是布努瑶人在长期与自然、社会相互作用中形成的一种文化气质。在娱乐方面，祝著节当天，活动内容丰富多彩，大家穿上民族服装，聚在一起共同庆祝。在活动场上，大家尽情欢娱，有人打铜鼓，有人鸣枪放炮，有人吹唢呐，有人射弩箭，有人赛马斗鸟，有人唱歌对词，瑶胞与亲朋好友围桌畅谈，谈天闲聊，热闹非凡。过去，对于居住在山区的布努瑶人而言，祝著节是最盛大的、最重要的节俗，并且对于族群的延续具有重要的作用。首先在教育方面，每到祝著节这一天都要先进行祭祀活动，还会诵唱《密洛陀》。在布努瑶看来，没有密洛陀就没有布努瑶。因此，祝著节节俗的传承使布努瑶人铭记祖先开天辟地，造福后代的精神，以及赞扬祖先在征服自然的过程中历经磨难而不衰，饱尝艰辛而顽强不屈的品格。《密洛陀》中包含着许许多多的内容，活动中的对唱山歌歌词中也蕴含了许多道理，关于农事节庆、生产生活、为人处事等各方面的瑶族文化知识对青年一代也有重要的教育作用，孩子们在学唱山歌的过程中，慢慢明白歌词中蕴含的道理，所以通过这些山歌，祝著节潜移默化地影响着青年人的行为举止。

其次在管理和交流方面，由于布努瑶居住的山区，长期以来交通闭塞，大部分村寨都很贫困，大家平时都为了生活奔波，很少有机会聚在一起。但到了祝著节当日，居住在不同村寨的布努瑶人齐聚一堂，欢歌载舞，畅饮交流。娱乐活动结束后，族长或寨老可以与大家商讨族群的重大事情、发布族群消息等，并且族人可以在此时交流生产技术和致富经验等，更重要的是交流使布努瑶同胞进一步加强了彼此之间的情感，同时也增进了族群之间的认同感，在无形中提升集体主义精神以及增强了民族的凝聚力和向心力。

以前的祝著节是布努瑶最普遍、最重要的一种信仰活动。每到祝著节，布努瑶本族人不论男女老少，都穿上新装，披银挂链，身围彩裙，聚在一起进行祭祀密洛陀、载歌载舞唱诵《密洛陀》、敲打铜鼓、斗鸟等活动，从古沿革至今。这是布努瑶本民族内的重大活动，维系着族人的团结与互助，是布努瑶民族认同感的体现。随着社会的不断发展、交通的便利和旅游的发展，祝著节更多的是一种娱乐表演，不仅许多旅游者来观看，连附近的其他民族也都来凑热闹。另外，由于许多年轻人外出打工，没能回来参加祝著节。因此，参与祝著节的人员大多是布努瑶的小孩与寨里年长一些的人，还有很大一部分的外来人。布努瑶与外界沟通的增加在一定程度上造成了当地自然环境及生产生活环境的日趋恶劣，使得瑶族祝著节对于布努瑶的意义发生了变化，祝著节作为信仰的意义已慢慢减退并消失。

在现代化发展的今天，由于青年、孩童一代接受的教育增加，外出打工的人也越来越多。由于现代科学知识的影响，他们开始把民俗、民间神话、祭祀等看作是一种迷信，不认同且不参与。且近年来布努瑶居住环境日趋恶劣，雨量少，族人的生活用水都成问题，更不用说生产了，这使得当地的生活更加艰难。在自然与社会的共同作用下，祝著节只要有游客想看就会被当成展演，仅作为赚钱谋生的手段，使原来质朴的布努瑶人开始慢慢淡忘本民族文化。

由于过去生活环境较差，交通不顺畅，布努瑶的生活空间相当封闭，族群内部的文化娱乐生活重复单调，过节时除唱歌跳舞和打铜鼓外，并无其他活动，一年一度的祝著节成为人们最用心操办的节日，隆重且热闹。随着乡村振兴战略的实施，通往布努瑶寨的道路得到整修，交通开始便利，布努瑶族群与外界交往越来越多。电视、手机等主要文化娱乐设施陆续进入家庭生活。过去祝著节上的唱歌跳舞等娱乐活动逐渐被现代娱乐设施取代，也降低了布努瑶人对祝著节的期盼及兴趣，对祝著节甚至产生了审美疲倦，从而不再像以前一样重视祝著节。

文化自觉是摆脱困境的出路。延续民族文化，过好瑶族祝著节这一节庆民俗，首先提高本民族的文化自觉是关键，也是民族文化获得新的载体、重燃生机与活力的根本保证。提升文化自觉，能激增布努瑶儿女的创造潜能，能使布努瑶民族在日益复杂的社会生活环境下对本民族文化的发展时刻保持关注，及时在变化中探寻新的出路，与新时代的潮流要素进行整合，并产生新的适应性生存方式。提升布努瑶族群的文化自觉意识，扩大资金投入，加强基础建设，有利于解决自然、人文与社会的共生危机，使祝著节成为现代化进程中一条平衡自然、人文和社会的共生的道路。

第五章 传统技艺、体育与医药

一、综论

　　传统技艺、体育与医药种类繁多，风格独特，甚至带有神秘色彩，几乎涵盖了广西各民族衣、食、住、行等日常生产生活和人生礼仪的各方面，是广西各民族地方知识的载体，关乎民族文化、地方经济与造物精神，同时也是各民族长期交往交流，彼此之间相互吸收借鉴、融合的结晶。

　　广西传统技艺浩浩然不胜枚举，其审美、食用、实用价值高度融合。揭开壮锦的神秘面纱，流连于毛南族最具特色的"顶卡花"，探寻侗族木构建筑的神乎其技，挖掘始于清咸丰年间钦州泥兴陶窑变的秘密，细品味醇且隔宿不变的苍梧六堡茶，探究药食同源的龟苓膏配制，欣赏精雕细琢的贝雕和骨角雕，寻觅柳州螺蛳粉"臭"味的源头，发现桂林米粉卤水的奥秘，置身于传统技艺所形成的具体情境之中，是我们得以通过现在去还原历史的真实材料。

　　关于"衣"的传统技艺，包括重要的织、染、绣。壮族先民善纺织，壮锦是壮族先民的艺术瑰宝，是广西最具代表性的民族工艺品之一。早在汉代，壮族先民们的织布就已被列为贡品，南宋周去非在《岭外代答》中记载的壮锦，"白质方纹，广幅大缕，似中都之线罗，而佳丽厚重，诚南方之上服也"[①]。壮锦经历了色彩从单色到五彩，图案从简单到繁复的变化过程，发展出了自成体系的三大种类、二十多个品种和五十多种图案，其蕴含着独具艺术魅力和文化内涵的民间故事，在壮族民众的儿时记忆中熠熠生辉。花竹帽是广西毛南族的文化名片。毛南族花竹帽编织技艺主要通过手工艺人的口耳相传及编织技艺展示来传承其精美的工艺和严谨工序，由早期农耕文化孕育而生，是原始信仰与图腾崇拜及山地资源形成的传统技艺，是区域文化符号及代表，折射出少数民族的信仰理念，极具深厚的历史文化意蕴。《汉书·郦食其传》云："王者以民为天，而民者以食为天。"[②]关于"食"，广西各民族的饮食习惯直接或间接深受其居住地影响。梧州六堡茶的茶树种植在六堡乡，该地峰峦耸立，坡度较大，年平均气温21℃，年降雨1500毫米，是适宜陈化的自然条件，六堡茶经半年的陈化后，便会形成有益品质的黄霉菌，其独特的陈香和鲜明的韵味，给世界饮茶人带来了一份难得的天然芳香饮品，用四个字来概括便是"红、浓、醇、陈"。除六堡茶外，梧州还有一项养生佳品——龟苓膏。梧州气候湿热，长期生活在该地区的人极易患热毒，食用龟苓膏可祛湿毒，当地人在长期的劳动实践中积累了丰富经验，形成了独特的龟苓膏配制技艺。二者是梧州人民智慧的结晶、岭南历史发展的印证。对于广西人来说，米粉是广西饮食文化的重要组成部分，广西柳州螺蛳粉与桂林米粉作为可食用的城市名片，在其精制细作中不仅承载着各民族文化记忆，更带动着广西各民族群众共同创造财富。关于"住"，建筑作为人类栖居的场所，是具有地域性和民族性的人文景观。侗族木构建筑以种类多著称，亦寄托了侗族民众祈雨求丰收、追求幸福生活的美好心愿，是侗族文化特征的集中体现。此外，传统技艺中饱含独特制作工艺及浓郁文化气息的坭兴陶，贝雕及骨角雕，更是广西工艺美术史上的杰出成果。

被誉为"东方橄榄球"的抢花炮是壮族神圣的体育祈福活动，也是一项极具民族特色的民间传统体育活动。它最早起源于明朝，迄今已有1000多年的

---

① 吴玉贵，华飞主编：《四库全书精品文存27》卷六，北京：团结出版社，1997，第383页。
② 《汉书》卷四三，《郦食其传》。

历史，是壮族三年一度的庙会打醮时必须进行的一项体育活动。起初花炮以壮族民间传统体育活动为载体，承载着民众期望得到神灵庇佑的想法，具有神圣性与世俗性的双重意义。经历时代的发展，它逐渐从神圣化走向世俗化，从原始信仰活动走向娱乐性竞技体育活动。壮族抢花炮作为一项传统体育活动，在保持原有的历史文化特征的情况下，历经多元文化的冲击后仍保留及其顽强的生命力。

少数民族医药是中国传统医药的重要组成部分，广西壮医药是骆越文化的表现形式之一，极具鲜明的传统性、活态性、地域性、生活性、民间性。"辨病为首，诸诊合参"的思想，指导着壮医药线点灸的运用。智慧的民众利用壮医药线点灸疗法与各种疾病做斗争，在长期的实践过程中，建立起了较为完善的医药理论体系，为中华民族的医药发展作出了重要的贡献。

广西的奇山秀水孕育了各种生灵，十二个世居民族在悠久的历史长河中积淀了深厚的文化底蕴。这些民族传统技艺、民族体育以及民族医药不仅具有很强的实用功能和很高的历史文化价值、艺术审美价值、社会经济价值、科学发展价值，而且极大推动了本民族的生存和发展，为中华大地悠久璀璨的文化增添光彩。

二、壮族织锦技艺

壮族织锦技艺是壮族社会在男耕女织时代的自然生态环境和人文社会条件下产生的，是壮族劳动人民在长期劳动实践中凝结而成的文化符号，具有民族性和本土性。壮族织锦采取通经断纬的方法，用手工织机巧妙编织而成，是壮族人民手工技艺的代表性创造。壮族织锦尤以广西百色市的靖西为主要产地，而靖西壮锦又以旧州的壮锦为代表。

2006年5月20日，壮族织锦技艺经国务院批准，被列入第一批国家级非物质文化遗产名录，保护单位是广西壮族自治区靖西市文化馆，目前，壮族织锦技艺的国家级非物质文化遗产代表性传承人为李村灵。

锦在中国拥有悠久的历史，文化底蕴深厚。作为四大名锦之一的壮锦，至今已有一千多年的历史。壮锦根植于壮族生活的这片土地，寄托着壮族百姓对美好生活的向往和追求，具有醇正的民俗风格和独特的乡土气息。

关于壮族织锦的起源，学术界一直争论不休，二十世纪五十年代，国家考古队在广西贵港罗泊湾汉墓的七号残葬坑内发现了桔红色回纹锦残片数块。由此佐证，壮族先民瓯骆人早在汉代就已知道使用织锦了。宋人范成大在《桂海虞衡志》中说，当时广西左右江"州峒"所产的"緂布"，"如中国线罗，上有遍地小方胜纹"。同期，周去非也在《岭外代答》中说："邕州左右江峒蛮，有织白緂，白质方纹，广幅大缕，似中都之线罗，而佳丽厚重，诚南方之上服也。"此外，左右江州峒还产一种"練子"，"大略似苧布，有花纹者谓之花練"。这些"緂布"和"練子"，属最初的壮锦，可见织锦水平极高。此外，北宋元丰年间，吕大防在四川设蜀锦院，织锦四种，其中即有广西锦，为上贡的锦帛之一，可见当时壮锦之名贵。到了明代，壮锦越来越流行，万历年间，壮锦工艺越来越精湛，织有龙、凤等花纹图案的壮锦还被列为了朝廷贡品。整个历史时期壮锦经历了从单一色彩到五彩多变，从图案质朴简单到花纹精细繁复的变化。明末清初，已成为尊贵皇室御用品的壮锦获得了进一步发展，在材质上开始使用多种彩色的绒线，使用范围也从皇室专属扩大到寻常百姓家。史料中有关于当时壮族地区用锦盛况的描述："壮人爱采，凡衣裙巾被之属，莫不取五色绒线杂以织，如花鸟状。""嫁奁，土锦被面决不可少，以本乡人能织故也。土锦以柳绒为之，配成五色，厚而耐久，价值五两，未笄之女即学织。"壮族织锦技艺更成为壮族女性必掌握的女红，壮锦在日常生活的交换中既包含商品属性，又含有礼物的象征，是壮族女子婚嫁时必不可少的嫁妆之一。

壮族织锦技艺是壮族人民最精彩的文化创造之一，是壮族妇女在传承近千年的织造中习得的一整套技术，寄寓着普通的劳动群众对幸福生活的向往。关于壮锦的起源，壮族民间流传着动人的故事。

> 相传在广西有一个心灵手巧、能织善绣的姑娘叫达尼妹，她在劳动的空闲时间突然发现，蜘蛛网上的露珠，在阳光的照射下闪闪发光，就像银丝上镶嵌着一颗颗美丽的珍珠。于是她从中得到启示，就用彩色丝线为纬，以棉纱为经，仿造蛛网上珍珠的美丽图景，加上各种点缀，织出了美丽的壮锦。

花婆是壮族地区民间普遍信仰和供奉的生育神，在壮族地区还流传着一则与花婆有关的壮锦传说。

> 相传壮族地区有一位壮族少女张达环，因出生时算命先生说其克夫克子，所以家中的其他九位姐妹都出嫁了，只有她无人敢娶，还待嫁闺中。后来张达环就去学习织锦技艺，织出了美丽的壮锦，吸引了众多男子。有一男子毅然不信算命之说，与她私定终身。但是张达环的姐姐妒忌她，于是诬告她做了违背伦理道德的污秽之事，达环的冤情无处所说，为了不拖累与她私定终身的男子，达环选择自尽的方式结束自己的生命。死后佛祖见她可怜，封其为花王。达环生前知道很多壮族家庭因为无子而夫妻反目，她愿意为他们送上儿女化解家庭矛盾促进家庭和谐。

如今壮族地区在做仪式时仍会送赞花求子，壮锦上的纹饰也以花为主纹。

壮族织锦技艺所用的小木织机又称为竹笼机，织锦人可通过织机上的花笼完成花纹图案的提织，成幅后正反两面花纹对称，织物厚重。因织一幅壮锦耗费的人力和时间成本较大，效率很低。到了二十世纪六十年代，为了提高织锦效率，政府投入大量资金，学习蜀锦量产技术，将本来用于制造蜀锦的机器改造成为壮锦机器，效率比原来的小木织机提升了两到三倍。

壮族织锦技艺织造出来的锦分为两种，一种是织锦；一种是绣锦。织锦采用"三梭法"织造，三梭法的第一梭是起花纬，第二梭是地纹纬，第三梭是平纹纬，反复循环加工而成。而绣锦经历了从土布到织锦再到深加工，图案花纹也从简单到繁复，颜色从单色到五彩斑斓的发展变化，一幅壮锦常常用几种甚至是十几种颜色搭配组成。壮锦色彩运用的特点是：以少见多，纯朴中见丰富，素雅中见多彩，对比鲜明强烈。由于配色得当，整体上显得斑斓绚丽，排列有序，对比和谐，古艳深厚，华而不俗。

壮锦纹饰图案多种多样，其构图大部分以组合的形式出现，其主要的构图方式有："一是采用二方连续或者四方连续将几何形按照一定比例移动复制，使得整幅锦面纹样有序相连，具有动感与层次感；二是以几何纹为骨架，内嵌动物纹、植物纹或以"卍""寿""美"字纹等进行填充，丰富整幅壮锦的主题内容与寓意。"十种之多的传统图案，多择取自生活中的可见之物和象征吉祥幸福的花纹，如壮锦中最常用的凤凰图，活灵活现，象征吉祥如意，民间评价壮锦是"十有九凤"，代表着壮族人对凤凰的钟爱。此外，常用的有八角纹，圆圈纹，云雷纹，万字纹等。壮锦纹饰的色彩，喜用红色。在壮族地区，红色代表鲜活的生命，旺盛的火焰，红色能趋利避邪保平安，带给人生机勃勃、热烈活泼的感觉，并且在壮族地区，过本命年也流行佩戴红色饰品以及穿红色衣物。其次，粉红色也是壮锦纹饰常用的色彩，是壮锦中青春少女服饰的常用颜色。粉色表示少女，青春活泼，娇嫩清新，常与女性、爱情等较为浪漫的事相联系。

壮锦整体的配色常采用暗底亮花，着重鲜明对比。大量的壮锦都是用蓝靛或是黑枫叶把土布染成蓝黑色，再在此底色上织造多种色彩斑斓的图案。壮锦艺人常说"深地人人爱，浅地也不坏"，壮锦深色的背景布可以将图案衬托得沉稳庄重。壮族人民的日常服饰也以蓝黑色为主，这主要与其农耕文化息息相关，是地理环境因素所造就的社会文化现象，也是民族习惯的结果，具有鲜明的民族审美特色。

壮锦底色的染色技术也较为讲究，现已形成比较成熟的工序。比如上文提到的用蓝靛染蓝黑色的染制方法，壮族人民主要是摘野生的蓝草，再从蓝草中提取蓝靛用于染布。首先利用蓝草生叶中的蓝色素溶于水的原理，将蓝草浸泡数日，随时观察其状态，若出现深青绿色的液体，叶子腐烂，待杆脱皮，则将渣滓捞出，加入石灰快速搅拌，这一步主要是促使液体与空气发生氧化反应。之后用最古老的沉淀法，等待其氧化到一定程度，这时候便会观察到整缸水变成了蓝色，石灰中的钙离子会与蓝靛素结合沉淀于底层，多放置几日，除去上层的废水，底下蓝色的物质就是蓝靛膏了，蓝靛膏便是壮锦底色的染料。而具体染色工艺则是将蓝靛膏加清水调试到一定浓度，倒入糯米酒进行搅拌。在壮族地区，如果家中刚好有染布，壮族妇女按惯例早上起床第一件事便是搅拌染缸，因为此时空气最清新，适宜染料与空气发生氧化反应。待到缸里的蓝靛水发生变化，呈现出黄色的时候，就将织好的土布放进染缸染制，并且每天要搅动一次。土布在染缸中泡着，泡染后用水洗干晒干后再泡，如此反反复复浸染十多次，甚至二十多次后，染上的颜色才会很深，远看是黑色，近看是蓝黑色，染的次数越多，布颜色越深，也会越固色。壮族地区染黑色的时候会加入树皮、牛胶、碱水，染蓝色则不加入牛胶、树皮。

如今经过对原有的织造工艺的改进，壮族织锦技艺由原先传统的送经、开口、投梭、打纬等纯手工制作，逐步向半机械化生产过渡，大大减少了成本，生产效率得到了提高，但对操作者的技艺要求很高，需要经过专门的培训后才会使用。现在壮锦的提花织物技法也已创新，采用综片加提花龙头织造，纹针数约为600针，底纹通常用两片综片起平纹；花纹由纹针起并加彩抛或挖花，使其更加生动。同时，针对壮锦原来过于厚重的问题，改良过的壮锦显得更加紧密精细，用途更多样。

行走在壮乡，无论是在当地族人色彩艳丽的服饰中，还是在向旅人们出售纪念品的小摊前，都不难发现壮锦的影子。一块块古朴厚实的手工织锦，色彩鲜艳却不张扬，当你的手指划过锦上凹凸有致的纹路时，仿佛轻轻推开了千年时光的门扉。壮族织锦艺人对壮锦成品的要求不仅以配色鲜艳夺目耐看为标准，在实用性上还强调经久耐用。经过精致构思和巧妙配置，在不断的改良中，根据艺人的腹稿，利用棉线或丝线编织而成的壮锦，色调重彩，构图丰富，结构严谨，花纹曲直，显得刚柔并济、充满智慧。这样的壮锦充分显现出壮族人民勤劳勇敢的民族精神，表达对美好生活的美好愿景。

壮锦织物除了服务于壮族人日常生活外，同时还被赋予了壮族民族传统文化内涵。其作为壮族古老文化之一，代表的不仅是一件织物，更蕴含着壮族人传统的生产生活方式。壮族织锦技艺的转变，图案纹样的丰富，提花的多层次等方面，无不记录着壮族人民奋斗的历史，追求生存的观念，是壮族文化外化的一种表现形式。壮锦如同一朵古老而艳丽的花朵，来到壮乡的人们，无不为它的美丽与质朴所打动。随着现代技术的进步，在靖西壮族民间，掌握这项织锦技艺的人数越来越少。二十世纪九十年代末期，壮族人赶圩时还会售卖被面、铺盖、背带芯等壮锦织物，但是现如今越发少见，且在靖西村中会织壮锦的妇人年纪都偏大，年轻人都不愿意去学习，壮锦的需求量与传承者也越发减少。因而我们更需要尽心尽力去呵护这一宝贵的壮族文化，让它在广袤的中华大地上绽放得更加美丽持久。

三、侗族木构建筑营造技艺

侗族木构建筑营造技艺是侗族人民在长期生产生活中形成的，具有鲜明的民族特色和非凡的建筑工艺水平。侗族木构建筑营造技艺主要流布于广西柳州市三江侗族自治县。

2006年5月20日，侗族木构建筑营造技艺经国务院批准，被列入第一批国家级非物质文化遗产名录，保护单位是广西壮族自治区柳州市群众艺术馆和三江侗族自治县非物质文化遗产保护与发展中心。侗族木构建筑营造技艺的国家级非物质文化遗产代表性传承人为杨似玉、杨求诗。

侗族是我国南方古老的少数民族之一，广西三江侗族自治县是其聚居地之一，是全国五个侗族自治县中人口最多的县份。三江侗族自治县被誉为"中国民族建筑艺术之乡"，也被诗人赋予"桂林山水甲天下，侗族风情看三江"的美赞。三江侗族保留着大量的鼓楼、民居、风雨桥等木构建筑，走进三江便如同走进了木构技艺博物馆。侗族木构建筑营造技艺是侗族人民在长期的积累中形成的，不用设计图纸、一钉一铆，通体采用栓木凿榫出各式各样精美的建筑。建筑是有生命的，它虽然看似静，但实际凝聚着世代侗族墨师工匠精神。这些建筑挑枋竖瓜、榫栓穿合而密扣无隙，加之画栋雕梁，整体上集民间绘画艺术、建筑艺术、雕刻艺术于一身，造型美观，工艺堪称一绝，达到了民族民间建筑艺术超高的境界。

千百年来，侗族人巧妙地将其长期的生产生活实践、民族价值理念、独特审美观凝聚在木构建筑营造技艺之中。历史上，南方原始氏族社会早期就已形成巢居，古越人创造了这种以"竹木结构""卯榫结构""雕梁画栋"为特色的建筑文化，侗族人民将其完整传承下来。侗族先民居住房主要为干栏式木楼建筑，真正关于侗族干栏建筑的记载，最早见《魏书·僚人》所载的"依树积木，以居其上，名曰干栏"。侗族的干栏建筑汇集成群，依山傍水，房屋根据地势的变化形成不同的干栏形式，显现出侗族先民精巧的木构建筑营造技艺。这一时期，侗族木构建筑营造技艺得到了逐步发展完善，也为后世古朴典雅的侗族木构建筑奠定了基础。

侗族人民善建筑，传统建筑是三江地理环境的烙印，反映着人与自然的关系。三江侗族木构建筑造型优美，工艺精湛，墨师工匠仅用简单的工具便能铸造庞大的建筑。侗族木构建筑中的鼓楼是村寨的心脏，每一个侗族寨子里必有鼓楼，在侗族民间流传着"未建寨先建鼓楼"之说，鼓楼又称"罗汉楼"，它壮丽精致，矗立于侗寨之中，立地顶天，是侗家人的精神象征，是侗族木构建筑最突出的标志，也被誉为侗族的"门面担当"。鼓楼的一般结构是顶部为悬山式、歇山式或是攒尖式等，埋巨木为中心柱，以四柱支撑，柱子间以大柱子榫头穿连，上八边形，建成塔形"独角楼"，有二十多层不等，每上一层木枋必须缩短一定的尺寸。鼓楼一村一座，或一寨多座，在历史上起到了抵御外敌等作用，也是村中进行商量大事、起款定约等公共事宜的重要场所。在鼓楼上，由寨中"头人"登楼击鼓，咚咚鼓声响彻村寨山谷，能迅速把人集中起来。现如今，侗寨中的各种节庆活动、联欢聚会、老人传歌、青少年学歌都在鼓楼中进行，其相当于侗族族群社会的活动中心。

　　侗族风雨桥又称"花桥"或"福桥"。侗寨中的风雨桥是可以和鼓楼相媲美的另一种木构建筑。风雨桥既可遮风避雨，又可兼作寨门，更是村民游玩歇息的地方。风雨桥由桥塔亭三个部分组成，上部结构是塔、亭，与鼓楼的制作技艺无大差异，下部结构是在木悬臂梁式平桥上建造长廊，采用密布式悬臂托架简支梁体系。通体以杉木凿榫衔接，与鼓楼一样，其顶梁柱是拔地而起，充分应用了杠杆原理使其排枋交错，上下吻合，层层支撑，这一建筑模式能够很好地设定每一层的承重，尽管屋檐多达十几层，亦可使建筑屹立数百年不朽不倒，因此被建筑学家们称之为"榫卯抵承梁柱体系之大观"。无怪乎郭沫若先生在赞美程阳风雨桥时说："重瓴联阁恰神巧，竹木一身坚胜铁。"侗寨中的风雨桥横卧江上，在侗族传统观念中是沟通阴阳两界的"生命之桥"和护寨纳财的"福桥"。风雨桥以及围绕鼓楼和风雨桥进行的祭祀活动与侗族人民的精神信仰息息相关，侗寨中祭拜的神像、神位，多设神龛在风雨桥的上部分。此外，侗族人民在上面供奉了关公、文昌帝星、土地等神灵，逢祭日时都会进行祭拜。对侗族人而言，侗寨风雨桥是人神沟通的地方，因此他们对于风雨桥不吝装饰雕琢。侗族风雨桥的营造过程包含了厚重的文化信息，同时桥上的雕梁画栋寄托了侗族人民祈神驱邪保平安、风调雨顺五谷丰登的美好愿望和对美好生活的向往。

　　在侗族聚居地有很多河溪，山上有很多高大的杉树、榕树，而侗族人喜欢依山傍水建立村落，这些树木将村寨隐蔽其中。侗族的民居星罗棋布，错落有致，楼间是一块块水田，或是人工建造的池塘，抑或是竹林、菜地。身处其间，时而山间鸟鸣，更显出寨子的宁静安详。这些民居根据地形地势的变化分为高脚楼、吊脚楼、矮脚楼、平底楼等多种类型。高脚楼和吊脚楼形制差不多，都是由古代干栏建筑演变而成的住房，以杉木封顶。楼高一般为三层，最底下一层饲养牲畜，堆放农具，中间一层住人，最高一层储存粮食或放置杂物。进入现代社会以来，规模较大的高脚楼以青瓦铺顶，可达三四开间，进深九根大柱子，高达四层。矮脚楼以地面为基，不搭楼板，已不属于干栏式建筑。侗寨居住地山高林密，瘴气较重，较为潮湿，因而矮脚楼不适合人居住，而适合建造成为厨房或专门的牲畜圈舍。平底楼则通常是房檐相接，屋宇相连，房廊想通，地势平坦开阔。此外在侗戏流行的区域，还会搭建戏台。

走进侗寨，寨子中的侗族木构建筑群落无论是结构复杂的鼓楼、风雨桥，还是结构较为简易的民居、戏台，这些造型独特、比例协调、均衡对称、规整完美的木构建筑艺术，综合展现了细致精巧、简单实用、秩序规律、轻盈多变、空间统一的整体风格和完美和谐的艺术特色。侗族木构建筑不仅保留木材的古香古色，同时还凝聚着质朴的坚挺之美。在侗家人看来，侗寨民居没有鼓楼或风雨桥那样多的装饰和复杂的结构，以实用为考虑之根本。除了在乎实用外，他们还注重其中的文化隐喻。在侗族民间，侗人常把自己的寨子比喻为龙窝。这条龙是一条盘旋而居的龙，鼓楼则是龙头，民居星罗棋布般围绕和盘踞在鼓楼旁，好像是龙的身体，而风雨桥多建立在村寨入口较远的地方，被视为龙尾。

侗寨建筑群是由侗族的艺术工匠凭借他们精湛超群的建筑技艺、独特的审美观念建造而成。侗族人尊称他们为掌墨师。因为有他们，使得侗族木构建筑作为侗族文化的象征之一而蜚声海内外。墨师们相信天人合一，人与自然和谐相处。因而在侗寨中处处可见高耸的鼓楼和舒展的风雨桥，融于大自然的山山水水之中，与侗乡的淳朴民风浑然一体。掌墨师通过这些木构建筑向世人展示侗寨匠人特殊的艺术审美，展现洋溢着浓厚民族性和地方性的侗族历史文化。

掌墨师是"掌管墨斗的师傅"，被誉为侗族建筑工程的"最高统帅"，在侗族木匠中是重要的核心人物。掌墨师不仅是建筑施工时众多木匠的总指挥，建筑的总设计师，也是极富天分的建筑艺术大师。他们有"二绝"：一绝是从来不用一钉一铆，便可使得建筑稳定，长久不散；另一绝是他们从不画图纸，建造方案早已烂熟于心，凭借着"匠杆"，就可以完成所有工作。要练就侗族木构建筑营造技艺，掌墨师完全是依靠祖传和自己在实践中的摸索。为了练就依地形、山势，迅速在心中构出"图纸"的本领，掌墨师常常借助凿刀、曲笔等工具，将木构建筑的柱、瓜、梁、檩、枋等构件的尺寸、位置，制成侗族建筑师特有的"香杆"，也就是竹条。并且在遇到较为棘手的建筑时，掌墨师也会自己用竹子削成竹竿制作小样，建造时再按照一定比例运用到实际建造中。传统的侗族匠师会使用祖传的建筑符号，这些符号又被称为"墨师文"。"墨师文"在师徒间口口相传，世世代代一直沿用至今。这些外人不能识的建筑符号，共有二十六个字符，但日常建造中常用的只有十三个。掌墨大师傅在"香杆"上按照先辈传授的建筑符号写字画线，按标注的字符去下墨，用它来丈量，遵照竹片上的内容施工，凿榫接铆，不管多么复杂的木构建筑，都能架构稳固且尺寸精准。

在侗族人民眼中，掌墨师赋予木构建筑以灵魂。因而在侗寨建筑开工前常会通过仪式与神灵以及先祖掌墨师进行沟通。如在风雨桥建造前，侗家儿女会共同举行"发墨开工"仪式，即由现任的掌墨师卜卦择吉日吉时，先"请"鲁班祖师，再"请"过世的历任掌墨师"莅临"，并杀鸡宰鸭烧香供奉。现任掌墨师先把五尺长的圆木架在新的木马上，将其用墨斗"弹墨"并念咒语"开墨"，掌墨人在主柱上画第一道线，众人协力将柱子立起来。开墨仪式完成后，其余匠师才能开始动工。

要成为掌墨师需要很多的条件，也不是所有的木匠最后都能成为掌墨师。在侗寨，只有极少数的木匠能成为"师"。想要从事木构建筑的人会先寻找合适的长辈拜师，从学徒开始做起。熟练后可称为一名合格木匠，即使成为熟练的木匠，但还需要掌握很多独特的技艺，具备独有的天分才能成为掌墨师。掌墨师首先需要具备识别分辨木材的技能，还要精于计算，因材使用，不浪费木料，即在什么地方用什么料、怎么下料都很有讲究。其次，掌墨师还需要有超群的计算能力和记忆力。因传统侗族木构建筑营造技艺无图纸，掌墨师只能凭借师父传授，以及个人超群的计算能力和记忆力在脑海中构思，并且需要因地制宜，即根据地势地形来确定楼型结构，来计算需要的木材量。最后，合格的掌墨师还要精于榫卯和木艺五法，即矩、规、绳、水、垂这五法，也就是木作中的"为方以矩，为圆以规，直以绳，衡以水，正以垂"。能做到精准组装的墨师即是精通五法和榫卯的人。掌墨师在竖屋立楼组装木头时，不使用锯、挫、斧等钝器，且只用木锤着力，目的是不伤害木头。除此之外，掌墨师建造时还要熟悉侗族建筑方面的"款"（"Kuant"是侗语固有词，意为连成片的联盟组织），各种款词需要倒背如流，并熟懂"侗书"的择吉习俗。有些侗族掌墨师也是寨子中的款师。

侗族木构建筑营造技艺是侗族文化的象征，承载着侗族人的骄傲与自豪。每座建筑都与众不同，保留侗族建筑艺术的原始性和古朴性。但木构建筑营造技艺都是由师父亲手教授，无文字保存，技艺考究，传承难度大。三江侗族自治县处于中国偏僻的西南边疆，交通闭塞，与外界的沟通较少，经济状况不佳，但传统建筑文化在一定程度上得到了保存。在全球一体化经济冲击和影响下，现代文明给三江地区带来了经济发展，与此同时侗族传统建筑文化也面临着被同化的危险。现如今，这项侗族民间传统技艺还面临着后继乏人、木材资源匮乏的局面，为了解决侗族木构建筑营造技艺保护传承问题，地方政府一方面通过合理限度内的旅游开发为其保护积累了资金，同时也提高了侗族建筑文化的知名度；另一方面加大了对侗族木构建筑营造技艺传承人的支持力度，通过发放政府津贴等专项保护资金的投入让传承人更集中保护、传承事业。此外，政府还通过举办各类保护活动和研讨会，吸引更多的民间社会力量参与进来，通过提倡活态传承，让每一位侗家人多一份对这会呼吸的木质建筑的了解，多一份对充满生命气息的侗族传统文化的钟爱。

四、陶器烧制技艺（钦州坭兴陶烧制技艺）

钦州坭兴陶烧制技艺是采用钦江两岸特有的优质紫泥为原料，融入绘画、书法、金石、篆刻等艺术元素，不施任何釉料，成型后入窑烧制，经特殊的窑变呈现出千姿百态的制陶技艺。它完整地保留了我国在数千年前的制陶技法，是目前国内制陶行业中最具史前文明工艺特征的技艺。因取材特殊，坭兴陶烧制技艺主要流布于广西钦州市。

2008年6月7日，陶器烧制技艺（钦州坭兴陶烧制技艺）经国务院批准，被列入第二批国家级非物质文化遗产名录，保护单位是广西壮族自治区钦州市钦州坭兴陶艺有限公司。目前，陶器烧制技艺（钦州坭兴陶烧制技艺）的国家级非物质文化遗产代表性传承人为李人帡、陆景平。

钦州是我国南疆北部湾畔的一个有着1400多年历史的古城，是古代我国南疆北部湾畔的海陆交通枢纽，西南地区便捷的出海通道。钦州在先秦时期属于百越之地，在秦始皇一统天下后，归属秦，为象郡所辖。汉、三国至晋时期，归合浦郡管辖。南朝末元嘉时，钦州首次建制，设宋寿郡。隋开皇十八年易名钦州，取"钦顺之义"，这也是钦州的最早定名，后一直沿用至今。

"万年桂陶，千年传奇"，钦州坭兴陶烧制技艺起源于唐代，兴盛于清代咸丰年间。据悉，坭兴陶烧制技艺已有1300多年的历史了，是钦州特色技艺之一。古代能人巧匠以精湛的技艺做出十分精美的钦州坭兴陶器，历代制陶名人辈出，清代咸丰年间民间用钦江两岸紫泥生产陶艺的店铺作坊有40多家，较负盛名的有"黎家园""符广音""麦兴记""仁我斋""潘允馨"等。他们所生产的各种吸烟器、茶壶、茶杯、花瓶等物品，在当地几乎每家每户都使用。清朝咸丰年间，发展鼎盛的坭器走入寻常百姓家，因其广泛使用故得名"坭兴"。至清同治年间，从事制陶工艺的人，大都聚居于钦州南鱼寮横街设店经营，也就是今天的坭兴巷。清末民初，钦州出产的陶器驰名海内外，备受各界人士喜爱。

坭原指陶器，"兴"就是喜爱时尚的意思，"坭兴"二字取钦州的陶器为世俗喜爱之意。面朝浩瀚大海的钦州湾，水陆交通发达，促进了坭兴陶的生产发展。钦州坭兴陶学名紫泥陶，陶泥选取的质料是钦州市钦江独有的西岸硬质土和东岸软质土，两种土混合后软硬相宜，泥质纯净细腻。关于制陶技艺，《钦县志·民生志·陶冶》上载："我钦有坭兴特产，关乎泥，泥质太硬不得，太软不得，硬则烧而拆裂，软则烧而堕下。唯软硬泥相配合，制成器而附烧，不裂不堕，无虞苦窳之患了。"钦州坭兴陶的制陶工序为取泥、淘洗、选炼、拉坯成型、雕刻、烧制、打磨。首先在选料上，取钦江两岸特有的优质紫红泥为原料，其土质奇特，分子结构紧凑致密，钦江边上的泥，东软为肉，西硬为骨，反复淘洗后将其按照东六西四的配比混合，经过湿球磨、过筛、沉淀、压滤、真空炼泥等工序严选细拣，使其骨肉相互支撑得当，方为上乘之品。

其次是拉坯成型。拉坯前先以手工揉泥，排除泥中的气泡，以防烧制过程中因气泡的残留而变形或开裂。泥揉得越久越柔软，越结实润滑，可塑性越强。坭兴陶的生坯强度高，将备好的可塑坯料放在坯车上，用轮制成型法拉出一定形状和尺寸的坯件。制成的陶坯具有坚而不脆、硬而不散、柔而不软、韧而不粘的特性。拉坯成型这一方法是我国传统陶瓷器生产的方法，也是钦州坭兴陶常用的制作方法。

紧接着是装饰。钦州坭兴陶最大的特点是不施釉而采用雕刻装饰。雕刻有各种手法，如浮雕、平雕、圆雕、捏雕、透雕等，再辅以刻、剔等技法。制陶艺人在泥坯上充分发挥想象力，雕、刻、剔出自然万物。因坭兴陶土质奇特，在装饰艺术上多采用雕塑装饰，浮雕装饰强调生动有力的线条，将平面图上的画雕在坯体上，雕出立体生动的整幅画。平雕最著名的作品即是高鼓花樽，即拉坯完在坯上雕花，待坯晾干后用平刀刮掉一层，底与纹形成鲜明对比，突出雕花纹样。透雕则是镂空雕刻，难度较大，即用小尖刀一点点地穿透未干的生坯，雕刻时间太长还要及时用喷壶在表面补水，以防开裂。坭兴陶浮雕制品玲珑剔透、精致精巧。此外还有圆雕、捏雕等较为常见的装饰。近年来，也常流行在泥坯上使用小篆、隶书、楷书、行书等中国书法撰写诗词歌赋用以装饰。

经上述各步骤加工成型晾干后进行陶器烧制。坭兴陶是泥与火的结晶，无需上釉色。泥料内含丰富的三氧化二铁成分，经高温火烧后还原成氧化铁或氧化亚铁，显色呈现出铁青色。由于各窑炉的脾性不同，以致氧化还原程度不同，显色也就会产生微妙的变化。特定陶土与高温窑炼的结合，历经数十道工序，最终产生丰富的"陶褐"和"陶彩"。坭兴陶经1200℃以上高温烧制后，其表层仍保留着朱色或紫红色，这是该陶区别于其他陶器的特点之一。更绝的是坭兴陶经烧制产生的窑变反应，窑变产生的"自然陶彩"在国内陶瓷业中绝无仅有，故被誉为"中国一绝"。开一次窑，同一窑炉中的每件相同形制的陶器在色泽上绝无类同。偶有个别坯体偶然会在原来铁红色的基础上发生变化，其色泽若隐若现绚丽斑斓，是人为无法准确预测和控制的，常见的自然陶彩有古铜、墨绿、紫红、虎纹、天蓝、天斑、金黄、栗色、铁青等。坭兴陶成品质地细腻有光泽，集天地之灵气，日月之精华于一体，艺术品质极高，并无定格，品位极珍，具有很高的欣赏和收藏价值。

一炉窑中，有失败品也有完美品，将成品按照等级挑选出来，再精心地打磨抛光。经打磨工艺加工，磨掉表层氧化物，产生"窑变"的陶制品色彩更明显。十分惊喜的是，因烧制前在生坯体上刻花纹，并趁着坯湿润时在刻痕中填以另一种泥料，烧制后便可以形成所谓"白器红花"或"红器白花"的古朴雅致的效果。最后再以精工琢磨光滑，即抛光处理，如此便可使坭兴陶光润柔和的材质与变化无穷的自然色彩充分地显露出来，再辅以得体的雕花装饰，成品便如天鹅般脱胎出美轮美奂的品相，呈现出古朴幽雅、别具一格的艺术美感。

制作钦州坭兴陶的艺人，其制作工艺世代相传。一件精美的坭兴陶制品不仅与泥质、陶刻绘画艺术种类相关，还与当地民俗风情、先辈智慧与心血息息相关。坭兴陶器艺人们将二者合二为一，在承袭传统的基础上，利用具有可塑性很强的泥质，预设图案，在坯体上用书法书写内容高雅的诗文，以中国画白描风格绘上山水花鸟。艺术家刀法古拙，运刀如运笔，工艺精湛，形成雅致的艺术品。艺术家的陶艺造型艺术在坭兴陶制作中得以淋漓尽致地发挥，使单纯古朴的坭兴陶透露出醇厚浓重的人文气息。

近年来，坭兴陶被越来越多的人关注。因艺人手作生产，用土窑来烧制陶瓷，精致的手艺、特定的陶土和独特的烧制技艺使钦州坭兴陶具有极高的欣赏价值和收藏价值，还有极高的升值空间。当然，坭兴陶独特的使用价值也不容忽视，坭兴陶产品主要有茶具、文具、食具、咖啡具、花瓶、花盆、熏鼎及仿古制品等八大类，以及电热炊具等系列产品，花色品种达六百余种。用坭兴陶茶壶贮茶，能使茶色茶味持久弥香，即使是盛夏，留存一两天也能保持原汁原味不会馊臭，且坭兴茶壶因使用时间久，壶里会积茶垢，只要冲进开水，仍留有茶味。用坭兴花盆、花瓶栽花或者插花还具有护花功能，花树也会生长得更繁茂。

如今市场上坭兴陶器的各种茶具产品，受到人们的喜爱和追捧，成为中国茶文化中不可或缺的一部分。坭兴陶艺人将坭兴陶茶具的意境与茶道所追求的"涤净烦嚣，淡泊明志，超世脱俗"相融洽。陶如人生，历练方能成器。拿一把坭兴陶茶壶来说，其制成要经过几十上百道工序，好的坭兴陶茶壶除了壶身与流、把、钮、盖等各部分比例自然协调外，边角的处理也要过渡流畅。做工精良的坭兴陶茶壶融入手工艺人丝毫不含糊的匠心态度，耐心专注，精雕细琢方可制成，它表达着手工艺人的精气神和态度。一般来说，精细的工艺可以使坭兴壶具有较好的使用功能。随着现代化进程的发展，坭兴陶因耗时耗力多，造价也随之提升，且市场上有太多替代品，没有特殊需求的人很少会购买，因而难以普及到市场大众。近年来，钦州市坭兴陶机构一直在研究如何将传统与现代相结合，力求在保留坭兴陶原有精湛工艺及文化特色的基础上，提高坭兴陶器的出窑率。

近百年来，坭兴陶先后多次参加国际和国内博览会，获得国际和国家级的金、银奖。坭兴陶最早参与的国外博览会是 1915 年巴拿马国际博览会，在会上获得了金奖，百年后的 2018 年再次获得该荣誉，它还曾被联合国教科文组织认证为"世界杰出手工艺品徽章"。坭兴陶历代作品被珍藏于二十多个国家博物馆，并与江苏宜兴紫砂陶、云南建水陶、四川容昌陶共同享誉中外。同为四大名陶的坭兴陶与紫砂陶虽在烧制前形制相似，但出窑后各有其特色，在声音方面，坭兴陶敲击声清脆，宜兴紫砂陶的敲击声较暗哑；在色泽上，坭兴陶凭借其独特的窑变而显现多色，而宜兴陶无论是什么本色，其表面始终隐约透着紫光。数千年来，钦州制陶人不断发扬原始的制陶精髓，传承"双料混炼、自然素面、窑变出彩、陶刻创作、陶艺造型"这五项传统制陶工艺，将其融进陶器艺术创作中，烧制出古朴典雅，质感厚重的坭兴陶，在钦州千年的历史文化长河中创造出制陶奇迹。

如今的坭兴陶已成为广西壮族自治区馈赠国宾的特产，同时也是中国国家地理标志产品。其地理标志产品保护范围为广西壮族自治区钦州市钦南区、钦北区、钦州港经济开发区、三娘湾旅游管理区、灵山县陆屋镇现辖行政区域。坭兴陶作为钦州最具特色的城市名片，除了能带来极大的经济效益，还是广西陶文化最有影响力的艺术品牌。在历史长河里，一代代的坭兴陶艺人不断发挥他们的创造力和想象力，运用这项技艺创造出一件件具有民族特色、散发独特艺术魅力的珍品。但是目前，在钦州当地从事坭兴陶制作的人年龄普遍偏大，年轻人非常匮乏，传承体系也不完善，这就造成了这项传统技艺无人继承的紧迫局面。因而，地方政府应有的放矢，将健全和完善坭兴陶制作技艺传承体系列为当务之急。其次，引导社会风向，扩大宣传，不断提升钦州坭兴陶制作技艺的知名度，结合地方旅游开发，进一步开拓坭兴陶的旅游市场。作为传承人，也要积极主动地创新突破，与时俱进，注意在坭兴陶作品中融入时代新元素，保护传承该项技艺，使其绽放别样的魅力。

五、壮医药（壮医药线点灸疗法）

广西特色的壮医外治疗法——壮医药线点灸，其采用广西壮族地区出产的多种壮药制备液浸泡麻线，制成药线后，取出一端点燃，灼灸人体体表选定的穴位，用以预防和治疗疾病。壮医药线点灸疗法由广西柳州柳江县龙氏家族创立，是壮族人民在长期的生产生活实践中与疾病顽强斗争，逐步形成的地方医药体系。其适宜病症范围广，壮族民族特色浓郁，是壮医学的主要组成部分。它的主要流行和分布地以广西柳江一代为轴心，辐射壮族聚居地区百色、河池、柳州、南宁、崇左等市。壮医不仅为壮族人民的健康提供了保障，而且还惠及汉、苗、瑶、侗等各民族人民。因其应用方便，疗效较好，周边的苗、瑶、侗等民族也会交流应用。

2011年5月23日，壮医药（壮医药线点灸疗法）经国务院批准，被列入第三批国家级非物质文化遗产名录，保护单位是广西壮族自治区广西中医药大学。

壮医药线点灸疗法始于何时，无从考证。但可以肯定的是，其是古代骆越文化的遗风，在骆越文化和岭南文化的双重背景下，壮医药线点灸是以阴阳为本，巧坞（脑）主神，人天地三气同步，脏腑骨肉气血为体，气道、谷道、水道"三道"和龙路、火路这"两路"为用的民族传统医药。长期以来，壮医强调"阴阳为本"，人体只有遵循阴阳平衡，才能保持生命最佳状态，维持生存和健康的常度。壮医学认为，疾病的产生是由于各种邪毒如痧、瘴、蛊、毒、风、湿等通过龙路、火路在人体体表形成网结，侵犯人体，正邪相争，导致天、地、人三气不能同步，脏腑骨肉功能失调，气血紊乱以及三道两路手受阻所致，或由于人体正虚，天、地、人三气不能同步，脏腑、气血、骨肉、三道两路功能减退，产生水毒、痰毒、食毒及瘀毒等滞留体内，导致三道两路受阻，气血运行不畅所致。据调查和临床验证，壮医药线点灸疗法的适用范围极广，能调节"天、地、人"三气，使人体机能平稳运行，目前已发现可治疗临床各科100多种疾病，并在人体保健方面还具有温经散寒，调节气血（嘘、勒）、消肿止痛、祛风止痒等功效。作为壮族医药的杰出代表，壮医药线点灸疗法所需设备简单，疗效确切。该疗法作为一种民间疗法，是壮族民间百姓对抗疾病，预防疾病的重要手段之一。

根据历代文物的考古资料考证，早在五万年前，百越族群的部分先民就已在广西等地繁衍生息，因该地瘴气、湿气较重，他们创造并使用火，建造干栏式建筑，采砭石以适应自然，对付疟疾。建国以来在广西各地出土的壮族先民石器时代的遗物，就有使用过的砭石、陶针和骨针等可供保健医疗的物品。此外，广西宁明花山崖壁画可做辅证，左江花山岩画属春秋战国时期壮族先民的艺术杰作，其蕴含的医学内涵已得到充分肯定。从画面来看，远在战国秦汉时代，壮族先民至少已掌握了一定的解剖知识，对人体结构有了初步的认识，并用气功治病。广西平乐望牛岭出土的铜臼，据考为西汉时期壮族先民的制药工具。1975 年在广西合浦堂排汉墓出土的铜碗，内装铁冬青和果实；1978 年在贵县罗泊湾汉墓出土的小陶碗内也有铁冬青叶；在壮族地区出土的其他壮药实物还有滑石、丹砂、白果等。这足以证明智慧的壮族先民自己能进行药物加工，且会使用药物治疗。这些珍贵的考古遗迹和历史文物足以说明广西壮医药在历史上是客观存在且呈优势发展状态。

二十世纪三十年代，广西地区的龙氏就用壮族药线点灸疗法给乡民进行外治。此前该疗法更多的是以家族内部口耳相传、师徒授受的方式流传于壮族聚居地区。且因壮族缺乏规范通用的文字材料，壮医药传承者不对外公开药线的制作及操作技术，因而专家学者难以使用先进系统的方法进行发掘整理和文字总结，壮族药线点灸疗法的内容记载只能略见于数以百计的地方志文献中。二十世纪七十年代，壮医药线点灸疗法的形成和发展经历了漫长的历史过程，传承到龙玉乾这一代时，龙玉乾打破常规，将壮族药线点灸疗法公之于世，这表明壮族药线点灸疗法的传承体系和方式发生了变化，不局限于家族内部的传承。1977 年龙玉乾从原工作调到了广西中医学院第一附属医院，他白天坐诊，晚上教学生，将祖传的经验和自己所积累的实践经验、诊治体会毫无保留地传授给黄瑾明、黄汉儒等人。黄瑾明、黄汉儒等人在得到了壮医龙玉乾的亲授后，对壮族药线点灸疗法深入开展挖掘工作，对所得资料进行整理研究，并进行了大力的推广应用，产生的社会影响力极大。目前，经发掘整理出来的壮族药线点灸疗法已汇编成了《壮族药线点灸疗法》一书，并在多个地区得到推广。随着从事壮医的医护工作者越来越多，近年来，壮族药线点灸疗法的应用范围有扩大的趋势，很多学者报道了它在临床中的应用，且发现其疗效十分显著。

壮医所用的药线由苎麻搓成，直径 0.25 毫米、0.7 毫米、1 毫米不等，用药水浸泡后干燥备用。药水是用麝香等多种药液制成，药线韧性强，具有活血化瘀、消肿止痛之功，带有草木气息，平时需要一直浸泡，待用时再取出。使用时先将药线点燃，采用点灼的手法灸患者体表上的穴位，通常所取穴位有梅花穴、莲花穴、长子穴（均拟其形象）和经验穴等，也可用中医针灸穴位。

在治疗机理上，壮医药线点灸疗法经药物作用和经络刺激两个方面发挥作用。药物多采用铁包金、阴阳莲、藤当归、肿节风等具有祛风毒、除湿毒、散寒毒、消肿毒、通调龙路火路作用的常用壮药。将壮族麻线制成药线浸泡在药酒中，再通过透皮吸收发挥作用。经络刺激方面，根据配穴原则，辩证分型，取穴施治，疏通龙路、火路气机，以其温热的局部刺激，通过经络传导，调整气血归于平衡，使人体各部恢复正常功能。临床实践证明，该方法具有通痹、止痛、止痒、祛风、消炎、活血化瘀、消肿散结的效果，尤以用于有畏寒、发热、肿块、疼痛、痿痹、麻木不仁、瘙痒者，疗效较好，还对感冒、腮腺炎、荨麻疹、手足癣、湿疹、银屑病、白癜风、湿疣、硬皮病、胃炎、痛风、风湿骨痛、痛经、乳腺小叶增生、厌食、便秘、痔疮、跌打肿痛等疾病疗效非常好。

壮医药线点灸疗法具有适应症范围广、优势病种突出、"简、便、廉、验、捷"、无毒无副作用、协同治疗等五个方面的显著特点。壮医穴位古称穴道、穴点，壮医药线点灸疗法会在人体表肌肤穴位上施线灸，产生压痛、胀酸、麻等反应。常用的穴位有几种，一是壮医特有经验穴位；二是龙路、火路浅表反应点（阿是穴）；三是引用中医针灸穴位。壮医药线点灸用穴规律与针刺疗法二者之间既有联系，又有区别。壮医会根据自己取穴原则取穴。取穴根据"寒手热背肿在梅，萎肌痛沿麻络央，惟有痒疾抓长子，各疾施灸不离乡"的原则。在施术时，根据症状找穴位。"寒手"，即当患者出现畏寒、发冷等症状，则选用手部的穴位为主，如阳溪和后合谷穴（合谷后1寸）等；"热背"，指凡出现发热症状，则选取背部的穴位为主，如大椎、风池、肺俞、背八穴等，在其中取一组穴位，此组穴位共有5穴，呈梅花形分布。"肿在梅"即在治疗过程中，随着肿块和皮损的缩小，梅花形穴的外周四穴也随之移动，不能固定在一个位置上。"萎肌"，指凡是肌肉萎缩者，在萎缩的肌肉上选取主要穴位。"痛沿麻络央"，指凡是局部疼痛或麻木不仁者，选取该部位的边沿或中央点为主要穴位。"痒疾抓长子"，即选取首先出现的皮疹或最大的皮疹进行点灸。同时根据辨证分型取穴施治，如"风邪外袭型选取曲池、合谷、血海、膈俞等穴；胃肠积热型选取曲池、足三里、脾俞、三阴交等穴；慢性风毒病（荨麻疹）选用大肠俞、肺俞、曲池、足三里等穴。"

具体的点灸操作过程包括整线、持线、点火、施灸四大步骤。具体而言，首先要以两手拇食指分别持线的两端，捻转拉直；再以右手拇指、食指夹持药线的一端，并微露出线头约1至2厘米左右；然后将露出的线端在点火器上点燃，不能使其产生火焰，只需线头有火星即可。一切准备就绪后便可开展施灸，先将药线的火星端对准人体的穴位，手法顺应手腕和拇指屈曲动作，拇指指腹稳重而敏捷地点按在预先选好的穴位上，每个穴位灸一壮（计数单位），一按火灭即起为一壮。

施灸手法很重要，是决定疗效的重要因素。施灸的手法有轻、中和重三种。临床应用原则讲究以轻对轻、以重对重；即轻病用轻手法，重病用重手法，常规用中手法。施灸时，以火星接触穴位时间短，刺激量小者为轻手法，而缓慢扣压令珠火较长时间接触穴位即为重手法，常规的中手法介于两者之间，即以快应轻，以慢应重。轻重还跟线的结实程度和粗细相关。

此外，在具体点灸治疗过程中，还必须注意看火星，一般在药线点燃后，会出现明火、条火、珠火、径火这四种火焰。四种火焰里只有珠火才可以施灸，其他三种火候不宜施灸。明火点灸容易灼伤皮肤起水泡；使用条火施灸，因条火太长很难对准穴位，容易产生偏差。而使用径火施灸，药效和热量均不足，效果欠佳。因此，必须使用珠火点灸，以线端火星最旺时为点灸良机，且以留在穴位上的药线炭灰呈白色为效果最好。

以皮肤病的治疗为例，壮族药线点灸疗法对于治疗皮肤病，尤以带状疱疹，疗效甚佳。民间将带状疱疹称为蛇串疮、缠腰龙。从这些凶猛的名字中可见民间对于带状疱疹病毒的认知程度不深，觉得十分难治。但在壮医体系中，带状疱疹是由湿热毒邪造成，因而带脉处就会出现带状疱疹，只要早发现，不错过点灸良机，便可治疗。壮医在施壮族药线点灸疗法时，左手持酒精灯，右手点燃药线，以线端火星最旺时点灸疱疹的每个点，以及周围一圈，约一周左右即可治愈。在治疗疗程上，急性病宜在短时间内治疗，慢性病则需要较长时间。

如今，该技术已被列入第一批广西基层常见病多发病中医药适宜技术推广项目，开始为农村医疗机构提供能够学、学得会、用得起的壮医特色适宜技术。多年来，壮族药线点灸疗法为壮族人民的生存发展、健康长寿、生殖繁衍发挥了重要作用，是我国传统民族医药学领域的一个分支，也是壮族先民在生产生活实践中摸索总结出来的地方特色医药学理论和诊疗方法。其便捷、经济实惠、效果显著，深受广大民众的欢迎，具有重要的文化价值、实用价值和经济价值，疗效极佳，深受群众欢迎。

六、竹编（毛南族花竹帽编织技艺）

花竹帽，在毛南语中称"顶卡花"，即意为帽底编织花纹。毛南族花竹帽编织技艺是一个冗长且复杂的过程，从原料选取、技法选择、编织工序、场地择取等都十分考究。花竹帽象征着幸福吉祥，是毛南族男女青年的定情信物，也是当地女子出嫁时必不可少的嫁妆，被誉为毛南族"族宝"。毛南族花竹帽编织技艺主要分布于广西壮族自治区环江毛南族自治县西南部的上南、中南、下南的毛南族聚居地区。

2011 年 5 月 23 日，竹编（毛南族花竹帽编织技艺）经国务院批准，被列入第三批国家级非物质文化遗产扩展项目名录，保护单位是广西壮族自治区环江毛南族自治县非物质文化遗产保护传承中心。竹编（毛南族花竹帽编织技艺）的国家级非物质文化遗产代表性传承人为谭素娟。

环江县是全国唯一的毛南族自治县，毛南族是我国人口较少的少数民族之一。毛南族有自己的语言，但无本民族文字，关于花竹帽编织工艺的起源，无史记可考，但其历史却已在坊间流传上百年。花竹帽流传于环江毛南族"三南地区"，即上南乡、中南乡、下南乡，其中尤以下南乡最集中。从相关史料记载分析，清朝嘉庆年间的《广西通志》中就有关于花竹帽"竹等极细密，少年妇女戴之"的描述，可见，当时花竹帽在毛南族十分流行。另在民国时期编撰的《思恩县志》一书中也提到毛南族的三件宝物之一花竹帽，在当时即被誉为"出产最精致的斗笠"。如此说明花竹帽闻名遐迩已久，在当地使用率高。另据坊间历代的口承传统——"讲古"推测，花竹帽编织技艺约形成于明清时期，源于下南乡古周村人编织的帽子。花竹帽篾师老人谭顺美介绍道：他家第三代祖公爷早在乾隆年间就听说了"花竹帽定情"的民间爱情故事。而早年故去的其他几位花竹帽老篾师同样也听说过这个故事。

关于花竹帽的"讲古"，即在坊间流传的故事是这样的。

传说，很久以前有个英俊小伙儿，是个编织能手，他走到哪里就用哪里的竹子编织竹器卖，以此糊口度日。一天，他来到长满金竹和墨竹的毛南山乡，看见这么多好竹子，喜出望外，砍了些竹子，连夜编成一顶花竹帽。第二天，他高兴地戴着花竹帽上山继续砍竹。当时在山上还有个毛南族姑娘正在砍竹，也是个编织能手。不一会儿，天突然下起雨来。小伙子毫不犹豫地把花竹帽递给姑娘戴着挡雨。姑娘不好意思一个人戴，就与小伙子一块儿戴。雨停后，姑娘突然发现帽底编有精美的花纹，惊喜地说道："多美的顶卡花！"后来，两人结为夫妇。在丈夫的帮助下，这位毛南族女子把"顶卡花"编得更加精美了。

顶卡花的传说故事由此在毛南山乡迅速流传。这个在毛南族地区流传多年的经典故事，反映了毛南族女性崇尚自由恋爱的择偶观，勤劳善良的毛南族妇女把花竹帽视为美好幸福的象征。

这一经典故事，向现世传递着毛南族古老的文化内涵，花竹帽寓意着毛南族人勤劳勇敢，追求自由，向往真爱的思想光芒，令人睹物思教，获益匪浅。花竹帽独特的编织技艺被美丽动人的故事赋予特定的文化内涵和象征意义，而在毛南族地区也由此形成了当地特色婚俗，即毛南族女子出嫁之时，嫁妆中需包含一顶或多顶花竹帽。

自古以来，毛南族花竹帽编织工艺一直承袭一套古老传统的手工程式，这项古老而独特的手工技艺十分考验一个人的耐性，编织一顶花竹帽大致需要7天时间。工艺上包含了制材、编织、彩油三项内容。

制材工艺上要分别掌握选材取材诀窍、制篾、制模工艺。其取材十分讲究，选取的是毛南山乡盛产的金竹和墨竹。由于早春竹材寒湿太重，而霜后的篾皮易脆，通常在夏至后立秋前选取修直匀称的竹子作花竹帽编织篾材。制篾时，先破竹裁条，然后破扁篾、破薄篾，再在竹篾两头拱开梳丝，分篾细如发丝，用于交叉辐射、细密编织。金篾与墨篾织成各式各样的多层边花，黑篾是篾条去原色再以蓝淀墨色染制，黄篾则为篾条去原色后以黄栀子榨汁染制，这样编制出的花纹类似壮锦，丰富多彩。花竹帽的基本造型为平面和圆锥体的立体组合，然后取铜鼓的圆形平模作底，上面装上圆锥形的立型制锥模，组合成底部凹空、上呈圆顶锥尖的木质帽形模具。编成的篾纹以五角星为中心，周边又按六角形环叠交叉辐射编结，整合定型后还要以上好桐油炼膏涂刷。刷油则按"三晾三刷"乃至"九晾九刷"工序对原帽实施油膜保护。毛南族花竹帽最复杂的工序就是帽顶圆锥编织与帽面盖编织、帽顶圆尖编织与帽底衬幅编织、帽托头箍编织、帽纸敷设（3—5 层砂纸）与帽型整合、固紧与缠边、护顶与装饰，这六个部分组成编织过程。护顶，即用鹅翎翅管骨皮插贴，保护帽顶的花格篾筋免受水浸。任一环节都要求严谨、密实、精致。编织好的花竹帽图案简洁又不失精致，整体秀美玲珑，结构严谨，细密匀齐，在阳光下不透光，下雨天不漏雨，结实耐用，帽子形状大方，精巧新颖，金墨交织，显得十分俏丽美观，给人带来极致的审美体验。

每当节日聚会、赶圩、走亲访友，毛南族男青年也会带上自己亲手编织的花竹帽，装扮自己，显示自己心灵手巧，用以吸引女青年。这天，小伙子们打扮得十分英俊，在手中拿着或背后挂着花竹帽去圩场对歌。姑娘们也身着美丽的服饰，将布鞋或鞋垫藏在身上。来到圩场，男女生分开站着，面对面即兴对唱，相互盘答，通过对歌找到柔情蜜意的心上人。当遇到共同追求者时，双方对歌"拼搏"的场面十分激烈，就算面对围观的人群，也毫不避讳，大胆表达爱意。他们往往对歌一天一夜之后，仍然反应迅速、出口成章、内容新颖、滔滔不绝。对歌到一定程度时，未婚的男青年则将自己亲自编织的花竹帽送给意中人，如果女方也有意，便会接过花竹帽，并将亲手缝制的布鞋或鞋垫回送给男青年，表明他俩已定情，定下百头之盟。旧时，花竹帽是毛南族青年表达爱意的独特求爱信物，女青年通过男青年手中的花竹帽来衡量他的为人。首先从编织在帽子上的图案和边花层数来判断他的人品、聪明与否，然后才决定是否与他交往、对歌谈情。青年女子婚嫁时，花竹帽是必不可少之物，它既是荣誉和幸福的象征，更是勤劳和爱情的激励，也是长辈对子女未来幸福生活的期盼。在毛南族人心目中，"顶卡花"象征着吉祥和幸福，在毛南族妇女的社会交际生活中，显得十分重要，她们出门赶圩，走亲访友，身上都不能少顶"顶卡花"，尤其是出嫁的新娘更是讲究。因此，早有这样一首《叮嘱歌》："哪个姑娘要出嫁，有花竹帽最要紧，被帐鞋盆放其次，先看帽子新不新？新娘少顶花竹帽，伴娘也觉丑三分，满身绞罗缺这个，莫想跨进婆家门。"这首歌生动地描绘了花竹帽在毛南族婚俗中的重要地位。

毛南族姑娘非常喜欢和珍爱花竹帽。平时在屋内，花竹帽的地位要比别的雨帽高得多，毛南族姑娘往往不把它挂在墙上或门背，而小心翼翼地挂在床头，用一块白布覆盖着，避免烟尘污染，因为花竹帽凝聚着心血，是定情的信物，从别的帽子只系上鸡肠带，花竹帽却佩上绣有花纹的彩带上，可见其重要性。在某种程度上，那成百上千篾丝里蕴藏着特殊的温柔和细腻、勤劳和智慧，这是任何一种材料里都难以体现的品质，它与大石山区的毛南族形成了一种灵魂上的呼应、血脉上的相通及精神上的依偎。花竹帽外形纯净朴素，但细致的装饰、精致的手工又使得花竹帽十分醒目。爱美的毛南族女性将花竹帽戴在头上，微微颔首使她们尽显温柔，透露出干净而美丽的气息。惟其如此，千百年来，毛南族男女青年将自身对幸福生活的憧憬，融入到对花竹帽的挚爱之情中。

　　花竹帽编织技艺不仅可以给艺人们带来一定的经济利益，其精湛的手艺也是艺人身份地位的象征。从花竹帽编织技艺的毛南族手艺人那里，可洞悉毛南族人勤劳勇敢，细腻温柔的性格。此外，编织好的毛南族花竹帽不仅是商品，也是礼品，并比一般礼品具有更为丰富的意义。适逢年节、人生礼俗时，亲朋好友通过互赠花竹帽来和谐关系、修睦邻里，传达和善友好的情谊。对于外来人而言，花竹帽是毛南族的"宝物"，也是一张文化名片。对于毛南族自身来说，花竹帽是这片乡土的文化象征和标志。毛南人对于花竹帽编织技艺有别样的盘算和未来的期望。他们希望能将这门手艺流动得更远，让朴素而醒目的花竹帽既戴在过去，也戴在现代。

　　因花竹帽在毛南族地区被视为珍品，花竹帽的编织技艺只在家族之间传承，且对编织技艺要求高，技术性强，编织不易，即使亲、嫡后代，历来能够娴熟用技者亦极少。此外，随着时间滴答流逝，花竹帽的市场逐渐萎缩，受外来文化的影响，毛南族的青年中开始流行大众时尚，戴花竹帽被认为是"土老帽"，花竹帽的圣洁地位受到了极大的影响，其饱含着的象征意义和文化内涵也日趋淡化。加上老一代花竹帽工匠的先后谢世，花竹帽也有名师断代之虞。

　　直到二十世纪九十年代初，一位当地干部路过古周村时偶然发现，花竹帽手工老艺人谭顺美还在编织花竹帽，濒临失传的花竹帽编织工艺因为这次偶然碰面而获得了由衰转盛的机会。时至今日，因花竹帽具有相当的文化、美学和经济实用价值，深受人们的喜爱，使人们得者自珍，也日益成为文化、旅游和民俗活动的热门礼品，极具收藏价值。

现如今，花竹帽被融入进现代歌舞表演中，并以毛南族花竹帽的坊间故事为核心，用舞蹈展示花竹帽编织技艺的"真、善、美"。花竹帽作为毛南族特有的民间编织工艺美术作品，多次受邀参加广西壮族自治区、中南地区和全国少数民族工艺品展览、表演比赛，博得海内外一致好评。人们对毛南族人在精细处的着意和美化惊叹不已，作为毛南族象征的花竹帽再次被发掘。近年来，环江县到处可见"花竹帽"的身影，比如新建的广场命名为花竹帽广场，且正前方贴着一幅巨大的花竹帽图，广场中亭子的亭盖为花竹帽形，广场与街上的路灯盖一律为花竹帽式样，县里显著和主要的建筑外墙上全缀上了花竹帽图样作为标志。花竹帽中的民族文化元素和民族精神，历经数百年已成为毛南族人的"根"，他们拥有了那份与众不同的追求，并将幸福生活也浸润在独具特色的花竹帽中。

七、黑茶制作技艺（六堡茶制作技艺）

黑茶制作技艺（六堡茶制作技艺）指的是制作六堡茶这种黑茶的特殊工艺，主要分布在六堡茶原产地广西省梧州市苍梧县六堡镇，及下辖的不倚村、理冲村、塘平村、四柳村、山平村、公平村、蚕村等地方村落，这些制茶坊至今仍保留纯粹传统的手工制茶方法，制茶时以当地种植的茶叶为原料，经多道工序和茶师精湛的技艺制作出色味俱佳的六堡茶。

2014年11月11日，黑茶制作技艺（六堡茶制作技艺）经国务院批准，被列入第四批国家级非物质文化遗产扩展项目名录，保护单位是广西壮族自治区苍梧县文化馆。黑茶制作技艺（六堡茶制作技艺）的国家级非物质文化遗产代表性传承人为韦洁群。

六堡茶属黑茶类，是广西特有的名茶。相比较其他黑茶而言，广西六堡茶以"红、浓、陈、醇"闻名遐迩，又因长年盛销于各国特别是东南亚华侨聚居地，因而成为中国著名的"侨销茶"。其条索长整紧结，色泽黑褐油润，汤色红浓明亮，味道陈香醇厚，茶汤滋润甘醇，有淡淡的槟榔香或是松香。岭南地区饮茶文化历史悠久，据考证六堡茶兴于唐宋，盛于明清。魏晋南北朝时期《桐君录》便记载了岭南地区以茶待客的习俗："南方有瓜芦木，亦似茗，至苦涩，取为屑茶饮，亦可通夜不眠。煮盐人但资此饮，而交广最重，客来先设，乃加以香茗辈."岭南梧州是最早以茶待客的地方之一，用何茶便不得而知。清嘉庆年间，六堡茶已被列为 24 种贡茶之一，并且梧州地区作为"海上丝绸之路"的一个起点站，仰赖水路交通便利，当年六堡茶就是在此汇集而装船发往世界各地，故又被称为"船帮茶"。同治年间《苍梧县志》记载："茶产多贤乡六堡，味醇隔宿而不变，茶色香味俱佳。"二战以前，梧州已是家家户户都产茶，在粤港澳久负盛名，且"墙内开花墙外香"，适逢闽粤人口大量迁移海外，六堡茶又一直以来得到华人华侨的推崇，于是形成了新的茶叶消费市场，为其兴盛创造了历史条件。随着六堡茶普及程度的提高，其享有很高的知名度和消费忠诚度，特别是东南亚的侨胞们已将六堡茶视作驱痢解暑的生活必需品。根据 1937 年的《广西特产志略》记载："在苍梧之最大出品，且为特产者，首推六堡茶，就其六堡一区而言（五堡，四堡）俱有出茶，但不及六堡之多，每年出口者，产额在 60 万斤以上，在民国十五、十六年间，每担估价三十元左右。"另据《广西通志稿》载："六堡茶在苍梧，茶叶出产之盛，以多贤乡之六堡及五堡为最，六堡尤为著名，畅销于穗、佛、港、澳等埠。"可见六堡茶的产茶与远销盛况，不愧是名副其实的历史名茶。

六堡茶坚持古法制作，工艺繁复，口感醇香，可长期存放，制作技艺可追溯到两千多年前的东汉，六堡茶只在广西苍梧县六堡镇流传，且以六堡镇恭州村茶及黑石村茶品质最佳。六堡茶的初级制作工序包括鲜叶、杀青、揉捻、沤堆、初蒸、发酵、复蒸、加压、干燥、晾置、陈化等。而精制工序又可分解为毛茶筛分、拼堆、初蒸、沤堆、复蒸、压箩、陈化。结合上述工序，无论是精制还是普通制造，生产六堡茶都离不开原料茶叶、沤堆、发酵、复揉、蒸茶、踩篓、凉置陈化这六个基本工艺。

鲜叶即选用六堡镇当地种植的茶树芽叶为原料，鲜叶适宜在清明前的早上集中采摘，采一芽二、三叶或一芽三、四叶，毛茶作为茶底直接影响到六堡茶的品质，所以原料的选择尤为重要。杀青就是低温烘焙茶叶至青草气味基本消失。揉捻则是把茶叶趁温揉成条索状。初揉结束后低温烘干五六成，再进行沤堆，沤堆发酵是形成六堡茶独特品质的关键性工序，也是六堡特有品质风味形成的关键。一般将堆高定位为 35 至 50 厘米为宜，采用高温高湿采取嫩叶薄堆，低温低湿老叶厚堆的技法。堆温控制到 50℃，若提升到 55℃以上，则需要用铲子或爪耙及时翻堆散热，以防烧叶变质。散热后堆温降到 30℃时再收拢筑堆，沤堆历时20至30天，直到叶色变为深黄褐青为宜。沤堆的目的是通过湿热效果，促使六堡茶叶发生内部变化，叶绿素进一步被破坏，茶黄素及茶红素等物质增加，使茶叶呈现出黑红色，滋味变得醇香、甘甜，苦涩味减弱，无青呛气。这几道工序需反复2至3次，直至茶叶出现粘汁，散发出六堡茶特有的香气为妙，这是评判沤堆适度的标准。

六堡茶的发酵分为两种。传统上人们较为喜欢使用的是自然发酵，即是生茶在后期转化中逐渐变成老生茶的过程，没有加入人工技艺，无干预，这类茶俗称生茶或农家茶。另一种便是人工发酵技艺，即人为判断茶品，进行温度、湿度、时间、蒸压等干预。这样的工艺使茶品在短期内达到适饮的程度，而不需经过长期的自然陈化，制造出的茶不苦不涩，失败率低，茶品也适合大部分人口感，俗称熟茶或厂茶。熟茶的发酵程度是影响一款熟茶品质的决定性因素，然而影响发酵的因素有很多，温度、湿度和叶片的含水量等都可能使茶品不同，现如今，六堡茶制作技艺结合科技，因此发酵也多在专门的发酵室，即能控制温度、湿度的专用车间进行。此外，近年来还有部分厂家用发酵罐，但机械发酵的成品却没有人工监测的成品好，因茶叶具有个性，每批次的叶子都不一样，但又积在一起发酵，在发酵过程中，茶叶内部的微生物无时不在发生变化，机器的操作赶不上或是提前了，都会影响发酵。在六堡茶行业，发酵工艺不止需要机器还需要有专门的师傅监控发酵环境并快速做出反应，判别成品出来的质量如何，这些全靠发酵师傅多年来积累下的经验，发酵工艺经验纯熟的老师傅是任何一家六堡茶品牌的宝贵财富。

发酵初制好的茶叶再次复揉，有技术的茶农可以将一大堆的茶青揉踩成为很大很圆的球团，这个球团不会散开。之后放入专用器具经蒸汽蒸软形成散茶。六堡茶制作技艺的特色在于"双蒸双压"技术，就是在渥堆发酵之后进行第一次的"蒸"，在"蒸"结束后进行第一次的"压"，即将茶压入特制的方底圆身形竹篓中，焗压结束后将茶叶打散，凉置几分钟后再次进行二次的"蒸"，"蒸"结束后将进行第二次的"压"。焗压结束后，趁热将茶叶装篓压紧使其成饼、坨或砖状，进入陈化工序。茶随品质而定制成成品，陈化后的六堡茶存放时间越长口感越好，其保健功效也更好。古法中，若是茶叶含水量恢复到百分之十八，便会再重新摊开晾干，散发水分，再进行沤堆。

上述只完成了制茶工艺的百分之八十，晾置陈化是最后的百分之二十，也是一饼好茶制作过程中的重要环节。对于熟茶来说，即使原料及工艺过关，但要成就一款高质量的六堡茶，必须集齐天时、地利以及制茶师傅的手艺，缺一不可。蒸加工后的六堡茶，踩篓堆放在阴凉湿润的地方进行晾置陈化。时间、温度、湿度会使六堡茶形成独特的风味。六堡镇民间传统陈化工艺一般为分筐装好茶叶，藏储于阴凉的山洞里，而且制作一批茶，即从采摘到可出仓售卖，流程时长达两年。六堡茶以陈香著称，陈化最少经过半年时间，陈化的地方常年温度要恒温在23℃左右，相对湿度在75%到90%，以获得更醇厚绵滑的口感，更红浓明亮的汤色。六堡茶陈化后，掀开封茶的牛皮纸，便可见到茶中有许多"金黄色小花"，这种"金花"学名称为黄金霉菌，是一种有益微生物。这种黄金霉菌分泌多种酶，使茶叶物质加速转化，口感独树一帜，对人体健康有益。它产生各种胞外酶如多酚氧化酶、果胶酶、纤维素酶、蛋白酶等作为有效的生化动力，完成六堡茶特有的色、香、味品质的物质转化，形成一系列对人体有益的功能成分。所以民间常说"金花越茂盛，茶叶品质越佳，卖得的价越高"。如此，经过上述精致的制茶工序，制造出条索紧细、圆直，色泽黑褐油润，茶汤呈琥珀深红明亮之色，入口陈香、醇厚、甘爽，茶叶细嫩柔软等品质特征的六堡茶。

六堡茶制茶技艺成熟，存茶时间长，陈香纯正，汤色红酽浓郁，喝起来口感醇厚绵滑，带有淡淡香气，令人回味悠长。浓酽醇厚的六堡茶，其实好喝的恰恰不是一般茶类的头两泡。六堡茶的第四泡至第十五泡的十余道茶汤口感最佳，口感丰富，层次变化，凸显它的醇香味，十五泡之后则茶味会转为淡淡的糖水味，还伴有淡淡果香。品质上乘的六堡茶性价比极高，能喝的次数很多，冲泡二三十道仍留有余味。若是喝到没味了，再丢进小壶中加热煮一下，味道又出来了，俨然又是一壶好茶。

六堡茶的口感之所以如此丰富多彩，不仅与制茶技艺息息相关，还与茶树的生长环境有着极大的关系。梧州所处的广西东部，处于独特的亚热带季风气候区，海拔相对较低，山多连绵起伏，冬暖夏凉，气温年较差较小。六堡镇特殊的地理环境利于茶叶中茶多酚的形成。据调查，特别是在夏天，六堡镇的茶树就会比其他地区的茶树长得快，且茶叶中的茶多酚、咖啡碱含量较普通地区的茶树多。前期鲜叶中的茶多酚在后期的制作工艺和陈化环节中便会转变成茶黄素、茶褐素、茶红素这三大物质。

进入二十一世纪，随着普洱茶的兴起，人们喝茶更看重成分，即茶多酚、氨基酸和咖啡碱的含量。此时期，黑茶以一种健康、养生的新姿态迅速占领了茶叶市场。同为黑茶类的六堡茶基于普洱茶流行的大背景，重新回到大众视野里。六堡茶祛湿调肠胃的养生功效历来得到肯定，古代的六堡茶制茶匠人早就通过"罨""蒸""焗"等发酵工艺，促使六堡茶叶中的大量氨基酸生成。上述六堡茶制作技艺中，茶叶经反复多次凉热变化，就是在反复进行酶促反应，生成丰富的微生物菌群，使茶叶后期转化空间大，口感、层次感好。并且，随着现代化科技发展，其独有的风味品质和保健作用逐渐被人们重新认识，各行各业人士对于六堡茶的制作技艺都投入了大量精力去深入研究，六堡茶的潜在价值会在未来得到更广泛的发掘和应用，也将为人类的健康事业发挥更大的作用。

六堡茶从一片小小的树叶到一件驰名中外的商品，注入了茶匠的大量心血，凝聚了世代六堡茶匠、茶农的智慧。对于梧州六堡茶的茶匠们而言，在片片茶叶中寻味上千年的馨香，无论是坚守传统，还是变化创新，都是对六堡茶地道真味的坚守。他们也毫无保留地代代传承着六堡茶制作技艺。围绕茶叶生产环节，六堡茶制作技艺的传承，往往是在家庭内部，以户为单位进行分散性劳作。虽然制作工艺相似，但在不同家庭之间却有着差异。然而正是因为这些细枝末节的差异存在，不同家庭制造出的茶叶口感才会不同，这也是对六堡茶制作技艺的不同表达。

八、抢花炮（壮族抢花炮）

抢花炮是壮民神圣的体育祈福活动，也是一项极具民族特色的民间传统体育活动。它是壮族群众历经岁月洗礼后流传下来的经典，蕴含了壮民族的文化信仰体系。抢花炮主要流传在广西南宁市邕宁区中和乡，并辐射周边少数民族乡镇。

2021年5月24日，抢花炮（壮族抢花炮）经国务院批准列入第五批国家级非物质文化遗产代表性项目名录，保护单位是南宁市邕宁区文化馆（南宁市邕宁区广播影视站）。

抢花炮虽无明确的来源记载，但其实施方式中"战争"的意味是非常明显的。抢花炮运动是历史时代发展的产物，最初起源于农耕文明，壮族人民的兴衰荣辱受制于社会变迁、政局动荡。早期壮族社会鬼魂信仰普遍，先民信奉灵魂不死、万物有灵，在此观念下逐渐形成了一系列信仰体系。花炮是壮族民众内心深处所敬佩的神物，承载着民众期望得到神灵庇佑的想法，对美好生活的向往等一切好的期待。此外，抢花炮以壮族民间传统体育活动为载体，要求的是集体协同，对抗性极强，无器械相助，人体接触搏斗频繁，拼抢是其特点，并且从历史的角度看，这是人类原始欲望的表现。

适逢花炮节，壮族群众都会以十分恭敬的姿态参与抢花炮活动。花炮现场人数众多、竞争激烈，但民众出于对神灵的敬畏，鲜有恶意伤人的现象。且抢花炮有相关严苛的规定，即不许箍脖子、拽手提脚、不得反关节抱人等，因为壮族人民认为这些行为违反了抢花炮活动的初衷，对神的不敬将会得到神灵的惩罚。

壮族抢花炮活动具有世俗性与神圣性双重意义，不仅起到娱人作用，还起到娱神的效果。壮族抢花炮起源于明朝，是壮族三年一度的庙会打醮时必须进行的一项体育活动。民间流传神赋予花炮神秘的力量，若是在活动中抢到花炮，来年便会大吉大利、六畜兴旺、添丁发财。因而花炮引发壮族各姓氏宗族争抢，抢花炮这项运动也随着民间传说的流传，盛行到相邻各地。

壮族民间关于花炮的神话起缘，依附于各类人物和事件。传说多饱含着壮民淳朴的民风民俗以及壮族稻作文化、山栏高筑、壮族山歌等元素。民间关于抢花炮运动的起源问题一直存有争议，广为流传的说法主要有四种："一是源于龙女神话；二是源于侗族先祖传说；三是源于三国诸葛孔明加强山寨间团结；四是源于醮会迎神、庙会活动。"

较为可信的说法有两种："一是源于明代商业经济活动，外来的商人以祭祀天后娘娘为由出资举办'抢花炮'活动来活跃生意，后逐渐演化成为体育项目；二是源于还愿求嗣的民间仪俗，祈求来年五谷丰登，风调雨顺。抢花炮运动的起源丰富且神秘，其中的寓意美好而令人印象深刻，生动形象地诠释了壮族先民对未来生活的美好憧憬与希望。"

在农历"二月二""三月三"以及秋收以后，民间为盼望当年能风调雨顺、五谷丰登、事事平安，便会自发组织抢花炮活动。活动期间，壮乡成千上万的男女老少都穿上节日的盛装，早早涌向活动场，通过环村巡游、还炮祈福、抢炮接福等形式庆祝活动。抢花炮活动当天早晨，天还没亮便听到锣鼓声，活动场上彩旗飘飘，抢花炮队伍陆续到活动场上集合。场边，八音演出队、龙狮队、花婆送福文艺队等方块队在一旁等待巡游演出，群众载歌载舞，共同欢庆花炮节。还炮组在老庙拜祭，护送花炮到庙里后开始游炮进庙，寺庙前鞭炮声起、连绵不断、彩花飘洒、香火旺盛，呈现一片热闹又不失神圣威严的场景。游炮进庙之前，寺庙门前会被换上新的牌匾并挂上长虹供人们祈福，炮到福到，驱走霉运和晦气。人们在花炮面前作揖，口中大喊"好"，以高声呼喊表达对花炮的敬意同时让神灵感知信仰的坚定。花炮组在祭拜完祖神后下山来到抢花炮的活动场地，准备即将开展的抢花炮活动。

活动场地的花炮台通常安置在以场地为圆的中心点。活动场中的花炮台由发炮器和花炮组成，发炮器是类似火箭的构架，下部分用沉物稳固，点燃引线后，依靠火药燃烧的推力将花炮环弹射至高空。由于炮台送福的特性，乡民们会在周围布置大数量的烟花礼炮、长短鞭炮等，并将水果、纸扎等贡品环绕在炮台周围，布置好的花炮台周围几乎没有落脚的地方。花炮台蕴含着古人的无尽智慧，花炮分主炮和副炮，主炮火药量非常多，作为发射花炮的工具。副炮不具备发射花炮的功能，一般以猪这一动物形状作为烟花贺礼之用，烟花燃放十至十五分钟，暗寓人畜兴旺。

在人们的传统观念中，谁能抢到当年的花炮，谁就是来年最有福气之人，因此这一"抢福"活动除了具有祈福的作用外，还带有竞技色彩。一般而言，参与抢花炮体育竞技的队伍每支有8人，队员通过突破、挡人、变向或快冲等方式抢夺花炮，由于活动规则与西方橄榄球运动类似，故壮族抢花炮也被称为"东方橄榄球"。主持人宣布抢花炮开始时，将红炮圈放在"地连"的铁炮筒口上，然后点上火药放炮，红炮圈被射上高空，各村坡的选手争先抢夺，全场欢声雷动。由于各地的规矩不同，一般头炮完毕后会有二炮、三炮甚至五炮、六炮的出现。当地人言：花炮是福，逢炮必抢，头炮人财兴旺，二炮五谷丰登，三炮吉祥如意，四炮大福大贵，五炮寿比南山等等，涵盖"丁""贵""财""禄""福""寿"。

抢花炮时争抢场面十分激烈，有的时候到寺庙门口还能再次哄抢，人们尽管都费力去抢夺，但谨遵祖训，不打人、不弄虚作假、不踩踏，要依靠智力、体力和团结来夺得花炮，以抢到红炮圈并送到庙里的裁判台上为获胜者。当有人抢到花炮时，在庙里的还炮组便会敲响钟鼓并鸣炮三响，以表示"头炮"已被夺取，接着还要进行二炮、三炮的争抢。直到三炮都抢完后，庙里钟鼓齐鸣，唢呐声、欢呼声、鞭炮声犹如山呼海啸，响成一片，长久不绝，直到最后的长鸣三炮，宣告本年度抢花炮体育竞技活动的结束。

凡夺得"头炮"者，来年便交由该村坡组织举办抢花炮。其获奖的奖品通常是一头染红的大肥猪和一些奖金。当地人认为奖品是次要，名头才是重要的。哪个村坡连续抢到花炮，说明该村坡会连年大丰收，而这个村坡也将成为壮族姑娘择偶的村坡。

深厚的文化底蕴是壮族抢花炮得以长久传承的内在动力，多年来，壮族抢花炮作为壮族民众的民族记忆和文化认同，在保持原有历史文化特征的情况下，历经多元文化的冲击后仍保留其顽强的生命力。由此可见，壮族抢花炮有着深厚的民族文化内涵和民族文化精神，表达壮族民众内在的民族凝聚力和向心力，并在壮族社会中发挥着重要的作用，富有传统体育文化价值，且独具别样的竞技性和观赏性。

壮族抢花炮给邕宁区带来了不错的经济效益。文旅融合吸引了众多前来感受抢花炮活动的游人。恰逢节时，各村镇都会举办抢花炮活动，并提前利用现代化社交媒体软件进行活动的宣传，吸引了久闻盛名来参加的外乡人。当地人依靠抢花炮活动，自发性地延伸开办农家乐，准备壮族特色菜品招待游客。当地政府还会联合村民举办些文艺展演，提供活动一条龙服务，人们在抢花炮活动结束时还能欣赏民间戏曲、斗马、斗牛、舞龙、舞狮等表演活动。

抢花炮运动不仅以其深厚的文化底蕴为人们所喜爱，它还具有伦理道德方面的示范和传承作用。伦理道德观在生活中表现为一种行为规范，成为人们普遍遵守的规则。不同的民族传统体育文化体现出差异性的伦理道德观念，抢花炮运动中所倡导的物竞天择，人与人之间团结协作，群落与群落之间和平竞争的观念创造并规范了壮族伦理道德的人文环境，也为人文内涵的丰富注入道德准则，因此抢花炮运动蕴含着本民族的伦理道德观念。

近些年，源于壮族人民生产生活的抢花炮运动在传承上也出现了问题。以西方价值观念为主导的竞技体育文化冲击着中国传统民族体育文化。传统的抢花炮习俗还讲究、保留较为规整的壮族信仰体系以及较为成熟的抢花炮技术动作和战术方法。而现今民间壮族各村寨的抢花炮习俗也由繁入简，在花炮仪式流程中，众人抬着花炮游街时，抬炮人不再烧香朝拜。游街流程按照政府规定的路线，而不是传统的由仪式专家计算好的方位图。以村社为单位组织的专门抢花炮活动队伍，变成了当天临时组队，队伍人数不定，男女老少不定，民族籍贯不定。各个参与者没有进行系统训练、没有技术战术配合，抢花炮活动成了万人哄抢的娱乐性体育活动。

如今，抢花炮运动能活跃在少数民族传统体育运动会上，成为民间民俗文化节不可缺少的一项活动，离不开数代人的努力。广西壮族抢花炮非遗项目代表性传承人谭毅谋，从 1986 年开始，从一名花炮队的队员到如今身经百战的老教练，他率领花炮队走出大山，都向全国，参加了众多赛事，都获得了不错的成绩。广西壮族抢花炮在文化旅游中得以快速发展，抢花炮的娱乐性越来越强于信仰性。壮族抢花炮中的民间信仰习俗逐渐弱化，这项活动也逐渐从神圣化走向世俗化，从信仰活动走向体育竞技活动。

在现代化建设中，少数民族体育现代化已是不可阻挡的历史趋势，民族融合已是既定事实，年轻的壮族后生逐渐拥有自我认知和独立思考的能力，西方国家多样化体育项目也在中国大地上盛行，不断冲击着民族传统体育。因此，我们需要采取相应的措施促进抢花炮运动未来发展更加多样化、丰富化。比如在不断深入挖掘抢花炮运动内在本质特征的同时，扩充和丰富原有的内容；利用大数据时代的优势，重视多渠道宣传，扩大抢花炮体育赛事的传播范围，增强其影响力；鼓励协会组织的成立，打造传承名人和多样化赛事；还可在坚持自我的基础上，有选择地学习、借鉴和运用其他发展势头较好的少数民族体育项目，力图寻求适合抢花炮这项少数民族体育运动的发展道路，使其更符合当代人的体育运动类型需求。

九、龟苓膏配制技艺

龟苓膏配制技艺选料精准、配方讲究、投料有序、工艺独特，是梧州人民智慧的结晶，凝聚了岭南地区历史人文的光辉，深受各地人群喜爱。龟苓膏配制技艺主要流传于广西壮族自治区梧州市。

2021 年 5 月 24 日，广西壮族自治区梧州市申报的龟苓膏配制技艺，经国务院批准列入第五批国家级非物质文化遗产代表性项目名录。保护单位为广西梧州双钱实业有限公司。

龟苓膏起源于广西壮族自治区梧州市。梧州是一座历史古城，古称苍梧郡，握"两广咽喉"，为历代战时兵家必争之地。梧州气候湿热，长期生活在该地区的人极易患热毒，因此当地人有食用龟苓膏祛湿毒的饮食习惯，并在长期的劳动实践中积累了丰富的经验和知识，形成了独特的龟苓膏配制技艺，以师传方式传承至今。

龟苓膏配制技艺历史悠久，源于秦末汉初，最初为宫中御品，后来不断在民间流传。《本草纲目》和《梧州市志》中均有关于龟苓膏配制技艺的记载，且在《苍梧郡志》中还记载苍梧因地处亚热带季风气候区，因而人们极易染上热毒、湿毒，百邪入侵，身体不适。明末清初，龟苓膏正式被人们定义为清热解毒、滋阴养颜、止瘙痒去疮毒的良品，因其疗效显著而在民间久负盛名，一度成为宫廷小点。苍梧当地人不仅形成了服食龟苓膏的习惯，甚至将其带到了更远的东南亚各地。

关于龟苓膏的传说有多种，其一是关于秦始皇长生不老药的传说故事。

相传秦始皇召集诸多江湖隐士、道教中人为其炼制长生不老药。因看到乌龟寿命极长，炼丹人便将乌龟与一些名贵药材炼制，以求达到像乌龟一般长生。炼制的膏药呈黑色状，且口感极佳，虽没有长生不老的功能，但也成了宫中的美食保健圣品，并在宫中历代沿袭。

其二是在梧州当地，还流传着三国时期的传说。

相传三国时，蜀汉皇帝刘备新丧，南方诸郡的土著趁机起兵叛变，蜀国丞相诸葛亮亲自出马平乱，这大概就是《三国演义》中"七擒孟获"生发出来的故事。话说诸葛亮南征时驻军于苍梧郡，当时蜀军兵将多为北方人，初到南方水土不服，大多数将士上吐下泻，严重影响战斗力，诸葛亮很焦急，急忙找来当地人问个究竟。当地人说，梧州气候湿热、多雾（古称瘴气），于是便献上妙方，以当地乌龟、土茯熬汤饮用，诸葛亮令军士一试，果然功效如神，大部分将士均痊愈。

据考证，龟苓膏被视为宫中珍品是真的，梧州地区为龟苓膏的原产地并流传已久也是真的。坊间有流传，早在二十世纪四十年代，梧州人就已经做起了龟苓膏的生意，沿街叫卖、开店售卖、作坊生产、专业化生产和销售，历经了数百年。《风俗志编》中就有关于龟苓膏的记述："龟苓膏是梧州传统的小吃，到二十世纪四十年代，梧州已开始经营龟苓膏并驰名中外。"

据现有的资料表明，龟苓膏配制技艺最早是始创于1763年的"致中和"品牌研发的。该品牌在梧州地区建有多家龟苓膏生产企业，颇负盛名的广西梧州制药集团是其旗下制作龟苓膏历史最久、生产规模最大的一家。龟苓膏生意被越来越多有想法的人盯上，到二十世纪八十年代初，原梧州市第三制药厂饮料部，在文化路开了店售卖现做现卖的龟苓膏，取"双钱"二字作为店名，这家店便是如今龟苓膏的老牌企业。在当时，每天都有大批的人来购买，有本地的，有游客，也有为了这一碗龟苓膏驱车前来品尝的。以前，两广的凉茶铺前常爱养几只龟以招徕顾客。后来，双钱牌龟苓膏经过不断的努力和试验，基于梧州当地传统龟苓膏配制技艺，通过新科技研制出了可以用开水冲调成龟苓膏的粉剂，这类粉剂便于携带，只需开水一冲，便可成新鲜现制的龟苓膏。首创的"双钱牌"龟苓膏粉受到了群众的推崇，开始实现专业化工厂的批量生产，并在进行包装后销售。从刚开始只在两广本地销售到1986年开始出口销售，现如今的梧州"双钱牌"龟苓膏，仍是海外华侨、外籍华人以及港澳同胞的挚爱食品。

1993年，"双钱牌"龟苓膏配制技艺成为公司秘方。公司在收集顾客产品意见时，根据客户提到的"可否研制立即可食的龟苓膏"的设想，组织公司技术人员研究创造了"双钱牌"易拉罐龟苓膏。开盖即食的罐装龟苓膏采用先进包装，运用121℃高温杀菌工艺，保质期达到了24个月。该产品一推出，因方便携带食用，口感与传统制作无异，大受消费者欢迎，"双钱牌"龟苓膏产量销量飙升。此后，经过几代"掌门人"的努力，梧州"双钱牌"龟苓膏呈良性发展，一度扬名海内外，打入食品行业，成为人们最喜欢的产品之一。配制技艺、生产工艺、产品设计也随着时代的更迭不断更新换代，"双钱牌"龟苓膏代表着梧州龟苓膏在当代的最高生产水平。

龟是龟苓膏的重要原料，由于龟属国家保护的野生动物，因此该企业生产的双钱牌龟苓膏所用的龟都是人工饲养的龟。龟苓膏配制技艺是将龟作为原材料，按照一定比例，加入茯苓、生地、凉粉草、罗汉果、灵芝、田七、金银花、菊花等多种中草药加强药效，使用传统风选机、舂碓、研钵、铡药刀、过滤装置、蒸煮炉等工具，经20余道工序加工制成龟苓膏的一种传统技艺。

这类宫中专供皇帝食用的御品，药食同源。龟苓膏性温和，不凉不燥，男女老少皆宜，具有清热去湿，旺血生肌，止瘙痒，去暗疮，润肠通便，滋阴补肾，养颜提神等功效，能滋阴潜阳，消除虚火引起的骨热、眩晕、耳鸣等。乌龟养阴，品性温和，传统好的龟苓膏应取野生金钱龟龟板制作，且只采用龟胸腹部之前的腹甲板，因为此处柔软，胶质含量高，易熬成膏状，且以老龟陈板为上品。但由于现今批量生产，金钱龟造价太高，市面上不常用。

尽管如此，除了使用鹰嘴龟替代金钱龟外，材料的选用和制作工序一点都不能马虎。最传统的精品贵族龟苓膏配制技艺，原料首选龟和土茯苓，除这两种主药外，今方再配以生地、蒲公英、银花等中药材加强药效。龟取鹰嘴龟，其为名贵中药，土茯苓取干净大颗，总共要选好十几种药材，龟苓膏经选材、处理、洗药、碾磨、提取、浓缩、过滤、配兑、煮膏、冷却等21道传统工艺配制而成。

梧州人的龟苓膏制作工艺，是在传统的配方上，根据人们的生活习惯不断地调整、改良，并从中医角度去改善，也从口感口味上做出相应变化。随着时代的发展，龟苓膏的普及和量产带动了乌龟养殖业的发展，普通龟苓膏首先选用产自梧州市的草龟、水龟、三线闭壳龟或巴西龟，个体重量不少于250g。乌龟除去内脏、清洗干净后使用，保证全龟或龟甲配置，其用量应不低于动、植物原料总用量的1%。接下来将龟肉、龟板和药材一起进行熬煮，配方中使用到的药材有土茯苓、金银花、蒲公英等。土茯苓取自梧州本地出产的茯苓聚糖不少于5%的茯苓，且在配制时土茯苓用量不能低于动、植物原料总用量的5%。金银花的产地不限制，只要优质即可，需要选取不用硫黄炮制的干燥花蕾，且检测出的金银花绿原酸含量不少于1.5%。蒲公英是选用梧州当地出产的蒲公英，采摘后用机器烘干至干燥使用。熬煮好后用过滤袋过滤，得龟苓膏药液。

然后将清洗好的植物胶含量不少于5%的凉粉草放置锅内再次进行熬煮。之后加入溶解好的草木灰碱，提取出有效成分，再经过滤袋过滤取得凉粉草提取液。最后将凉粉草提取液和龟苓膏药材提取液按比例加入米浆蒸煮，米浆即使用木薯淀粉配水调制，配制完毕后，待冷却之后凝固成为龟苓膏。精工匠作而成的龟苓膏，成品色泽透明带有中草药香气，味道微苦回甘，口感润滑爽口。

随着生产技术与设备的进步，鲜见人工配制龟苓膏，现如今主要是机器配制。制备配制龟苓膏所需的动、植物原料提取物时，采用多能提取锅作为提取设备。浓缩龟苓膏液时选取真空浓缩锅。此外还需带有自动搅拌设备，为配制料液的各物质能够分散均匀提供保障。龟苓膏配制用水也十分有讲究，为了使梧州龟苓膏原汁原味，在水的使用上采用当地的饮用水。配制完毕后用专门的灭菌机器对产品进行完全灭菌，使产品符合商业无菌检验要求，且密封好不能有涨包现象。

生产线配制出的龟苓膏呈黑色，微带透明，功效不减。当人体不舒服时，患上嗓子痛、痔疮、痱子和便秘等病，服用龟苓膏也能起到一定的改善缓解效果。另据营养学研究发现，食用龟苓膏的好处很多，配制采用的多味中草药也具有一定的养生功效，配制好的龟苓膏中含有多种活性多糖和氨基酸，具有低热量、低脂肪、低胆固醇等特点，能够调节血脂和血糖。龟苓粉的吃法是用温水调成糊状，然后冲入沸水，冷却后的原味龟苓膏略苦，但只要配上蜂蜜汁、炼乳或是椰汁来调味，再加点水果搭配食用，味道极好。

但龟苓膏也有食用禁忌，由于龟偏寒性，且所取的中药材多为阴性，因而有脾胃虚弱、大便较稀、腹泻的人不宜食用。龟板有兴奋子宫的作用，因而可能导致流产，所以孕妇也不宜食用。虽食品龟苓膏含有药物成分低，但非人人可食，有些人也会对龟苓膏过敏，当出现腹痛、腹泻等情况时应当立即停食。

现如今，龟苓膏成为现代养生达人不可或缺的养生圣品。为了追求更纯粹的龟苓膏，在现代工业繁荣的年代，人们越来越追求手工配制。手工龟苓膏的制作方法，是先用炖盅或真空煲炖煮 10 小时新鲜的龟板，再将十多种药料洗净，加水煲滚，收慢火去泡沫后再在药汤中放入龟板一起煲，以中火煲至 15 碗水为宜，然后隔去药渣，将龟板及中药的有效成分提炼出来，先取部分药汁摊凉，将锅中余下药汁煲滚收慢火。最后用滚烫的药汁冲进粘米粉、鹰粟粉等粉浆中，再搅匀即可。手工制作的龟苓膏经过长时间的泡制及熬炼，故产品呈现浓稠的深褐色，但又可从其薄片的成品中清晰看见其润泽及通透感，表示当中不含杂质。龟苓膏入口微苦，吃后回甘，寓意着先苦后甜，苦尽甘来。这样一道道手工工序下来的龟苓膏，售价在 30 到 300 元不等。

龟苓膏配制技艺延续至今，由医疗中药、民间药膳逐渐发展成为一种特色的民俗。龟苓膏见证了梧州人的生活，是梧州闪亮的非遗名片，经过数百年的磨砺，经过几代人的不懈保护传承，龟苓膏也成为全国消费者接受并喜爱且口碑极佳、名扬四海的健康食品。

十、贝雕（北海贝雕）

北海贝雕发端于传统的螺钿工艺，是广西北海艺人以贝壳、海螺为原材料，巧妙利用其天然色泽、纹理形状，加工创作各种工艺品的地方传统代表性工艺美术。北海贝雕流传于以广西壮族自治区北海市为核心的区域。

2021 年 5 月 24 日，贝雕（北海贝雕）经中华人民共和国国务院批准列入第五批国家级非物质文化遗产代表性项目名录。保护单位是北海市恒兴珠宝有限责任公司。

北海贝雕历史悠久，北海地区的螺钿工艺与北海合浦悠久的珍珠采集历史密不可分。人们加工贝类作为钱币流通，后发展为简单雕琢的装饰品。合浦所产珍珠被称为南珠，历来被奉为国宝，为历代皇家所看重，素有"东珠不如西珠，西珠不如南珠"的美誉。据《史记·货殖列传》所载，北海合浦在公元前 221—206 年的秦代就开始了珍珠采集业，从而为螺钿工艺提供了不竭的工艺材料。

与此同时，秦代的冶炼技术较先秦时期有了很大的提高和普及，为北海合浦的螺钿工艺开辟了新的技术手段。正是由于北海螺钿艺人充分利用孕育南珠的贝壳、海螺作为其工艺材料，巧妙利用其天然纹理，同时也由于冶炼技术的发展，螺钿工艺具备了合适的技术条件，经过随类赋形的设计构思、精细的雕琢、镶嵌组合等工序将雕刻出来的各种图案镶嵌在屏风、桌椅、铜器和镜子上作为装饰之用，由此而开创出螺钿这一工艺。

至于唐代，北海的螺钿工艺水平已经闻名遐迩。唐代诗人李峤的古诗《珠·灿烂金舆侧》中便有"昆池明月满，合浦夜光回"的美句。宋、元时期，北海的螺钿镶嵌和贝贴等工艺已经十分流行。图案所表现的题材拓展到了人类万物，所雕图案做工精美复杂，光华艳丽，珠光宝气。明清以来，北海合浦的采珠业进一步繁荣，从北海合浦民间传世的明清贝雕家具及工艺品可考证。清朝屈大均所著的《广东新语卷二·地语·四市》所记载的广东"四市"为"罗浮药市、东莞香市、广州花市、廉州珠市"，而"廉州珠市"即"合浦珠市"。此时的北海螺钿工艺因势利导，与家具和其他工艺品的制作深度结合，达到了鼎盛发展时期。到了近代，北海在螺钿工艺的基础上发展出了贝雕工艺，合浦人以家庭手工作坊为生产单位，螺钿和贝雕成为一种主要的谋生手段。

新中国成立后，贝雕的繁荣发展迎来辉煌时代。二十世纪六十年代，民间贝雕艺人于1964年成立了北海工艺美术合作社，此后相继组成手工业合作社，从而给北海贝雕工艺带来了全新的发展机遇。贝雕艺人以传统贝雕工艺为基础，博采众长，借鉴和吸收了木雕、玉雕、牙雕和国画等姊妹艺术的技术和造型手段，在"选、磨、抛、贴、拼、接、粘"等传统螺钿镶嵌工艺的基础上实现了创新和发展，出现了浮雕形式的贝雕画及其他多种新款工艺品。

二十世纪八十年代，新开发的贝雕工艺品保留了贝壳的自然肌理，雕塑的技法美，国画的格调美，展现得淋漓尽致，也促使新中国成立之后的贝雕工艺品在艺术格调上上升了一个层次，以此为序幕揭开了北海贝雕工艺史崭新的一页，北海的贝雕艺人们创作热情高涨，不断推出佳作，获得各种奖项。北海贝雕与大连贝雕、青岛贝雕齐名，产品远销海外二十多个国家和地区。北京人民大会堂等重大场馆均有采用北海贝雕画作为装饰品。

然而从二十世纪九十年代开始，北海贝雕的出口需求急剧减少，原料成本和人工成本却逐年增加，同时受企业转型因素的不利影响，生存状况急转直下，从而遭遇了发展断层。

进入二十一世纪后，北海贝雕的加工工艺经历了多次技术革新。在材质方面，传统的染色贝雕返璞归真，采用不着色的纯天然材料进行加工，凸显了材料的原有色泽和肌理，提升了其历史与收藏价值；在设计理念方面，借鉴国画构图手法，重点突出东方审美特色，并体现现代设计理念；在加工工艺方面，融牙雕、玉雕、木雕等雕刻技法与螺钿和镶嵌工艺为一体，促进传统工艺与现代工艺相互结合；在创作题材方面大胆突破，结合社会新时尚，体现时代主题。二十一世纪的北海贝雕工艺工作室如雨后春笋般涌现，北海贝雕焕发出新的蓬勃生机。

北海贝雕的工艺特点是因材施艺和因势取形，用料考究，制作精良，题材广泛，构思精巧，形象立体。北海三面环海，具有丰富的海洋资源，贝壳种类繁多，有塔螺贝、珍珠贝、红扇贝、白蝶贝、黑蝶贝、江瑶贝等贝类及车螺、红螺、珍珠螺、笠冒螺、尖嘴螺、带子螺、锅盖螺和鸡心螺等各种螺类。这些贝类和螺类多为有色外壳，质地淳厚，色泽圆润，莹光悦目，为北海贝雕工艺提供了天然的物质基础。

北海贝雕产生以来，艺人们充分利用了上述资源优势，结合软螺钿工艺、硬螺钿工艺、衬色螺钿和镌蜔、嵌螺钿沙屑等螺钿镶嵌工艺，不断探索与创新，推动贝雕技艺从贝串、贝堆和平面贝雕到浮雕，再到立体贝雕的创新发展过程。目前，北海贝雕的加工程序极为复杂，一共有11道，分别是设计、白描、选料、清洗、磨型、雕琢、抛光、堆叠、干燥、总装和装裱。艺人们强调在贝雕的制作过程中要经过磨底和漂洗等工艺程序，且要牢固可靠，经得起较重的敲击而不破碎。

由于用料考究，一幅浮雕贝雕画虽然只有十多斤重，却需要消耗一两吨重的贝壳原料，制作时长需要两三个月。北海贝雕的因材施艺体现在选材方面顺其自然，依势取形，采用堆、叠、联和粘等工艺方法来制作成品。贝雕大师对贝壳的运用可谓是匠心独具：树木躯干用斑痕的贝壳拼贴而成，树叶用江瑶贝制作而成，枫叶则由鸡心螺制作而成，仕女的发簪是用螺纹贝切割而成。

在设计方面，北海贝雕要求题材新颖，寓意深刻，构图丰满而富有艺术格调，造型准确而符合客观规律。尤其在花卉、山水和人物的表现方面，要求要符合万物的自然生长规律，山水入画则要求符合近大远小的焦点透视规律，人物入画则要求其形象、服饰和道具要与历史背景及其身份相符合。

北海贝雕工艺品主要有15种规格，包括大型浮雕作品、立体贝雕、贝雕摆件、贝雕把件、贝雕饰品和贝雕画等，囊括了1600多个品种。北海贝雕的表现题材主要体现广西的海洋文化与民族文化，包括山水风光、花鸟虫鱼、人物、动植物和博古等，多继承传统图案、书法和绘画的艺术表现特点，体现的是吉祥如意的寓意，表现北海乃至整个广西地区丰富多彩的民俗风情，瑰丽精绝而富丽典雅，具有极强的亚热带地域文化特色。

其中，花鸟画以贝壳为原料、以动植物为主要描绘对象，在构图方面吸取国画的风格，形成了以写生为基础、以寓兴和写意为归依的立意特点，通过花鸟的描写，表现某种独特的寓意，具有浓厚的东方艺术特点。北海贝雕花鸟画的表现题材极为丰富，如鸳鸯、孔雀、白鹤、天鹅、鱼虾、梅花、牡丹、芙蓉、月季、菊花及松树等皆可入画，代表名作有《百鸟归巢》等。北海贝雕山水画在设计方面则要求构图巧妙合理，讲求意境的营造，山脉走向层峦叠嶂，景色描绘四季分明，体现以山为德、以水为性的修为与情操。小桥流水的深幽意境、亭台楼阁的富丽堂皇和山涧清泉的超然度外都是北海贝雕山水画常见的立意主题。

北海贝雕山水画的代表名作有《富春山居图》和《程阳风雨桥》等。除此之外，随着时代的发展，其他材质也逐渐进入到北海贝雕人物画当中，由此而出现了以贝壳为主、以其他材质为辅的北海贝雕人物画。北海贝雕人物画的代表名作有《吹箫引凤》《出使西域》和《门神》等。其中，《门神》还成为中央电视台《探索发现》栏目2012年的采访对象。

北海贝雕的博古画则多为追求寓意的大型作品，造型严谨，古色古香，题材多为反映古时民间传说或当下社会历史主题。北海贝雕博古画的代表作有《珠还合浦》和《称心如意》等。《称心如意》为北海市恒兴珠宝有限责任公司所制作，2009年荣获中国工艺美术界最高奖"百花杯"金奖。

不管是从材质和题材方面而言，还是从设计和工艺手法方面而言，色泽天然、立意新颖、精工细琢和意境深远都是北海贝雕作品区别于其他地方贝雕作品的主要艺术特征，并以其精湛的雕琢工艺，独特的艺术风格受到外界好评。

北海贝雕是北海的城市"名片"，北海地处广西壮族自治区的最南端，自古便是我国古代"海上丝绸之路"的重要始发港。现在，在国家的战略发展布局中，北海处于华南经济圈、西南经济圈和东盟经济圈的结合部，具有突出的区位优势。北海贝雕可以抓住国家"一带一路"的战略发展态势，积极融入粤港澳大湾区的文化旅游发展大格局，为提升广西的文化和经济实力，促进与东盟各国民心相通、经贸往来、讲好中国故事方面做出更大的贡献。

北海贝雕承载海洋文明历史，是连接传统文化与现代文明的桥梁，也是中华民族千百年来海洋生产实践的杰出成果，凝聚数代民众的集体智慧，承载着人与海洋和谐发展的历史记忆，对研究海洋工艺美术史、海上丝路均有重要价值。

北海贝雕合理使用北海天然的贝壳材料，因材施艺，巧夺天工，集民间传统工艺之大成，独具美感。其将中国书画意蕴与雕刻工艺完美融合，化自然朴素为瑰丽神奇，具有典型的东方艺术之美和海洋文化气息，观赏价值极高，更是雕刻艺术设计的灵感源泉。并且，北海贝雕蕴含变废为宝的环保生态理念。将废弃的贝壳等海洋给予的材料通过加工设计变为经典的艺术品，背后蕴含着巨大的生态价值和环保理念，诠释了金山银山不如绿水青山的理念，体现了对生态文明和可持续发展的不懈追求。

然而，我们也不能忽视北海贝雕在现代社会中所面临的发展困境。由于贝雕工艺十分复杂，制作时长，很少有年轻人能坐下来专心制作贝雕工艺品。同时，由于现如今人们的视野开阔，浮躁的心难以定下来，而培养一名合格的贝雕手工艺人又需要很大的时间成本，加之老艺人逐渐去世，使得北海贝雕工艺在传承人的培养上遇到了困境，其直接的后果便是贝雕手艺逐渐失传。北海贝雕将人文情怀与海的绮丽巧妙结合起来，蕴藏其中的是千百年来以海为生的人民智慧。当下，从活态传承的角度去保护传承非物质文化遗产，尤其是北海贝雕这样的民族精品工艺，是我国增强文化软实力、提升国际形象的重要课题。只有解决好这一课题，北海贝雕才能顺势起飞，踏上更加辉煌的发展之旅。

十一、骨角雕（合浦角雕）

骨角雕是广西传统工艺美术，指以牛、犀牛、羊、鹿等长角动物的角和蹄为原材料，经开料、削坯、精雕、组装，制成各类水族生物、飞禽走兽、花鸟草虫等工艺品，以立体圆雕的表现形式，玲珑剔透的雕工，逼真传神的效果与典雅自然的风格在中国传统美术中独树一帜。广西北海骨角雕的主要产地位于合浦。

2021年5月24日，骨角雕（合浦角雕）经中华人民共和国国务院批准列入第五批国家级非物质文化遗产代表性项目名录，保护单位为合浦金蝠角雕厂。

在中国，骨角雕艺术具有悠久的历史，随着原始社会狩猎活动的产生而出现。在旧石器时代，古人利用兽角加工出生产生活工具，用于狩猎或缝补兽皮等。到了新石器时代，人类的审美意识开始觉醒，骨角雕工艺品的审美功能得到强化；同时，由于原始信仰活动变得非常普遍，骨角雕作品也被用来充当祭祀用品。封建时期，骨角雕工艺品也是一种非常昂贵的酒器。《诗经·豳风·七月》就有诗云："朋酒斯飨，曰杀羔羊；跻彼公堂，称彼兕觥，万寿无疆。""兕觥"即用犀牛角雕成的杯子，是一种罚酒器，也是一种祭器。东晋时期的葛洪在《抱朴子·登陟》中记载："通天犀，其角一尺以上，刻为鱼而衔以入水，水常为开。"可见，犀牛角雕在商周、秦汉时期价值不菲。湖北省荆门市的一座楚国贵族墓出土了一件战国时期的"角雕蟠龙"工艺品，上有三条蟠龙互相缠绕，雕工精湛。总体而言，骨角雕工艺品的功能经历了由生产生活工具，到饮酒器具和祭祀器物，再到装饰用品的发展过程。

据文献所载，北海地区的民间宗教认为牛角是一种可用于镇邪、消灾的器物。同时，由于牛角质地温润坚固，也常被用来加工生活用品，如号角、刀鞘、墨斗和角尺等，也有人将其稍微加工之后做成发簪和梳子等妆饰用品。因此，合浦地区的牛角最初是被当作辟邪神器而被直接摆放在厅堂当中的，或仅作为一种生活用具，并不具备审美上的功能。从明代开始，合浦开始出现了牛角雕。当时制作牛角雕的目的主要是为了实用或辟邪之用，用于辟邪的牛角雕只是在牛角上用简单的线条刻上避邪图案。人们注重的是辟邪图案的象征功能，而不是艺术上的审美功能。清代末期，合浦牛角雕朝着艺术化的道路迈进了一步，图案设计更加复杂，造型更加写实，更加注重美感，从而由最初的避邪器物和生活用具发展成为一门真正的传统手工艺。新中国成立后，合浦角雕不断吸取其他地方的角雕工艺技艺，取得了进一步的发展。现代的合浦角雕技艺与广东高州的角雕技艺有着密切的关系，是以当地传统技艺为基础，借鉴广东高州角雕技法经传承和创新而发展起来的。二十世纪六十年代，广东茂名市的高州角雕呈现繁荣之势。当地角雕艺人技艺精湛，充分发扬了我国传统雕刻艺术和国画的表现技巧，其角雕艺术作品畅销海外。《神仙鱼》和《草虾》便是代表名作。为了发展当地经济，合浦县政府派知青赴高州学习角雕技艺。这批知青不负所望，他们在广东高州学成归来后于 1964 年创办了合浦县工艺美术厂。经过多年的发展，合浦角雕艺人不断创新，形成了独具特色的合浦角雕工艺。

合浦角雕以牛角为主要制作材料，广西的水牛角分明角与黑角两种，也使用山羊等各种动物的角或蹄。其中，黑水牛角为广西本地特有的材料，是合浦角雕最广泛使用的材料。明角纤维组织较细小，质地细腻，色泽温润如玉，坚韧而不容易折断，经过加工打磨之后，表面光洁，呈半透明状，可刻画出细如发丝的表现效果，用其制成的昆虫翅膀薄如纸张；黑牛角质地较脆，但反光柔和且明亮，渗析有黑色或棕红色的血丝纹路。这样的材质是难得的角雕材料，合浦角雕充分利用了这些材料的色泽美和肌理美。从选材到雕刻和镶嵌，最终到产品成型要经过"选料、开料、削坯、粗雕、精雕、打磨、粗磨、细磨、抛光、热处理造型、过蜡、组装成型"等十多道工序。

在制作一件工艺作品时，角雕艺人要根据设计主题选择合适的材料，在选料时强调充分发挥角质本身的特点，因材施艺地为特定的表现对象选择最合适的材料，充分利用其形状、纹理和色泽，精心布局，巧妙构思，注意利用明角与黑角的色彩及纹理搭配。在构图布局时充分汲取国画的营造手法，讲求虚实相生和疏密有致，对刻画重点进行大胆取舍，表现手法上工笔和写意相互结合。在加工过程中，艺人们根据角质特点，运用钢锯锯出初坯，再运用平雕、圆雕、浮雕、镂空、镶嵌和巧色等传统雕刻技法进行雕琢和镂空，最后还要经过打磨、抛光和上蜡等工序。牛角和羊角均属于容易毁坏的一次性雕刻材料，任何操作不当都会导致整个材料的报废，因此在这些加工程序中，雕坯和精雕是最重要的两道工序，也是整个作品成败与否的关键所在，基本决定了作品的优劣程度。

之后，合浦骨角雕的工艺品经过一轮复杂而精湛的工艺处理后，既不变形，也不脱色，既可以观察到牛角的天然纹理和色彩，又呈现出如美玉般的半透明光泽，给人以鲜艳光亮、典雅大方之感，因而深受人们喜爱。此外，骨角雕的表现题材也十分丰富，包括花草、蔬菜、树木、鸟禽、兽类、虾蟹、鱼虫及笔盒等300多个品种，其中又以表现动、植物造型为主，尤其是热带鱼、虾、荷花等，形象逼真，气韵生动且富有灵气，五彩缤纷又不失高雅的格调。例如，合浦角雕技艺传承人白耀华的佳作《中国梦》就是一个绝佳的例子。该作品采用国画式的构图，融雕刻与装饰为一体，双面通透的屏风上水波熠熠生辉，一群通体透明的虾显得栩栩如生。这幅作品之所以能够取得如此气韵生动的艺术效果，与白耀华在选材和构思上的独具匠心不无关系。其所有材料均为昂贵的牛羊角，水浪是镂空的盘羊角，虾是由白水牛角雕刻而成，半透明的虾体连肠胃都依稀可见。整幅作品既有玉雕的泼墨写意，也有牙雕的写实精到。合浦角雕的每件佳作都因材施艺地利用了角质材料本身的肌理和色则。艺人们不但具有严谨的写实造型能力，将惟妙惟肖的逼真感发挥到了极致，而且能体现出一种温润如玉的艺术格调，不断推出巧夺天工的角雕精品。灵动逼真的虾蟹鱼虫，栩栩如生的奔马雄鹰，鲜艳欲滴的牡丹水仙，薄如绸绢的蝉翼鱼鳍，都是他们在艺术道路上上下求索的不朽丰碑。

为了保护、传承、发展合浦角雕事业，1964年，合浦县工艺美术厂的成立标志着合浦角雕工艺进入了快速发展的传承创新期。由于出厂作品格调高雅，利于保存，因此而成为国家指定的出口创汇商品。这一殊荣又进一步激发了艺人们的技术革新热情。在二十世纪六十年代中后期，外商向合浦工艺美术厂制订一套"龙生九子"的印盒。由此可见，当时合浦角雕工艺的技术水平已经享誉海内外。经过几十年的发展，合浦的骨角雕艺人们不断推陈出新，革故鼎新，形成了独具特色的以镂空雕刻技艺为主的工艺技术，为其奠定了技术优势基础。其作品深受顾客喜爱，畅销国内各大城市及旅游胜地。

自二十世纪八十年代以来，合浦县工艺美术厂不断推出精品：1984年，其制作的台灯文具角雕获广西区新产品一等奖；1986年，其作品《长颈鹿》获中国工艺美术品"百花奖"优秀创作设计二等奖；1989年，其作品《花果园》获广西区工艺美术"百花奖"优秀新产品奖；1990年，其作品《双狮》与《鹰舞》《鹤舞》分别获轻工部新产品二等奖和中国旅游产品"天马奖"银奖；还有部分角雕获轻工部博览会铜奖和第十一届亚运会艺术节工艺品展示一等奖。合浦角雕与北海贝雕、东兴石雕在二十世纪九十年代初曾被誉为广西民俗旅游产品中的著名"三雕"品牌，成为合浦的一张地方特色名片。其中合浦工艺美术厂的牛角雕工艺品《群虾》成为广西名片，并陈列在北京人民大会堂广西厅。著名科学家、中国近代力学之父钱伟长曾盛赞其为"神奇角雕，合浦绝艺"。作品《葡萄荔枝》在全国工艺品美术展上荣获金奖；《荷藕虾趣》《荷花金鱼》《热带鱼》《福禄寿》《椰树双象》和《雄鸡报晓》等其他精品也多次参加"广交会"，成为商家所青睐的产品。

在合浦角雕工艺品的发展过程中，离不开二十世纪六十年代的知青们所作出的巨大贡献。此后，随着国家出台鼓励个人自谋发展的政策，也有一批角雕艺人怀揣着自己的艺术梦想，离开合浦县工艺美术厂去追寻自己的艺术梦想。中国工艺美术大师、合浦角雕非物质文化遗产传承人白耀华就是这样一位追梦者。白耀华的大半生奉献给了角雕事业，在平凡的牛角和羊角雕刻中雕刻出了自己的精彩人生。他1974年开始从事角雕工作，1988年在角雕行业的井喷式发展时期自筹资金创办角雕厂。但进入二十一世纪后，合浦角雕开始呈现出衰落之势，合浦众多角雕企业倒闭歇业。在许多角雕艺人改行另行择业之际，白耀华却坚持下来，继续磨砺他的工艺技术，承袭前辈精益求精的工匠精神。四十多年的坚守使得他成长为合浦县骨角雕技艺的非物质文化遗产传承人。

随着现代工业产品的飞速发展和信息化进程的不断推进，合浦角雕受到了巨大的冲击。针对市场困境，白耀华与妻子钟文兰都在传承基地免费传授角雕技艺，为了合浦角雕工艺的明天辛劳付出，任劳任怨。他是国内为数不多的、仍在为角雕传统工艺坚守的人。2016 年，他在北海市"海上丝路工艺美术博览园"中建了角雕博物馆和教学基地。馆内摆放着许多出自他的双手的角雕精品。其中一件名为《中国梦》的大摆件角雕作品是他的得意之作。2017 年，白耀华获得自治区级非物质文化遗产代表性传承人称号。对他而言，这一称号是一份荣誉，更是一份责任。2018 年，他荣登"中国非遗年度人物"榜单。

目前，随着国家对民族传统文化越来越重视，广西各地不断有文化宝藏被挖出，并相继列入国家级非物质文化遗产保护名录。未来，相信因为有了"一带一路"合作倡议和非物质文化遗产保护等国家政策的支持，有了合浦县工艺美术厂这样执着于弘扬民族传统手工艺的企业的坚持，也因为有了白耀华这样的非物质文化遗产代表性传承人满怀对角雕事业的热爱，在职业道德、职业能力和职业品质中都不计个人得失，合浦角雕这一传统手工艺必将沿着"一带一路"发展路线走向更远的国际舞台，必将站在更高的起点上向世界展示光辉灿烂的中国文化。

十二、米粉制作技艺（桂林米粉制作技艺）

桂林米粉制作技艺历史悠久，是中原文化与岭南文化交融的产物。它起源于广西桂北地区。桂林米粉做工考究，先以桂林产的灿米为原料，磨成浆后装袋滤干，揣成粉团煮熟后压榨成圆根或片状，煮出的米粉质地柔韧富有弹性，汤水清澈，再配上特制的卤水及配料，咸香美味，受到全国各地人民的喜爱。

2021 年 5 月 24 日，广西壮族自治区桂林市申报的米粉制作技艺（桂林米粉制作技艺）经国务院批准列入第五批国家级非物质文化遗产代表性项目名录，保护单位是桂林市戏剧创作研究院（桂林市非物质文化遗产保护传承中心)。

桂林米粉名扬天下。据史料记载，其历史可以追溯到两千多年前，即秦始皇开凿灵渠时期。在《史记》中就有关于桂林米粉制作的记载，宋朝的《齐民要术》中也有桂林米粉制作的具体介绍。

关于桂林米粉制作技艺，有这样一则传说。

相传秦时，秦王嬴政为了统一中国，派屠睢率50万大军征战南越，紧接着又派史禄率民工开凿灵渠，沟通湘江漓江，解决运输问题。南越少数民族勇猛强悍，不服秦王。秦军三年不解甲，武器不离手，可见战斗之激烈。由于南越地处山区，交通不便，秦军水土不服，加上粮食供应困难，大量士兵经常挨饿生病。这些西北将士，天生就是吃麦面长大的，西北的拉丝面、刀削面、羊肉杂碎汤泡馍馍，都是他们的美味佳肴。这些士兵们远离故土征战南方，广西地区山高水深，粮食难以运输，空着肚子行军打仗不切实际，便只能采取就地征粮的方法来解决食物。如何把大米变成像麦面一样让秦军将士接受，史禄把任务交给军中伙夫们去完成。伙夫根据西北饸面制作原理，先把大米泡胀，磨成米浆，滤干水后，揉成粉团。然后，把粉团蒸得半生熟，再拿到臼里杵春一阵，最后再用人力榨出粉条来，直接落到开水锅里煮熟食之。米粉团通过春，使榨出的粉条更有筋力。传说旧时桂林米粉从二楼悬吊一根拖地也不会断，其筋力可想而知。秦军郎中采用当地中草药，煎制成防疫药汤，让将士服用，解决水土不服的问题。为了保健，也是由于战争紧张，士兵们经常是米粉、药汤合在一起三口两口就扒完了。久而久之，就逐渐形成了桂林米粉卤水的雏形。

此外，在坊间还流传着秦始皇与桂林米粉的一个传说故事。

相传秦始皇派遣史禄修灵渠，灵渠修好后秦始皇在丞相李斯的陪同下检查灵渠工程，便来桂林微服私访。秦始皇有个奇怪的嗜好，即喜用鲤鱼须、鱼肚作为下酒菜。当他来到漓江，看到江水清澈见底，江里的鲤鱼又多又大，用手就可以捞到鱼。于是秦始皇弄来了很多鱼，但只取鱼须和鱼肚，一餐不知道要消耗多少条鲤鱼才炒得出一碗下酒菜。秦始皇被漓江的美景深深吸引，在江上游了半个月，这半个月他为了下酒菜，杀了成千上万条鲤鱼。急得漓江里的鲤鱼王乱跳，发誓要把秦始皇的游船拱翻，让他葬身鱼腹！河伯知道了警告说："帝王之事乱来不得，你赶紧另想办法吧。"鲤鱼王急中生智，用大米磨浆制成了鱼须（米粉）、鱼肚（切粉）。秦始皇吃了，拍案叫绝，从此桂林米粉就问世了。

上述两则故事传说，虽仅能作为桂林米粉制作技艺缘起的参考，但事实上也佐证了桂林米粉悠久的历史。

桂林米粉所用的米粉以桂林产的灿米为原料，经浸磨、水蒸或浸蒸、压制等工序制成。然后用香料炖煮猪肉、牛肉。另用炭火烤制锅烧，锅烧即是脆皮猪槽头肉，其为卤菜中的美味。锅烧的制作是选取带皮的猪槽头肉，焯水过后放入油锅中炸，炸到皮表呈焦黄花纹，食用时口感外酥里嫩，肥而不腻。这两个重要的原料制作完成后，烫熟米粉，在碗中切上几片薄肉后，淋上一勺卤汁，加上葱花、味精、胡椒、麻油等调料品拌食，这些食材搭配组合而成桂林米粉。桂林米粉制作技艺已有300多年的历史。多年流传中，卤水、米粉、肉这三者缺一不可，粉条爽滑，卤水鲜香滋美，肉菜环口回香。三者融合在一起，使得整碗桂林米粉口感出乎意料地美味。桂林米粉的品种和吃法数不胜数，但在当地常采用的方法有两种：一种是干捞吃法，一种是加汤吃法。

干捞吃法是将刚烫得冒热的桂林米粉滤干水分后，再配以锅烧、猪肉片、牛肉片、卤牛膀、牛肝等，加卤水、花生油、酥黄豆或辣椒、蒜蓉，拌匀即食，色香味俱全。加汤吃法又称为原汤桂林米粉，即取一碗水，水烧开后把切好调味的猪杂、牛杂放入锅中煮熟，关火倒入盛有鲜米粉的碗中，再在碗里加上葱花、香菜等配菜，这类米粉适合喜欢喝汤的群体，汤的味道十分鲜美。

无论什么品种和吃法，桂林米粉制作的精华在于卤水，卤水好吃才能留住顾客。桂林米粉店众多，甚至靠拢的两家米粉店味道也完全不同。大家首先制作出来的烫米粉本身淡而无味，肉的卤制也是用大同小异的方法，这其中的奥妙就在于各家各户卤水的滋味。店家熬制的卤水都有各自的绝招，一般每家店都不同，而且一般不将配方外传，但是制作方式都遵循以下步骤，首先将猪肉、牛肉连同药材及香料炖至汤汁。多选用豆豉、八角、桂皮、甘草、草果、小茴香等香料坐锅，猪头骨、牛骨洗净，入沸水中大火氽 10 分钟，捞出放入不锈钢桶中，再加入三花酒、罗汉果等配料，先用武火煮沸，然后用文火精心熬制，烧至五成热时放入豆腐乳小火翻炒 2 分钟，放盐、味精、鸡粉、冰糖、酱油小火熬开，出锅倒入不锈钢桶中调匀，方能制出香气扑鼻味道纯美、营养丰富的卤水，与米粉拌和，佐以油炸花生或蒜末、葱花、芫荽、辣椒，那味道堪称一绝，而且吃了一回就忘不了。

广西人喜吃粉，且广西米粉制作技艺闻名遐迩，广西的米粉虽然都称为"粉"，但形态截然不同。柳州螺蛳粉天下皆知，南宁的老友粉名满广西。相比之下，桂林米粉由于长期笼罩在"桂林山水"的盛名之下，反而不那么出名。但其实，桂林米粉也属于广西米粉美食中的璀璨精华。桂林米粉、螺蛳粉、老友粉是广西较为出名的三种粉类，三者相较而言，最大的不同，在于其吃法。桂林米粉以干拌吃法居多，而螺蛳粉、老友粉甚至广西的大多种米粉则多注重汤。螺蛳粉的粉汤有酸笋配螺蛳产生的奇"臭"味，老友粉粉汤带有豆豉番茄的咸酸香，而桂林米粉则注重精华卤水的"鲜"味。桂林米粉吃的就是一口鲜味，其从米粉到佐料都是每日新鲜，少一样或是取自不新鲜的食材，口感上都会有不同。正是因为桂林米粉制作条件苛刻、卤水配制隐秘，因而桂林米粉为了保留其原汁原味的鲜香，只在广西地区盛行。就好似螺蛳粉离不开酸笋，老友粉离不开豆豉，同样，桂林米粉也离不开卤水和卤菜。支撑着桂林米粉卤水和卤菜的背后，是广西众多的香料，桂林米粉卤水需要使用草果、茴香、花椒、陈皮、槟榔、桂皮、丁香、桂枝、胡椒、香叶、甘草、沙姜、八角等多种草药和香料熬制，在香料的选择上尤以永福的罗汉果，贵港、玉林的肉桂，桂林自产的三奈、草果、胡椒、砂仁等香料为卤水的重要原材料，亦只有当地的风土，才能配制成桂林米粉独有的风情风味。

论名气，桂林米粉的确比不上风靡全国的螺蛳粉，两者相比之下，就好似一个是农耕文明的边陲小城，另一个则是工业时代的庞大帝国。桂林米粉被桂林的山山水水所雪藏，螺蛳粉却像一张邮票，邮到全国各地每一位爱好螺蛳粉的家庭餐桌上。对于桂林人而言，桂林米粉足够隐秘，但也足够惊艳，是无法复刻的乡愁美味。

随着时代的发展，桂林大街小巷的米粉店越来越多，桂林米粉的普及率也越来越高，桂林地区的男女老幼被人调侃：一日不吃桂林米粉，感觉身上少块肉。桂林米粉是桂林最能代表家乡情怀的一道传统小吃，具有深厚的民间基础。在桂林市区，民众口碑最好的传统正宗桂林米粉店每天都排满了长队，其卤汁制作技艺受到不知多少商家的觊觎。在桂林当地，老牌子桂林米粉以其白、嫩、爽、香的特点吸引了八方食客。米粉制作工艺源于传统又优于传统，独创米粉的柔韧爽滑、卤水香浓、汤汁鲜美芳醇、佐料丰富等优势，这也是正宗桂林米粉所要具备的独特口感。秘方卤水中加入小菜配料，提升了桂林米粉的口感，充斥着食客的味蕾。桂林人吃米粉，像极了云南吃米线，需要搭配多种小菜，摆上桌来好似"七星拱月"的排场。但不同的是，云南米线使用小碗分装，且荤素都有，桂林米粉则直接将锅烧、卤牛肉、卤镰田、卤牛肝、烤灌肠、卤牛肚、卤猪拱嘴七种肉类做成卤菜，每种一片摆在烫好的米粉上，形成环绕之势，吃时搅拌均匀，多种味道一起在舌尖上跳舞。

桂林米粉制作技艺历史悠久，它承载着桂林人的生活智慧，蕴含着深远的历史文化内涵。同时，也是桂林饮食文化的重要元素，在促进桂林文化传播及对外交流，拉动当地的经济发展，促进产业化提升方面发挥着重要作用。

在过去很多年里，桂林米粉只能堂食才能吃到正宗的，很多企业发现了袋装速食螺蛳粉带来的商机，想把桂林米粉也按照柳州螺蛳粉的方式进行工业加工，但桂林米粉一旦变成方便装，味道就截然不同。首先，在米粉上，柳州螺蛳粉本就采用干米粉制成，而桂林米粉需要用到鲜湿米粉，一旦桂林米粉的鲜湿米粉换成干米粉后，桂林特色风味就失去了一大半，盛名远播的桂林米粉也因此无法像柳州螺蛳粉一样变成"袋装速食"。

2010年桂林米粉制作技艺入选自治区级非物质文化遗产名录，2021年入选第五批国家级非物质文化遗产代表性项目名录。得益于国家非遗保护制度的推进和桂林市委市政府提出的"百亿米粉之都"的宏大远景，桂林米粉企业有了长足的进步。从2017年初至今，两年多的时间里，通过"互联网+"的推动，大力投入研发桂林米粉的保鲜技术，终于在保证口味不失的情况下，做成了方便速食装，并积极借鉴柳州螺蛳粉的网红模式，走电商平台，带动桂林米粉实现了从现煮堂食到速食方便装，从路边餐饮店到工业化生产，从桂林的街头巷尾走向全国各地乃至国外的发展路径。如今，桂林米粉电商之路已成雏形，相信在不久的将来，桂林米粉将成为桂林的一张可食用文化名片，以最美的姿态向世人讲述桂林故事。

十三、米粉制作技艺（柳州螺蛳粉制作技艺）

作为原创名小吃，柳州螺蛳粉以酸、辣、臭、鲜、烫著名。柳州螺蛳粉制作技艺涵盖螺蛳汤制作、干米粉、配料、蔬菜等一系列制作方法。"桂中商贾"的柳州为了融合各地人的口味，在制粉过程中将螺蛳、猪骨、酸笋、辣椒等各类原料融合，经过改良形成了螺蛳粉。柳州螺蛳粉制作技艺起源于柳州市，流行于以柳州市为中心的广西各个片区。

2021年5月24日，广西壮族自治区柳州市申报的米粉制作技艺（柳州螺蛳粉制作技艺）经国务院批准列入第五批国家级非物质文化遗产代表性项目名录，保护单位是柳州市群众艺术馆。

柳州螺蛳粉手工制作技艺源于生活并在生活中不断地传承发展。它与柳州人民的生活密不可分，始终在柳州人民的生活中扮演着不可或缺的角色。柳州螺蛳粉制作以螺蛳汤为汤底，优选本地食材，制作工艺考究，以其鲜香的味道、爽弹的口感、独特的风味广受欢迎，独特的螺蛳汤料给螺蛳粉带来独树一帜的味道。"可以三日不吃肉，不可一日不嗦粉"，这是在广西柳州地区广为流传的一句话。这份融入柳州文化的美食，刻在了每一位柳州人的骨子里，柳州人不论早晚，不吃一碗螺蛳粉就会感觉不适，吃螺蛳粉已成为柳州人的日常习惯。这个起源于二十世纪七八十年代夜市摊上的小吃，制作技艺十分繁复。

螺蛳粉的核心是螺蛳，柳州螺蛳粉文化起源于一段采集食用螺蛳的历史。居住在柳州白莲洞内的柳江先民早在距今约2万年前就开始捕捞螺类食用，并学会用火烹饪。我国考古学者在柳州白莲洞等遗址发现大量螺蛳壳堆积物，现在白莲洞遗址内还保存有当时原始人火烧石螺的遗址。由此可见柳州地区很早就有吃螺蛳的习惯。据史料记载，螺蛳粉的起步期是在20世纪70年代中期。在《柳州螺蛳粉》一书中对螺蛳粉有相关的记载。改革开放初期，以工业城市著称的柳州开始招一大批驻厂工人。工人们常常干活到深夜，此时不少个体户发现了商机，开始开夜市摊，柳州的夜市开始充满了浓郁的烟火气。柳州人嗜辣爱酸，喜吃螺蛳和米粉。不少工厂工人深夜下班吃宵夜，在吃米粉的时候有意无意要求摊主在米粉里加入鲜辣的螺蛳汤。这样螺蛳汤煮粉的配法一传十传百，越来越多的人喜欢这样吃。久而久之，便有摊主尝试用螺蛳汤煮米粉，食客们反应出奇良好，销量极高。其他摊主们有样学样，家家都售卖起螺蛳汤煮粉，渐渐地形成了螺蛳粉的雏形。

"大米小珍馐，小吃大灵魂。粉好度日月，螺小赛乾坤。"柳州螺蛳粉制作技艺需要用到螺蛳、腐竹、干米粉三大主料，以及猪脊骨、炸花生米、酸笋、黑木耳、香菜、葱花、萝卜干、生菜、酸菜等辅料，还有食盐、味精、料酒、辣椒粉、菜籽油等调料品。螺蛳粉制作技艺中最重要就是汤底的制作，好的螺蛳汤头，会使整碗螺蛳粉都十分美味。制作螺蛳汤底，首先需要购买新鲜的猪骨，将猪大骨放入大锅中炖，加入料酒去腥气，炖汤备用。将活的田螺蛳在清水中泡制一小时，水里放入一块铁块，目的是去除螺蛳里面的泥类脏东西，再将其清洗。接着开始炒田螺，首先锅热倒油，放入葱姜蒜辣椒爆香，再接着放大料，即八角、小茴香、香叶、草果、香菇，为了提鲜，再加入虾米翻炒爆香。料炒香后将清洗好的螺蛳放进去翻炒，炒出香味后再放盐、白酒、酱油、鸡精、腐乳、糖等调味料，在这个步骤中盐要多放，因过后加水熬煮便不再放盐，螺蛳在熬煮阶段放盐也不会吸盐味，商家通常会将这部分炒汤料的螺盛出来三分之二，做单独售卖。剩下的三分之一继续加水熬煮，此时需要小火慢炖，待螺蛳汤熬出香味，将滚烫的螺蛳汤倒入骨头汤里一起熬制，加清水盖过，加盖煮滚，熬制香浓的螺蛳汤。最后到炒制配菜的环节，首先将酸菜、酸豆角、木耳切成丁或者丝，在锅中倒入少量油，放入配菜炒制，可加些醋，但不需要加盐，加盐会使配菜不脆口。配菜准备完清洗锅，锅热后倒入三分之二的油，用来炸鸭脚、炸腐竹片、炸油辣椒，炸鸭脚一定要在高温油中炸制，鸭脚放进油锅后需要马上盖上锅盖，脆皮鸭脚的制作因鸭脚无需剥皮，因而鸭皮中产生空气，遇到高温会爆油。炸腐竹必须离火炸，趁着油温快速将生腐竹片过油锅。最后制作油辣椒，将剩余的油控制到七十度左右，倒进辣椒面。在汤熬制数小时后，便可将辣椒油倒至锅中，螺蛳汤就完成了。

浓郁鲜美的螺蛳汤上漂着一层红彤彤的辣椒油，让人垂涎欲滴。再在汤中加入清水烫好的劲道米粉，配以酸笋、腐竹片、炸花生米等配菜，使螺蛳粉鲜香辣臭的韵味更加显著。柳州螺蛳粉之所以红透大江南北，离不开那股闻起来臭吃起来香的味道。那股有人喜欢有人厌的"臭味"，酸笋的味道，是螺蛳粉的灵魂。柳州人喜欢食酸辣。在柳州的侗族、苗族等县地，每年都会腌制酸料。纯正的柳州螺蛳粉带有的特殊"臭"味，是新鲜的笋在经过工艺发酵后酸化而成的。这股"臭"味虽然一开始让人接受不了，但是这是一种闻着臭但是吃着很香的食物，就好比湖南特色臭豆腐一样，欣赏它的人会很喜欢它这种味道。

二十世纪八十年代，柳州螺蛳粉迅猛发展，开始进入寻常百姓家。在那个物资匮乏的年代，在外面吃一碗螺蛳粉价格高，但螺蛳粉的美味又吸引着无数人，于是家家户户都用简单的原材料自己调制螺蛳粉，在螺蛳粉中加入螺肉，用猪骨、螺蛳熬汤，一碗粉就是一份佳肴，柳州螺蛳粉制作技艺背后是柳州人难以忘怀的螺蛳粉记忆。1985年到1995年这十年时间，柳州螺蛳粉小摊越来越多，星罗棋布。柳州螺蛳粉非物质文化遗产传承人张泰华回忆，其师傅蓝秋菊便是那个年代螺蛳粉小铺最初那批经营者之一。在柳州柳北区的一个老小区里，一间挂着"秋菊螺蛳粉"招牌的简陋小铺里坐满了食客。络绎不绝的食客都是被那股螺蛳的鲜、酸笋的香味吸引而至。不止是"秋菊螺蛳粉"，在那个年代，螺蛳粉的口碑都是一个个食客积攒出来的。螺蛳粉制作技艺在一个个冒着热气腾腾的铺面中，经一代代手艺人流传，历久不衰。每一家红火的螺蛳粉小店背后，都藏着店主的制作秘方。1997年金融危机，大多数下岗职工为了维持生计，开始进入成本较低的螺蛳粉行业。二十世纪九十年代后期，第一批螺蛳粉经营者尝到了米粉行业的甜头，但又苦于螺蛳粉市场紊乱，加上每天朝九出摊、凌晨收摊的艰辛，在赚得满盆之后他们选择退出，不少受大众欢迎、口味独特的螺蛳粉制作技艺也因此失传。

2008年，柳州螺蛳粉手工制作技艺被列入自治区级非遗名录。在政府、行业和媒体的共同推动下，螺蛳粉生产开启产业化、标准化发展之路，螺蛳粉市场不规范现象逐渐被整顿，螺蛳粉店铺从品质到店面都得到了很大的提升。螺蛳粉店也从以前只能在柳州见到，摇身一变在全国各地都有开店，为从柳州小城走出去能再吃上家乡味道螺蛳粉的人们缓解了乡愁。2017年，柳州市以打造"螺蛳粉特色小镇"为突破口，建立螺蛳粉企业，推动螺蛳粉产业。如今已形成"一镇五区"发展格局。从"路边摊"到"俏网红"，火红的热度之下，是螺蛳粉制作技艺传承人们坚守不变的制粉初心。如今在互联网潮流映照下的快时尚品牌，红得快、凉得也快。促使螺蛳粉保持持久魅力，关键在于良好的品质和丰富的文化内涵，良好的品质是制作技艺不变的根脉和保障；文化的内涵是发展的枝叶，只有根深叶茂才永葆生命力。首先供给原料必须保证良好，如制作螺蛳汤头必须取新鲜的螺蛳、猪骨熬制再配置沙姜八角、肉桂丁香、朝天辣椒等13种天然香料配制而成。其次是持续不断优化提升质量，不断丰富螺蛳粉品类，即近年来新出了小龙虾螺蛳粉、鸭脚螺蛳粉等多种品类供食客选择。最后趁着新时代的东风，螺蛳粉制作技艺不仅抓好优质原料供给保障，提升技术种类，还要形成高质量的产业链生态圈，打造柳州文化、柳州人民、柳州螺蛳粉"三位一体"的发展态势，使得"出圈"的螺蛳粉之路将更为广阔。

其中，"臭味"酸笋能从柳州"发扬光大"，与柳州当地气候地理不无关系。亚热带季风气候区，带来了漫长而湿润的夏季，孕育了充裕的竹笋。鲜笋需要即使采摘，不然就会长成竹子，老得很快。鲜笋吃不完，勤劳智慧的劳动人民想到密封腌制酸坛，像腌制酸菜酸鱼一般，可以克服竹笋易腐的特性，加以妥善保存，可充分利用物资，酸笋因此横空出世。酸笋遇上螺蛳粉，需求量剧增。种植、腌制竹笋，进而逐渐形成产业。随着螺蛳粉走红，柳州市兴起一个新职业——"闻臭师"。他们专凭感官、经验，为螺蛳粉配料厂家鉴定酸笋质量，只需一闻三看便知酸笋腌制的程度，有无添加剂等。这也佐证了柳州螺蛳粉原料（竹笋）产业的蓬勃发展。此外，柳州市大力扶持螺蛳粉产业园建设，分别制定了螺蛳、竹笋、豆角等螺蛳粉原材料基地建设资金奖补方案。全市螺蛳养殖面积超过4万亩，螺蛳粉所需的细豆角、酸笋等原料种植面积超过50万亩；并通过建设原材料基地，带动了柳州约20万人的就业，这些人都参与到了螺蛳粉产业链中。

柳州是多民族聚居的地方，而螺蛳粉便是各民族饮食文化交融互鉴的产物。随着历史的发展，在螺蛳粉的基因里，既含有柳州下辖的三江侗族和融水苗族的食酸文化，又有壮族的稻作文化，还有柳江先民的食螺文化，更有现代的饮食文化。如今，螺蛳粉不仅承载着各民族文化记忆，更带动着各民族群众共同创造财富。

如今，柳州螺蛳粉制作技艺引起大量关注，螺蛳粉市场形成了相对稳定的格局。柳州螺蛳粉的使用场景也从"现煮堂食"变身"袋装速食"。一张"可食用的柳州名片"成为了"可以快递的乡愁"，袋装螺蛳粉迅速销往全国以及全球市场。袋装螺蛳粉可以在家中烹饪，且成品与店里做出的差别不大。袋装螺蛳粉煮出来的螺蛳味依然浓郁，色泽呈淡棕色，配料丰富，口感醇厚，回味清爽，酸度可口，仍保留着鲜香辣臭烫等特点。人们变身成一碗美味螺蛳粉的制作者，不仅好吃又有趣。柳州螺蛳粉借助柳州工业的大旗，抓住时机，塑造螺蛳粉形象，提升螺蛳粉档次，运用螺蛳粉这张"可食用的城市名片"，积极营造话题，精心策划活动，借助主流外宣平台和新媒体平台，讲述螺蛳粉故事、文化品牌故事和柳州城市故事，展现中华民族美食魅力。

附录

1.《保护非物质文化遗产公约》(2003)

联合国教育、科学及文化组织大会于 2003 年 10 月 17 日通过本公约。

I. 总 则

第一条　本公约的宗旨

本公约的宗旨如下:

(a) 保护非物质文化遗产;

(b) 尊重有关社区、群体和个人的非物质文化遗产;

(c) 在地方、国家和国际一级提高对非物质文化遗产及其相互欣赏的重要性的意识;

(d) 开展国际合作及提供国际援助。

第二条　定义

在本公约中:

1."非物质文化遗产"指被各社区、群体,有时是个人视为其文化遗产组成部分的各种社会实践、观念表述、表现形式、知识、技能以及相关的工具、实物、手工艺品和文化场所。各个群体和团体随着其所处环境、与自然界的相互关系和历史条件的变化不断使这种代代相传的非物质文化遗产得到创新,同时使他们自己具有一种认同感和历史感,从而促进了文化多样性和人类的创造力。在本公约中,只考虑符合现有的国际人权文件,各群体、团体和个人之间相互尊重的需要和顺应可持续发展的非物质文化遗产。

2. 按上述第 1 款的定义,"非物质文化遗产"包括以下方面:

(a) 口头传统和表现形式,包括作为非物质文化遗产媒介的语言;

(b) 表演艺术;

(c) 社会实践、仪式、节庆活动;

(d) 有关自然界和宇宙的知识和实践;

(e) 传统手工艺。

3. "保护"指采取措施,确保非物质文化遗产的生命力,包括这种遗产各个方面的确认、立档、研究、保存、保护、宣传、弘扬、承传(主要通过正规和非正规教育)和振兴。

4. "缔约国"指受本公约约束且本公约在它们之间也通用的国家。

5. 根据本条款所述之条件,本公约经必要修改对成为其缔约方之第 33 条所指的领土也适用。从这个意义上说,"缔约国"亦指这些领土。

第三条　与其他国际文书的关系

本公约的任何条款均不得解释为:

(a) 有损被宣布为 1972 年《保护世界文化和自然遗产公约》的世界遗产、直接涉及非物质文化遗产内容的财产的地位或降低其受保护的程度;

(b) 或影响缔约国从其作为缔约方的任何有关知识产权或使用生物和生态资源的国际文书所获得的权利和所负有的义务。

Ⅱ. 公约的有关机关

第四条　缔约国大会

1. 兹建立缔约国大会,下称"大会"。大会为本公约的最高权力机关。

2. 大会每两年举行一次常会。如若它作出此类决定或政府间保护非物质文化遗产委员会或至少三分之一的缔约国提出要求,可举行特别会议。

3. 大会应通过自己的议事规则。

第五条　政府间保护非物质文化遗产委员会

1. 兹在教科文组织内设立政府间保护非物质文化遗产委员会,下称"委员会"。在本公约依照第三十四条的规定生效之后,委员会由参加大会之缔约国选出的 18 个缔约国的代表组成。

2.在本公约缔约国的数目达到50个之后，委员会委员国的数目将增至24个。

第六条　委员会委员国的选举和任期

1.委员会委员国的选举应符合公平的地理分配和轮换原则。

2.委员会委员国由本公约缔约国大会选出，任期四年。

3.但第一次选举当选的半数委员会委员国的任期为两年。这些国家在第一次选举后抽签指定。

4.大会每两年对半数委员会委员国进行换届。

5.大会还应选出填补空缺席位所需的委员会委员国。

6.委员会委员国不得连选连任两届。

7.委员会委员国应选派在非物质文化遗产各领域有造诣的人士为其代表。

第七条　委员会的职能

在不妨碍本公约赋予委员会的其他职权的情况下，其职能如下：

（a）宣传公约的目标，鼓励并监督其实施情况；

（b）就好的做法和保护非物质文化遗产的措施提出建议；

（c）按照第二十五条的规定，拟订利用基金资金的计划并提交大会批准；

（d）按照第二十五条的规定，努力寻求增加其资金的方式方法，并为此采取必要的措施；

（e）拟订实施公约的业务指南并提交大会批准；

（f）根据第二十九条的规定，审议缔约国的报告并将报告综述提交大会；

（g）根据委员会制定的、大会批准的客观遴选标准，审议缔约国提出的申请并就以下事项作出决定：

（i）列入第十六条、第十七条和第十八条述及的名录和提名；

（ii）按照第二十二条的规定提供国际援助。

第八条　委员会的工作方法

1.委员会对大会负责。它向大会报告自己的所有活动和决定。

2.委员会以其委员的三分之二多数通过自己的议事规则。

3.委员会可设立其认为执行任务所需的临时特设咨询机构。

4.委员会可邀请在非物质文化遗产各领域确有专长的任何公营或私营机构以及任何自然人参加会议，就任何具体的问题向其请教。

第九条 咨询组织的认证

1. 委员会应建议大会认证在非物质文化遗产领域确有专长的非政府组织具有向委员会提供咨询意见的能力。

2. 委员会还应向大会就此认证的标准和方式提出建议。

第十条 秘书处

1. 委员会由教科文组织秘书处协助。

2. 秘书处起草大会和委员会文件及其会议的议程草案和确保其决定的执行。

Ⅲ. 在国家一级保护非物质文化遗产

第十一条 缔约国的作用

各缔约国应该：

（a）采取必要措施确保其领土上的非物质文化遗产受到保护；

（b）在第二条第3款提及的保护措施内，由各社区、群体和有关非政府组织参与，确认和确定其领土上的各种非物质文化遗产。

第十二条 清单

1. 为了使其领土上的非物质文化遗产得到确认以便加以保护，各缔约国应根据自己的国情拟订一份或数份关于这类遗产的清单，并应定期加以更新。

2. 各缔约国在按第二十九条的规定定期向委员会提交报告时，应提供有关这些清单的情况。

第十三条 其他保护措施

为了确保其领土上的非物质文化遗产得到保护、弘扬和展示，各缔约国应努力做到：

（a）制定一项总的政策，使非物质文化遗产在社会中发挥应有的作用，并将这种遗产的保护纳入规划工作；

（b）指定或建立一个或数个主管保护其领土上的非物质文化遗产的机构；

（c）鼓励开展有效保护非物质文化遗产，特别是濒危非物质文化遗产的科学、技术和艺术研究以及方法研究；

（d）采取适当的法律、技术、行政和财政措施，以便：

（i）促进建立或加强培训管理非物质文化遗产的机构以及通过为这种遗产提供活动和表现的场所和空间，促进这种遗产的传承；

（ii）确保对非物质文化遗产的享用，同时对享用这种遗产的特殊方面的习俗做法予以尊重；

（iii）建立非物质文化遗产文献机构并创造条件促进对它的利用。

第十四条　教育、宣传和能力培养

各缔约国应竭力采取种种必要的手段，以便：

（a）使非物质文化遗产在社会中得到确认、尊重和弘扬，主要通过：

（i）向公众，尤其是向青年进行宣传和传播信息的教育计划；

（ii）有关社区和群体的具体的教育和培训计划；

（iii）保护非物质文化遗产，尤其是管理和科研方面的能力培养活动；

（iv）非正规的知识传播手段。

（b）不断向公众宣传对这种遗产造成的威胁以及根据本公约所开展的活动；

（c）促进保护表现非物质文化遗产所需的自然场所和纪念地点的教育。

第十五条　社区、群体和个人的参与

缔约国在开展保护非物质文化遗产活动时，应努力确保创造、延续和传承这种遗产的社区、群体，有时是个人的最大限度的参与，并吸收他们积极地参与有关的管理。

Ⅳ. 在国际一级保护非物质文化遗产

第十六条　人类非物质文化遗产代表作名录

1. 为了扩大非物质文化遗产的影响，提高对其重要意义的认识和从尊重文化多样性的角度促进对话，委员会应该根据有关缔约国的提名编辑、更新和公布人类非物质文化遗产代表作名录。

2. 委员会拟订有关编辑、更新和公布此代表作名录的标准并提交大会批准。

第十七条　急需保护的非物质文化遗产名录

1. 为了采取适当的保护措施，委员会编辑、更新和公布急需保护的非物质文化遗产名录，并根据有关缔约国的要求将此类遗产列入该名录。

2. 委员会拟订有关编辑、更新和公布此名录的标准并提交大会批准。

3. 委员会在极其紧急的情况（其具体标准由大会根据委员会的建议加以批准）下，可与有关缔约国协商将有关的遗产列入第一款所提之名录。

第十八条　保护非物质文化遗产的计划、项目和活动

1. 在缔约国提名的基础上，委员会根据其制定的、大会批准的标准，兼顾发展中国家的特殊需要，定期遴选并宣传其认为最能体现本公约原则和目标的国家、分地区或地区保护非物质文化遗产的计划、项目和活动。

2. 为此，委员会接受、审议和批准缔约国提交的关于要求国际援助拟订此类提名的申请。

3. 委员会按照它确定的方式，配合这些计划、项目和活动的实施，随时推广有关经验。

Ⅴ．国际合作与援助

第十九条　合作

1. 在本公约中，国际合作主要是交流信息和经验，采取共同的行动，以及建立援助缔约国保护非物质文化遗产工作的机制。

2. 在不违背国家法律规定及其习惯法和习俗的情况下，缔约国承认保护非物质文化遗产符合人类的整体利益，保证为此目的在双边、分地区、地区和国际各级开展合作。

第二十条　国际援助的目的

可为如下目的提供国际援助：

（a）保护列入《急需保护的非物质文化遗产名录》的遗产；

（b）按照第十一条和第十二条的精神编制清单；

（c）支持在国家、分地区和地区开展的保护非物质文化遗产的计划、项目和活动；

（d）委员会认为必要的其他一切目的。

第二十一条　国际援助的形式

第七条的业务指南和第二十四条所指的协定对委员会向缔约国提供援助作了规定，可采取的形式如下：

（a）对保护这种遗产的各个方面进行研究；

（b）提供专家和专业人员；

（c）培训各类所需人员；

（d）制订准则性措施或其他措施；

（e）基础设施的建立和营运；

（f）提供设备和技能；

（g）其他财政和技术援助形式，包括在必要时提供低息贷款和捐助。

第二十二条　国际援助的条件

1. 委员会确定审议国际援助申请的程序和具体规定申请的内容，包括打算采取的措施、必需开展的工作及预计的费用。

2. 如遇紧急情况，委员会应对有关援助申请优先审议。

3. 委员会在作出决定之前，应进行其认为必要的研究和咨询。

第二十三条　国际援助的申请

1. 各缔约国可向委员会递交国际援助的申请，保护在其领土上的非物质文化遗产。

2. 此类申请亦可由两个或数个缔约国共同提出。

3. 申请应包含第二十二条第一款规定的所有资料和所有必要的文件。

第二十四条　受援缔约国的任务

1. 根据本公约的规定，国际援助应依据受援缔约国与委员会之间签署的协定来提供。

2. 受援缔约国通常应在自己力所能及的范围内分担国际所援助的保护措施的费用。

3. 受援缔约国应向委员会报告关于使用所提供的保护非物质文化遗产援助的情况。

Ⅵ．非物质文化遗产基金

第二十五条　基金的性质和资金来源

1. 兹建立一项"保护非物质文化遗产基金"，下称"基金"。

2. 根据教科文组织《财务条例》的规定，此项基金为信托基金。

3.基金的资金来源包括：

（a）缔约国的纳款；

（b）教科文组织大会为此所拨的资金；

（c）以下各方可能提供的捐款、赠款或遗赠：

（i）其他国家；

（ii）联合国系统各组织和各署（特别是联合国开发计划署）以及其他国际组织；

（iii）公营或私营机构和个人；

（d）基金的资金所得的利息；

（e）为本基金募集的资金和开展活动之所得；

（f）委员会制定的基金条例所许可的所有其他资金。

4.委员会对资金的使用视大会的方针来决定。

5.委员会可接受用于某些项目的一般或特定目的的捐款及其他形式的援助，只要这些项目已获委员会的批准。

6.对基金的捐款不得附带任何与本公约所追求之目标不相符的政治、经济或其他条件。

第二十六条　缔约国对基金的纳款

1.在不妨碍任何自愿补充捐款的情况下，本公约缔约国至少每两年向基金纳一次款，其金额由大会根据适用于所有国家的统一的纳款额百分比加以确定。缔约国大会关于此问题的决定由出席会议并参加表决，但未作本条第二款中所述声明的缔约国的多数通过。在任何情况下，此纳款都不得超过缔约国对教科文组织正常预算纳款的百分之一。

2.但是，本公约第三十二条或第三十三条中所指的任何国家均可在交存批准书、接受书、核准书或加入书时声明不受本条第一款规定的约束。

3.已作本条第2款所述声明的本公约缔约国应努力通知联合国教育、科学及文化组织总干事收回所作声明。但是，收回声明之举不得影响该国在紧接着的下一届大会开幕之日前应缴的纳款。

4.为使委员会能够有效地规划其工作，已作本条第二款所述声明的本公约缔约国至少应每两年定期纳一次款，纳款额应尽可能接近它们按本条第1款规定应交的数额。

5.凡拖欠当年和前一日历年的义务纳款或自愿捐款的本公约缔约国不能当选为委员会委员,但此项规定不适用于第一次选举。已当选为委员会委员的缔约国的任期应在本公约第六条规定的选举之时终止。

第二十七条 基金的自愿补充捐款

除了第二十六条所规定的纳款,希望提供自愿捐款的缔约国应及时通知委员会以使其能对相应的活动作出规划。

第二十八条 国际筹资运动

缔约国应尽力支持在教科文组织领导下为该基金发起的国际筹资运动。

Ⅶ. 报 告

第二十九条 缔约国的报告

缔约国应按照委员会确定的方式和周期向其报告它们为实施本公约而通过的法律、规章条例或采取的其他措施的情况。

第三十条 委员会的报告

1.委员会应在其开展的活动和第二十九条提及的缔约国报告的基础上,向每届大会提交报告。

2.该报告应提交教科文组织大会。

Ⅷ. 过渡条款

第三十一条 与宣布人类口头和非物质遗产代表作的关系

1.委员会应把在本公约生效前宣布为"人类口头和非物质遗产代表作"的遗产纳入人类非物质文化遗产代表作名录。

2.把这些遗产纳入人类非物质文化遗产代表作名录绝不是预设按第十六条第二款将确定的今后列入遗产的标准。

3.在本公约生效后,将不再宣布其他任何人类口头和非物质遗产代表作。

Ⅸ. 最后条款

第三十二条 批准、接受或核准

1. 本公约须由教科文组织会员国根据各自的宪法程序予以批准、接受或核准。

2. 批准书、接受书或核准书应交存教科文组织总干事。

第三十三条 加入

1. 所有非教科文组织会员国的国家，经本组织大会邀请，均可加入本公约。

2. 没有完全独立，但根据联合国大会第1514（XV）号决议被联合国承认为充分享有内部自治，并且有权处理本公约范围内的事宜，包括有权就这些事宜签署协议的地区也可加入本公约。

3. 加入书应交存教科文组织总干事。

第三十四条 生效

本公约在第三十份批准书、接受书、核准书或加入书交存之日起的三个月后生效，但只涉及在该日或该日之前交存批准书、接受书、核准书或加入书的国家。对其他缔约国来说，本公约则在这些国家的批准书、接受书、核准书或加入书交存之日起的三个月之后生效。

第三十五条 联邦制或非统一立宪制

对实行联邦制或非统一立宪制的缔约国实行下述规定：

（a）在联邦或中央立法机构的法律管辖下实施本公约各项条款的国家的联邦或中央政府的义务与非联邦国家的缔约国的义务相同；

（b）在构成联邦，但按照联邦立宪制无须采取立法手段的各个州、成员国、省或行政区的法律管辖下实施本公约的各项条款时，联邦政府应将这些条款连同其建议一并通知各个州、成员国、省或行政区的主管当局。

第三十六条 退出

1. 各缔约国均可宣布退出本公约。

2. 退约应以书面退约书的形式通知教科文组织总干事。

3. 退约在接到退约书十二个月之后生效。在退约生效日之前不得影响退约国承担的财政义务。

第三十七条　保管人的职责

教科文组织总干事作为本公约的保管人,应将第三十二条和第三十三条规定交存的所有批准书、接受书、核准书或加入书和第三十六条规定的退约书的情况通告本组织各会员国、第三十三条提到的非本组织会员国的国家和联合国。

第三十八条　修订

1. 任何缔约国均可书面通知总干事,对本公约提出修订建议。总干事应将此通知转发给所有缔约国。如在通知发出之日起六个月之内,至少有一半的缔约国回复赞成此要求,总干事应将此建议提交下一届大会讨论,决定是否通过。

2. 对本公约的修订须经出席并参加表决的缔约国三分之二多数票通过。

3. 对本公约的修订一旦通过,应提交缔约国批准、接受、核准或加入。

4. 对于那些已批准、接受、核准或加入修订的缔约国来说,本公约的修订在三分之二的缔约国交存本条第三款所提及的文书之日起三个月之后生效。此后,对任何批准、接受、核准或加入修订的缔约国来说,在其交存批准书、接受书、核准书或加入书之日起三个月之后,本公约的修订即生效。

5. 第3款和第4款所确定的程序对有关委员会委员国数目的第五条的修订不适用。此类修订一经通过即生效。

6. 在修订依照本条第4款的规定生效之后成为本公约缔约国的国家如无表示异议,应:

(a) 被视为修订的本公约的缔约方;

(b) 但在与不受这些修订约束的任何缔约国的关系中,仍被视为未经修订之公约的缔约方。

第三十九条　有效文本

本公约用英文、阿拉伯文、中文、西班牙文、法文和俄文拟定,六种文本具有同等效力。

第四十条　登记

根据《联合国宪章》第一百零二条的规定,本公约应按教科文组织总干事的要求交联合国秘书处登记。

2.《中华人民共和国非物质文化遗产法》

由中华人民共和国第十一届全国人民代表大会常务委员会第十九次会议于2011年2月25日通过公布，自2011年6月1日起施行。

第一章 总 则

第一条 为了继承和弘扬中华民族优秀传统文化，促进社会主义精神文明建设，加强非物质文化遗产保护、保存工作，制定本法。

第二条 本法所称非物质文化遗产，是指各族人民世代相传并视为其文化遗产组成部分的各种传统文化表现形式，以及与传统文化表现形式相关的实物和场所。包括：

（一）传统口头文学以及作为其载体的语言；

（二）传统美术、书法、音乐、舞蹈、戏剧、曲艺和杂技；

（三）传统技艺、医药和历法；

（四）传统礼仪、节庆等民俗；

（五）传统体育和游艺；

（六）其他非物质文化遗产。

属于非物质文化遗产组成部分的实物和场所，凡属文物的，适用《中华人民共和国文物保护法》的有关规定。

第三条 国家对非物质文化遗产采取认定、记录、建档等措施予以保存，对体现中华民族优秀传统文化，具有历史、文学、艺术、科学价值的非物质文化遗产采取传承、传播等措施予以保护。

第四条 保护非物质文化遗产，应当注重其真实性、整体性和传承性，有利于增强中华民族的文化认同，有利于维护国家统一和民族团结，有利于促进社会和谐和可持续发展。

第五条 使用非物质文化遗产，应当尊重其形式和内涵。

禁止以歪曲、贬损等方式使用非物质文化遗产。

第六条 县级以上人民政府应当将非物质文化遗产保护、保存工作纳入本级国民经济和社会发展规划，并将保护、保存经费列入本级财政预算。

国家扶持民族地区、边远地区、贫困地区的非物质文化遗产保护、保存工作。

第七条 国务院文化主管部门负责全国非物质文化遗产的保护、保存工作；县级以上地方人民政府文化主管部门负责本行政区域内非物质文化遗产的保护、保存工作。

县级以上人民政府其他有关部门在各自职责范围内，负责有关非物质文化遗产的保护、保存工作。

第八条 县级以上人民政府应当加强对非物质文化遗产保护工作的宣传，提高全社会保护非物质文化遗产的意识。

第九条 国家鼓励和支持公民、法人和其他组织参与非物质文化遗产保护工作。

第十条 对在非物质文化遗产保护工作中做出显著贡献的组织和个人，按照国家有关规定予以表彰、奖励。

第二章　非物质文化遗产的调查

第十一条 县级以上人民政府根据非物质文化遗产保护、保存工作需要，组织非物质文化遗产调查。非物质文化遗产调查由文化主管部门负责进行。

县级以上人民政府其他有关部门可以对其工作领域内的非物质文化遗产进行调查。

第十二条 文化主管部门和其他有关部门进行非物质文化遗产调查，应当对非物质文化遗产予以认定、记录、建档，建立健全调查信息共享机制。

文化主管部门和其他有关部门进行非物质文化遗产调查，应当收集属于非物质文化遗产组成部分的代表性实物，整理调查工作中取得的资料，并妥善保存，防止损毁、流失。其他有关部门取得的实物图片、资料复制件，应当汇交给同级文化主管部门。

第十三条 文化主管部门应当全面了解非物质文化遗产有关情况，建立非物质文化遗产档案及相关数据库。除依法应当保密的外，非物质文化遗产档案及相关数据信息应当公开，便于公众查阅。

第十四条 公民、法人和其他组织可以依法进行非物质文化遗产调查。

第十五条 境外组织或者个人在中华人民共和国境内进行非物质文化遗产调查，应当报经省、自治区、直辖市人民政府文化主管部门批准；调查在两个以上省、自治区、直辖市行政区域进行的，应当报经国务院文化主管部门批准；调查结束后，应当向批准调查的文化主管部门提交调查报告和调查中取得的实物图片、资料复制件。

境外组织在中华人民共和国境内进行非物质文化遗产调查，应当与境内非物质文化遗产学术研究机构合作进行。

第十六条 进行非物质文化遗产调查，应当征得调查对象的同意，尊重其风俗习惯，不得损害其合法权益。

第十七条 对通过调查或者其他途径发现的濒临消失的非物质文化遗产项目，县级人民政府文化主管部门应当立即予以记录并收集有关实物，或者采取其他抢救性保存措施；对需要传承的，应当采取有效措施支持传承。

第三章 非物质文化遗产代表性项目名录

第十八条 国务院建立国家级非物质文化遗产代表性项目名录，将体现中华民族优秀传统文化，具有重大历史、文学、艺术、科学价值的非物质文化遗产项目列入名录予以保护。

省、自治区、直辖市人民政府建立地方非物质文化遗产代表性项目名录，将本行政区域内体现中华民族优秀传统文化，具有历史、文学、艺术、科学价值的非物质文化遗产项目列入名录予以保护。

第十九条 省、自治区、直辖市人民政府可以从本省、自治区、直辖市非物质文化遗产代表性项目名录中向国务院文化主管部门推荐列入国家级非物质文化遗产代表性项目名录的项目。推荐时应当提交下列材料：

（一）项目介绍，包括项目的名称、历史、现状和价值；

（二）传承情况介绍，包括传承范围、传承谱系、传承人的技艺水平、传承活动的社会影响；

（三）保护要求，包括保护应当达到的目标和应当采取的措施、步骤、管理制度；

（四）有助于说明项目的视听资料等材料。

第二十条 公民、法人和其他组织认为某项非物质文化遗产体现中华民族优秀传统文化，具有重大历史、文学、艺术、科学价值的，可以向省、自治区、直辖市人民政府或者国务院文化主管部门提出列入国家级非物质文化遗产代表性项目名录的建议。

第二十一条 相同的非物质文化遗产项目，其形式和内涵在两个以上地区均保持完整的，可以同时列入国家级非物质文化遗产代表性项目名录。

第二十二条 国务院文化主管部门应当组织专家评审小组和专家评审委员会，对推荐或者建议列入国家级非物质文化遗产代表性项目名录的非物质文化遗产项目进行初评和审议。

初评意见应当经专家评审小组成员过半数通过。专家评审委员会对初评意见进行审议，提出审议意见。

评审工作应当遵循公开、公平、公正的原则。

第二十三条 国务院文化主管部门应当将拟列入国家级非物质文化遗产代表性项目名录的项目予以公示，征求公众意见。公示时间不得少于二十日。

第二十四条 国务院文化主管部门根据专家评审委员会的审议意见和公示结果，拟订国家级非物质文化遗产代表性项目名录，报国务院批准、公布。

第二十五条 国务院文化主管部门应当组织制定保护规划，对国家级非物质文化遗产代表性项目予以保护。

省、自治区、直辖市人民政府文化主管部门应当组织制定保护规划，对本级人民政府批准公布的地方非物质文化遗产代表性项目予以保护。

制定非物质文化遗产代表性项目保护规划，应当对濒临消失的非物质文化遗产代表性项目予以重点保护。

第二十六条 对非物质文化遗产代表性项目集中、特色鲜明、形式和内涵保持完整的特定区域，当地文化主管部门可以制定专项保护规划，报经本级人民政府批准后，实行区域性整体保护。确定对非物质文化遗产实行区域性整体保护，应当尊重当地居民的意愿，并保护属于非物质文化遗产组成部分的实物和场所，避免遭受破坏。

实行区域性整体保护涉及非物质文化遗产集中地村镇或者街区空间规划的，应当由当地城乡规划主管部门依据相关法规制定专项保护规划。

第二十七条　国务院文化主管部门和省、自治区、直辖市人民政府文化主管部门应当对非物质文化遗产代表性项目保护规划的实施情况进行监督检查；发现保护规划未能有效实施的，应当及时纠正、处理。

第四章　非物质文化遗产的传承与传播

第二十八条　国家鼓励和支持开展非物质文化遗产代表性项目的传承、传播。

第二十九条　国务院文化主管部门和省、自治区、直辖市人民政府文化主管部门对本级人民政府批准公布的非物质文化遗产代表性项目，可以认定代表性传承人。

非物质文化遗产代表性项目的代表性传承人应当符合下列条件：

（一）熟练掌握其传承的非物质文化遗产；

（二）在特定领域内具有代表性，并在一定区域内具有较大影响；

（三）积极开展传承活动。

认定非物质文化遗产代表性项目的代表性传承人，应当参照执行本法有关非物质文化遗产代表性项目评审的规定，并将所认定的代表性传承人名单予以公布。

第三十条　县级以上人民政府文化主管部门根据需要，采取下列措施，支持非物质文化遗产代表性项目的代表性传承人开展传承、传播活动：

（一）提供必要的传承场所；

（二）提供必要的经费资助其开展授徒、传艺、交流等活动；

（三）支持其参与社会公益性活动；

（四）支持其开展传承、传播活动的其他措施。

第三十一条　非物质文化遗产代表性项目的代表性传承人应当履行下列义务：

（一）开展传承活动，培养后继人才；

（二）妥善保存相关的实物、资料；

（三）配合文化主管部门和其他有关部门进行非物质文化遗产调查；

（四）参与非物质文化遗产公益性宣传。

非物质文化遗产代表性项目的代表性传承人无正当理由不履行前款规定义务的，文化主管部门可以取消其代表性传承人资格，重新认定该项目的代表性传承人；丧失传承能力的，文化主管部门可以重新认定该项目的代表性传承人。

第三十二条　县级以上人民政府应当结合实际情况，采取有效措施，组织文化主管部门和其他有关部门宣传、展示非物质文化遗产代表性项目。

第三十三条　国家鼓励开展与非物质文化遗产有关的科学技术研究和非物质文化遗产保护、保存方法研究，鼓励开展非物质文化遗产的记录和非物质文化遗产代表性项目的整理、出版等活动。

第三十四条　学校应当按照国务院教育主管部门的规定，开展相关的非物质文化遗产教育。

新闻媒体应当开展非物质文化遗产代表性项目的宣传，普及非物质文化遗产知识。

第三十五条　图书馆、文化馆、博物馆、科技馆等公共文化机构和非物质文化遗产学术研究机构、保护机构以及利用财政性资金举办的文艺表演团体、演出场所经营单位等，应当根据各自业务范围，开展非物质文化遗产的整理、研究、学术交流和非物质文化遗产代表性项目的宣传、展示。

第三十六条　国家鼓励和支持公民、法人和其他组织依法设立非物质文化遗产展示场所和传承场所，展示和传承非物质文化遗产代表性项目。

第三十七条　国家鼓励和支持发挥非物质文化遗产资源的特殊优势，在有效保护的基础上，合理利用非物质文化遗产代表性项目开发具有地方、民族特色和市场潜力的文化产品和文化服务。

开发利用非物质文化遗产代表性项目的，应当支持代表性传承人开展传承活动，保护属于该项目组成部分的实物和场所。

县级以上地方人民政府应当对合理利用非物质文化遗产代表性项目的单位予以扶持。单位合理利用非物质文化遗产代表性项目的，依法享受国家规定的税收优惠。

第五章　法律责任

第三十八条　文化主管部门和其他有关部门的工作人员在非物质文化遗产

保护、保存工作中玩忽职守、滥用职权、徇私舞弊的，依法给予处分。

第三十九条 文化主管部门和其他有关部门的工作人员进行非物质文化遗产调查时侵犯调查对象风俗习惯，造成严重后果的，依法给予处分。

第四十条 违反本法规定，破坏属于非物质文化遗产组成部分的实物和场所的，依法承担民事责任；构成违反治安管理行为的，依法给予治安管理处罚。

第四十一条 境外个人或组织违反本法第十五条规定的，由文化主管部门责令改正，给予警告，没收违法所得及调查中，取得的实物、资料；情节严重的，个人处一万元以上五万元以下的罚款，组织处十万元以上五十万元以下的罚款。

第四十二条 违反本法规定，构成犯罪的，依法追究刑事责任。

第六章 附 则

第四十三条 建立地方非物质文化遗产代表性项目名录的办法，由省、自治区、直辖市参照本法有关规定制定。

第四十四条 使用非物质文化遗产涉及知识产权的，适用有关法律、行政法规的规定。

对传统医药、传统工艺美术等的保护，其他法律、行政法规另有规定的，依照其规定。

第四十五条 本法自2011年6月1日起施行

3.《广西壮族自治区非物质文化遗产保护条例》

由广西壮族自治区第十二届人民代表大会常务委员会第二十六次会议于 2016 年 11 月 30 日通过，自 2017 年 1 月 1 日起施行。

第一章　总　则

第一条　为了加强非物质文化遗产保护、保存工作，继承和弘扬民族优秀传统文化，根据《中华人民共和国非物质文化遗产法》和其他有关法律、行政法规，结合本自治区实际，制定本条例。

第二条　本自治区行政区域内非物质文化遗产的保护、保存，适用本条例。

第三条　本条例所称非物质文化遗产，是指各族人民世代相传并视为其文化遗产组成部分的各种传统文化表现形式，以及与传统文化表现形式相关的实物和场所，包括：

（一）传统口头文学以及作为其载体的语言；
（二）传统美术、书法、音乐、舞蹈、戏剧、曲艺和杂技；
（三）传统技艺、医药和历法；
（四）传统礼仪、节庆等民俗；
（五）传统体育和游艺；
（六）集中反映各民族生产生活的传统民居建筑、服饰、器皿、用具等；
（七）与传统文化表现形式相关的文献、谱牒、碑碣和楹联等；
（八）其他非物质文化遗产。

非物质文化遗产组成部分的实物和场所属于文物的，适用《中华人民共和国文物保护法》和《广西壮族自治区文物保护条例》的有关规定。

第四条　非物质文化遗产保护、保存应当注重其真实性、整体性和传承性，坚持政府主导、社会参与、科学规划、分步实施的原则，贯彻保护为主、抢救第一、合理利用、传承发展的方针。

涉及非物质文化遗产项目有关的保护、开发、利用、经营等活动，应当尊重其形式和内涵，尊重各民族风俗习惯，禁止以歪曲、贬损等方式使用非物质文化遗产。

第五条　县级以上人民政府应当加强对本行政区域内非物质文化遗产保护、保存工作的领导，将非物质文化遗产保护、保存工作纳入本级国民经济和社会发展规划，建立健全非物质文化遗产工作协调机制，并将保护、保存工作所需经费列入本级预算，建立健全与经济社会发展相适应的经费保障机制，逐步加大投入。

第六条　自治区人民政府应当在项目、资金、基础设施建设、人才培养等方面扶持革命老区、贫困地区、边境地区非物质文化遗产保护、保存工作。

第七条　县级以上人民政府文化主管部门负责本行政区域内的非物质文化遗产保护、保存工作，其职责是：

（一）加强对非物质文化遗产法律法规、政策的宣传、实施；

（二）制定非物质文化遗产保护规划并组织实施；

（三）明确具体承担非物质文化遗产保护职责的机构；

（四）组织开展非物质文化遗产调查、认定、记录并建立档案；

（五）组织开展非物质文化遗产保护、保存研究；

（六）组织评审、推荐非物质文化遗产代表性项目，认定保护责任单位和代表性传承人；

（七）管理非物质文化遗产保护经费并监督使用；

（八）定期检查非物质文化遗产代表性项目保护、传承和传播等情况；

（九）对违反本条例的行为进行处罚；

（十）开展与非物质文化遗产保护、保存有关的其他工作。

县级以上人民政府发展改革、工业和信息化、教育、民族、财政、人力资源和社会保障、国土资源、住房和城乡建设、环境保护、卫生、旅游、新闻出版广电、体育、食品药品监督管理、宗教、档案等相关部门在各自职责范围内，负责有关非物质文化遗产的保护、保存工作。

乡（镇）人民政府和街道办事处应当协助县级以上人民政府文化主管部门做好本行政区域内非物质文化遗产的保护、保存工作。

第八条　县级以上人民政府应当加强对非物质文化遗产保护工作的宣传，

提高全社会保护非物质文化遗产的意识。

广播、电视、报刊、网络等媒体应当开展非物质文化遗产代表性项目的宣传，普及非物质文化遗产知识。

第九条 鼓励和支持高等学校、科研机构和社会团体等开展非物质文化遗产研究工作，培养专门人才，提高非物质文化遗产保护、保存与合理利用的科学水平。

第二章　非物质文化遗产的调查

第十条 县级以上人民政府根据非物质文化遗产保护、保存工作需要，组织非物质文化遗产调查。

县级以上人民政府文化主管部门负责对本行政区域内的非物质文化遗产进行调查，掌握本行政区域内非物质文化遗产数量、现状、传承、传播等情况。

县级以上人民政府其他有关部门可以对其工作领域内的非物质文化遗产进行调查。

第十一条 县级以上人民政府文化主管部门和其他有关部门进行非物质文化遗产调查，应当运用图片、文字、录音、录像、数字化多媒体等方式，对非物质文化遗产进行真实、系统和全面的认定、记录、建档，建立非物质文化遗产数据库，并妥善保存相关实物和资料。其他有关部门应当在调查结束后及时将实物图片、资料复制件汇交同级文化主管部门。

县级以上人民政府文化主管部门和其他有关部门应当建立健全非物质文化遗产调查信息共享机制，除依法应当保密的信息外，非物质文化遗产档案及相关数据信息应当予以公开，便于公众查阅。

第十二条 鼓励和支持公民、法人和其他组织向县级以上人民政府文化主管部门提供非物质文化遗产线索，依法进行非物质文化遗产调查，并在调查结束后将实物图片、资料复制件，提交非物质文化遗产所在地县级人民政府文化主管部门。

第十三条 境外组织或者个人在本自治区行政区域内进行非物质文化遗产调查活动，应当报自治区人民政府文化主管部门批准，并在调查结束后，及时将调查报告以及实物图片、资料复制件提交自治区人民政府文化主管部门。

境外组织在本自治区行政区域内进行非物质文化遗产调查，应当与境内非物质文化遗产学术研究机构合作进行。

第十四条　开展非物质文化遗产调查、考察、采访和实物征集等活动时，应当征得当事人的同意，尊重民族风俗、信仰和习惯，尊重非物质文化遗产的真实性、完整性，不得非法占有和损毁相关资料、实物、建（构）筑物、场所等，不得侵害当事人的合法权益。

第三章　非物质文化遗产代表性项目名录

第十五条　县级以上人民政府应当建立本级非物质文化遗产代表性项目名录，将本行政区域内体现民族优秀传统文化，具有历史、文学、艺术、科学价值的非物质文化遗产项目列入本级非物质文化遗产代表性项目名录，予以保护。

设区的市级非物质文化遗产代表性项目名录应当报自治区人民政府文化主管部门备案。县级非物质文化遗产代表性项目名录应当报设区的市人民政府文化主管部门备案。

国家级非物质文化遗产代表性项目名录的申报，按照国家有关规定执行。

第十六条　列入非物质文化遗产代表性项目名录的项目，应当符合下列条件：

（一）具有历史、文学、艺术、科学价值；
（二）具有优秀传统文化的典型性、代表性；
（三）具有在一定群体或者地域范围内世代传承、传播的特点；
（四）具有地域或者民族特色，在本行政区域内有较大影响力。

第十七条　设区的市、县（市、区）人民政府可以从本级非物质文化遗产代表性项目名录中，向上一级人民政府文化主管部门推荐列入上一级非物质文化遗产代表性项目名录的项目。

公民、法人和其他组织认为某项非物质文化遗产体现民族优秀传统文化，具有历史、文学、艺术、科学价值的，可以向县级以上人民政府文化主管部门提出列入非物质文化遗产代表性项目名录的建议或者申请。

县级以上人民政府文化主管部门对收到的建议或者申请应当及时处理，并在二十个工作日内将处理情况回复建议人或者申请人。

第十八条　公民、法人和其他组织申请将非物质文化遗产列入非物质文化遗产代表性项目名录的，应当向项目所在地县级以上人民政府文化主管部门提交下列材料：

（一）项目介绍，包括项目的名称、历史、现状和价值；

（二）传承情况介绍，包括传承范围、传承谱系、传承人的技艺水平、传承活动的社会影响；

（三）保护要求，包括保护应当达到的目标和应当采取的措施、步骤、管理制度；

（四）有助于说明项目的其他材料。

第十九条　县级以上人民政府文化主管部门应当组织专家评审小组和专家评审委员会，对被推荐、建议、申请列入本级非物质文化遗产代表性项目名录的项目进行评审。

评审工作应当遵循公开、公平、公正的原则。

专家评审小组和专家评审委员会的成员不得少于五名，专家评审小组的成员不得同时担任专家评审委员会的成员。初评意见应当经专家评审小组成员过半数通过。专家评审委员会对初评意见进行审议，提出审议意见。

第二十条　县级以上人民政府文化主管部门应当将经过专家评审委员会审议通过的拟列入本级非物质文化遗产代表性项目名录的项目予以公示，征求公众意见。公示时间不得少于二十日。

公示期内，任何单位和个人均可以向负责公示的文化主管部门提出书面异议。文化主管部门应当对异议进行审核，认为异议不成立的，应当自收到异议之日起三十日内书面告知异议人并说明理由；认为异议成立的，另行组织专家评审委员会再次审议。

公示期满后，县级以上人民政府文化主管部门应当根据专家评审委员会的审议意见和公示结果，拟订本级非物质文化遗产代表性项目名录，报本级人民政府批准、公布。

第四章　非物质文化遗产的传承与传播

第二十一条　县级以上人民政府文化主管部门对本级人民政府批准、公布的非物质文化遗产代表性项目，可以认定其代表性传承人。代表性传承人包括个人和团体。

非物质文化遗产代表性项目的代表性传承人应当符合下列条件：

（一）熟练掌握其传承的非物质文化遗产；

（二）在特定领域内具有代表性，并在一定区域内具有较大影响；

（三）积极开展传承活动。

县级以上人民政府文化主管部门应当将认定的非物质文化遗产代表性项目的代表性传承人名单向社会公布，并建立代表性传承人档案。

第二十二条　非物质文化遗产代表性项目的代表性传承人享有下列权利：

（一）开展技艺传授、技艺展示、艺术创作、学术研究等活动；

（二）自主选择、培养传承人；

（三）合理利用非物质文化遗产代表性项目；

（四）依法获取补助经费；

（五）与非物质文化遗产保护相关的其他权利。

第二十三条　非物质文化遗产代表性项目的代表性传承人应当履行下列义务：

（一）开展传承活动，培养后继人才；

（二）妥善保存相关的实物、资料；

（三）配合县级以上人民政府文化主管部门和其他有关部门进行非物质文化遗产调查；

（四）参与非物质文化遗产公益性宣传；

（五）与非物质文化遗产保护相关的其他义务。

第二十四条　县级以上人民政府文化主管部门应当采取下列措施，鼓励、支持非物质文化遗产代表性项目的代表性传承人开展传承、传播活动：

（一）提供必要的传承场所；

（二）提供必要的经费，资助其开展授徒、传艺、交流、展示、表演和整理、出版有关技艺资料等活动；

（三）支持代表性传承人参与非物质文化遗产展示、表演、传播等社会公益性活动；

（四）支持开展传承、传播活动的其他措施。

县级以上人民政府文化主管部门应当会同相关部门对濒临消失的非物质文化遗产代表性项目的代表性传承人和后继人才，予以重点扶持和培养。

第二十五条　非物质文化遗产代表性项目的代表性传承人无正当理由不履行义务的，县级以上人民政府文化主管部门可以取消其代表性传承人资格，重新认定该项目代表性传承人。代表性传承人丧失传承能力，难以履行传承义务的，县级以上人民政府文化主管部门可以重新或者补充认定该项目的代表性传承人，原代表性传承人继续保留有关待遇。

第二十六条　县级以上人民政府文化主管部门可以按照国家和本自治区有关规定，从愿意承担非物质文化遗产代表性项目保护义务，具备开展保护工作所需人员、设施、场地等条件的企业事业单位、社会组织中，认定该代表性项目的保护单位。

鼓励有条件的企业事业单位、社会组织志愿作为非物质文化遗产代表性项目的保护单位。

第二十七条　非物质文化遗产代表性项目的保护单位享有下列权利：

（一）合理利用非物质文化遗产代表性项目；

（二）向县级以上人民政府文化主管部门推荐非物质文化遗产代表性项目的代表性传承人；

（三）依法获取补助经费；

（四）与非物质文化遗产保护相关的其他权利。

第二十八条　非物质文化遗产代表性项目的保护单位应当履行下列义务：

（一）制定并实施非物质文化遗产代表性项目保护与传承计划，为代表性传承人开展授徒、传艺、交流、展示、表演等活动提供必要条件；

（二）收集、整理非物质文化遗产代表性项目的资料、实物，对有关资料、实物、建（构）筑物和场所等予以保护；

（三）开展非物质文化遗产代表性项目的研究、宣传、展示活动；

（四）与非物质文化遗产保护相关的其他义务。

第二十九条　鼓励公民、法人和其他组织为传承、传播非物质文化遗产代表性项目给予支持、提供便利。

第三十条　县级以上人民政府教育主管部门应当鼓励和支持高等学校和职业院校开设非物质文化遗产保护专业或者课程，建立教学、传承基地，培养专业人才。

中、小学校应当采取课堂教学与社会实践相结合的方法，通过将非物质文化遗产内容融入相关课程，向学生普及非物质文化遗产知识。

鼓励和支持非物质文化遗产代表性项目的代表性传承人、保护单位参与学校开展的非物质文化遗产课程。

第五章　非物质文化遗产的保护与合理利用

第三十一条　县级以上人民政府及其有关部门应当根据非物质文化遗产的不同状况和特点，实行分级、分类保护，对濒临消失的或者本地区特有且历史文化价值较高的非物质文化遗产代表性项目，予以重点保护。

第三十二条　县级以上人民政府文化主管部门应当将濒临消失、活态传承较为困难的非物质文化遗产代表性项目的内容、表现形式、技艺流程等予以记录、整理，实行抢救性保护。

第三十三条　县级以上人民政府文化主管部门可以通过认定代表性传承人、培养后继人才、建设传承基地、扶持基地运营等方式，对受众较为广泛、活态传承基础较好的非物质文化遗产代表性项目实行传承性保护。

第三十四条　县级以上人民政府鼓励和支持具有生产性技艺和社会需求，能够转化为文化产品的传统技艺、传统美术、传统医药药物炮制等的非物质文化遗产代表性项目进行合理开发利用，实行生产性保护。

对非物质文化遗产代表性项目实行生产性保护，应当保持非物质文化遗产的真实性、整体性和传承性，不得擅自改变其传统生产方式、传统工艺流程和核心技艺。

第三十五条　县级以上人民政府及其有关部门应当依法采取措施保护非物质文化遗产代表性项目所需的濒危原材料，禁止或者限制开采、采集、捕猎与非物质文化遗产代表性项目密切相关的珍稀矿产、植物、动物等自然资源；鼓励种植、养殖非物质文化遗产代表性项目所需的天然原材料，或者开发、推广、应用相关天然原材料的替代品。

第三十六条　县级以上人民政府可以在非物质文化遗产代表性项目集中、特色鲜明、形式和内涵保持完整、具有一定规模和自然生态环境良好的特定区域设立文化生态保护区,实行非物质文化遗产区域性整体保护。设立自治区级、设区的市级、县级文化生态保护区的条件和程序由自治区人民政府另行制定。

设立文化生态保护区应当尊重当地居民的意愿,并保护属于非物质文化遗产组成部分的实物和场所,避免遭受破坏。

第三十七条 文化生态保护区应当以保护区域内的非物质文化遗产为核心,兼顾历史文化名城、名镇、名村、名宅和相关文物的保护,设定保护范围和保护标识,对非物质文化遗产项目、代表性传承人、保护单位予以公布。

第三十八条 文化生态保护区内应当设置非物质文化遗产展示场馆或者传习场所。

鼓励有条件的文化生态保护区开展符合其特色的旅游活动。

第三十九条 文化生态保护区所在地县级以上人民政府应当将文化生态保护区建设纳入本地区公共文化服务体系建设,统筹安排资金用于文化生态保护区的非物质文化遗产保护。

有经营性收入的文化生态保护区应当安排一定比例的经费,用于非物质文化遗产保护。

第四十条 文化生态保护区因保护不力,致使非物质文化遗产和相关的自然生态环境遭到破坏,不再符合规定条件的,由批准设立文化生态保护区的人民政府予以撤销。

第四十一条 鼓励和支持合理利用非物质文化遗产代表性项目开发具有地方特色、民族特色和市场潜力的文化产品和文化服务。

第四十二条 基于非物质文化遗产所产生的著作权、商标权等知识产权,依法予以保护。

第四十三条 非物质文化遗产代表性项目属于国家秘密或者商业秘密的,应当按照有关法律法规规定采取相应保密措施。

第六章 保障措施

第四十四条 县级以上人民政府应当加强非物质文化遗产保护人才队伍建设,培养、引进和招录非物质文化遗产保护、研究等各类专门人才。

第四十五条 县级以上人民政府可以根据当地非物质文化遗产保护的实际需要安排专项经费，主要用于：

（一）非物质文化遗产的调查与研究；

（二）濒危非物质文化遗产项目的抢救；

（三）非物质文化遗产项目的传承和传播活动；

（四）非物质文化遗产重大项目的保护利用设施建设；

（五）非物质文化遗产相关资料和实物的征集；

（六）非物质文化遗产相关书籍、音像制品的整理出版；

（七）文化生态保护区专项保护规划的制定实施；

（八）非物质文化遗产保护工作的表彰和奖励；

（九）非物质文化遗产保护的其他工作。

第四十六条 县级以上人民政府应当加强非物质文化遗产展示、传承、交流场所和传承基地建设，根据需要建立非物质文化遗产传习馆（传习所）、专题博物馆或者陈列馆，用于非物质文化遗产项目的宣传、展示、传承和保存。

鼓励公民、法人和其他组织依法设立专题博物馆，开设传习馆（传习所），进行非物质文化遗产项目传承、展示活动。

第四十七条 县级以上人民政府及相关部门应当鼓励和支持公民、法人和其他组织参与非物质文化遗产保护工作，对做出显著贡献的组织和个人按照国家、自治区有关规定予以表彰、奖励。

第七章　法律责任

第四十八条 违反本条例规定的行为，法律、行政法规已有法律责任规定的，从其规定。

第四十九条 县级以上人民政府文化主管部门和其他有关部门、非物质文化遗产保护工作机构及其工作人员在非物质文化遗产保护、保存工作中有下列情形之一，对直接负责的主管人员和其他直接责任人员依法给予处分：

（一）对已列入本级非物质文化遗产代表性项目名录的项目，未建立非物质文化遗产档案、数据库，未实施非物质文化遗产抢救性记录、保护，导致非物质文化遗产毁损的；

（二）未对征集、购买和接受捐赠的非物质文化遗产珍贵资料、实物、建（构）筑物、场所等妥善保护和管理，造成严重后果的；

（三）进行非物质文化遗产调查时不尊重民族风俗、信仰和习惯，造成严重后果的；

（四）违反法定条件、程序认定非物质文化遗产代表性项目及其保护单位或者代表性传承人的；

（五）帮助有关单位、个人提供虚假材料申报非物质文化遗产代表性项目及其保护单位或者代表性传承人的；

（六）未依法组织制定非物质文化遗产代表性项目保护规划的；

（七）贪污、挪用非物质文化遗产保护、保存经费的；

（八）其他违反非物质文化遗产保护、保存有关规定的行为。

第五十条 公民、法人和其他组织在申报非物质文化遗产代表性项目及其保护单位或者代表性传承人的过程中弄虚作假的，由县级以上人民政府文化主管部门取消其参评资格；已被认定为非物质文化遗产代表性项目及其保护单位或者代表性传承人的，予以撤销，并责令其退还项目保护、传承的资助、补助经费。

第五十一条 侵占、破坏已列入非物质文化遗产代表性项目名录项目相关资料、实物、建（构）筑物、场所的，依法承担民事责任，并由县级以上人民政府文化主管部门处二千元以上二万元以下罚款；情节严重的，处二万元以上十万元以下罚款；有违法所得的，没收违法所得。

第八章 附 则

第五十二条 本条例自 2017 年 1 月 1 日起施行。2005 年 4 月 1 日广西壮族自治区第十届人民代表大会常务委员会第十三次会议通过的《广西壮族自治区民族民间传统文化保护条例》同时废止。

4. 广西国家级非遗项目名录（表格）

序号	项目名称	类别	公布时间	申报地区或单位	保护单位
1	布洛陀	民间文学	2006（第一批）	广西壮族自治区田阳县	田阳县文化馆
2	刘三姐歌谣	民间文学	2006（第一批）	广西壮族自治区宜州市	河池市宜州区刘三姐文化传承中心
3	壮族嘹歌	民间文学	2008（第二批）	广西壮族自治区平果县	平果县民俗文化传承展示中心
4	密洛陀	民间文学	2011（第三批）	广西壮族自治区都安瑶族自治县	都安瑶族自治县文化馆
5	壮族百鸟衣故事	民间文学	2014（第四批）	广西壮族自治区横县	横县文化馆（横县非物质文化遗产保护中心）
6	仫佬族古歌	民间文学	2021（第五批）	广西壮族自治区河池市罗城仫佬族自治县	罗城仫佬族自治县文化馆
7	侗族大歌	传统音乐	2006（第一批）	广西壮族自治区柳州市	柳州市群众艺术馆
7	侗族大歌	传统音乐	2006（第一批）	广西壮族自治区三江侗族自治县	三江侗族自治县非物质文化遗产保护与发展中心
8	多声部民歌（瑶族蝴蝶歌）	传统音乐	2008（第二批）	广西壮族自治区富川瑶族自治县	富川瑶族自治县文化馆
9	多声部民歌（壮族三声部民歌）	传统音乐	2008（第二批）	广西壮族自治区马山县	马山县文化馆
10	那坡壮族民歌	传统音乐	2006（第一批）	广西壮族自治区那坡县	那坡县文化馆

（续表）

序号	项目名称	类别	公布时间	申报地区或单位	保护单位
11	吹打（广西八音）	传统音乐	2011（第三批）	广西壮族自治区玉林市	玉林市玉州区文化馆
12	京族独弦琴艺术	传统音乐	2011（第三批）	广西壮族自治区东兴市	东兴市文化馆
13	凌云壮族七十二巫调音乐	传统音乐	2014（第四批）	广西壮族自治区凌云县	凌云县文化馆
14	壮族天琴艺术	传统音乐	2021（第五批）	广西崇左市	崇左市群众艺术馆
15	狮舞（藤县狮舞）	传统舞蹈	2011（第三批）	广西壮族自治区藤县	藤县文化馆
16	狮舞（田阳壮族狮舞）	传统舞蹈	2011（第三批）	广西壮族自治区田阳县	田阳县文化馆
17	铜鼓舞（田林瑶族铜鼓舞）	传统舞蹈	2008（第二批）	广西壮族自治区田林县	田林县文化馆
18	瑶族长鼓舞	传统舞蹈	2008（第二批）	广西壮族自治区富川瑶族自治县	富川瑶族自治县文化馆
19	瑶族长鼓舞（黄泥鼓舞）	传统舞蹈	2011（第三批）	广西壮族自治区金秀瑶族自治县	金秀瑶族自治县文化馆
20	铜鼓舞（南丹勤泽格拉）	传统舞蹈	2014（第四批）	广西壮族自治区南丹县	南丹县非物质文化遗产保护传承中心
21	瑶族金锣舞	传统舞蹈	2014（第四批）	广西壮族自治区田东县	田东县文化馆
22	多耶	传统舞蹈	2021（第五批）	广西三江侗族自治县	三江侗族自治县非物质文化遗产保护与发展中心

（续表）

序号	项目名称	类别	公布时间	申报地区或单位	保护单位
23	壮族打扁担	传统舞蹈	2021（第五批）	广西都安瑶族自治县	都安瑶族自治县文化馆
24	桂剧	传统戏剧	2006（第一批）	广西壮族自治区	广西壮族自治区戏剧院
25	采茶戏（桂南采茶戏）	传统戏剧	2006（第一批）	广西壮族自治区博白县	博白县文化馆
26	彩调	传统戏剧	2006（第一批）	广西壮族自治区	广西壮族自治区戏剧院
27	壮剧	传统戏剧	2006（第一批）	广西壮族自治区	广西壮族自治区戏剧院
28	侗戏	传统戏剧	2011（第三批）	广西壮族自治区三江侗族自治县	三江侗族自治县非物质文化遗产保护与发展中心
29	邕剧	传统戏剧	2008（第二批）	广西壮族自治区南宁市	南宁市民族文化艺术研究院（南宁市戏剧院、南宁市非物质文化遗产保护中心）
30	粤剧	传统戏剧	2014（第四批）	广西壮族自治区南宁市	南宁市民族文化艺术研究院（南宁市戏剧院、南宁市非物质文化遗产保护中心）
31	广西文场	曲艺	2008（第二批）	广西壮族自治区桂林市	桂林市戏剧创作研究院（桂林市非物质文化遗产保护传承中心）
32	桂林渔鼓	曲艺	2014（第四批）	广西壮族自治区桂林市	桂林市群众艺术馆
33	末伦	曲艺	2021（第五批）	广西壮族自治区百色市靖西市	靖西市文化馆

（续表）

序号	项目名称	类别	公布时间	申报地区或单位	保护单位
34	抢花炮（壮族抢花炮）	传统体育、游艺与杂技	2021（第五批）	广西南宁市邕宁区	南宁市邕宁区文化馆（南宁市邕宁区广播影视站）
35	竹编（毛南族花竹帽编织技艺）	传统美术	2011（第三批）	广西壮族自治区环江毛南族自治县	环江毛南族自治县非物质文化遗产保护传承中心
36	贝雕（北海贝雕）	传统美术	2021（第五批）	广西北海市	北海市恒兴珠宝有限责任公司
37	骨角雕（合浦角雕）	传统美术	2021（第五批）	广西北海市合浦县	合浦金蝠角雕厂
38	壮族织锦技艺	传统技艺	2006（第一批）	广西壮族自治区靖西县	靖西市文化馆
39	侗族木构建筑营造技艺	传统技艺	2006（第一批）	广西壮族自治区柳州市	柳州市群众艺术馆
39	侗族木构建筑营造技艺	传统技艺	2006（第一批）	广西壮族自治区三江侗族自治县	三江侗族自治县非物质文化遗产保护与发展中心
40	陶器烧制技艺（钦州坭兴陶烧制技艺）	传统技艺	2008（第二批）	广西壮族自治区钦州市	广西钦州坭兴陶艺有限公司
41	黑茶制作技艺（六堡茶制作技艺）	传统技艺	2014（第四批）	广西壮族自治区苍梧县	苍梧县文化馆
42	米粉制作技艺（柳州螺蛳粉制作技艺）	传统技艺	2021（第五批）	广西柳州市	柳州市群众艺术馆
43	米粉制作技艺（桂林米粉制作技艺）	传统技艺	2021（第五批）	广西桂林市	桂林市戏剧创作研究院（桂林市非物质文化遗产保护传承中心）

（续表）

序号	项目名称	类别	公布时间	申报地区或单位	保护单位
44	龟苓膏配制技艺	传统技艺	2021（第五批）	广西梧州市	广西梧州双钱实业有限公司
45	壮医药（壮医药线点灸疗法）	传统医药	2011（第三批）	广西中医学院	广西中医药大学
46	京族哈节	民俗	2006（第一批）	广西壮族自治区东兴市	东兴市文化馆
47	瑶族盘王节	民俗	2006（第一批）	广西壮族自治区贺州市	贺州市群众艺术馆
48	壮族蚂𧊅节	民俗	2006（第一批）	广西壮族自治区河池市	河池市非物质文化遗产保护中心
49	仫佬族依饭节	民俗	2006（第一批）	广西壮族自治区罗城仫佬族自治县	罗城仫佬族自治县文化馆
50	毛南族肥套	民俗	2006（第一批）	广西壮族自治区环江毛南族自治县	环江毛南族自治县非物质文化遗产保护传承中心
51	壮族歌圩	民俗	2006（第一批）	广西壮族自治区南宁市	南宁市民族文化艺术研究院（南宁市戏剧院、南宁市非物质文化遗产保护中心）
52	苗族系列坡会群	民俗	2006（第一批）	广西壮族自治区融水苗族自治县	融水苗族自治县文化馆
53	壮族铜鼓习俗	民俗	2006（第一批）	广西壮族自治区河池市	河池市非物质文化遗产保护中心

（续表）

序号	项目名称	类别	公布时间	申报地区或单位	保护单位
54	瑶族服饰	民俗	2006（第一批）	广西壮族自治区南丹县	南丹县非物质文化遗产保护传承中心
		民俗	2006（第一批）	广西壮族自治区贺州市	贺州市群众艺术馆
		民俗	2014（第四批）	广西壮族自治区龙胜各族自治县	龙胜各族自治县文化馆
55	三月三（壮族三月三）	民俗	2014（第四批）	广西壮族自治区武鸣县	南宁市武鸣区文化馆
56	农历二十四节气（壮族霜降节）	民俗	2014（第四批）	广西壮族自治区天等县	天等县文化馆
57	宾阳炮龙节	民俗	2008（第二批）	广西壮族自治区宾阳县	宾阳县文化馆
58	民间信俗（钦州跳岭头）	民俗	2014（第四批）	广西壮族自治区钦州市	钦州市非物质文化遗产传承保护中心
59	中元节（资源河灯节）	民俗	2014（第四批）	广西壮族自治区资源县	资源县文化馆
60	瑶族祝著节	民俗	2021（第五批）	广西巴马瑶族自治县	巴马瑶族自治县文化馆
61	壮族侬峒节	民俗	2021（第五批）	广西崇左市	崇左市群众艺术馆
62	壮族会鼓习俗	民俗	2021（第五批）	广西马山县	马山县文化馆
63	大安校水柜习俗	民俗	2021（第五批）	广西平南县	平南县文化馆

（续表）

序号	项目名称	类别	公布时间	申报地区或单位	保护单位
64	敬老习俗（壮族补粮敬老习俗）	民俗	2021（第五批）	广西巴马瑶族自治区	巴马瑶族自治县文化馆
65	茶俗（瑶族油茶习俗）	民俗	2021（第五批）	广西恭城瑶族自治区	恭城瑶族自治县油茶协会
66	规约习俗（瑶族石牌习俗）	民俗	2021（第五批）	广西金秀瑶族自治区	金秀瑶族自治县文化馆

5. 广西国家级代表性传承人名录（表格）

序号	姓名	性别	民族	类别	项目名称	申报地区或单位
1	黄达佳	男	壮族	民间文学	布洛陀	广西壮族自治区田阳县
2	谢庆良	男	仫佬族	民间文学	刘三姐歌谣	广西壮族自治区宜州市
3	罗桂霞	女	壮族	传统戏剧	桂剧	广西壮族自治区
4	秦彩霞	女	汉族	传统戏剧	桂剧	广西壮族自治区
5	周小兰魁	男	汉族	传统戏剧	桂剧	广西壮族自治区
6	张树萍	女	汉族	传统戏剧	桂剧	广西壮族自治区
7	张琴音	女	壮族	传统戏剧	壮剧	广西壮族自治区
8	闭克坚	男	瑶族	传统戏剧	壮剧	广西壮族自治区
9	覃明德	男	壮族	传统戏剧	彩调	广西壮族自治区
10	傅锦华	女	汉族	传统戏剧	彩调	广西壮族自治区
11	周瑾	女	汉族	传统戏剧	彩调	广西壮族自治区
12	陈声强	男	汉族	传统戏剧	采茶戏（桂南采茶戏）	广西壮族自治区博白县
13	洪琪	女	汉族	传统戏剧	邕剧	广西壮族自治区南宁市
14	何红玉	女	汉族	曲艺	广西文场	广西壮族自治区桂林市
15	陈秀芬	女	汉族	曲艺	广西文场	广西壮族自治区桂林市
16	杨开远	男	侗族	传统戏剧	侗戏	广西壮族自治区三江侗族自治县
17	李蔚琛	女	汉族	曲艺	桂林渔鼓	广西壮族自治区桂林市
18	冯杏元	男	壮族	传统戏剧	粤剧	广西壮族自治区南宁市
19	班点义	男	瑶族	传统舞蹈	铜鼓舞（田林瑶族铜鼓舞）	广西壮族自治区田林县
20	盘振松	男	瑶族	传统舞蹈	瑶族长鼓舞（黄泥鼓舞）	广西壮族自治区金秀瑶族自治县

（续表）

序号	姓名	性别	民族	类别	项目名称	申报地区或单位
21	邓明华	男	汉族	传统舞蹈	狮舞（藤县狮舞）	广西壮族自治区藤县
22	黄明荣	男	瑶族	传统舞蹈	铜鼓舞（田林瑶族铜鼓舞）	广西壮族自治区田林县
23	黎芳才	男	瑶族	传统舞蹈	铜鼓舞（南丹勤泽格拉）	广西壮族自治区南丹县
24	黄道胜	男	瑶族	传统舞蹈	瑶族长鼓舞	广西壮族自治区富川瑶族自治县
25	阮桂陆	男	瑶族	传统舞蹈	瑶族金锣舞	广西壮族自治区田东县
26	罗景超	男	壮族	传统音乐	那坡壮族民歌	广西壮族自治区那坡县
27	吴光祖	男	侗族	传统音乐	侗族大歌	广西壮族自治区三江侗族自治县
28	覃奶号	女	侗族	传统音乐	侗族大歌	广西壮族自治区三江侗族自治县
29	温桂元	男	壮族	传统音乐	多声部民歌（壮族三声部民歌）	广西壮族自治区马山县
30	苏春发	男	京族	传统音乐	京族独弦琴艺术	广西壮族自治区东兴市
31	刘正城	男	壮族	民俗	壮族歌圩	广西壮族自治区南宁市
32	韦真礼	男	壮族	民俗	壮族铜鼓习俗	广西壮族自治区河池市
33	廖熙福	男	壮族	民俗	壮族蚂㑩节	广西壮族自治区河池市
34	赵有福	男	瑶族	民俗	瑶族盘王节	广西壮族自治区贺州市
35	何金秀	女	瑶族	民俗	瑶族服饰	广西壮族自治区南丹县
36	潘继凤	女	瑶族	民俗	瑶族服饰	广西壮族自治区龙胜各族自治县
37	梁炳光	男	苗族	民俗	苗族系列坡会群	广西壮族自治区融水苗族自治县
38	谢忠厚	男	仫佬族	民俗	仫佬族依饭节	广西壮族自治区罗城仫佬族自治县

（续表）

序号	姓名	性别	民族	类别	项目名称	申报地区或单位
39	谭三岗	男	毛南族	民俗	毛南族肥套	广西壮族自治区环江毛南族自治县
40	罗周文	男	京族	民俗	京族哈节	广西壮族自治区东兴市
41	卢超元	男	壮族	民俗	三月三（壮族三月三）	广西壮族自治区南宁市武鸣区
42	陈基坤	男	汉族	民俗	民间信俗（钦州跳岭头）	广西壮族自治区钦州市
43	李村灵	女	壮族	传统技艺	壮族织锦技艺	广西壮族自治区靖西市
44	杨似玉	男	侗族	传统技艺	侗族木构建筑营造技艺	广西壮族自治区三江侗族自治县
45	杨求诗	男	侗族	传统技艺	侗族木构建筑营造技艺	广西壮族自治区三江侗族自治县
46	李人帡	男	汉族	传统技艺	陶器烧制技艺（钦州坭兴陶烧制技艺）	广西壮族自治区钦州市
47	陆景平	男	汉族	传统技艺	陶器烧制技艺（钦州坭兴陶烧制技艺）	广西壮族自治区钦州市
48	谭素娟	女	毛南族	传统美术	竹编（毛南族花竹帽编织技艺）	广西壮族自治区环江毛南族自治县
49	韦洁群	女	汉族	传统技艺	黑茶制作技艺（六堡茶制作技艺）	广西壮族自治区苍梧县

参考文献

一、专著类

1. 毕军编.百花齐放的中华艺术事典[M].长春：时代文艺出版社，2010.
2. 陈玉玉."声""势"齐奏人神共舞[M].北京：中央民族大学出版社，2018.
3. 陈相因.秦邕江编著.广西方志佚书考录[M].南宁：广西人民出版社，1990.
4. 蔡定国.彩调艺术研究[M].南宁：广西人民出版社，1988.
5. 蔡青等.非物质文化遗产广西民族艺术文化研究[M].南宁：广西人民出版社，2015.
6. 程天健编.中国民族音乐概论修订版[M].上海：上海音乐学院出版社，2018.
7. 岑学贵.广西民歌图志[M].武汉：华中师范大学出版社，2016.
8. 冯祖贻等.侗族文化研究[M].贵阳：贵州人民出版社，1999.
9. 范翔宇主编.汉港珠郡[M].桂林：广西师范大学出版社，2018.
10. 广西壮族自治区，民族事务委员会编辑.瑶族服饰[M].北京：民族出版社，1985.
11. 顾乐真.广西戏剧史论稿[M].北京：中国戏剧出版社，2002.
12. 顾乐真.广西艺术研究所编.甘苦集顾乐真剧论剧评选[M].南宁：广西人民出版社，1990.
13. 郭沫勤，孙若风主编.中国非物质文化遗产2006[M].北京：中国文联出版社，2007.

14. 郭焕宇编著，广东省文学艺术界联合会，广东省民间文艺家协会编.中堂传统村落与建筑文化[M].广州：华南理工大学出版社，2016.

15.《过山榜》编辑组编.过山榜选编瑶族重要历史文献[M].北京：中国国际广播出版社，2016.

16. 黄达佳，黄明标.布洛陀与敢壮山（祭祀歌）[M].南宁：广西民族出版社，2004.

17. 黄伟晶，黄桂秋著，于瑮编.壮族民俗风情[M].南宁：广西民族出版社，2012.

18. 黄守斌.民族文化大典侗戏丑角研究[M].北京：中国书籍出版社，2017.

19. 黄桂秋编.壮族传统文化与现代传承[M].北京：光明日报出版社，2016.

20. 黄汉儒主编.中国壮医学[M].南宁：广西民族出版社，2001.

21. 黄瑾明，林辰主编.壮医药线点灸学[M].南宁：广西民族出版社，2006.

22. 何红玉编著.音韵[M].北京：中国文联出版社，2003.

23. 郝国强，钟少云，梁必达著.坳瑶历史与文化[M].北京：民族出版社，2015.

24. 何思源编著；杨宏峰主编.中国京族[M].银川：宁夏人民出版社，2012.

25. 胡涛主编.中国茶图鉴全书[M].南昌：江西科学技术出版社，2019.

26. 景俊美.回望与探索文艺评论的价值确立与文化立场[M].北京：北京出版社，2017.

27. 贾星文主编；融水苗族自治县地方志编纂委员会编.融水苗族自治县志[M].北京：生活·读书·新知三联书店，1998.

28. 纪兰慰，邱久荣主编.中国少数民族舞蹈史[M].北京：中央民族大学出版社，1998.

29. 梁庭望，廖明君等.布洛陀：百越僚人的始祖图腾[M].北京：外文出版社，2005.

30. 梁庭望.壮族风俗志[M].北京：中央民族学院出版社，1987.

31. 梁庭望编著.中国壮族[M].银川：宁夏人民出版社，2012.

32. 梁庭望.壮族文化概览[M].南宁：广西民族出版社，2018.

33. 廖明君.壮族始祖：创世之神布洛陀[M].南宁：广西民族出版社，

2009.

34. 廖明君，韦丽忠. 刘三姐歌谣古歌卷 [M]. 上海：上海音乐学院出版社，2015.

35. 廖明君，黄文富. 广西国家级非物质文化遗产系列丛书壮族铜鼓习俗 [M]. 北京：北京科学技术出版社，2013.

36. 廖明君主编. 壮剧艺术与非物质文化遗产保护 [M]. 南宁：广西人民出版社，2008.

37. 吕俊彪，苏维芳. 广西国家级非物质文化遗产系列丛书京族哈节 [M]. 北京：北京科学技术出版社，2012.

38. 吕瑞荣. 神人和融的仪式毛南族肥套的生态观照 [M]. 北京：中国社会科学出版社，2014.

39. 刘锡藩. 岭表纪蛮·歌谣 [M]. 北京：商务印书馆，1933.

40. 刘锡蕃著. 桂黔滇湘粤之民族学研究岭表纪蛮 [M]. 上海：商务印书馆，1934.

41. 李庆福. 瑶族审美文化 [M]. 北京：中国社会科学出版社，2013.

42. 陆中午，吴炳升. 侗戏大观 [M]. 北京：民族出版社，2006.

43. 罗岗生，李莲芳主编. 刘三姐研究资料集 [M]. 南宁：广西人民出版社，2007.

44. 林继富主编. 中国民间游戏总汇表演卷 [M]. 长沙：湖南文艺出版社，2016.

45. 龙殿宝，吴盛枝等著. 仫佬族文学史 [M]. 南宁：广西教育出版社，1993.

46. 罗相巧著. 桂西北民族民间音乐研究 [M]. 成都：西南交通大学出版社，2017.

47. 黎学锐著. 歌谣刘三姐 [M]. 南宁：广西人民出版社，2011.

48. 李建源主编；博白县志编纂委员会编. 博白县志 [M]. 南宁：广西人民出版社，1994.

49. 李惠芳著. 民间文学的艺术美 [M]. 武汉：武汉大学出版社，1986.

50. 李筱文著. 说瑶三十年 [M]. 广州：广东人民出版社，2017.

51. 李耀宗编纂. 中华节日名典 [M]. 西安：陕西师范大学出版社，2018.

52. 李昊远编著. 中国少数民族艺术史略 [M]. 北京：中央民族大学出版社，

2018.

53. 蓝凡主编；胡勋（卷）主编；《中华舞蹈志》编辑委员会编. 中华舞蹈志广西卷 [M]. 上海：学林出版社，2004.

54. 蓝日基主编；广西地方志编纂委员会办公室编. 广西名优品牌志 [M]. 南宁：广西人民出版社，2005.

55. 林辰，薛丽飞著. 广西国家级非物质文化遗产系列丛书壮医药线点灸疗法 [M]. 北京：北京科学技术出版社，2013.

56. 马学良，梁庭望，张公瑾. 中国少数民族文学史上 [M]. 北京：中央民族学院出版社，1992.

57. 莫金山. 瑶族石牌制 [M]. 南宁：广西民族出版社，2000.

58. 莫金山. 瑶史考辨 [M]. 北京：民族出版社，2014.

59. 莫金山主编. 金秀大瑶山瑶族文化的中心 [M]. 南宁：广西民族出版社，2006.

60. 马士成等编著. 六堡茶大观 [M]. 桂林：漓江出版社，2016.

61. 倪倩. 中国民间艺术鉴赏与研究 [M]. 北京：北京理工大学出版社，2019.

62. 南宁市文化局戏曲志编辑委员会编. 南宁戏曲志 [M]. 南宁市文化局戏曲编辑委员会，1987.

63. 潘其旭. 壮旅歌圩研究 [M]. 南宁：广西人民出版社，1991.

64. 潘琦主编. 广西文化符号第 2 版 [M]. 南宁：广西民族出版社，2018.

65. 覃乃昌. 布洛陀寻踪—广西田阳敢壮山布洛陀文化考察与研究 [M]. 南宁：广西民族出版社，2004.

66. 覃乃昌，郑超雄，滕光耀等著. 壮族嘹歌研究 [M]. 南宁：广西民族出版社，2008.

67. 覃彩銮. 居住的文化时空广西民族建筑文化解读 [M]. 南宁：广西民族出版社，2018.

68. 覃彩銮. 神圣的祭典广西红水河流域壮族蚂𧒽节考察 [M]. 南宁：广西人民出版社，2006.

69. 覃金盾主编；黄璐，韦玉林，王杰副主编. 壮族原生态音乐 [M]. 武汉：武汉理工大学出版社，2014.

70. 秦红增，韦丹芳主编. 手工艺里的智慧中国西南少数民族文化多样性研究

[M].哈尔滨：黑龙江人民出版社，2010.

71. 阙真.广西戏曲与文献论稿[M].桂林：广西师范大学出版社，2015.

72. 容小宁主编.超越·崛起广西非物质文化遗产保护十大品牌范例[M].南宁：广西人民出版社，2007.

73. 容小宁主编.广西文化发展新探索2007[M].南宁：广西人民出版社，2007.

74. 孙红侠编著.民间戏曲[M].北京：中国社会出版社，2006.

75. 孙景琛总主编.中国乐舞史料大典杂录编[M].上海：上海音乐出版社，2015.

76. 苏韵芬主编.桂林渔鼓传统曲目、优秀作品集[M].桂林：广西师范大学出版社，2013.

77. 陶滔，王哲醒，宋古天，冯丽主编.中国神话故事[M].呼和浩特：远方出版社，2005.

78. 叶春生.岭南风俗录[M].广州：广东旅游出版社，1988.

79. 王永鸿，周成华主编.中华文明千问[M].西安：三秦出版社，2012.

80. 王衍军编著.中国民俗文化[M].广州：暨南大学出版社，2011.

81. 王文章主编.第三批国家级非物质文化遗产名录图典上[M].北京：文化艺术出版社，2012.

82. 王文章主编.第三批国家级非物质文化遗产名录图典下[M].北京：文化艺术出版社，2012.

83. 吴伟峰.广西国家级非物质文化遗产系列丛书壮族织锦技艺[M].北京：北京科学技术出版社，2014.

84. 韦苇，向凡.壮剧艺术研究[M].南宁：广西人民出版社，1990.

85. 徐海荣主编.中国茶事大典[M].北京：华夏出版社，2000.

86. 于瑮主编；廖明君，黄萍副主编；杨丹妮编著.广西歌谣文化[M].南宁：广西人民出版社，2012.

87. 余世存；老树绘.节日之书余世存说中国传统节日[M].北京：北京时代华文书局，2019.

88. 玉时阶.广西国家级非物质文化遗产系列丛书瑶族服饰[M].北京：北京科学技术出版社，2012.

89. 吴学东，奉恒高主编；钟海青，何龙群，吴尽昭，玉时阶副主编. 茶山瑶历史与文化 [M]. 北京：民族出版社，2011.

90. 杨晓. 侗族大歌 [M]. 杭州：浙江人民出版社，2009.

91. 尤中. 中华民族发展史第3卷明代清代 [M]. 昆明：晨光出版社，2007.

92. 姚国坤著. 中国名优茶地图 [M]. 上海：上海文化出版社，2013.

93. 余益中，刘士林，廖明君主编. 广西北部湾经济区文化发展研究 [M]. 南宁：广西人民出版社，2009.

94. 张茂华，亓宏昌主编. 中华传统文化粹典 [M]. 济南：山东人民出版社，1996.

95. 张智林. 平乐县志全 [M]. 台北：成文出版社，1967.

96. 曾强. 中国六堡茶 [M]. 桂林：漓江出版社，2012.

97. 钟毅. 桂剧三百年 [M]. 桂林：漓江出版社，2015.

98. 郑艳琼编著. 瑶族祭祀盘王礼仪研究 [M]. 长沙：岳麓书社，2016.

99. 郑慧. 瑶族文书档案研究 [M]. 北京：民族出版社，2011.

100. 赵金水. 壶韵茶缘读壶与学茶 [M]. 天津：天津人民出版社，2015.

101. 中国人民政治协商会议钦州市委员会文史资料和学习委员会编. 钦州文史第12辑钦州民俗文化专辑 [M]，2005.

102. 中国戏曲志编辑委员会. 中国戏曲志广西卷 [M]. 北京：中国ISBN中心出版社，2000.

103. 中国民间文学集成全国编辑委员会. 中国民间故事集成广西卷 [M]. 北京：中国ISBN中心，2001.

104. 中国大百科全书总编辑委员会编. 中国大百科全书戏曲曲艺 [M]. 北京：中国大百科全书出版社，2002.

105. 中国非物质文化遗产保护中心编著. 第二批国家级非物质文化遗产名录简介 [M]. 北京：文化艺术出版社，2010.

106. 中国文物学会专家委员会编. 经典中国艺术史卷3[M]. 合肥：黄山书社，2009.

107.《中国海洋文化》编委会编. 中国海洋文化广西卷 [M]. 北京：海洋出版社，2016.

108.《中华舞蹈志》编辑委员会编. 中华舞蹈志广西卷 [M]. 上海：学林出版

社，2014.

109. 中华文化通志编委会编. 中华文化通志27第三典民族文化苗、瑶、畲、高山、佤、布朗、德昂族、文化志 [M]. 上海：上海人民出版社，2010.

110.（宋）周去非著，杨武泉校注. 岭外代答校注 [M]. 北京：中华书局，1999.

111. 本书编写组编. 品牌广西：国家级非物质文化遗产卷 [M]. 桂林：漓江出版社，2015.

112. 李青华编，金开诚主编. 中国文化知识读本毛南族 [M]. 长春：吉林出版集团有限责任公司，2010.

二、期刊论文类

1. 白小琴. 嘹歌演唱特点及形式美特征 [J]. 民族艺术，2009.

2. 陈力丹，王晶. 节日仪式传播：并非一个共享神话——基于广西仫佬族依饭节的民族志研究 [J]. 中国地质大学学报（社会科学版），2010.

3. 陈丽琴. 京族独弦琴艺术生态研究 [J]. 广西民族大学学报（哲学社会科学版），2013.

4. 笪方能. 桂剧的声腔源流与发展 [J]. 中国戏剧，2020.

5. 黄怡鹏，黄海. 瑶族油茶习俗 [J]. 民族艺术，2020.

6. 林剑. 侗族大歌的音乐特色及教育传承——基于民族文化保护与传承视角 [J]. 贵州民族研究，2015.

7. 吕挺中. 广西彩调剧与邕剧的异同 [J]. 中国戏剧，2016.

8. 廖明君. 瑶族盘王节 [J]. 民族艺术，2009.

9. 廖明君，胡小东. 刘三姐歌谣叙事长歌艺术特征考析 [J]. 贵州民族大学学报（哲学社会科学版），2017.

10. 廖明君，程文凤. 彩调艺术空间体验与表达研究 [J]. 南方文坛，2020.

11. 廖明君. 瑶山中的铜鼓声——图说田林瑶族铜鼓舞 [J]. 歌海，2008.

12. 李斯颖，李君安. 布洛陀史诗：壮族传统社会的百科全书 [N]. 中国社会科学报，2015.

13. 李树锋. 壮族嘹歌的审美意蕴 [J]. 贵州教育学院学报，2008.

14. 吕瑞荣.毛南族肥套仪式及其文化象征[J].广西民族大学学报（哲学社会科学版），2013.

15. 陆晓芹.论基础研究在布洛陀文化保护开发中的意义[J].广西大学学报（哲学社会科学版），2012.

16. 梁嘉.刘三姐歌谣文化的重构与发展[J].广西民族研究，2015.

17. 蓝芝同.口传模式下民族古籍的历史文化价值——以布努瑶创世史诗《密洛陀》为例[J].广西民族研究，2016.

18. 龙文波.瑶族长鼓舞的文化阐释[J].吉首大学学报（社会科学版），2009.

19. 吕洁.毛南族花竹帽制作工艺考察[J].广西民族大学学报（自然科学版），2008.

20. 马红.壮锦的审美艺术与传承[J].湖南农业大学学报（社会科学版），2007.

21. 潘其旭.壮族《嘹歌》的文化内涵——壮族《嘹歌》文化研究之五[J].广西民族研究，2005.

22. 覃乃昌.《嘹歌》：壮族歌谣文化的经典[J].广西民族研究，2005.

23. 丘振声.《布洛陀》与图腾崇拜[J].民族艺术，1995.

24. 丘振声.壮族鸟图腾考[J].民族艺术，1993.

25. 滕红丽.壮医药线点灸疗法概论[J].辽宁中医药大学学报，2010.

26. 吴霜.凌云壮族七十二巫调的"阴阳"传承[J].民族艺术，2011.

27. 吴金琳.天琴改良与天琴音乐发展的思考[J].民族艺术，2008.

28. 许晓明.壮族补粮敬老习俗[J].民族艺术，2020.

29. 玉时阶.瑶族服饰图案纹样的文化内涵[J].广西民族大学学报（哲学社会科学版），1994（1）.

30. 尹明.壮族霜降节[J].歌海，2014.

31. 喻如玉.壮锦风格刍议[J].广西民族研究，1989.

32. 赵毅.壮族三声部民歌探析[J].民族艺术，1996.

33. 郑超雄.壮族《嘹歌》的起源及其发展的社会历史条件[J].广西民族研究，2005.

34. 卓琳.论瑶族石牌制的历史嬗变及社会治理功能[J].齐齐哈尔大学学

报（哲学社会科学版），2020.

35.李树锋.壮族嘹歌的审美意蕴[J].贵州教育学院学报，2008.

三、学位论文类

1.陈维维.广西口述档案及其收集研究[D].广西民族大学，2011.

2.陈曦.广西南丹白裤瑶铜鼓舞考察研究[D].广西民族大学，2010.

3.陈海霞.马山壮族三声部民歌的人文生态研究[D].广西民族大学，2011.

4.陈政天.壮族抢花炮体育文化研究[D].广西民族大学，2019.

5.樊道智.广西龙州壮族织锦技艺研究[D].广西民族大学，2019.

6.何兰金.广西田东瑶族金锣舞文化传承与保护研究[D].广西师范学院，2015.

7.凌晨.壮族"末伦"音乐及传承研究[D].广西师范大学，2015.

8.黎丽敏.南狮的传承与发展研究[D].广西民族大学，2012.

9.刘佳家.坳瑶传统黄泥鼓舞蹈文化研究[D].广西民族大学，2007.

10.李英辰.审美仪式化与仪式审美化[D].广西民族大学，2017.

11.林凤春.桂南"跳岭头"唱本研究[D].广西大学，2007.

12.李先进.侬峒：布傣乡村生活的文化再现[D].广西民族大学，2009.

13.李育珍.广西壮锦的传承与发展研究[D].中央民族大学，2016.

14.吕洁.毛南族花竹帽纺织工艺及文化功能考察研究[D].广西民族大学，2008.

15.孙宝.桂南采茶戏戏班的调查与研究[D].广西师范大学，2008.

16.谭国志.富裕壮乡的文化开发行为实证研究[D].中南大学，2010.

17.吴萌."蝴蝶歌"的艺术特征和传承保护[D].广西师范大学，2013.

18.韦婷婷.广西融水苗族坡会的调查与研究[D].广西师范大学，2010.

19.袁阳阳.桂林渔鼓演唱探究[D].广西师范大学，2015.

20.姚瑶.田林木柄瑶传统音乐调查研究[D].广西师范大学，2015.

四、电子文献

1. 黎国荣. 桂剧亟待拯救 [J/OL]. 中国文化报, 2011, 11(8)[2011-11-21], https://nepaper.ccdy.cn/html/2011-11/21/content_61629.htm.

2. 可可诗词网－民俗文化. 盘王节与盘王愿 [DB/OL]. 可可诗词, 2019[2019-05-31], https://www.kekeshici.com.

3. 百度百科. 藤县民间舞狮技艺 [DB/OL]. 百度百科, [2015-06-18], https://baike.baidu.com/item/藤县民间舞狮技艺/3314464?fr=aladdin.

4. 可鱼可饭. 做一个有情怀的吃货, 螺蛳粉的历史你知道吗? [J/OL]. 网易新闻, [2021-08-06], https://www.163.com/dy/article/GGN4L59305521IXW.html.

5. 地道风物. 柳州螺蛳粉"甲天下"? 我桂林米粉不服 [DB/OL]. 百度, [2021-02-25]https://baijiahao.baidu.com/s?id=1692576597285428995&wfr=spider&for=pc.

6. 广东省桂林同乡联谊会. 桂林米粉开始逆袭之战! 突破保鲜技术, 方便装纷纷登陆电商平台 [DB/OL]. 搜狐网, 2019[2019-04-16]https://www.sohu.com/a/308302077_714643.

7. 新华社体育. 冲出大山的"花炮" [DB/OL]. 新华网, [2019-09-12]https://baijiahao.baidu.com/s?id=1644384793839395571&wfr=spider&for=pc.

图书在版编目（CIP）数据

广西国家级非物质文化遗产概览 / 程文凤, 黄琪莹
编著. -- 上海：上海文艺出版社, 2022
ISBN 978-7-5321-8381-4
Ⅰ.①广… Ⅱ.①程…②黄… Ⅲ.①非物质文化遗产—介绍—广西 Ⅳ.①G127.67
中国版本图书馆CIP数据核字(2022)第191151号

发 行 人：毕　胜
策 划 人：杨　婷
责任编辑：李　平　汤思怡
封面设计：观止堂_未　氓
排版制作：上海蓝鹰

书　　名	广西国家级非物质文化遗产概览
编　　著	程文凤　黄琪莹
出　　版	上海世纪出版集团　上海文艺出版社
地　　址	上海市闵行区号景路159弄A座2楼　201101
发　　行	上海文艺出版社发行中心
	上海市闵行区号景路159弄A座2楼206室　201101　www.ewen.co
印　　刷	崇明裕安印刷厂
开　　本	710×1000　1/16
印　　张	23
字　　数	375,000
印　　次	2022年10月第1版　2022年10月第1次印刷
Ｉ Ｓ Ｂ Ｎ	978-7-5321-8381-4/G.359
定　　价	98.00元

告 读 者：如发现本书有质量问题请与印刷厂质量科联系　T:021-59404766